burda

K 607

Handarbeiten leicht gemacht

BAND 1

Bearbeitung: Christian Einig
Einbandgestaltung: Norbert Schäfer
Projektleitung: Helga Burg
Druck: Burda GmbH, Offenburg
Printed in West Germany
ISBN 3-88978-000-8

burda

Handarbeiten leicht gemacht

BAND 1

Stricken Häkeln Sticken

Ausführliche Lehrgänge zu den einzelnen Techniken mit über 150 der schönsten Modelle aus burda-Sonderheften, alle farbig abgebildet. Zu den Modellen genaue Anleitungen, Zählmuster und originalgroße Musterzeichnungen.

Handarbeiten leicht gemacht,
ein unentbehrliches Nachschlagewerk der schönsten und beliebtesten Handarbeitstechniken in vier Bänden:

BAND 1

Stricken, Häkeln, Sticken

Erscheinungstermin Frühjahr 1984

BAND 2

Hardanger-, Durchbruch-, Richelieustickerei, Patchwork, Applikationen, Quilting, Teppichknüpfen, Weben

Erscheinungstermin Frühjahr 1984

BAND 3

Gobelin-, Bargello-, Kelim-Stickerei, Stoffdruck, Stoffmalerei, Batik, Seidenmalerei

Erscheinungstermin Sommer 1984

BAND 4

Kunststricken, Brügger- und Irische Häkelei, Brügger Bändchenspitze, Occhi, Klöppeln, Makramee

Erscheinungstermin Herbst 1984

Handarbeiten leicht gemacht

umfaßt insgesamt vier Bände, von denen Ihnen der erste hier vorliegt. Mit ausführlichen Lehrgängen veranschaulichen wir in diesem ersten Band die Grundtechniken des Strickens, Häkelns und Stickens, so daß selbst dem Anfänger das Nacharbeiten der 150 Modellanregungen leicht von der Hand geht. Zu allen Modellen gibt es ausführliche Anleitungen, Zählmuster und Musterzeichnungen im Anleitungsteil des Buches.

In Handarbeiten leicht gemacht Band 2 werden die übrigen Grundtechniken vorgestellt: Teppichknüpfen, Weben, Applikation, Patchwork, Quilting sowie Hardanger- und Richelieustickerei.

Handarbeiten leicht gemacht Band 3 wird Sie mit den weiterführenden Techniken wie Bargello-, Kelim- und Gobelinstikkerei sowie Stoffdruck und -malerei, Batik und Seidenmalerei vertraut machen und Ihnen zu diesen Techniken wieder eine Vielfalt von Anregungen bieten.

Handarbeiten leicht gemacht Band 4 schließlich ist eine Fundgrube für die Freunde besonders feiner Handarbeiten. Aber auch als Anfänger wird es Ihnen mit Hilfe der ausführlichen Lehrgänge und Anleitungen gelingen, Kostbarkeiten wie etwa Kunststricken, Brügger Häkelei, Klöppel- und Occhispitzen herzustellen.

Handarbeiten leicht gemacht ist ein unerläßliches Nachschlagewerk für alle, die gerne handarbeiten oder es lernen wollen. Mit insgesamt über 500 Modellen wird es über Jahre hinweg eine Fundgrube für Ihre eigenen Arbeiten sein.

INHALT

STRICKEN

darunter modische Streifenpullover, lustige Skipullover, Norwegerpullover und prächtige Aranpullover, zünftige Trachtenjacken und edle Kostüme in Ajourmustern

HÄKELN

darunter nostalgische Häkelkragen und Taschentuchspitzen, hübsche Filetgardinen, Tischdecken und Mitteldeckchen für den festlich gedeckten Tisch, bezaubernde Bilder und Wandbehänge, Bettdecken und sogar gehäkelte Teppiche

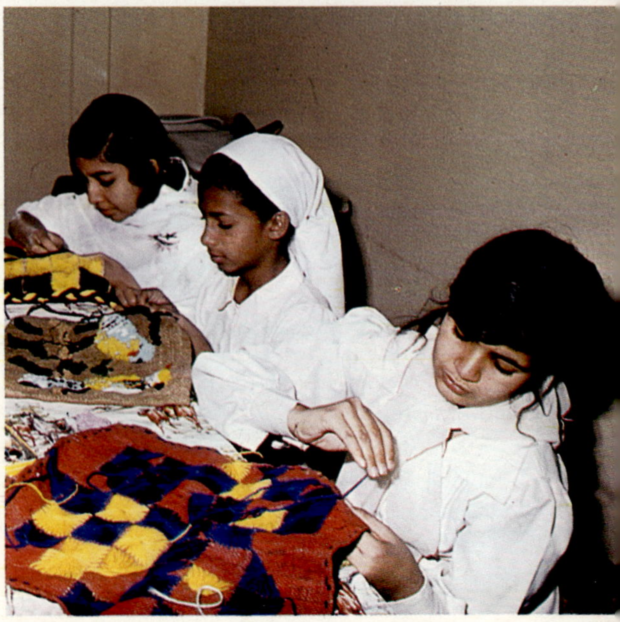

STICKEN

darunter liebenswerte Glückwunschkarten, Bettwäsche fürs Baby, eine Vielfalt von Bildern und Wandbehängen, Tischdecken für jeden Geschmack und jede Gelegenheit, sowie Sets, Servietten, Mitteldeckchen und Tischläufer, einen wunderschönen Paravent mit den vier Jahreszeiten, lustige Stickereien für die Küche und traditionelle Mustertücher in Kreuzstich

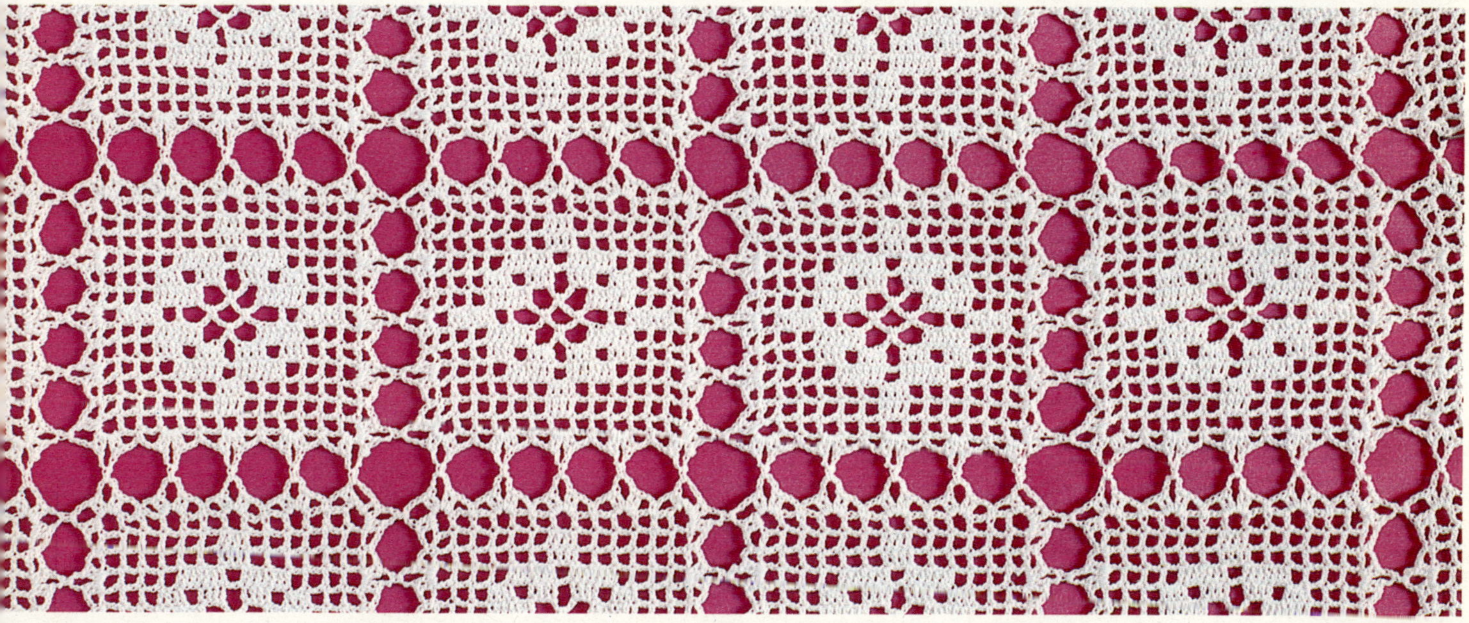

STRICKEN

LEHRGANG
Stricken

Stricktips aus der Praxis

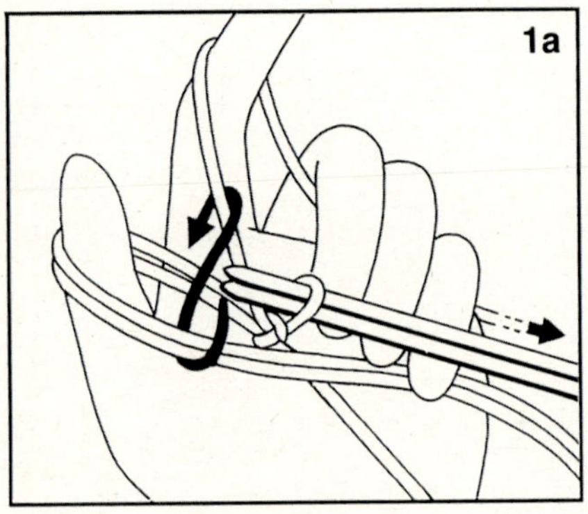
1a

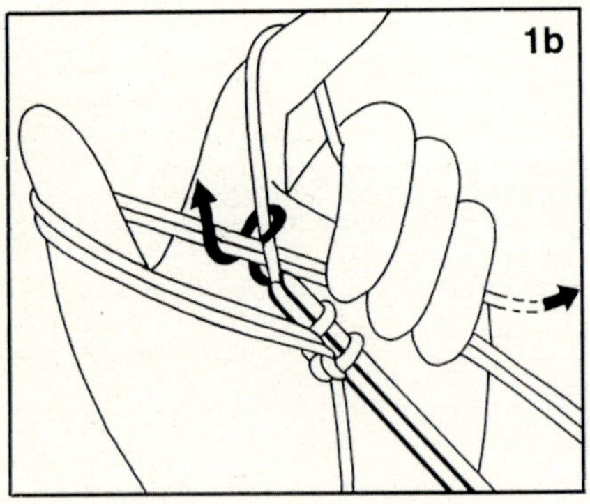
1b

Die Maschen wechselnd lt. Abb. 1a und 1b aufschlagen bzw. den Doppelfaden wechselnd nach Abb. 1a und b um den Daumen legen.

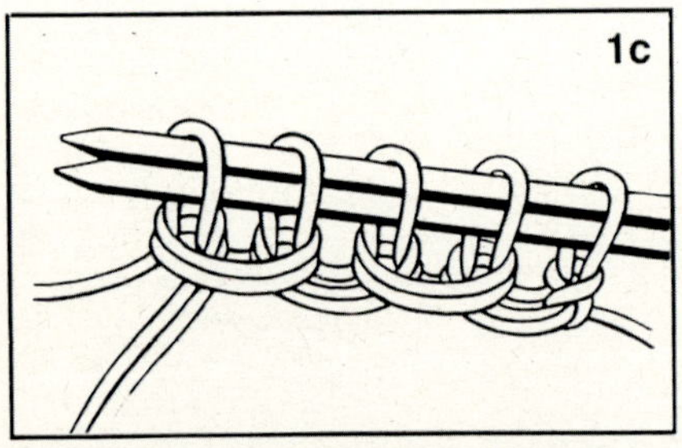
1c

Wir befassen uns auf den folgenden vier Seiten mit den verschiedenen Maschenanschlägen, mit dem enorm wichtigen Thema der Maschenprobe sowie mit dem Einstricken verkürzter Reihen. Nicht in jeder Anleitung kann alles bis ins letzte Detail weitschweifig erklärt werden – deshalb hoffen wir sehr, daß jeder, der auf ein perfektes Strickresultat Wert legt, die nachfolgenden Kapitel eingehend studiert, evtl. auch Nadel und Faden zur Hand nimmt, um einzelne Vorgänge Masche für Masche nachzustricken, und auch – wie zu Schülerzeiten – dies und jenes übt, bis es „sitzt".

Verschiedene Maschenanschläge

Der Kreuzanschlag mit doppeltem Faden ergibt eine plastische Kante, anzuwenden, wenn anschließend für ein sportliches Modell wechselnd 1 oder 2 M. rechts und links folgen. Bei mittelstarker Wolle, Nadelstärke Nr. 3½ oder 4, für 10 M. ca. 11 cm doppelten Faden berechnen (mit 2 Nadeln anschlagen). Der Doppelfaden läuft nur bis zum Daumen; die M. werden mit dem einfachen Faden, der zum Knäuel führt, siehe Pfeil in Abb. 1a, gebildet. Die M. abwechselnd lt. Abb. 1a und b aufschlagen. Die doppelte Kante zeigt Abb. 1c. In der Strickprobe lt. Abb. 1d sind anschließend 1 M. rechts, 1 M. links, lt. Abb. 1e 2 M. rechts, 2 M. links im Wechsel gestrickt.

Ein Anschlag mit Hilfsfaden, der einen Rand „wie mit der Maschine gestrickt" ergibt, kann auf verschiedene Weise entstehen. Die herkömmliche Ausführung erklären die Abb. 2a bis d. Als Hilfsfaden dient ein glatter, nicht zu dünner Faden. Nach der Anfangsschl. die 1. M. lt. Abb. 2a und alle folg. M. lt. Abb. b anschlagen. In der 1. R. lt. Abb. 2c wechselnd 1 M. rechts str., 1 M. wie zum Linksstr. abheben – Faden vor der M. weiterführen. Die 2. und 3. R. wie die 1. R. str. (natürlich die abgehobene M. der Vor-R. str. und die gestr. abheben). Ab 4. R. kann wechselnd 1 M. rechts, 1 M. links (Abb. 2d), Halb- oder Vollpatent gestr. werden. Nach einigen R. Hilfsfaden entfernen, Abb. 2e.

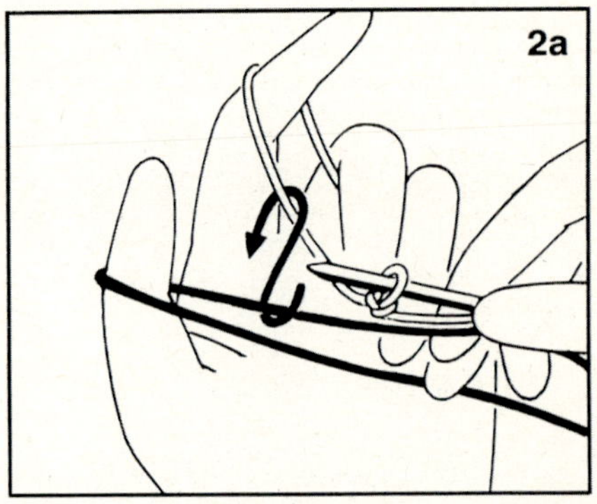
2a

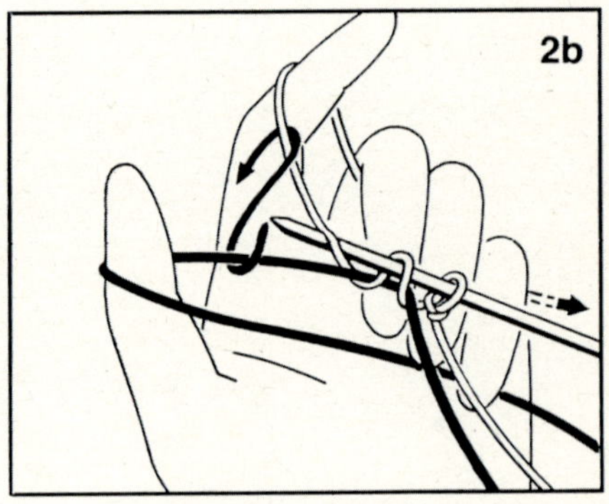
2b

2c

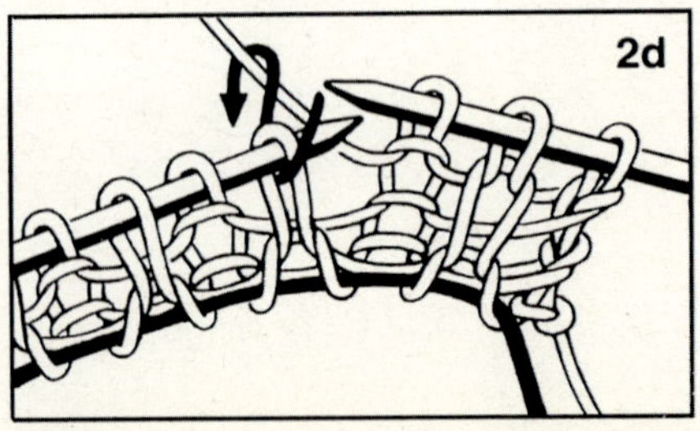
2d

1d

1e

2e

Sehr ähnlich ist das Resultat lt. Abb. 3a bis c: Die M. mit einem Hilfsfaden anschlagen (ungerade Anzahl). In der 1. R. nach der Rand-M. wechselnd 1 U. ausführen und 2 M. rechts zus.-str., Abb. 3a. Die 2. und 3. R. lt. Abb. 2c bzw. 3b (die U. der 1. R. in 2. R. str.) ausführen. Danach lt. Abb. 2d bzw. Halb- oder Vollpatent str. Nach einigen R. den Anschlag auflösen, Abb. 3c.

Luftmaschenanschlag

Mit glattem, etwas dickerem Faden die Lm. sehr locker häkeln. Dann mit der Stricknadel die M. auffassen, und zwar jeweils in den unten liegenden M.-Draht – also nicht in die „Kettenglieder" – einstechen, Abb. 4a. Man kann auch die Lm.-Drähte zunächst auf die Stricknadel fassen und daraus die M. der 1. R. rechts abstr. Es folgen 2 R. lt. Abb. 2c, dann wechselnd 1 M. rechts, 1 M. links, Halb- oder Vollpatent str.

Ist bei einem Modell vorgesehen, später über dem Anschlag weiterzustr. (z. B. einen Rock über dem Taillenrand des Oberteils – oder umgekehrt), werden die M. der 1. R. lt. Abb. 4a aus Lm. herausgestrickt.

Vor dem Anstr. über dem Anschlag lösen Sie die Lm. nach und nach auf, Abb. 5a, und erfassen die Maschenschlingen der 1. R. mit einer dünnen Stricknadel, danach wird weitergestr. Der Wechsel in der Strickrichtung ist im Maschenbild kaum erkennbar, siehe Abb. 5b. Wichtig: Falls die M.-Anzahl dieselbe wie beim Anschlag sein muß, ist 1 Rand-M. zuzunehmen!

Maschen „abnähen"

Soll der Abschluß über einer Blende wie der Bundrand über einem Anschlag mit Hilfsfaden aussehen, werden die M. nicht abgekettet, sondern lt. Abb. 6a und 6b abgenäht. Die letzten beiden R. sind lt. Abb. 2c zu str. Das Fadenende muß etwa die 3fache Länge des Randes haben. Mit einer stumpfen Stopfnadel wechselnd die vorn und rückwärts liegenden M. auffassen – jede M. 2mal erfassen, siehe Abb. 6b.

3a

3b

3c

4a

4b

5a

5b

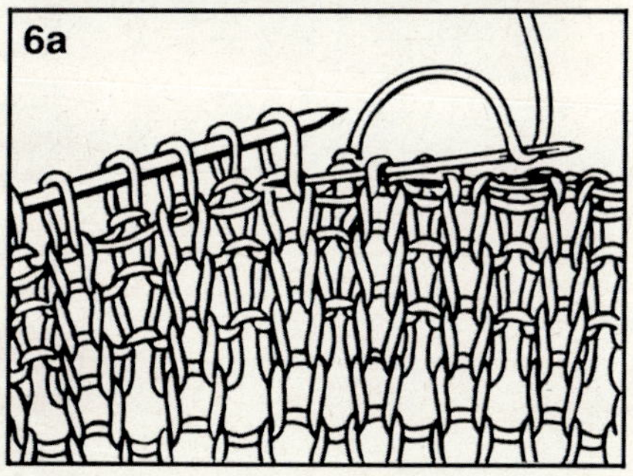
6a

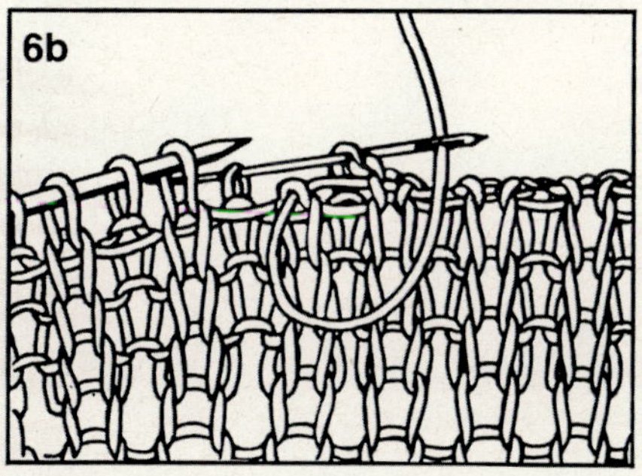
6b

Die Maschenprobe

Die Anfertigung einer ausreichend großen Maschenprobe ist Voraussetzung fürs Gelingen eines Modells. Die Zeit, die Sie dafür aufwenden, sparen Sie später garantiert wieder ein. Alle Angaben einer Anleitung, angefangen beim Anschlag, fußen auf der vorgeschriebenen Maschenprobe. Die Maschenprobe muß im vorgeschriebenen Muster, wir nennen's in der Regel „Grundmuster", gestrickt werden. Es nützt gar nichts, wenn Sie nur glatt rechts str. – wie groß die Unterschiede im Vergleich zu einigen Standardmustern sind, beweisen die Abb. 7 bis 15.

Je größer die Maschenprobe, um so zuverlässiger das Resultat; aus mittelstarker bis dicker Wolle sollten Sie grundsätzlich mindestens 11 x 11 cm str. (bei dünnerer Wolle 6 x 6 cm), um unter Auslassung der Rand-M., des Anschlages und des Abkettrandes korrekt auszählen zu können, wieviel M. und wieviel R. ein Quadrat von etwa 10 x 10 cm bzw. 5 x 5 cm füllen. Bei Mustern mit einem großen Rapport sollten bei der Maschenprobe immer vollständige Mustersätze ausgezählt werden, wie z. B. beim Wabenmuster lt. Abb. 14 (8 M. und 8 R./1 Mustersatz). Bei Patentmustern ist zu berücksichtigen, daß nur jede 2. R. im Maschenbild erscheint.

Es gibt ein praktisches Hilfsmittel, den INOX-Zählrahmen, ausgestattet mit Zentimeter-Skala und Nadelmaß, Abb. 7a. Wenn Sie die Maschenprobe gestr. haben, spannen Sie rechtwinklig. Aus Wolle gestr. kann sie leicht gedämpft werden – ansonsten gleichmäßig anfeuchten und trocknen lassen, ehe die Stecknadeln wieder entfernt werden. Danach legen Sie das Metermaß bzw. den Zählrahmen parallel zu Anschlag und Abkettrand auf und zählen nach, wieviel M. und R. 10 x 10 cm (bei dünnerer Wolle 5 x 5 cm) messen. Jetzt können Sie feststellen, ob Ihre Maschenprobe mit der in der Anleitung vorgeschriebenen identisch ist. Geringfügige Differenzen, die durch lockeres oder festes Stricken bedingt sind, können Sie in der Regel durch die Nadelstärke ausgleichen. Bei großen Abweichungen, die sich vielleicht durch die Verwendung eines anderen Garnes ergeben, ist nicht zu umgehen, die Anleitung an Hand der erzielten Maschenprobe „umzurechnen".

Erklärung der Standardmuster

Glatt rechts, Abb. 7: Hin-R. rechts, Rück-R. links – in Rd. nur rechts str. Dieselbe Maschenprobe ergibt natürlich „glatt links" – also die Hin-R. links und die Rück-R. rechts, in Rd. nur links stricken.

Gerippt, Abb. 8: Hin- und Rück-R. rechts, in Rd. wechselnd 1 Rd. rechts, 1 Rd. links str. Da nur die Links-M. im Maschenbild erscheinen = Rippen, müssen etwa doppelt soviel R. wie M. gestr. werden, um für ein Quadrat gleiche Seitenlänge zu erreichen.

Rippenmuster mit hochgezogenen Maschen, Abb. 8a: M.-Anzahl teilbar durch 9 + 2 Rand-M. Hin-R.: * 3 M. rechts, 1 M. links, 1 M. wie zum Linksstr. abheben, Faden hinter der M. weiterführen, 1 M. links, 3 M. rechts, ab * stets wdh. Rück-R.: * 4 M. rechts, 1 M. links, 4 M. rechts, ab * stets wdh. Vergleichen Sie diese Maschenprobe mit der lt. Abb. 8 – bedingt durch die abgehobene und die Links-M. davor und danach ist es 1 M. mehr in der Breite.

Perlmuster, Abb. 9: Wechselnd 1 M. rechts, 1 M. links str., M. in jeder R. oder Rd. versetzen – über Rechts-M. also Links-M. und über Links-M. Rechts-M. stricken.

Großes Perlmuster, Abb. 10: Wechselnd 1 M. rechts, 1 M. links, in den Rück-R. bzw. in jeder 2 Rd. die M. str., wie sie erscheinen. Nach je 2 R. oder Rd. die M. versetzen.

Halbpatent, Abb. 11: M.-Anzahl teilbar durch 2. Die R. beginnen und enden mit der Rand-M. In 1. R. wechselnd 1 M. rechts, 1 M. links str. 2. R.: 1 M. rechts, 1 M. mit 1 U. wie zum Linksstr. abheben (Faden wie zur Links-M. vor die M. legen = U., zus. mit der M. abheben), ab Anfang stets wdh. 3. R.: M. und U. rechts zus.-str., 1 M. links. Die 2. und 3. R. fortl. wdh. Beim Str. in Rd. die 1. und 3. Rd. wie die 1. und 3. R. str. In 2. Rd.: wechselnd 1 Rechts-M. mit 1 U. wie zum Linksstr. abheben, 1 M. links. Die 2. und 3. Runde stets wiederholen.

Normales Patentmuster, Abb. 12: Die 1. R. rechts, die 2. R. wie beim Halbpatent, auch die 3. R. wie die 2. R. str. und die 2. und 3. R. fortl. wdh. Man kann das Patentmuster auch durchs „Tiefstricken" bilden: In 1. und 2. R. rechts str. 3. R.: 1 M. rechts, 1 M. „tief" str., d. h. nicht in die Schl. auf der Nadel, sondern in die darunter liegende M. einstechen. Alle folg. R. wie die 3. R. str. Bei gerader Maschenzahl ergibt es sich zwangsläufig, daß in jeder folg. R. die M. „tief" gestr. werden, die in vorheriger R. rechts gestr. worden sind, und umgekehrt.

Gitterpatent, Abb. 13: Die 1. R. rechts, die 2. R. wie beim Halbpatent str. 3. R.: * M. und U. rechts zus.-str., 1 M. rechts, ab * stets wdh. 4. R.: 2 M. rechts, * 1 M. mit 1 U. wie zum Linksstr. abheben, 1 M. rechts, ab * stets wdh. 5. R.: * 1 M. rechts, M. und U. rechts zus.-str., ab * stets wdh. Die R. mit 2 M. rechts beenden. Die 2. bis 5. R. stets wdh.

Wabenmuster, Abb. 14: M.-Anzahl teilbar durch 8 + 2 Rand-M. Die Hin-R. rechts, die Rück-R. links str. In der 1. R. abwechselnd 4 M. nach rechts und 4 M. nach links verkreuzen (nach rechts verkreuzen: 2 M. auf 1 Hilfsnadel hinter die Arbeit legen, beim Nach-links-Verkreuzen die 2 M. auf der Hilfsnadel vor die Arbeit legen – die folg. 2 M., dann die M. von der Hilfsnadel str.). In der 5. R. 4 M. nach links, dann 4 M. nach rechts verkreuzen. Die 1. bis 8. R. stets wdh.

Doppelter Zopf, Abb. 15: Der Zopf ist eingefaßt von 2 M. glatt links, und in der Mitte zwischen den Zöpfen ist 1 M. rechts eingefügt, die in der 1. Muster-R. aus dem M.-Querdraht rechts verschränkt herauszustr., also zuzunehmen ist. Damit wird der Unterschied zwischen verkreuzten M. und glatt rechts bzw. glatt links ausgeglichen (durchs Verkreuzen werden die M. zus.-gedrängt). In der 1. R. also 2 M. links, 8 M. rechts, 2 M. links und ab 3. R. in den Hin-R. 2 M. links, 9 M. rechts, 2 M. links, in den Rück-R. die M. str., wie sie erscheinen (also 2 M. rechts, 9 M. links, 2 M. rechts). In 3. und 7. R. die 1. bis 4. Rechts-M. nach rechts verkreuzen und die 6. bis 9. M. nach links verkreuzen (siehe Wabenmuster, Abb. 14). Die 3. bis 10. R. fortlaufend wiederholen.

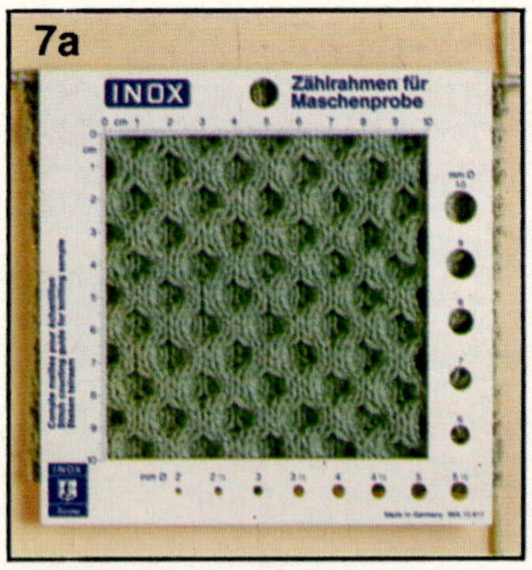

Alle Maschenproben sind im gleichen Maßstab verkleinert

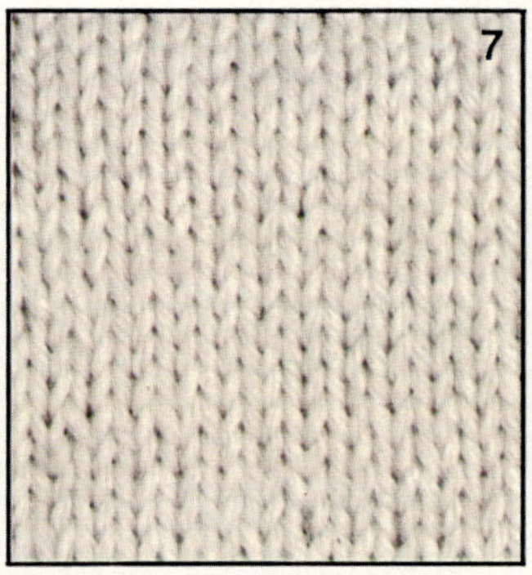

12 Maschen und 16 Reihen glatt rechts messen 5 x 5 cm

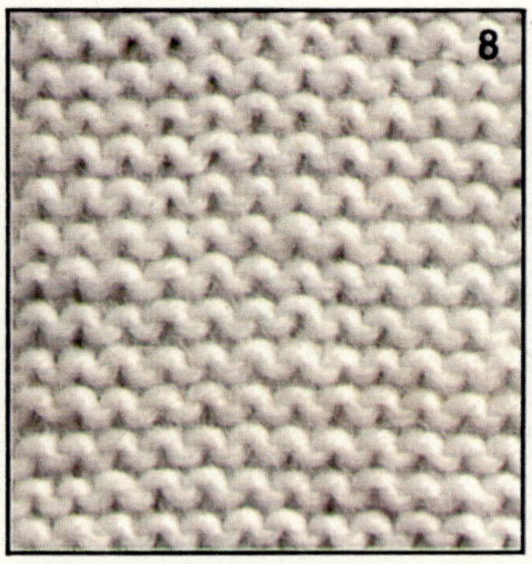

12 M. und 24 R. gerippt = in allen R. rechts str./5 x 5 cm

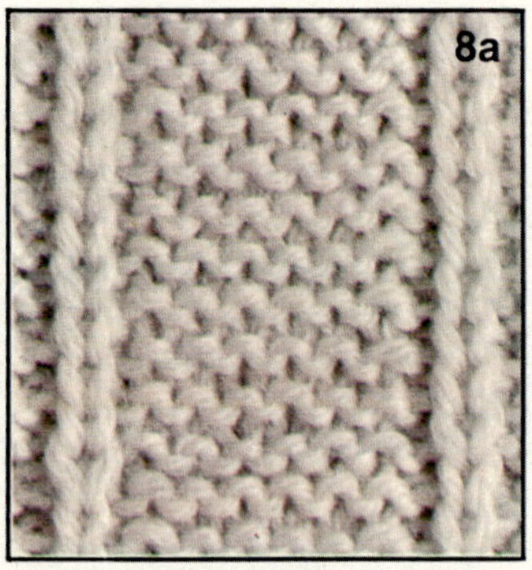

13 M. und 22. R. Rippen mit hochgezogenen M./5 x 5 cm

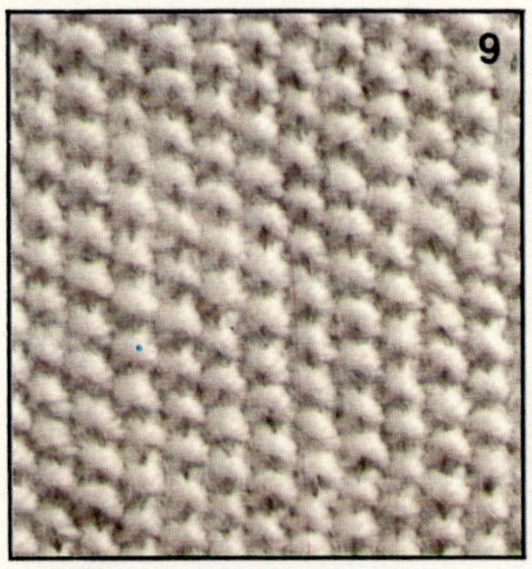

11½ M. und 22 R. Perlmuster messen 5 x 5 cm

Im großen Perlmuster messen 12 M. und 20 R. 5 x 5 cm

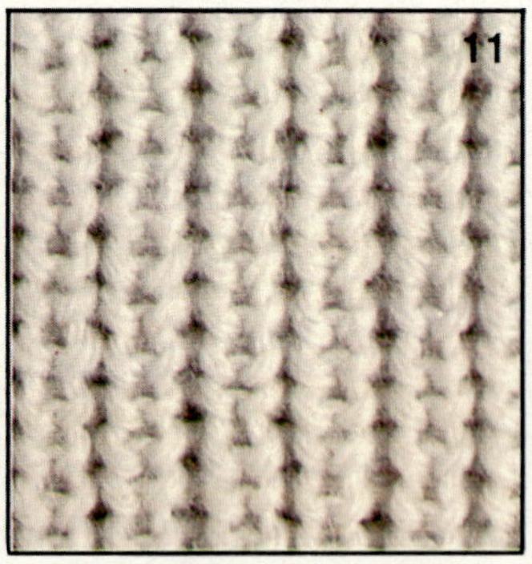

14 M. und 22 R. Halbpatent messen etwa 6,5 x 6,5 cm

14 M. und 24 R. „patent" gestrickt messen 6 x 6 cm

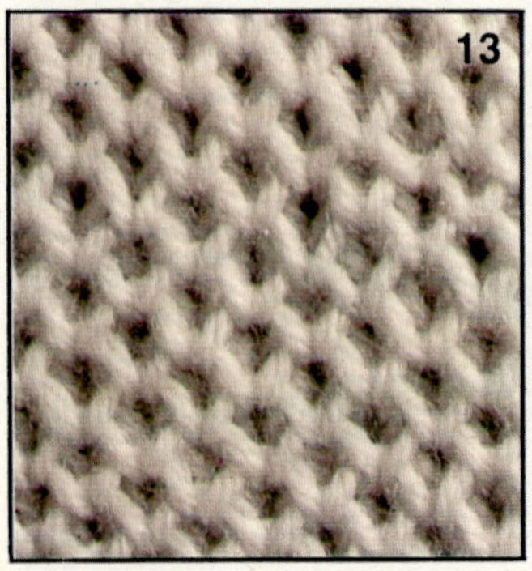

20 Maschen und 28 R. Netz- bzw. Gitterpatent/6 x 6 cm

24 M. und 24 R. Wabenmuster, das sind 3 x 3 Mustersätze, messen 6,5 x 6,5 cm

13 M. Zopfmuster (2 Links-M., 9 M. Zopf, 2 Links-M.) messen 4,5 x 4,5 cm

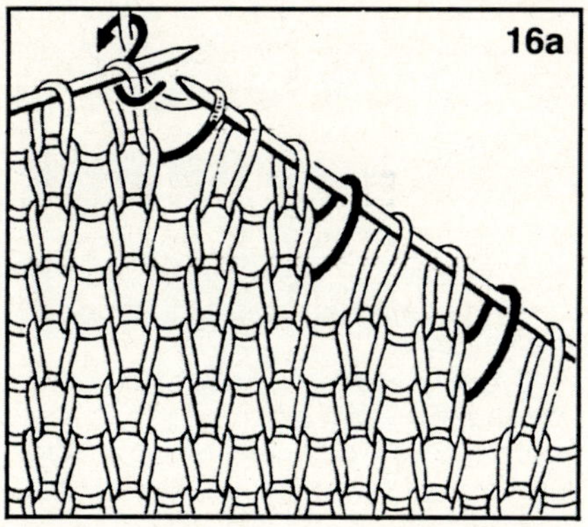
16a

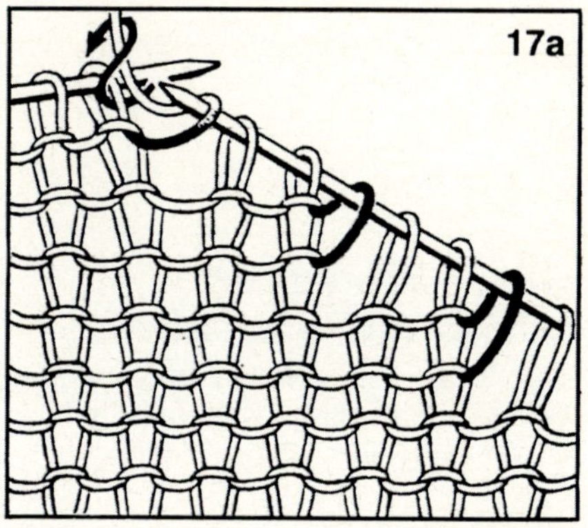
17a

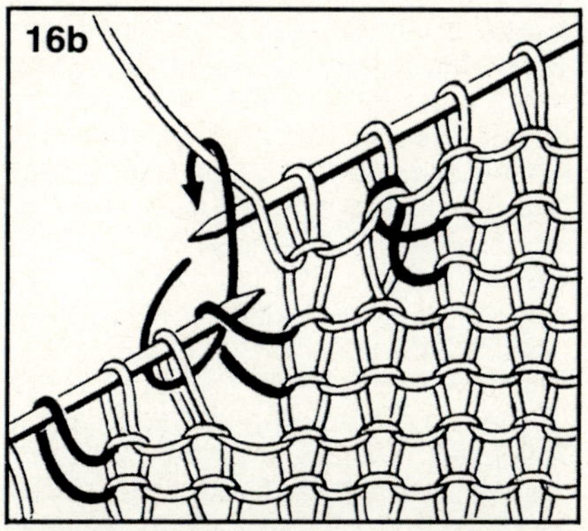
16b

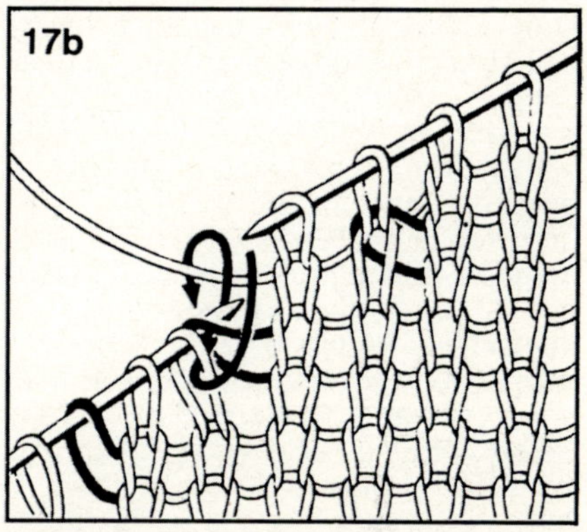
17b

16c

17c

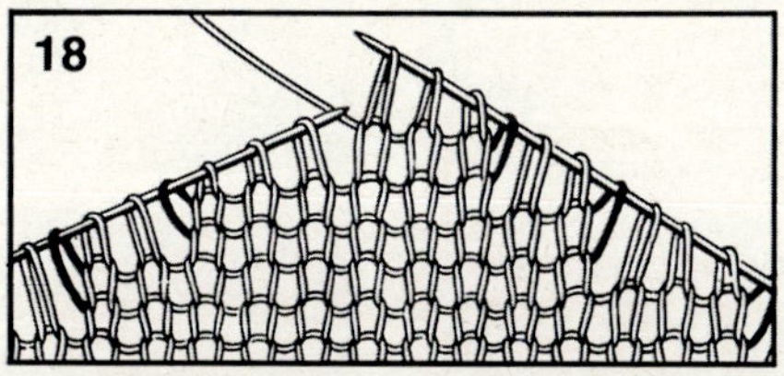
18

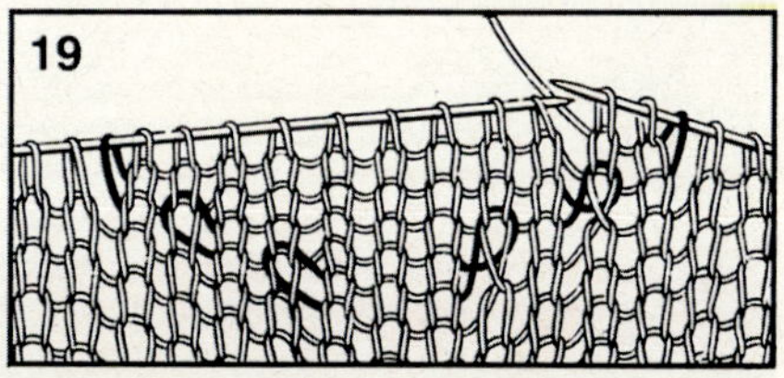
19

20

Verkürzte Reihen

Muß die Anzahl der R. innerhalb eines Strickteiles unterschiedlich ausfallen, wird innerhalb der R. gewendet, die R. werden also „verkürzt". Erforderlich, wenn z. B. Abnäher einzustr. sind oder bei einem Rock, bei welchem die M.-Anzahl der Rocklänge entspricht (wenn also „quer" gestr. wird), die Differenz zwischen Taillen- und Saumweite durch die R.-Anzahl auszugleichen ist oder wenn unterschiedliche Muster, bei denen gleichviel R. nicht gleichviel Zentimeter ergeben, nebeneinander gestr. werden – z. B. bei einer gerippten Blende an einem glatt rechts gestr. Teil die Anzahl der verkürzten R. bzw. die Abstände, in denen sie zu wdh. sind, ist nach der Maschenprobe zu errechnen.

Beim Einstr. von Abnähern oder beim „Quer-Stricken" eines Rockes wird man die R. abgestuft kürzen, also nicht in jeder R. vor dem Wenden gleichviel M. ungestr. liegen lassen. Man kann mit der längsten und mit der kürzesten R. beginnen. Lt. Abb. 16a wurden am rechten Rand in aufeinanderfolg. Rück-R. je 2 M. mehr ungestr. liegen gelassen; damit beim Wenden an dieser Stelle keine Lücke entstehen kann, ist stets 1 U. aufzunehmen. Ist die 1. durchgehende R. eine Rück-R., so sind U. und folg. M. links verschränkt – siehe Pfeil in der Abb. 16b – zus.-zustr. Würde beim Wenden kein U. ausgeführt, entstände an diesem Punkt ein Loch – durchs Zus.-Str. von U. und M. an der Wendestelle ist die Unterbrechung im Maschenbild kaum erkennbar, siehe Abb. 16c. Sind am linken Rand eines Teiles in aufeinanderfolg. Hin-R. weniger M. abzustr., ist die 1. durchgehende R. eine Hin-R., U. und M. sind daher rechts zus.-zustr., siehe Abb. 17a und b.

Sind in einem Teil zu beiden Seiten verkürzte R. einzustr., z. B. für seitliche Abnäher eines Pullovervorderteils, werden die R. beidseitig genauso gekürzt – am rechten Rand die M. in den Rück-R., am linken Rand in den Hin-R. ungestr. liegenlassen. Lt. Abb. 18 sind mit jeder R. mehr M. ungestr. liegen geblieben. Nach der letzten verkürzten R. werden M. und U. am linken Rand rechts zus.-gestr., in der folg. Rück-R. sind am rechten Rand U. und M. links verschränkt zusammenzustricken.

Lt. Abb. 19 bleiben nach und nach weniger M. ungestr. auf der Nadel, und beim Darüberstr. werden U. und M. wie oben beschrieben zusammengestrickt.

Müssen in ein Durchbruchmuster verkürzte R. eingefügt werden, verlegt man die Wendestellen natürlich immer zwischen M., nicht zwischen M. und U., siehe Abb. 20: In den Hin-R. ist wie folgt gestr.: Rand-M., * 1 U., 2 M. rechts verschränkt zus. str., 1 M. rechts, ab * stets wdh., in den Rück-R. M. und U. links str. Die Wendestellen liegen vor der Rechts-M. – so daß in Hin-R. gewendet wird, nachdem die 2 M. zus. gestr. wurden und in Rück-R., nachdem der U. und die folg. M. links abgestr. worden sind. Das Zusammenstricken von U. und M. erfolgt wie vorher beschrieben.

LEHRGANG

Stricken mit dicker Wolle

Gutes Werkzeug erleichtert die Arbeit!

Jede Wolle, dicke Wolle im besonderen, muß mit den richtigen Nadeln verstrickt werden. Das gilt nicht nur im Hinblick auf die Nadelstärke, sondern auch für die -beschaffenheit. Die Industrie sorgt dafür, daß wir unter kurzen und langen stabilen Stricknadeln – aus Galalith oder Leichtmetall – wählen können. Für besonders maschenreiche Arbeiten sind die flexiblen Jackenstricknadeln vorzuziehen, nur die Strickspitzen, verbunden durch ein Perlonseil, bestehen aus Metall oder Kunststoff. Fürs Stricken in der Runde gibt's Spielstricknadeln und Rundnadeln. Die Numerierung nennt den Durchmesser der Nadeln bzw. der Strickspitzen. Bis Nr. 6 differieren die Stärken um je ½ mm, ab Nr. 6 bis 10 mm um je 1 mm. Stärkere Nadeln sind mit 12, 15 und mit 20 mm ∅ zu haben.

Abb. 1 zeigt verschiedene stabile Stricknadeln. Von oben nach unten: Mit gelben und schwarzen Knöpfen Schnellstricknadeln aus Leichtmetall, bei denen nur die Spitzen die Strickstärke haben. Die Maschen gleiten ohne jegliches Zutun selbsttätig auf den dünneren Schaft (30 und 35 cm lang, in 35 cm Länge bis Stärke Nr. 7 erhältlich). Verschieden gefärbte Knöpfe bezeichnen unterschiedliche Nadelstärken.

An 3. und 4. Stelle sind normale Jackenstricknadeln abgebildet, diese gibt es ebenfalls bis Nr. 7. Jackenstricknadeln aus Galalith sind sogar bis Stärke Nr. 10 lieferbar, und zwar 30 und 35 cm lang. In 35 cm Länge sind auch die Stärken 12, 15 und 20 erhältlich, allerdings sind diese Nadeln innen hohl – dennoch sehr stabil (massive Nadeln wären zu schwer, Hände und Arme würden beim Stricken sehr schnell ermüden). Die unterschiedlich gefärbten Strickspitzen kennzeichnen verschiedene Stärken, siehe 5. bis 7. Paar in der Abb. 1.

In der Abb. 2 sind an erster Stelle Jackenstricknadeln mit Perlonschaft abgebildet; erhältlich bis Stärke Nr. 10. Die Maschen gleiten von den Strickspitzen aufs flexible Perlonseil. Bei zunehmender Maschenzahl wächst auch das Gewicht der Arbeit. Die Maschen, die das Perlonseil aufnimmt, ruhen auf dem Schoß und entlasten Hände und Arme; beim Stricken mit dicker Schnellstrickwolle eine spürbare Erleichterung! Dasselbe gilt auch für Rundstricknadeln. Auch mit einer Rundnadel kann in hin- und hergehenden Reihen gestrickt werden. Beim Wenden von einer zur folgenden Reihe ist darauf zu achten, daß das Perlonseil immer hinter der Arbeit liegt, die Nadelspitze wechselt also hinter der Arbeit von der linken zur rechten Hand.

Eine Rundnadel ist grundsätzlich kürzer als der Umfang der Runde! Von 40 bis 100 cm Länge sind sie bis Stärke Nr. 7 erhältlich (die Längen 50, 70 und 90 cm nur bis Nr. 6), in den Stärken 8 bis 10 nur in 80 cm Länge. Ab Stärke Nr. 6 sind die Strickspitzen aus Kunststoff hergestellt.

Spielstricknadeln werden dann verwendet, wenn die 40 cm lange Rundnadel zu lang ist. Bei Nadeln aus Leichtmetall reicht die Stärkenskala bis Nr. 5; von Nr. 5 bis 8 gibt's 17 und 21 cm lange Galalithstricknadeln, siehe Abb. Außerdem ist rechts oben ein Nadelmaß und eine Zopfmusternadel bzw. Hilfsnadel zu erkennen. Letztere gibt's in 2 Stärken. Sie nimmt beim Verkreuzen die Maschen auf, die zunächst zu übergehen sind.

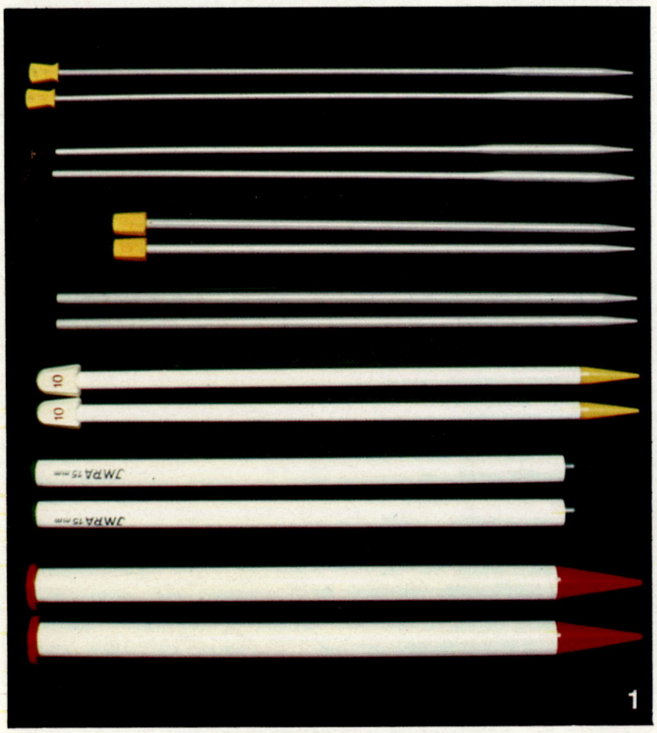

1

Die Farben an Strickspitzen und Nadelknöpfen kennzeichnen verschiedene Stärkengrade

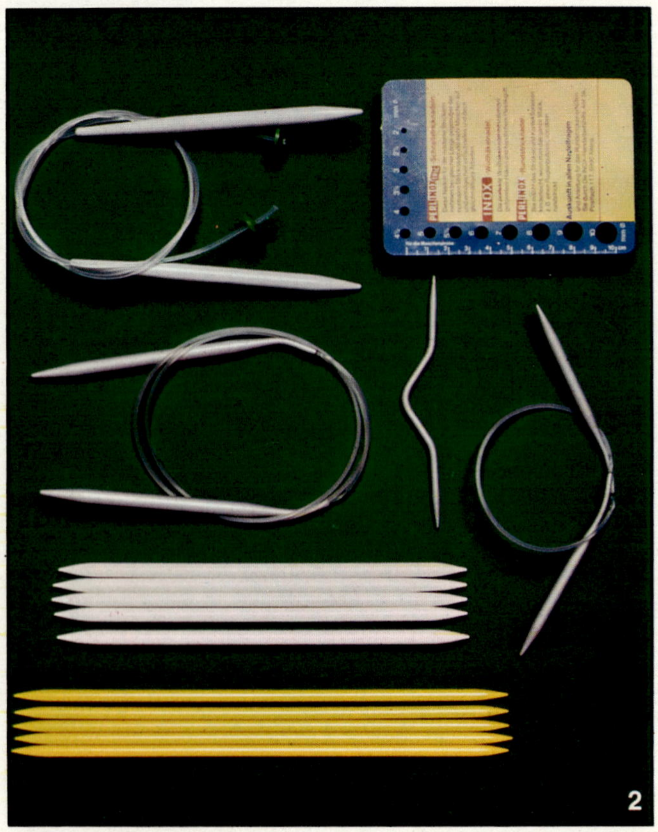

2

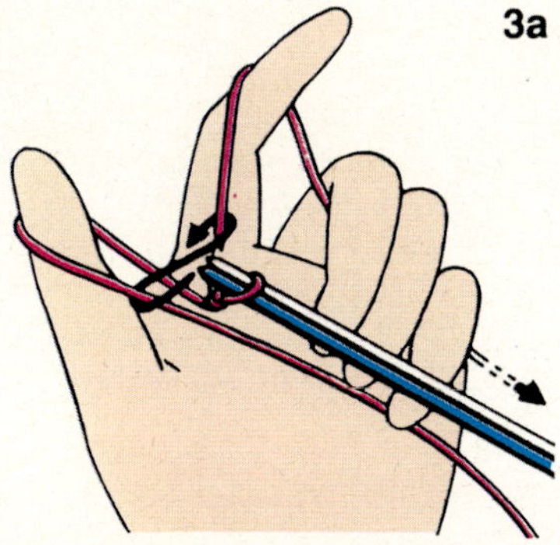
3a

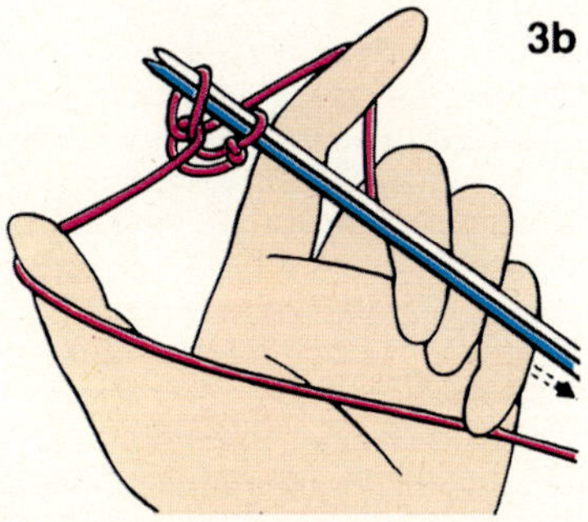
3b

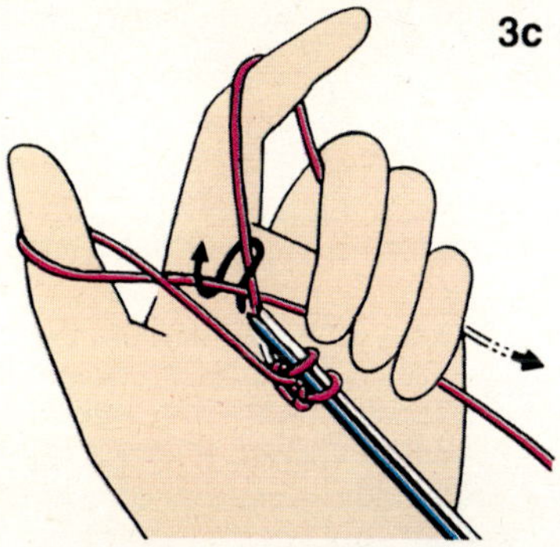
3c

3d

Fadenlänge für den Anschlag

Beim Anschlag muß das Fadenende, das hängenbleibt, der Maschenzahl entsprechend lang bemessen sein. Je dicker die Wolle, um so größer der Verbrauch pro Masche! Für je 10 Maschen gilt folgende „Faustregel“:

Nadeln	**Fadenlänge**
Nr. 6 und 7	50 cm
Nr. 8	54 cm
Nr. 9	56 cm
Nr. 10	60 cm

Darüber hinaus sind zu diesen Zirkamaßen noch 15 bis 20 cm fürs Vernähen hinzuzurechnen. Man kann das Fadenende auch so bemessen, daß es ausreicht, um damit die betreffende Naht zu schließen.

Maschenanschlag

M. = Masche, R = Reihe, Rd. = Runde, str. = stricken, U. = Umschlag

Der Anschlag muß locker ausgeführt werden, am besten mit 2 Nadeln – oder mit einer Nadel, die wenigstens um ein, zwei Stärkegrade dicker ist, als für die eigentliche Strickerei vorgesehen. Die Abb. 3a bis d erklären einen Anschlag, der für ein dehnbares Gestrick aus wechselnd 2 M. rechts und 2 M. links besonders zu empfehlen ist. Wie die Schlingen bzw. M. abwechselnd durchzuholen sind, erläutern die Abb. 3a bis c; Abb. d zeigt den Anschlag für 6 M.

Knötchenrand

Verstrickt man dicke Wolle, ist der Knötchenrand dem Kettenrand vorzuziehen. Für den Knötchenrand ist die Rand-M. (das ist die erste und letzte M. einer R.) am Reihenanfang wie zum Rechtsstr. abzuheben, siehe Abb. 4, und am Reihenende rechts zu str. – auch bei Linksmaschengrund und gemusterten Flächen. Will man vermeiden, daß sich die Ränder einrollen, strickt man innerhalb der Rand-M. 2 M. im Perlmuster, d. h. 1 M. rechts, 1 M. links, in folg. R. versetzt zur vorhergehenden R. Bei sehr dicker Wolle erreicht man mitunter schon mit 1 M. links bzw. rechts denselben Effekt, siehe Abb. 5 (Anschlag lt. Abb. 3a bis d; Rand lt. Abb. 4).

4
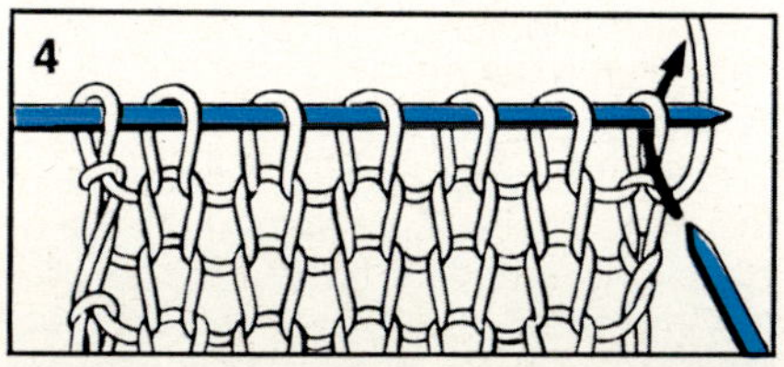

5

6

7

8a

8b

8c

Abketten

Soll ein Streifenmuster aus wechselnd 2 M. rechts, 2 M. links am Abkettrand nicht gar zu dehnbar sein, kettet man nur die Rechts-M. einzeln ab. Die 2 Links-M. sind stets zusammengestrickt abzuketten, Abb. 6 Bei diesem Muster sind übrigens in den Hin-R. die Rechts-M. nur abgehoben (Faden hinter der Arbeit weiterführen) und in allen Rückreihen links gestrickt.

Soll sich der Rand dagegen sehr flach legen – z. B. bei Rollkragen –, ist zu empfehlen, vor dem Abketten 1 Rück-R. rechts sowie 1 Hin-R. links zu str. und dabei die M. abzuketten. Wird in der Rd. gestrickt, ist die Arbeit mit 2 Linksrd. zu beenden, Abb. 7!

Anlegen eines neuen Fadens

Fadenende und -anfang einzustricken, würde im Maschenbild eine verdickte Stelle ergeben. Den neuen Faden nur einfach anzuknoten, ist nicht empfehlenswert, der Knoten kann sich zu leicht lösen. Man sollte den „Fadenwechsel“ lt. Abb. 8a bis 8c vornehmen: Die Fäden ca. 10 cm lang hängenlassen, 8a, einfach miteinander verschlingen, 8b. Diese Stelle festhalten, bis 2, 3 M. gestr. sind, die Fäden teilen und dann jeden Fadendraht für sich vernähen.

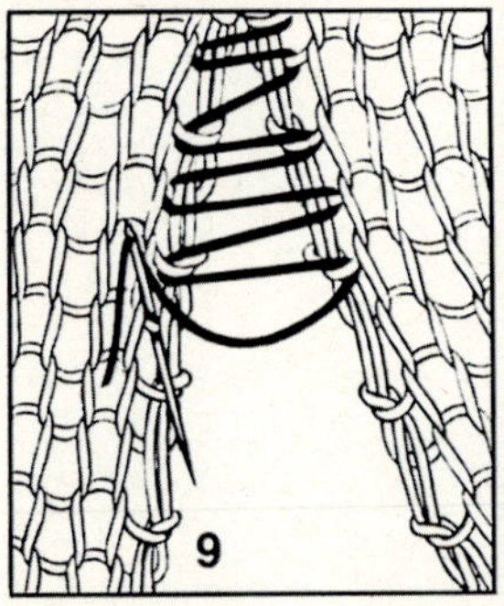
9

10a

10b

11a

11b

Verschiedene Nähte

Bei einem Rechts-Rechts-Gestrick (d. h. Hin- und Rück-R. rechts, also gerippt str.) mit Knötchenrand wird man nur die „Knötchen" in die Naht einbeziehen, d. h. also, es wird wechselnd 1 Knötchen vom rechts, 1 Knötchen vom links liegenden Teil aufgefaßt. Ist aber „glatt rechts" bzw. „glatt links" gestr. oder irgendein Muster ausgeführt, wird der Matratzenstich empfohlen. Dabei ist der Maschenquerdraht innerhalb der Rand-M. zu erfassen, siehe Abb. 9.

Als Beispiel die Abb. 10a und 10b: In der Abb. 10a oben eine Knötchenrandnaht, darunter der Matratzenstich im Rechtsmaschengrund; dasselbe von der Rückseite in Abb. 10b. Wie „unsichtbar" eine Matratzenstichnaht ausfällt, zeigt auch Abb. 11a. Das Glatt-Rechts-Muster ist aus Wolle mit Flammeneffekt gestr. Hier ist die obere Hälfte mit Knötchenrand, die untere mit Kettenrand gearbeitet. Abb. 11b (Rückseite) läßt erkennen, daß der Nahtrand beim Kettenrand im Vergleich zum Knötchenrand um ½ M. breiter ausfällt. Auch ein so schmaler Nahtrand kann über der Rückseite vorsichtig gedämpft werden. Das Bügeleisen darf dabei nicht aufgedrückt werden, sondern nur leicht über die Nahtränder, die – angefeuchtet – mit den Fingerspitzen der linken Hand flachzudrücken sind, hinweggleiten.

Nähte, die parallel mit den R. verlaufen, z. B. an Schulterrändern, können ebenfalls im Matratzenstich geschlossen werden (Abb. 12a), aber auch mit Rück- bzw. Steppstichen, Abb. 12b. Dabei werden Abstufungen, die sich durchs Abnehmen bzw. Abschrägen ergeben, begradigt; Abb. 12c zeigt die Rückseite – unter feuchtem Tuch leicht gedämpft.

Maschen auffassen

Müssen für eine Blende oder für ein anzustrickendes Teil M. aus einem Rand aufgefaßt werden, ist besonders bei dicker Wolle auf die richtige M.-Zahl zu achten; die M.-Probe bietet die Grundlage. Ein Beispiel: Sagt die M.-Probe, daß 12 M. x 16 R. 10 x 10 cm messen, so sind über 16 R. nur 12 M. aufzufassen – vor allem dann, wenn im gleichen Muster weitergestrickt werden soll.

Ist für eine Blende, einen Rollkragen ein elastischer Rechts-Links-Maschen-Streifen anzustr., dürfen es einige M. mehr sein. In Zweifelsfällen lohnt es, eine Probe zu stricken, um danach ausrechnen zu können, wieviel M. aufgefaßt werden müssen.

Bei dicker Wolle ist es einfacher, die M. aus einer aufgestickten Kettenstichreihe, für die man die Wolle teilt oder einen dünnen Faden gleicher Farbe verwendet, aufzunehmen. Die Anzahl der Kettenstiche entspricht der errechneten M.-Zahl.

Abb. 13a zeigt das Auffassen an einem schrägen, Abb. 13b und c über einem geraden Rand. Lt. Abb. 13b werden die M. mit der Stricknadel, lt. Abb. 13c mit einer Häkelnadel durchgeholt und erst dann auf die Stricknadel gehoben.

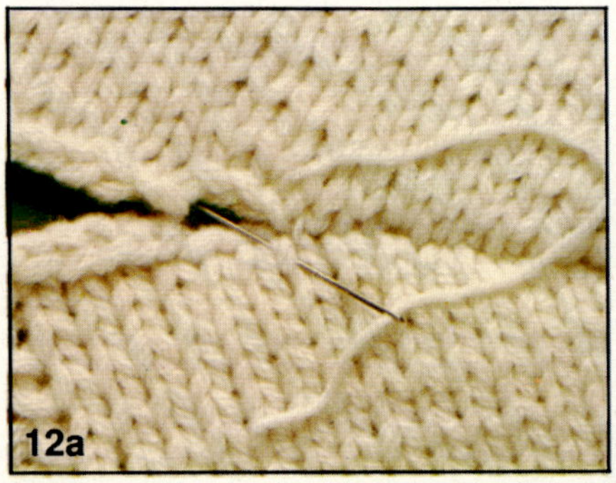
12a

12b

12c

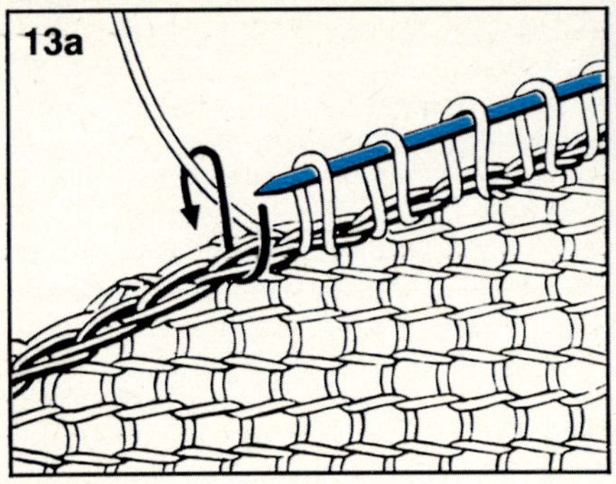
13a

13b

13c

14a

14b

14c

Ausschnittblende anstricken

Man vermeidet das Auffassen der M., wenn an den betreffenden Rändern die M. nicht abgekettet, sondern auf eine Hilfsnadel oder einen Hilfsfaden übernommen werden. An geraden Rändern, z. B. am rückwärtigen Ausschnittrand, der ohne Rundung auszuführen ist, ist das sehr einfach, siehe Abb. 14a. An der Rundung des vorderen Ausschnittrandes werden die M. nach und nach auf den Hilfsfaden bzw. die -nadel gefaßt, bei jedem Wenden 1 U. aufnehmen. Abb. 14b.

Sind die Schulternähte geschlossen, werden die M. auf 4 Spielstricknadeln verteilt. In der 1. Rd. sind die U. verschränkt abzustr. und an den seitlichen, gerade verlaufenden Rändern aus entsprechend vielen U. 2 M. herausstr. (bei der genannten Maschenprobe aus jedem 2. U., denn 16 R. ergeben 8 U., und daraus sollen auf 10 cm 12 M. gestr. werden). Es ist außerdem darauf zu achten, daß die Gesamtzahl der M. im Muster „aufgeht" – für wechselnd 1 M. rechts, 1 M. links muß die M.-Zahl durch 2, für 2 M. rechts, 2 M. links durch 4 teilbar sein.

Knopflöcher einstricken

Ist der Faden sehr dick, sollte man die M. für die Knopflöcher nicht wie allgemein üblich abketten und in der folg. R. wieder anschlagen, sondern lt. Abb. 15a mit einem andersfarbigen Hilfsfaden abstr. Der Arbeitsfaden ist auf der Rückseite weiterzuführen, um damit nach den „Knopflochmaschen" weiterstricken zu können. In der folgenden R. werden die M. mustergemäß abgestr. Der Hilfsfaden bleibt bis zum nächsten Knopfloch hängen, siehe Abb. 15a.

Zuletzt wird der Hilfsfaden vorsichtig gelöst und die freigelegten M. mit geteiltem Faden oder gleichfarbiger Knopflochseide umstochen, wobei natürlich jede M. zu erfassen ist (unteres Knopfloch in der Abb. 15b); auch der weitergespannte Faden wird dabei mit umstochen.

Schließlich wird das Knopfloch noch umschürzt. Entweder mit geteiltem Faden, falls dieser aber zu lose gedreht sein sollte, ist es besser, für den Knopflochstich Nähgarn bzw. Knopflochseide zu verwenden (in der Abb. 15b der Deutlichkeit halber das 2. Knopfloch mit farbigem Faden).

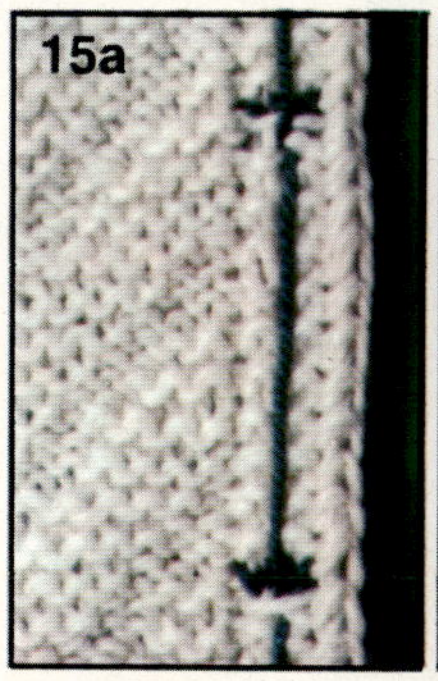
15a

15b

Maschenmodelle pflegen

Will man sich an einem Maschenmodell lange Zeit erfreuen, muß es richtig gepflegt werden. Das ist heutzutage ein Kinderspiel, denn es gibt Feinwaschmittel mit allen Vorzügen für eine vorschriftsmäßige Wollpflege. Man richte sich nach der aufgedruckten Gebrauchsanweisung. Ein Zuviel an Waschmittel kann schädlicher sein als zu sparsame Dosierung – aufs richtige Maß kommt's an!

Sollte sich in Nähten Staub festgesetzt haben, wird er vorher sorgfältig ausgebürstet. Flecken entfernt man ebenfalls vorher mit einem guten Fleckentferner. Knöpfe und Garnituren, die evtl. abfärben könnten, werden abgetrennt. Weiße und helle Sachen sollte man nicht zusammen mit Dunkelfarbigem waschen. Ist ein Modell aus heller und dunkler bzw. leuchtendfarbiger Wolle gearbeitet, wird empfohlen, der Waschlösung einen Schuß Essig zuzusetzen.

Die Waschmittellösung darf nicht zu knapp, das Gefäß muß so groß sein, daß das Maschenmodell darin vorsichtig ausgedrückt und leicht hin- und hergeschwenkt werden kann. Bei stark verschmutzten Sachen wiederholt man den Vorgang mit frischer Waschmittellösung. Ist das Gestrick sauber und vorsichtig ausgedrückt (Maschengewebe darf man niemals wringen), wird in lauwarmem Wasser gründlich gespült, so oft, bis das Wasser klar bleibt. Ein Schuß Essig ins letzte Spülwasser gibt Farben neue Frische!

Zum Vortrocknen schiebt man zwischen Vorder- und Rückenteil sowie in die Ärmel Frottiertücher. Durch leichtes Drükken wird bereits ein Teil der Feuchtigkeit entfernt. In Form gebracht, wird das Gewaschene auf ein Frottiertuch gelegt, das man evtl. erneuert, bis alle Nässe verdunstet ist. Wolle nicht in Ofennähe, nicht auf der Heizung, keinesfalls im Wäschetrockner und nicht in der prallen Sonne trocknen!

Will man Gestricktes (und natürlich auch Gehäkeltes) in der Maschine waschen, ist vor allem bei dicker Wolle (Mohair, Wolle mit Mohair) zu empfehlen, das Modell in einem Beutel zu verwahren, den man mit kurzen Stichen schließt. So geschützt kann man Maschenmodelle sogar leicht „anschleudern", um damit das Trocknen zu beschleunigen; danach sofort aus der Maschine nehmen, keinesfalls zusammengeknüllt liegenlassen. Sachen aus langfasriger Wolle (Mohair) werden anschließend in Richtung von oben nach unten gebürstet, das „Vlies" sieht wieder wie neu aus.

Zur sachgerechten Pflege gehört auch das Aufbewahren. Kleine, leichte Stücke kann man über einen Bügel hängen. Modelle aus dicker Wolle, die sich beim Hängen durch ihr Gewicht verziehen würden, bewahrt man liegend auf, am besten in einem Klarsichtbeutel.

Unser Textilkennzeichnungsgesetz vermittelt hilfreiche Hinweise. Beachten Sie daher die international gültigen Signets auf dem Wolleinband; man kann sich darauf verlassen! Sie haben folgende Bedeutung:

nicht wärmer als 30° C waschen

filzfrei und im Schongang maschinenwaschbar

100% Schurwolle waschmaschinenfest durch „Superwash"

bügeln bei mittlerer Temperatur

bügeln bei niedriger Temperatur

nicht bügeln

LEHRGANG
Stricken

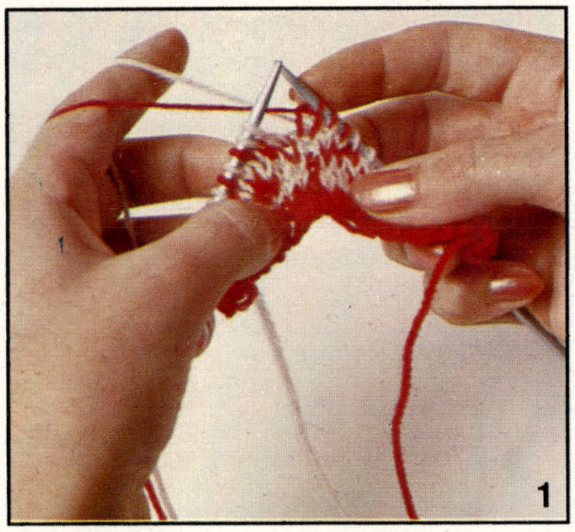

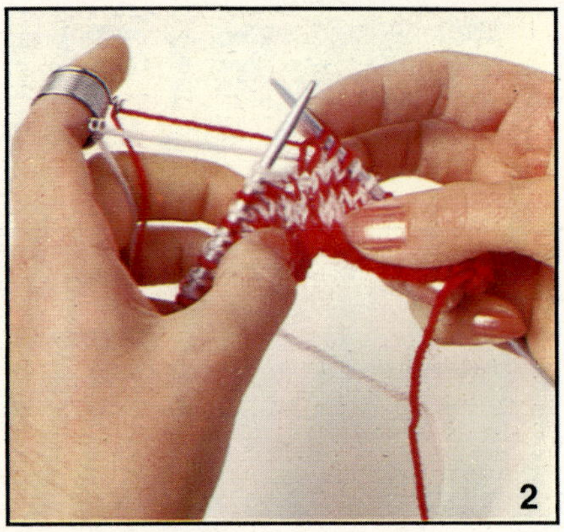

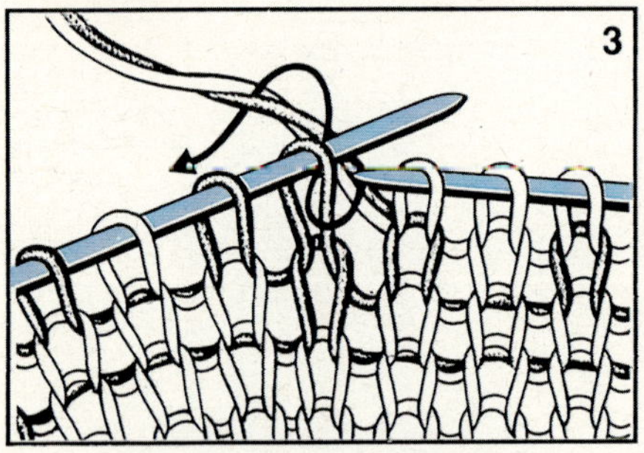

Beim Musterstricken wird natürlich immer nur einer von mehreren Fäden in Pfeilrichtung abgestrickt

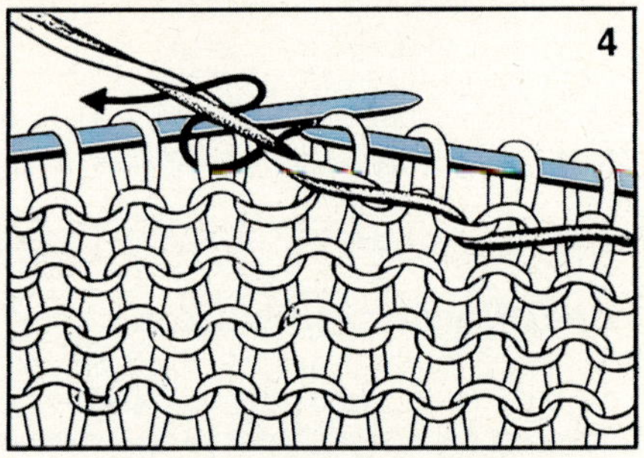

In den Rückreihen sollte man die Fäden beim Übergehen mehrerer Maschen lt. Abb. verkreuzen

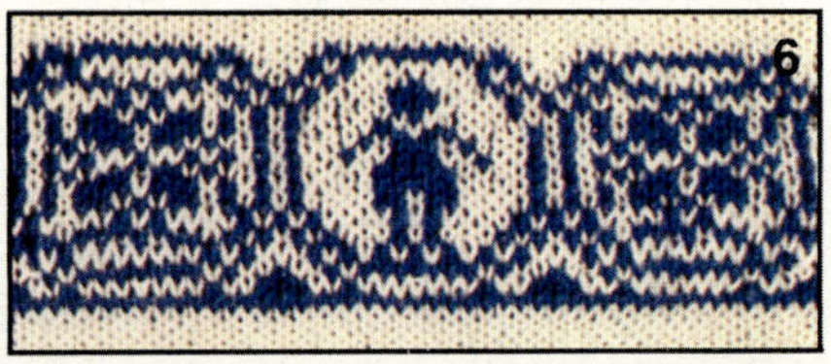

Bordüre aus Figuren und Ornamenten

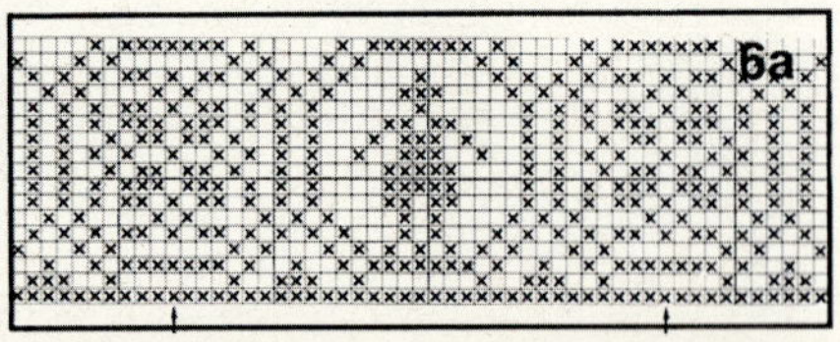

Stricken mit zwei und mehr Farben nach Zählmuster

Nach jeder Zählvorlage für zwei- bis vierfarbigen Kreuzstich kann auch glatt rechts gestrickt werden. Muster mit mehr als vier Farben sollte man besser im Maschenstich aufsticken, denn beim Stricken würden die Fäden auf der Rückseite zwangsläufig zu große Zwischenräume überspannen.
Anfänger sollten sich zunächst mit zweifarbigen Mustern begnügen. Damit das Maschenbild regelmäßig ausfällt, müssen die Fäden in gleichmäßiger Spannung geführt werden. Der Zeigefinger kann zwei Fäden aufnehmen, Abb. 1. Ein 3. und 4. Faden wäre über den Mittelfinger der linken Hand zu leiten.
Eine nützliche Hilfe ist dabei ein Strickfingerhut. Abb. 2. Zwei Ösen leiten die Fäden. Auch hier könnte ein 2. „Fadenführer" – vom Mittelfinger gehalten – einen 3. und 4. Faden leiten. Es wird glatt rechts (rechts obenauf) in hin- und hergehenden Reihen gestrickt, in den Hinreihen sind also Rechts- (Abb. 3) und in den Rückreihen Linksmaschen (Abb. 4), beim „In-der-Runde-Stricken" nur Rechtsmaschen auszuführen. Der 2. (evtl. auch der 3. und 4.) Faden ist stets lose auf der Rückseite der Arbeit weiterzuführen. Die Dehnbarkeit der Maschen darf durch die Spannfäden nicht beeinträchtigt werden (Abb. 5). Überspringen die Spannfäden auf der Rückseite mehr als 4 Maschen, sollte man sie verkreuzen. Wichtig ist, daß auch nach einer Unterbrechung die Fäden wieder in derselben Reihenfolge von den Fingern der linken Hand übernommen werden wie zu Beginn.
Die Randmasche ist bei zweifarbigen Mustern stets mit beiden Fäden zu stricken; bei dreioder gar vierfarbiger Strickweise muß der 3. und 4. Faden über dem Faden bzw. den Fäden liegen, mit dem (mit denen) die Randmasche abgestrickt werden soll, um von dieser gehalten zu werden.

Musterbeispiele

Ein Vergleich zwischen Abb. 6 und 6a zeigt, daß das Maschenbild in Breite und Höhe nicht mit der Zählvorlage harmoniert, d. h. gleichviel Maschen und Reihen ergeben kein Quadrat. Symmetrische Muster lt. Abb. 7 bis 12 wird man immer ab Mitte einteilen. Pfeile in den Zählmustern auf Seite 19 bezeichnen diejenigen Mustermaschen, die die Mitte bilden können. Das vierfarbige Muster lt. Abb. 8 ist so gezeichnet, daß immer nur mit zwei Farben gestrickt werden muß. Einige zwei- und dreifarbige Muster mit den dazugehörigen Zählvorlagen sind auf Seite 19 abgebildet.
Die Figurenbordüre lt. Abb. 9 ist ab Baummotiv einzuteilen und fortlaufend zu wiederholen.

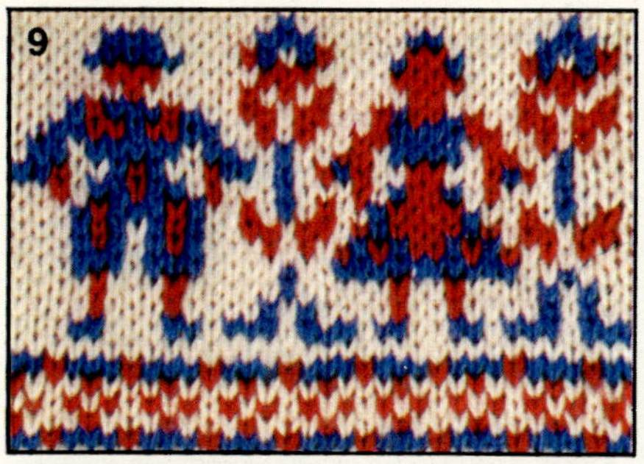
9

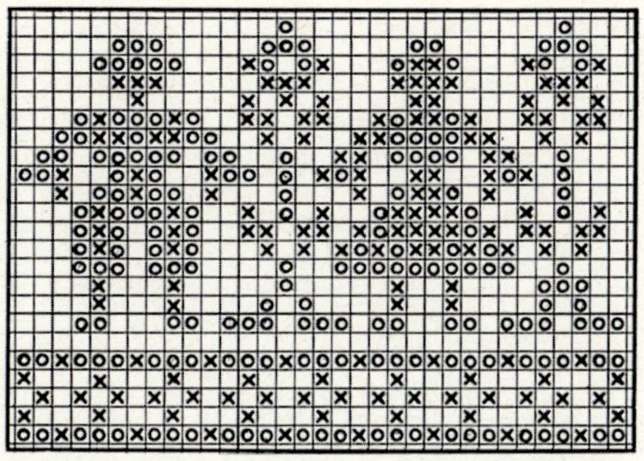

10

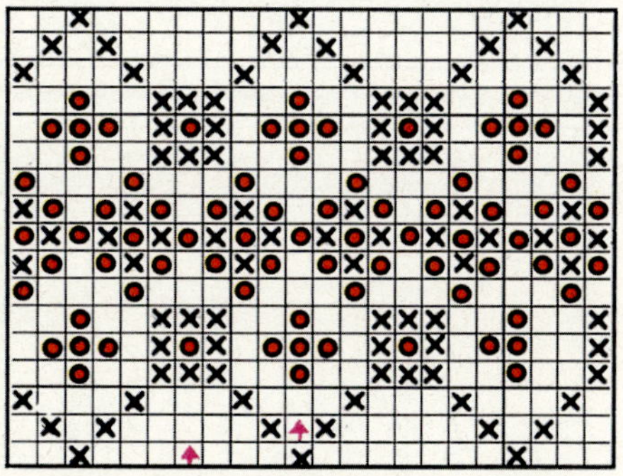

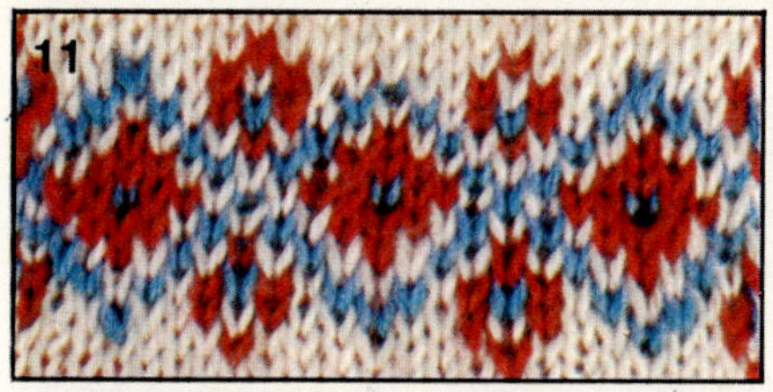
11

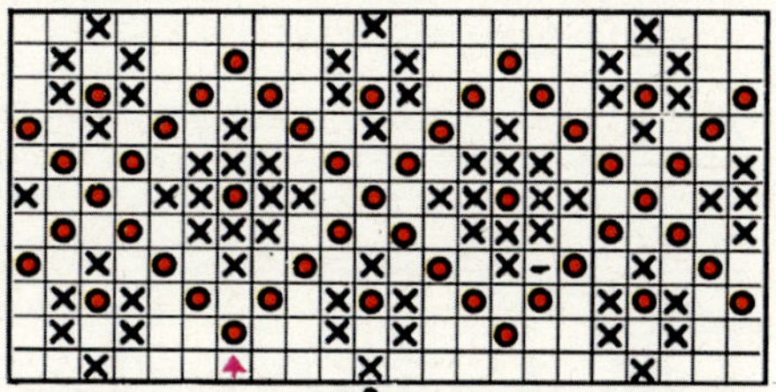

12

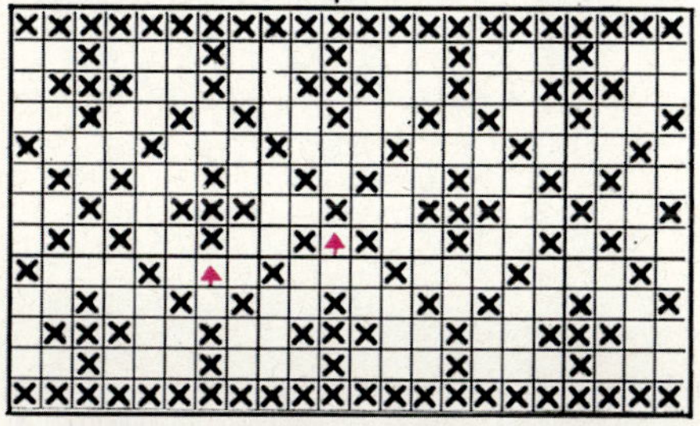

13

14

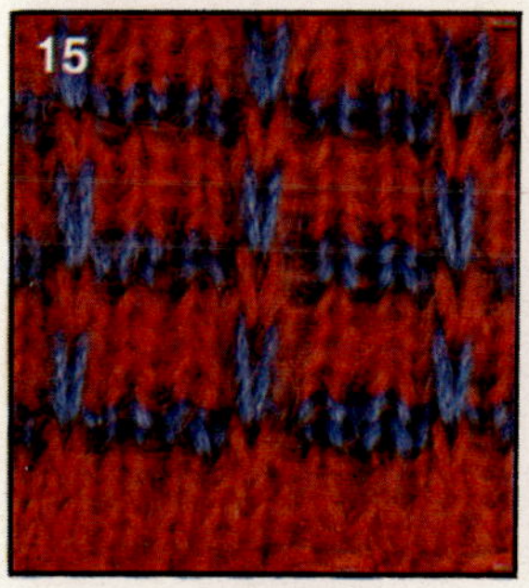
15

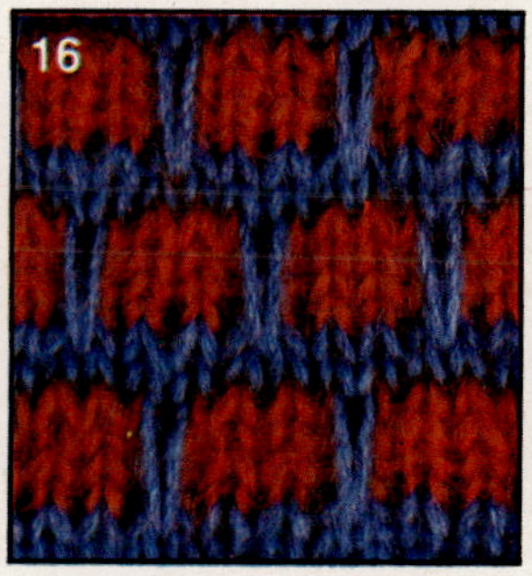
16

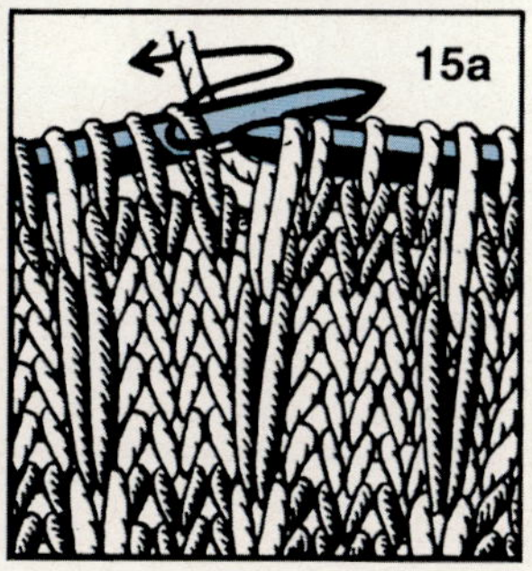
15a

Die Maschenprobe

Vor allem bei Norwegermustern sollte die Maschenprobe mit Sorgfalt vorbereitet werden. Man kann sich auf gar keinen Fall nach einer Maschenprobe für „glatt rechts" richten. Als Beispiel ein Vergleich der beiden Maschenproben lt. Abb. 13 und 14; glatt rechts und auch das Hahnentrittmuster sind aus einer mittelkstarken Sportwolle mit Nadeln Nr. 4 gestrickt. Bei glatt rechts messen 20 Maschen und 25 Reihen ca. 10 x 10 cm, beim Hahnentrittmuster dagegen sind es 22 Maschen und nur 23 Reihen.

Je dichter und vielfarbiger ein Muster, um so mehr werden die Maschen in die Höhe gedrängt, so daß die Maschenprobe quadratisch ausfällt, d. h. gleichviel Maschen und Reihen ergeben ein Quadrat.

Man sollte für die Maschenprobe nach Möglichkeit 10 x 10 cm stricken, mindestens aber immer einige Maschen und Reihen mehr, als für einen Mustersatz vorgeschrieben sind.

Vor dem Ausmessen muß die Maschenprobe exakt rechtwinklig aufgespannt und angefeuchtet, evtl. auch leicht gedämpft werden. Erst dann kann man auszählen, wieviel Maschen und Reihen wieviel Zentimeter messen (Breite und Höhe mit Stecknadeln markieren). Ergibt sich eine geringfügige Differenz zwischen der errechneten Maschenprobe und derjenigen, die in der Anleitung vorgeschrieben ist (durch lockeres oder festes Stricken bedingt), so kann man sich helfen, indem man mit Nadeln, die um eine halbe Nummer dicker oder dünner als die empfohlenen sind, strickt. Größere Differenzen, die vielleicht aus der Verwendung einer Wolle herrühren, die von der Empfehlung in der Anleitung beachtlich abweicht, haben zur Folge, daß man alle Angaben über Maschen- und Reihenzahl nach der ausgemessenen Maschenprobe neu errechnen muß.

Mehrfarbige Muster

bei denen innerhalb der Reihe die Farbe nicht gewechselt wird

Für die Muster lt. Abb. 15 und 16 ist die M.-Zahl, einschließlich Rand-M., teilbar durch 4 (+ 1 M. extra), und es wird „glatt rechts" gestr. (Hin-Reihen rechts, Rück-Reihen links, in Rd. nur rechts).

Auf 2 R. mit blauer Wolle folgen 4 R. mit roter Wolle, wobei in der 1. blauen R. nach der Rand-M. die 3. und dann jede 4. folg. M. „tief" zu stricken ist, d. h. es wird 2 R. tiefer eingestochen und die durchgeholte Schlinge mit der folgenden M. rechts abgestr., siehe Abb. 15a. Dasselbe wird in der 4. roten R. wiederholt, jedoch ist 4 R. tiefer einzustechen.

Fürs Muster lt. Abb. 16 sind die tiefgestrickten M. nach je 6 R. zu versetzen, jedoch nur in der 1. blauen R., siehe Abb. 16a auf der folgenden Seite.

Ähnlich wird das Muster lt. Abb. 17 ausgeführt; auf 6 R. mit naturweißer Wolle folgen 2 R. mit roter oder blauer Wolle (lt. Abb. 17a Wolle mit Mohairbeimischung, lt. Abb. 17 dünne Sportwolle), wobei in der 1. weißen R. jeweils die 2. folg. M. lt. Abb. 17b abzustricken ist, d. h. die M. 2 R. auflösen bzw. fallenlassen und danach abstr. (die farbigen M.-Drähte liegen hinter der hochgezogenen Masche).

Fürs Muster lt. Abb. 18 ist die M.-Zahl eine ungerade (einschließlich Rand-M.). Die 1. und 2. R. mit weißer, die 3. und 4. R. mit blauer Wolle rechts str. die 5. und 6. R. sind wieder mit weißer Wolle auszuführen. In der 5. R. nach der Rand-M. jede 2. folg. M. der 1. R. bzw. den obenaufliegenden M.-Draht derselben hochziehen und lt. Abb. 18a, Pfeil 1, über die M. auf der rechten Nadel heben. Pfeil 2 deutet an, daß die folg. M. wieder rechts zu str. ist. Die 6. R. wieder rechts str., danach die 1. bis 6. R. fortlaufend wiederholen.

Fürs zweifarbige Muster lt. Abb. 19 und fürs dreifarbige lt. Abb. 20 ist die M.-Zahl teilbar durch 4 + 1 M. extra (einschließlich Rand-M.), nach je 2 R. die Farbe wechseln. Die 1. und 2. R. rechts str. In 3. R. folgen auf die Rand-M. 3 M. rechts, ∗ die nächste M. wie zum Linksstr. abheben, dabei liegt der Faden hinter der M., 3 M. rechts, ab ∗ stets wdh. Die 4. R. ist genauso zu str., der Faden liegt jedoch vor der M. Die 5. R. wie die 3. str., jedoch mit 1 M. rechts beginnen und die R. mit M. abheben und 1 M. rechts beenden. Die 6. R. wie die 5. str., den Faden jedoch vor der M. weiterführen. Die 3. bis 6. R. stets wdh.

Fürs „Sternchenmuster", ganz gleich ob zwei- (Abb. 21) oder dreifarbig (Abb. 22), ist die M.-Zahl teilbar durch 4 + 1 M. extra. Nach je 2 R. wird die Farbe gewechselt. Die 1 R. links str., in 2. R. (= Hin-R.) für 1 Stern ∗ 3 M. rechts zus.-str., nicht von der linken Nadel gleiten lassen. 1 U. und dieselben 3 M. nochmals rechts zus.-str.; dann 1 M. rechts; ab ∗ stets wdh. Die R. mit 1 Stern beenden. Die 3. R. links und die 4. R. wie die 2. R. str., jedoch die R. mit 2 M. rechts beginnen und mit 1 M. rechts beenden, die Sternchen also versetzen. Die 1. bis 4. R. stets wdh.

Das Sternchenmuster sieht besonders hübsch aus, wenn man es aus flauschiger Mohairwolle in dezent abgestuften Farben strickt. Auch für Babykleidung eignet es sich sehr gut.

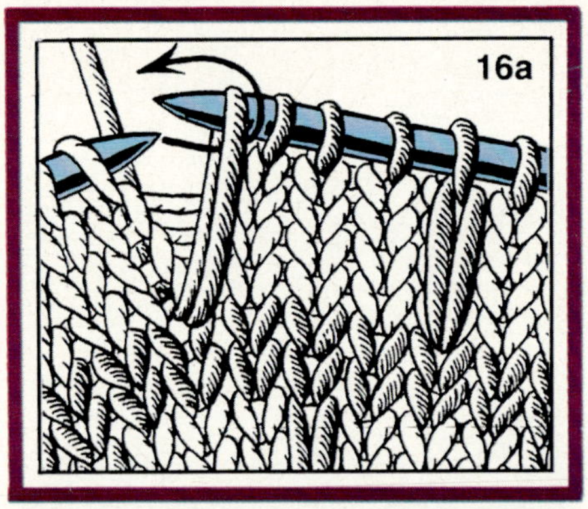
16a

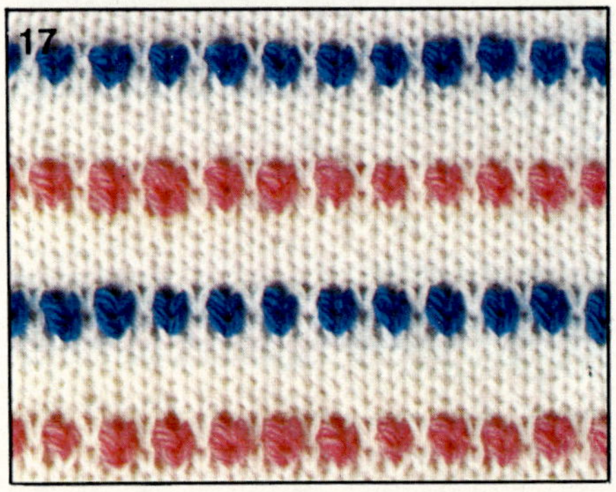
17

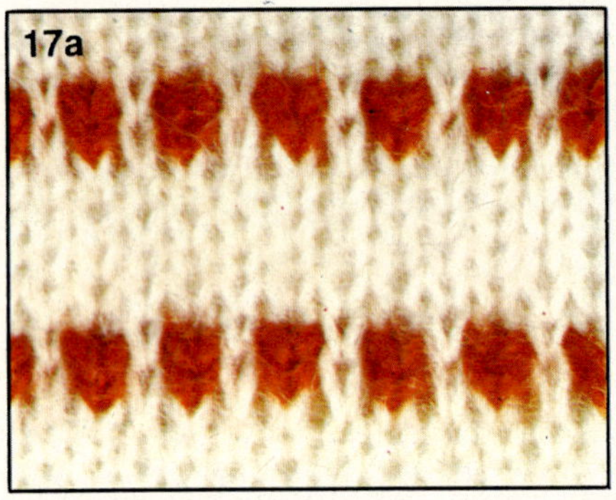
17a

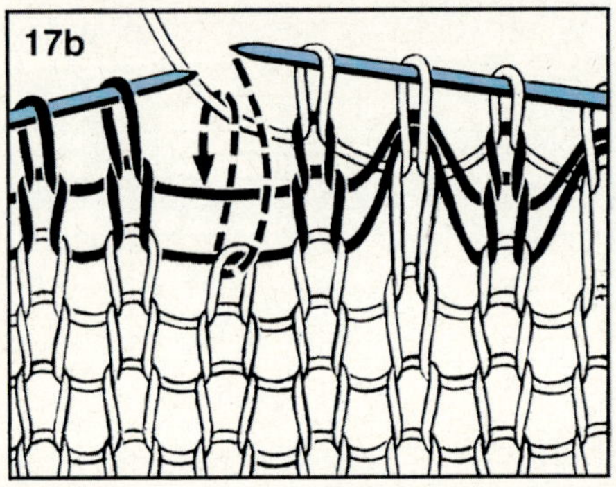
17b

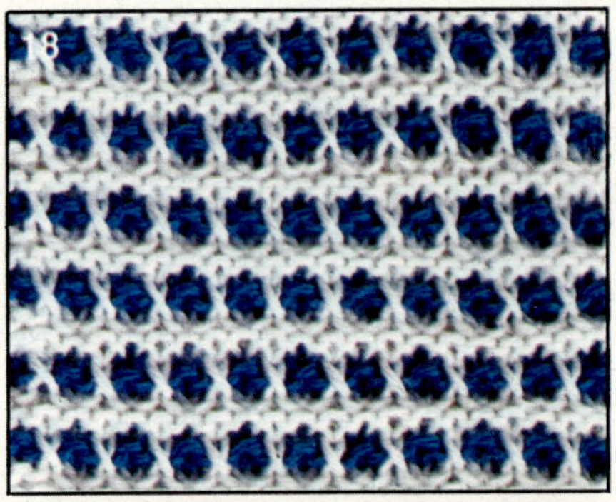
18

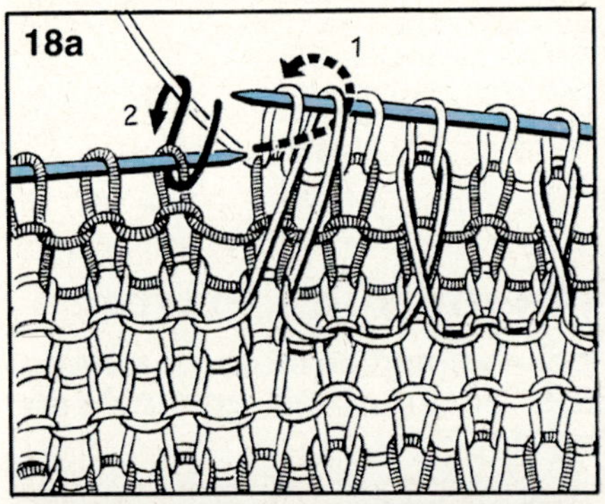
18a

Die Muster der Abbildungen 15 bis 20 eignen sich ausgezeichnet fürs Stricken mit bunten Wollresten. Es macht Spaß, mit vielen Farben zu experimentieren. Auf gleiche Fadenstärke und gleiche Qualität sollte man allerdings Wert legen.

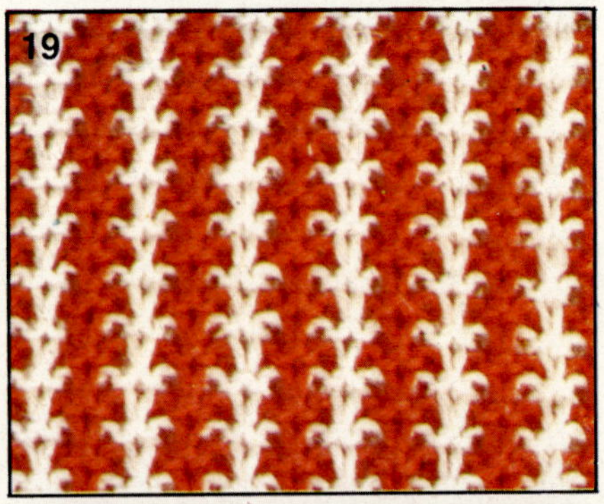
19

20

21

22

LEHRGANG
Stricken

Noppen stricken

Eingestrickte Noppen kann man auf vielerlei Art ausführen. Im Prinzip entstehen sie dadurch, daß aus einer Masche mindestens drei Maschen – oft sind es mehr – herausgestrickt werden, die dann in der folgenden bzw. einer der nächsten Reihen wieder zusammenzustricken sind.

In den folgenden Texten wird gekürzt: M. = Masche; R. = Reihe; Rd. = Runde; U. = Umschlag; abm. = abmaschen; fortl. = fortlaufend; str. = stricken; wdh. = wiederholen; zus. = zusammen.

Die Strickschrift in Hin-R. von rechts nach links, in Rück-R. von links nach rechts ablesen. Sind nur die Hin-R. gezeichnet, werden in den Rück-R. die M. abgestr., wie sie erscheinen. Leere Karos innerhalb der Strickschrift haben keine Bedeutung, sie verbessern lediglich die Übersicht. Zahlen innerhalb der Strickschrift nennen die Anzahl der Rechts-M., Zahlen rechts außen bezeichnen die Hin-R., links außen gelten sie für die Rück-Reihen.

Erklärung der Strickschriftzeichen:

+ = 1 Rand-M.
■ = 1 M. rechts
⊟ = 1 M. links
○ = 1 Umschlag
◆ = 1 M. rechts verschränkt
◢ = 2 M. rechts zus.-str.
Δ = 3 M. links zus.-str.
Δ = 4 M. links zus.-str.
◣ = 2 M. „überzogen" zus.-str.: 1 M. abheben, 1 M. rechts, die abgehobene M. über die gestr. ziehen
V V V = aus 1 M. 2, 3 bzw. 4 M. herausstr. (wechselnd 1 M. rechts, 1 M. links)
N = Noppe (Ausführung siehe Anleitung)
V = 1 M. wie zum Links-Str. abheben, Faden vor dieser M. weiterführen
V = 1 M. wie zum Links-Str. abheben, Faden hinter dieser M. weiterführen

= die 1. M. hinter der 1. M. rechts, dann die 1. M. rechts bzw. links str.

= die 2. M. vor der 1. M. rechts, dann die 1. M. rechts oder links str.

Maschen nach links verkreuzen: Die M. vor der Schrägung auf 1 Hilfsnadel vor die Arbeit legen, dann die M. in der Reihenfolge der Ziffern zeichengemäß str.

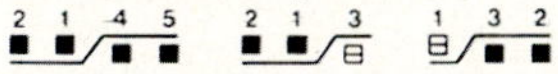

Maschen nach rechts verkreuzen: Die M. vor der Schrägung auf 1 Hilfsnadel hinter die Arbeit legen, dann die M. in der Reihenfolge der Ziffern zeichengemäß str.

Glatt rechts: Hin-R. rechts, Rück-R. links, glatt links: Hin-R. links, Rück-R. rechts, in Rd. nur rechts bzw. nur links str.

Musterbeispiele

1a bis e: Glatt links str., die Noppen nach je 7 M. wie folgt ausführen: Aus der M. der vorletzten R. 5 M. herausstr., und zwar 1 M. rechts, 1 U., 1 M. rechts, 1 U., 1 M. rechts, 1a. Dann die eine M. der letzten R. abstr., 1b. Wenden, 6 M. rechts, 1c. Wenden und alle 6 M. rechts verschränkt zus.-str., 1 d. Abb. 1e zeigt, daß die Noppen in jeder 6. R. versetzt zu wdh. sind.

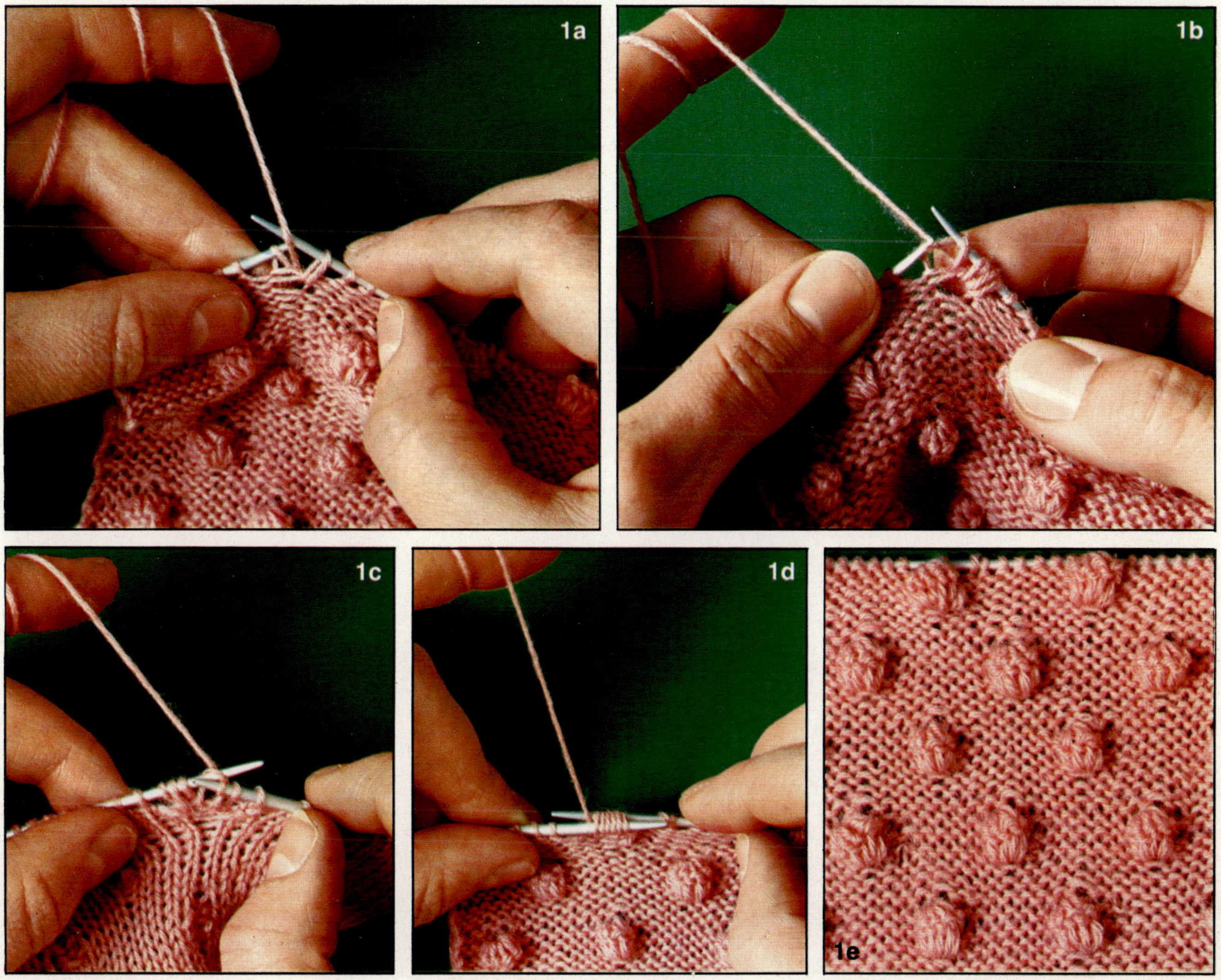

<u>Abb. 2a bis f:</u> Lt. Strickschrift str., die Noppen wie folgt ausführen: Aus 1 M. 1 M. rechts, 1 U., 1 M. rechts herausstr., 2a; wenden, 3 M. rechts, 2 b; wenden, 3 M. links, 2 c; wenden, 3 M. rechts zus.-str., 2 d; wenden, 2e; die R. lt. Strickschrift fortsetzen, 2 f. Die 3. bis 10. R. fortl. wdh.
<u>Abb. 3:</u> Glatt rechts str., die Noppen nach je 5 M. wie folgt ausführen: Aus 1 M. 2mal wechselnd 1 M. links, 1 M. rechts str. Über diese 4 M. 4 R. glatt rechts str. Nach der 4. R. = Hin-R. mit der linken Nadel nacheinander die 3., 2. und 1. M. über die 4. M. heben. Das Muster in jeder 6. R. versetzen, siehe Abb. 3a bis 3d.
<u>Abb. 4:</u> Ein kleines Noppenmuster, das nach je 4 R. zu wdh. ist; die Ausführung erklärt die Strickschrift.
<u>Abb. 5a bis d:</u> Glatt rechts, die Noppen nach je 7 M. wie folgt einstr.: 1 M. rechts, 1 M. links, 1 M. rechts aus 1 M. herausstr., 5a; wenden, 3 M. rechts, 5b; wenden, 3 M. rechts zus.-str., 5 c. In jeder 4. R. die Noppen versetzen, siehe Abb. 5d – Seite 23.
<u>Abb. 6a bis c:</u> Hin- und Rück-R. rechts, die Noppen nach je 7 M. wie folgt str.: 3mal wechselnd 1 M. rechts, 1 M. rechts verschränkt aus 1 M. herausstr., 6a; wenden, die 6 M. links zus.-str., 6b; wenden, die Noppen-M. und die folg. 7 M. wieder rechts str. Die Noppen in jeder 4. R. versetzen. Um jede 2. Noppe kann eine Blüte aus 8 Margeritenstichen gestickt werden, die Blüten versetzen, siehe Abb. 6c.

Die Strickschriften zu den Mustern der Abb. 2 und 7 bis 11 finden Sie auf den Bogen, Erklärung der Zeichen auf Seite 21. Das Ablesen ist einfacher, wenn Sie unter die Reihe, die Sie gerade nachstricken, ein Lineal legen!

<u>Abb. 7:</u> Das Muster ist lt. Strickschrift, die Noppen sind wie zu Muster 6a bis c auszuführen. Die 1. bis 24. R. fortlaufend wdh.
<u>Abb. 8:</u> Auch dieses Muster ist lt. Strickschrift zu str., die 1. bis 12. R. fortl. wdh. Vergleichen Sie dazu auch die Noppenmuster der Abb. 9 und 10.
<u>Abb. 9:</u> Die Aufteilung ist dieselbe wie beim Muster 8. Für die Noppen sind jedoch nur 3 M. aus 1 M. herauszustr. (1 M. rechts, 1 U., 1 M. rechts). In der 2. und 8. R. wird * aus dem U. 1 M. rechts verschränkt, 1 M. rechts herausgestr. *. Auch bei diesem Muster die 1. bis 12. R. fortl. wdh.
<u>Abb. 10a, b:</u> Wie das Muster 9 str., jedoch ohne 4. und 5. sowie 10. und 11. R., dafür ist jeweils nach den 3 herausgestr. M. zu wenden, 1 M. rechts, den U. wie von * bis * bei Muster 9 abstr., siehe Abb. 10a, 1 M. rechts (= 1 Noppe aus 4 M.); ** wieder wenden. 4 M. rechts, ab ** noch 2mal wdh. Es folgen – wie in 3. R. lt. Muster 9 – 2 M. links, 1 M. rechts, 2 M. links, ehe für die nächste Noppe aus 1 M. wieder 4 M. herauszustr. sind. Die 4. R. wie die 6. R., die 5. R. wie die 7. R. und die 8. R. dann wieder wie die 12. R. lt. Muster 9 ausführen. Nach der 8. R. ist die 1. bis 8. R. fortl. zu wdh., siehe Abb. 10b (im Vergleich zur Abb. 9 sind diese Noppen viel voluminöser).

2a

2b

2c

2d

2e

2f

3a

3b

3c

3d

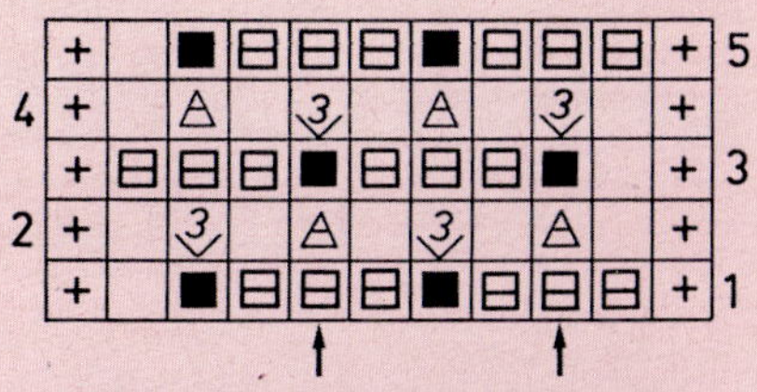

Oben die Strickschrift zu den Noppen der Abb. 4, die Reihen sind wechselnd von rechts nach links und von links nach rechts abzulesen, siehe Zahlen am Reihenanfang.

4

5a

5b

5c

5d

6a

6b

6c

7

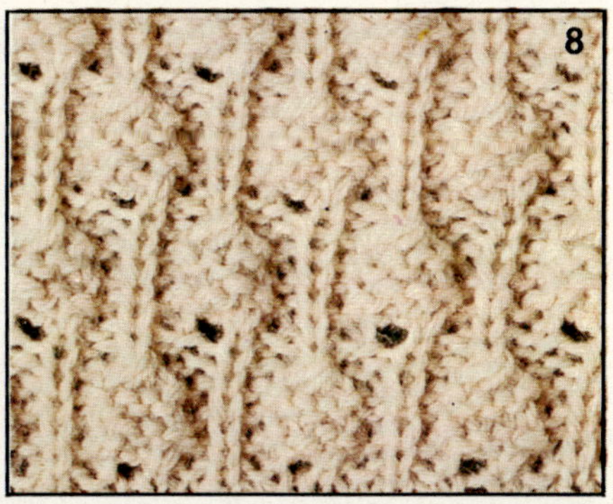
8

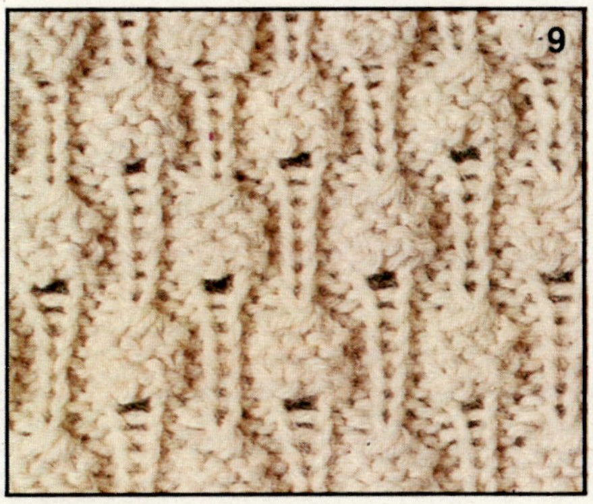
9

10a

10b

LEHRGANG
Zöpfe stricken

Allgemeines

Zopfmuster entstehen aus den beiden Grundmaschenarten – aus Rechts- und aus Linksmaschen. Bei Variationen kommen auch Hohlmaschen (aus Umschlägen gebildete Maschen) hinzu. Die typischen Verflechtungen entstehen durch die vom üblichen „Masche-für-Masche-Stricken“ abweichende Arbeitsweise, in der „Stricksprache“ durchs Verkreuzen von Maschen. Beim Verkreuzen von 2 und 4 Maschen kommen geübte Strickerinnen ohne Hilfsnadel aus. Umfaßt ein Zopf jedoch mehr Maschen, sollte mit einer Hilfsnadel gearbeitet werden (bei mehr als einer Verflechtung natürlich auch mehr Hilfsnadeln, siehe Abb. 20).
INOX-Zopfmusternadeln (Hilfsnadeln) sind ca. 12 cm lang, Nadelstärke Nr. 2½. Man kann auch einfache Hartholzstäbchen nehmen, wie man sie in Bastelzubehörläden bekommt (FALAG-Art. 94 1471 – 6 cm, Art. 94 1481 – 10 cm lang, 3 mm ∅).
In den Texten wird wie folgt gekürzt:
M. = Masche; R. = Reihe; str. = stricken; wdh. = wiederholen; folg. = folgende; zus. = zusammen.

Schmale Zöpfe

Abb. 1 und 2 erklären das Verkreuzen von 2 M. – eingeblendet sind die Strickschriftzeichen, die diesen Vorgang in einer Strickschrift erläutern.
Sollen M. nach links verkreuzt werden, ist die 2. M. bzw. die fürs Muster vorgeschriebene M.-Anzahl hinter der 1. M. bzw. der lt. Muster erforderlichen M.-Anzahl abzustr., Abb. 1. Soll die Verkreuzung nach rechts gerichtet sein, ist die 2. M. bzw. die vorgeschriebene M.-Anzahl vor der 2. M. bzw. den M. der 1. Hälfte abzustr., Abb. 2.

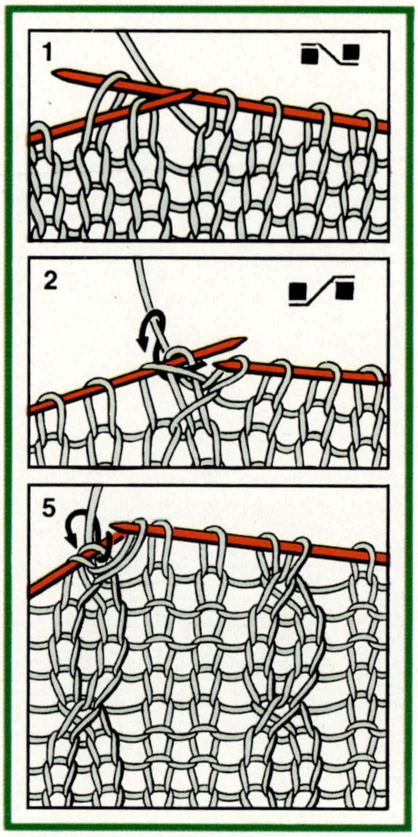

Die Strickprobe lt. Abb. 3 zeigt den schmalsten, nach links verkreuzten Zopf. Lt. Abb. 4 sind 2 M. nach rechts und 2 M. nach links verkreuzt, das Resultat ein schmaler Doppelzopf. In beiden Mustern liegen zwischen den Zöpfen je 3 Links-M.
In allen Rück-R. die M. str., wie sie erscheinen – das gilt auch für alle folg. Muster, wenn die Rück-R. nicht erwähnt sind.
Ähnlich wie beim Verkreuzt-Abstr. ist das M.-Bild, wenn lt. Abb. 5 verfahren wird: 2 M. rechts zus.-str., die M. aber nicht von der Nadel gleiten lassen, sondern die 1. M. noch einmal rechts abstr., siehe Pfeil in der Abb. 5! Sollen die M. nach links kreuzen, sind die 2 M. rechts verschränkt zus.-zustr., danach die 2. M. hinter der Nadel rechts str. In der Strickprobe lt. Abb. 6 sind beide Versionen erkennbar: Auf 2 R., in denen wechselnd 2 M. rechts und links gestr. worden sind, folgt 1 R. rechts, in der die M. – jede 3. und 4. M. – lt. Abb. 5 bzw. rechts verschränkt zus.-gestr. werden, die 4. R. links str., 1. bis 4. R. wdh. Die Abb. 7 und 8 zeigen Zöpfe über 4 M., es sind also die 1. und 2. M. auf 1 Hilfsnadel vor die Arbeit zu legen, die 3. und 4. M., dann die 1. und 2. M. (von der Hilfsnadel) rechts zu str. Lt. Abb. 7 liegen zwischen den Zöpfen 3, lt. Abb. 8 sechs Links-M., 1mal die M. in jeder 4., 1mal in jeder 8. R. verkreuzen.

3

6

8

4

7

8a

LEHRGANG
Stricken

Variationen

Abb. 9: Wechselnd 4 M. rechts und 4 M. links str. In der 7. R. die Rechts-M. verkreuzen und nach insgesamt 12 R. das Muster versetzen. In der Volkskunststrickerei nennt man das Muster „Sanduhr".
Abb. 10: Ganz ähnlich entsteht dieses Muster: In der 7. R. werden die M. nach rechts verkreuzt, und schon nach 8 R. ist das Muster zu versetzen (in der Folklore heißt es „Kornmandl").
Abb. 11: Man str. wechselnd 5 M. rechts, 1 M. links. In der 3. R. und danach in jeder 8. folg. R. werden die 1. und 5. M. in jedem 2. Rechtsmaschenstreifen verkreuzt, siehe eingeblendete Zeichnung. Die 1. M. auf 1 Hilfsnadel vor, die 2. bis 4. M. auf eine 2. Hilfsnadel hinter die Arbeit legen, und dann die M. in der Reihenfolge der Ziffern 1 bis 5 abstr. Nach 4 R. das Verkreuzen im Rechtsmaschenstreifen dazwischen ausführen, das Muster lt. Abb. fortsetzen.

Zöpfe nach einer Strickschrift stricken

Die nachfolgenden Muster sind von einer Strickschrift abzulesen. Rechts oben die Erklärung der Strickschriftzeichen:

■ = 1 M. rechts ⊟ = 1 M. links
○ = 1 Umschlag + = 1 Rand-M.
◆◇ = 1 M. rechts bzw. links verschränkt
◡ = aus dem M.-Querdraht, d. i. der Verbindungsfaden zwischen 2 M. einer R., 1 M. rechts verschränkt herausstr.
⊻ = 1 M. abheben, Faden vor der M.
= aus 1 M. 3 M. herausstr., und zwar 1 M. rechts, 1 M. links, 1 M. rechts
= die 3. folg. M. über die 1. und 2. M. ziehen, die 1. und 2. M. rechts abstr.
◢ = 2 M. rechts zusammenstricken
◣ = 2 M. überzogen zus.-str.: 1 M. abheben, 1 M. rechts, abgehobene M. darüberziehen
◿ △ = 2 bzw. 3 M. links zus.-stricken

Die nachfolg. Zeichen erklären Verkreuzungen. Sollen M. nach links verkreuzt werden, steht an Stelle der Verkreuzung ein nach links gerichteter Schrägstrich; nach rechts ist dieser gerichtet, wenn die Verkreuzung nach rechts vorzunehmen ist. Wie auf Seite 24 erklärt, sind beim Nach-links-Kreuzen die M. auf eine Hilfsnadel vor, beim Nach-rechts-Kreuzen dagegen hinter die Arbeit zu legen.

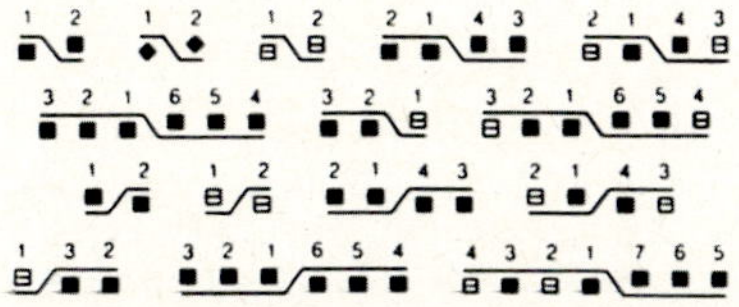

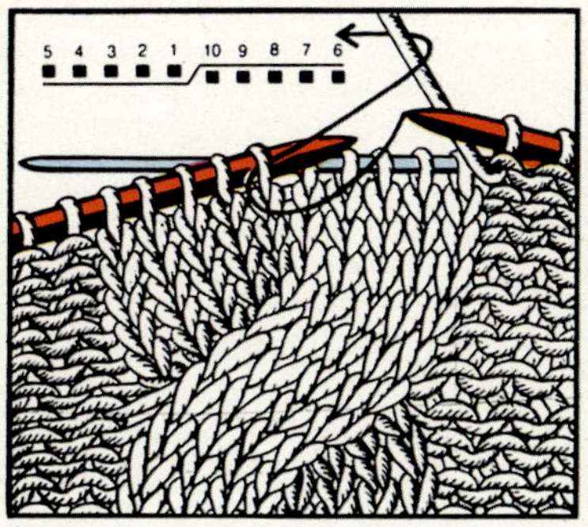

Auch zu den folg. Zeichen ist eigentlich keine Zusatzerklärung erforderlich. Natürlich sind die M. immer zeichengemäß abzustr. Die Ziffern über dem Zeichen schreiben die Reihenfolge vor.

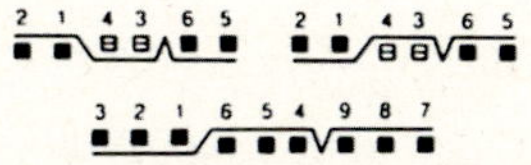

Das 1. und 2. Zeichen ist wie folgt zu lesen: Die 1. und 2. M. auf die erste, die 3. und 4. M. auf die zweite Hilfsnadel vor bzw. hinter die Arbeit legen. Die folg. 2 M. und danach die M. vor den Hilfsnadeln in der Reihenfolge 1 bis 6 zeichengemäß abstr., also 2 M. rechts, 2 M. links, 2 M. rechts. Der keilförmige Einschnitt zwischen 2 Zeichen deutet demnach an, daß

9

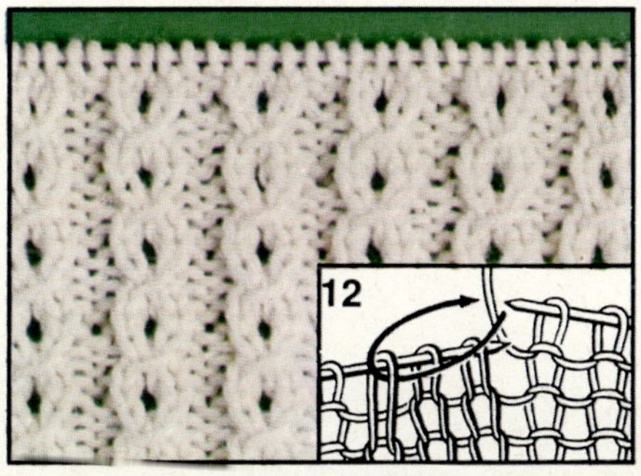

12

13

10

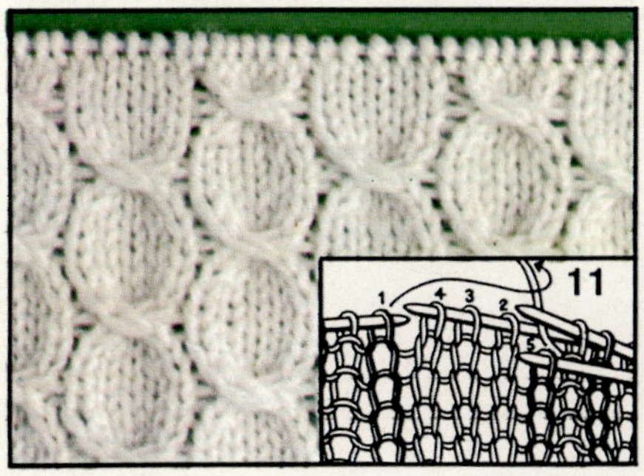

11

Leere Karos innerhalb einer Strickschrift haben keine Bedeutung!

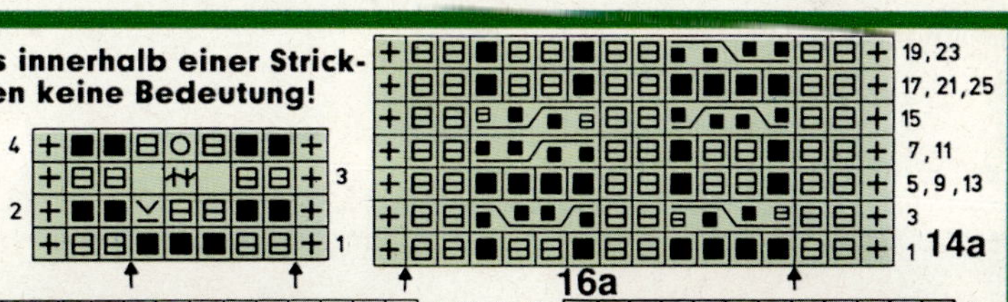

12a, 14a

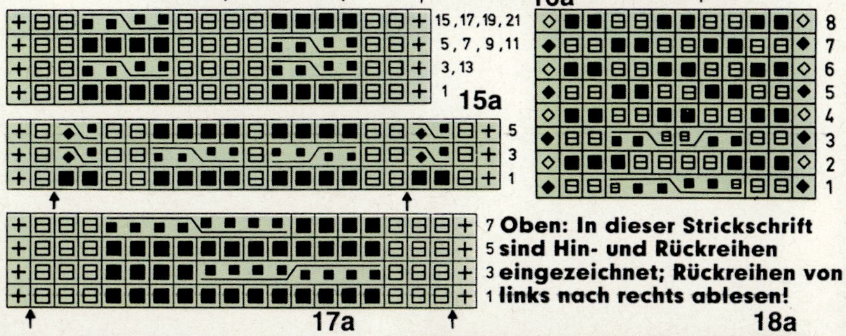

13a, 15a, 16a, 17a

Oben: In dieser Strickschrift sind Hin- und Rückreihen eingezeichnet; Rückreihen von links nach rechts ablesen!

Sind in einer Strickschrift nur die Hinreihen gezeichnet, werden in Rückreihen die Maschen gestrickt, wie sie erscheinen

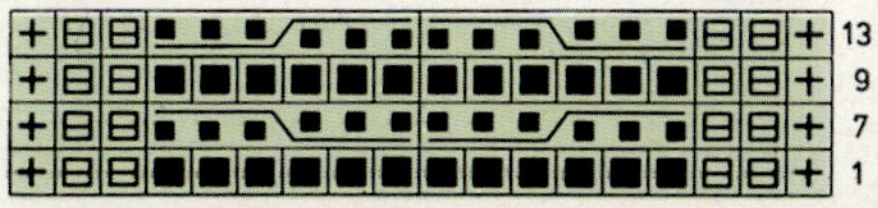

18a

die M. vor und nach diesem Einschnitt auf getrennten Hilfsnadeln liegen müssen. Demnach gilt das darunter abgebildete Zeichen für folg. Arbeitsvorgang: 3 M. auf die 1., die nächsten 3 M. auf die 2. Hilfsnadel hinter die Arbeit legen und nachdem die folg. 3 M. rechts abgestr. worden sind = 1, 2, 3, die 2mal 3 M. von den Hilfsnadeln in der Reihenfolge 4 bis 9 rechts str.

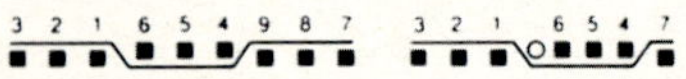

Fürs obige, links stehende Zeichen sind die 1. bis 3. M. auf 1 Hilfsnadel hinter, die folg. 3 M. auf 1 Hilfsnadel vor die Arbeit zu legen. Dann werden die folg. 3 M. und anschließend die M. von den Hilfsnadeln in der Reihenfolge 1 bis 9 rechts abgestr. Das 2. Zeichen schreibt vor, daß 1 M. auf 1 Hilfsnadel hinter, die folg. 3 M. auf 1 Hilfsnadel vor die Arbeit zu legen sind. Beim Abstr. in der Reihenfolge 1 bis 7 ist nach der 6. M. 1 Umschlag aufzunehmen.

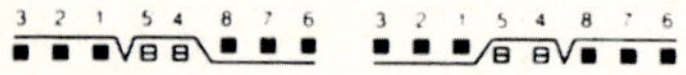

Die beiden oben stehenden Zeichen erklären das gegengleiche Verkreuzen für einen Zopf, der 16 M. breit ist. Fürs Zeichen links sind die 1. bis 3. M. auf der 1., die 4. und 5. M. auf der 2. Hilfsnadel nach vorn zu legen. Das 2. Zeichen erklärt dasselbe in Gegenrichtung: Die Hilfsnadeln liegen hinter der Arbeit, ehe man die M. in der Reihenfolge 1 bis 8 zeichengemäß abstr.

Die Zeichen sind in der Regel von rechts nach links zu lesen – das gilt auch für die Strickschrift, sofern nur die Hin-R. gezeichnet sind. Sind auch Rück-R. zu „mustern", so werden in den Rückreihen die Zeichen und auch die R. von links nach rechts abgelesen. Die Zahlen, die die R. bezeichnen, stehen gewöhnlich am Reihenanfang, also rechts oder links außen. Leere Karos innerhalb einer Strickschrift haben keine Bedeutung!

Abb. 12: Dieser schmale „Löcherzopf" umfaßt 3 Rechts-M., getrennt durch 2 M. links, siehe Strickschrift. Der Mustersatz zwischen den Pfeilen und die 1. bis 4. R. sind fortl. zu wdh.

Abb. 13: Der Mustersatz ist 16 M. breit. Die 7., 9. und 11. R. sind wie die 5., die 13. R. wie die 3. R. zu str., und in der 17., 19. sowie 21. R. richtet man sich nach R. 15. In allen Rück-R. die M. str., wie sie erscheinen. Nach 22 R. die 3. bis 22. R. fortl. wdh.

Abb. 14: Der Mustersatz, 12 M. breit, ist von Pfeil bis Pfeil zu wdh. Die 9. und 13. R. wie die 5. R., die 11. R. wie die 7. R. ausführen. Die 21. und 25. R. wie die 17. R. und die 23. R. wie die 19. R. str. In allen Rück-R. die M. str. wie sie erscheinen. Nach der 26. R. die 2. bis 26. R. stets wiederholen.

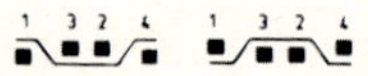

Zeichen, links: Die 1. M. auf 1 Hilfsnadel hinter, die 2. und 3. M. auf 1 Hilfsnadel vor die Arbeit legen. Zeichen, rechts: Die 1. M. auf 1 Hilfsnadel vor, die 2. und 3. M. auf 1 Hilfsnadel hinter die Arbeit legen.

Abb. 15: Hier wechseln Doppelzöpfe mit schmalsten 2-Maschen-Zöpfen. Nach der 6. R. (in allen Rück-R. die M. str., wie sie erscheinen) die 3. bis 6. R. stets wdh.

Breite Zöpfe

Je breiter der Zopf, um so mehr R. zwischen den Verkreuzungen! Außerdem ist zu berücksichtigen, daß bei einzeln angeordneten Zöpfen rechts und links die M. dem Muster anzupassen sind, d. h. Perlmuster, gerippt (Hin- und Rück-R. rechts) oder z. B. das Spinnenmuster str., siehe Abb. 16, 21, 22 und 23.

Abb. 16: Dieser Zopf ist in Hin- und Rück-R. nach der Strickschrift auszuführen. Vor und nach den verschränkten M. wird das Perlmuster gestr., also wechselnd 1 M. rechts, 1 M. links, die M. sind in jeder R. zu versetzen! Nach der 8. R. die 1. bis 8. R. fortl. wdh.

Abb. 17: Dieser dreiteilige Zopf umfaßt 12 Rechts-M., dazwischen liegen 6 M. links. Beim Nach-rechts-Verkreuzen sind die 5. bis 8. M. vor der 1. bis 4. M. abzustr., und beim Nach-links-Verkreuzen liegen die 5. bis 8. M. auf 1 Hilfsnadel vor der Arbeit, siehe Strickschrift. Nach der 8. R. ist die 1. bis 8. R. fortlaufend zu wiederholen.

Abb. 18: Auch der „Medaillonzopf" ist 12 M. breit. In der 2. bis 6. R. und in der 10. bis 12. R. sind die M. zu str., wie sie erscheinen. Nach 14 R. (= Rück-R.) M. str., wie sie erscheinen, die 1. bis 14. R. stets wdh.

14

16

17

15

16a

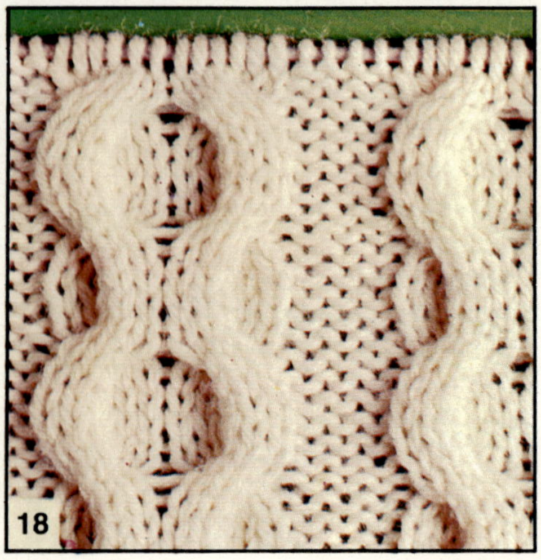

18

LEHRGANG
Stricken

Abb. 19: Der sogenannte „Tulpenzopf" ist in der Strickprobe durch 6 Links-M. vom folg. Zopf getrennt. In der 2. bis 6. R. sind die M. zu str., wie sie erscheinen, das gilt auch für die 8. R. (= Rück-R.). Danach die 1. bis 8. R. fortl. wdh.

Abb. 20: Für den „großen Tulpenzopf" braucht man 2 Hilfsnadeln (sie sind hinter die Arbeit zu legen). In der 3. bis 10. R. die M. str., wie sie erscheinen. Die Verkreuzungen sind in der 11. R. vorzunehmen. Siehe Abb. 20. Nach der 12. R. (= Rück-R.) die 1. bis 12. R. wdh.

Abb. 21: Bei diesem Fantasiezopf liegen zwischen den Verkreuzungen 13 R., in diesen R. sind in den Hin-R. für den Zopf 4 M. rechts, 3 M. links, 2 M. rechts, 3 M. links und 4 M. rechts zu str. Im 1. Mustersatz werden 4 M. aufgenommen, um zu vermeiden, daß der untere Rand sich wellt, siehe 3. und 7. R. In 2., 6. und 10. R. die M. str., wie sie erscheinen, ebenso in der 12. bis 26. R. In der 25. R. die M. wieder wie in der 11. R. verkreuzen. Nach der 26. R. die 13. bis 26. R. fortl. wdh. Zwischen den Zöpfen wird in Hin- und Rück-R. rechts gestrickt.

Abb. 22: Dieser vierteilige Zopf ist zu beiden Seiten vom Perlmuster eingefaßt, siehe Abb. 16. In der 3. R. werden 2 M. aufgefaßt, siehe Strickschrift. Diese beiden M. sollte man in einer Abschluß-R. bzw. beim Abketten wieder abnehmen, indem man jeweils 2 Links-M. zus.-str. Nach der 12. R. (= Rück-R.) das Muster ab 5. R. stets wiederholen. Die Zopf-M. sind in der Strickschrift durch Pfeile begrenzt; außerhalb der Pfeile gelten je 2 M. fürs Perlmuster.

Abb. 23: Der Medaillonzopf in der Mitte umfaßt 8 M.; beiderseits folgen 1 Links-M., 1 Minizopf, für den die M. in Hin- und Rück-R. zu kreuzen sind, und schließlich das „Spinnenmuster", das man zwischen den Pfeilen a und b beliebig oft wdh. kann – eine typische „Aran-Kombination" (Aranmuster sind auf irische Folklorestrickmuster zurückzuführen).
Alle Rück-R. sind wechselnd wie die 2. und 4. R. zu str. Nach der 10. R. (= Rück-R.) die 3. bis 10. R. fortlaufend wiederholen.

Abb. 24: Jede 2. Flechte sieht aus, als wäre sie mit einem Knoten abgebunden. Die 1. Verkreuzung erfolgt in der 7. R., die 2. in der 21. R. Nach 28 R. ist das Zopfmuster ab Anfang zu wdh. Alle Zwischen-R. sind wie die 1. und 9. R., also rechts, alle Rück-R. links zu str. Lt. Strickprobe liegen zwischen den beiden Zöpfen 4 M. links.

19

20

21

22

23

24

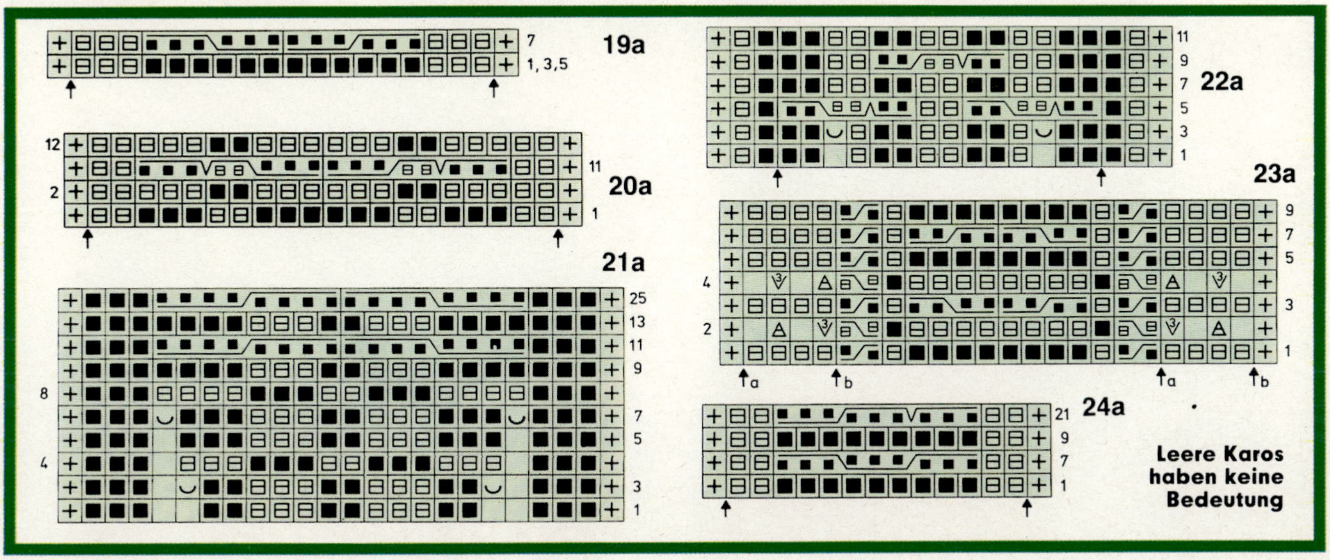

01

Tweed macht Effekt

02

01 Pastellfarben sind Favoriten im Frühling. Eine Auswahl davon zeigt dieser Pullover. Für Gr. 38 bis 40. Tweedwolle von Lana Grossa. Handschuhe, Brosche: Adolf; Tasche: Carletta; Strickmützchen: Ergee.

02 Dank der Effektwolle wirkt das Dessin dieses Modells wie ein Aquarell mit fließenden Farbübergängen. Für Gr. 36 und 40. Material: Lana Grossa. Tasche: Enny; Baske: Thelen.

IMMER HEISSGELIEBT: STREIFENPULLIS

03 Das Vorderteil an diesem V-Pulli ist gleichmäßig breit gestreift, es wird zum Schluß mit Stielstichen diagonal bestickt. Der Tweedcharakter des Materials bringt noch einen zusätzlichen Effekt. Durch die gerade eingesetzten Ärmel ist der Pullover anfängerleicht zu stricken. Für Gr. 48–50. Material: aarlan.

04 Dieser bequeme Baumwollpulli ist so richtig geschaffen für Freizeit und Urlaub. Auch in anderen Farbstellungen wirkt er flott. Für Gr. 52 bis 54. Baumwollgarn: Lana Grossa.

04

05

05 Grau, Blau, Weiß sind seine Lieblingsfarben. Dezent geringelt auf Ärmeln, Vorder- und Rückenteil, bewirken sie den schicken Passeneffekt. Wer Lust hat, strickt zusätzlich den passenden Schal. Gr. 50–52. Material: aarlan.

06

06 Klassischer Herrenpullover in interessanter Streifenoptik durch hochgezogene Maschen. Das Zusammennähen setzt etwas Erfahrung voraus, denn die Streifen müssen genau aufeinandertreffen. Für Gr. 46–48. Schurwolle: Gebrasa.

LUSTIGE GEOMETRIE

07–09 Die drei Pullover zeigen klassische Standardform, um so mehr kann sich die Fantasie an Farben und Mustern entzünden. Die Streifen werden in ungleichmäßiger Folge eingestrickt. Dagegen sind die geometrischen Motive nachträglich mit Maschenstichen aufgestickt, jeder darf sie nach seinem persönlichen Geschmack verteilen. Mohairwolle: Schoeller.

GRAFIK-PULLOVER

10–12 Diese drei Pullover dokumentieren auf eindrucksvolle Weise die dekorative Wirkung grafischer Dessins. Die Ausführung ist insofern nicht ganz einfach, als für jede Farbfläche ein Knäuel extra angeschlossen werden muß. Wer Zeit sparen möchte, mustert nur das Vorderteil und strickt den Rücken uni. – Esslinger Wolle.

13
Größe
48–50
14
Größe
38–40

RHOMBEN ALS BLICKFANGMOTIVE

13 Rhomben und schmale Streifen charakterisieren diese Blousonjacke aus reiner Baumwolle. Sie ist auch bei höheren Temperaturen überaus angenehm zu tragen.

14 Beim Polopulli wird die Bordüre nur ins Vorderteil eingestrickt, während der Rükken uni bleibt. Dafür erhalten Bündchen und Kragen farbige Streifen. Baumwollcablégarn für beide Modelle: Dilthey.

15 Zu den klassischen Einstrickmotiven für Herrenpullover gehören ineinandergreifende Rhomben in verschiedenen Farben. Bei diesem Modell aus pflegeleichtem Sommergarn (Schachenmayr) werden sie zum Blickfang am Vorderteil.

16 Ein stilisiertes Segelschiff, nach dem Zählmuster in der Anleitung eingestrickt, verleiht diesem Pulli sportlichen Touch. Frotteegarn: Junghans. Hose von Pooh.

BUNTE SKI- UND RODEL-SETS

17+18 Mutti hat alle Hände voll zu tun, wenn sie die Sportgarnituren – Pullover, Mützen, Handschuhe – rechtzeitig bis zum Winterurlaub schaffen will. Übrigens: Die Abfahrtspisten sind eingestrickt, Skiläufer und Tannen gestickt. Wolle: Schachenmayr.

19+20 Rodler und schneebedeckte annenbäumchen sind im Maschenstich auf die Pullover gestickt. Zum Kindermodell gehö- en noch Fäustlinge und ein Schal mit Taschen, zu Muttis Jumper außer Handschuhen eine Mütze. Wolle: Hübner.

Zuverlässige Partner: Pullover und Westchen

21 + 22 Auch in der Juniormode sind dekorative Jacquardbordüren hochaktuell. Bei diesem Pulli in aparter Farbzusammenstellung zeigen sich die Musterstreifen abwechselnd positiv und negativ. Dazu in passender Farbe ein ärmelloses Westchen im Perlmuster. Gr. 140 bis 146.

23 + 24 Bei diesem Pullover wiederholen sich verschiedene Musterbordüren in regelmäßiger Folge. Schnittform und Stricktechnik (glatt rechts) bereiten auch Anfängerinnen keinerlei Schwierigkeiten. Die Weste paßt zu Röcken und Hosen. Gr. 134 bis 140. Material für alle Modelle: Esslinger Wolle.

Warm verpackt bis zu den Ohren

25 + 26

27 + 28

29 + 30

25 + 26 Glatt rechts gestrickt werden Mütze Schal und Fausthand schuhe mit Sternenmotiv Passend für 6 bis 1(Jahre. Wolle: Schachenmayr

27 + 28 An solch einer Kinderjacke können Anfänger das Stricken mit mehreren Farbfäden schnell erlernen. Die passende Mütze ist mi der gleichen Bordüre verziert. Für Gr. 140 Material: Thiemann

29 + 3(Schwesterchen bevorzugt fü dieses Partner Look-Model eine helle Grund farbe. All Blenden und de breite Mützen rand sind einfarbi rot. Für Gr. 122 Wolle: Thiemann Hose: Kickers

31 + 32 Aus dicker Wolle schnell gestrickt sind Rollkragenpullover und Mütze, auf denen lustige Hampelmänner tanzen. Für Gr. 128. Material: Hjerte. Stiefel: Marbot.

33 Für kleine Skifahrer genau das Richtige: warmer Pullover in gerader Schnittform. Bündchen und Kragen werden im Rippenmuster angestrickt. Gr. 122. Material: Hjerte.

Skandinavische Inspirationen

34 Am schönsten kommen reichgemusterte Schulterpassen in Naturfarben zur Geltung. Die Zackenmuster dieses Pullovers stammen aus der Volkskunst Skandinaviens.

35 Noch lebhafter wirkt die Musterung im hellen Maschengrund der Jacke. Bis auf Bündchen und doppelte Halsblende wird in Norwegertechnik glatt rechts gestrickt. Material für beide Modelle: Wagenfelder Wolle.

36 Ein großflächiges Zackenmuster schmückt die Rundpasse des Strickkleides. Wolle: Schoeller.

37 In gleicher Technik entsteht diese Folklorejacke mit Bündchen und Blenden im Perlmuster. Ergänzt wird das Modell durch ein passendes Mützchen. Wagenfelder Wolle.

38 Längst tragen auch Herren mit Vorliebe reichgemusterte Pullover. Über diesen freut „er" sich bestimmt. Wagenfelder Wolle.

37
Größe
36
38
Herrengröße
48–50
oder
Damengröße
42–44

39 Die Lebensbaummotive wirken durch ihr bewegtes Maschenbild optisch so reizvoll, daß von weiterer Musterung abgesehen wurde. Für Gr. 40 und 44. Material: Junghans Wolle.

40 Das Verkreuzen von Rechtsmaschen ist eine alte Technik mit fast unerschöpflichen Möglichkeiten zu plastischen Mustereffekten. Für Gr. 44 bis 46. Material: Junghans Wolle.

Für Kenner irischer Strickkunst

41 Sogar Kenner des Aranstils lassen sich immer wieder von der fantasie- und kunstvollen Vielfalt der herrlichen Strickmuster überraschen! Gr. 52 und 56. Material: Junghans Wolle.

Reliefbordüren als Blickfang

42 Dieser klasse Pullover wird vorwiegend im kleinen Perlmuster gestrickt. Hauptattraktion ist die Mittelbordüre mit raffinierten Flechtvarianten. Gr. 48 und 52. Wolle: Lana Grossa.

43 Pullunder in interessanter Schnittform. Die verschiedenen Reliefmuster entstammen dem reichen Schatz volkstümlicher Trachtenstrickkunst. Gr. 38 und 42. Material: Lana Grossa.

44 Sportjacke im plastischen Versatzmuster aus Rechts-Links-Maschen. Als Blickfang auf Ärmeln und Rückenteil vielfach geflochtene Zopfstreifen. Gr. 36 und 40. Schaffhauser Wolle.

45 Jumper in markanter Strukturmusterung mit quer über Vorder- und Rückenteil laufenden Zopfbordüren – große Wirkung mit relativ geringer Mühe! Für Gr. 48 und 52. Schaffhauser Wolle.

45
44

Rankenwerk und Blütenzauber

Bildschön und kostbar wie Prunkstücke aus einem Handarbeitsmuseum wirken diese mit Rosenknospen liebevoll bestickten Trachtenjacken.

46 Sehr feminin: das Spenzerjäckchen im Fächermuster. Wer gern Wickelröschen stickt, kann sie hier auch großzügig verteilen. Rock: Barclay; Strümpfe: Falke.

47 Ein charakteristisches Noppenmuster wird für diese taillenkurze Jacke verwendet. Um so sparsamer darf die Stickerei ausfallen, die sehr dezent entlang der breiten Rippenblende verläuft. Bluse: Masana.

48 Lebhafter erscheint das gleiche Modell in einem aktuellen Rotton. Deutlich wird hier die Sticktechnik sichtbar: plastisch hervortretende Wickelröschen. Bluse: Heinzelmann; Rock: Methlow. Material für alle Modelle: Lana Grossa.

Ensembles in hauchzartem Ajour

49 Das duftige Spitzenmuster dieses zweiteiligen Kleides setzt einige Erfahrung im Kunststricken voraus. Für Gr. 42. Material: Rödel.

50 Bei diesem Ensemble wird auf Schnittraffinessen zugunsten des eleganten Ajourmusters verzichtet. Gr. 38 bis 40. Material von Schachenmayr.

Wer Übung und Geschick hat, kann die Modelle auf Apparat nachstricken!

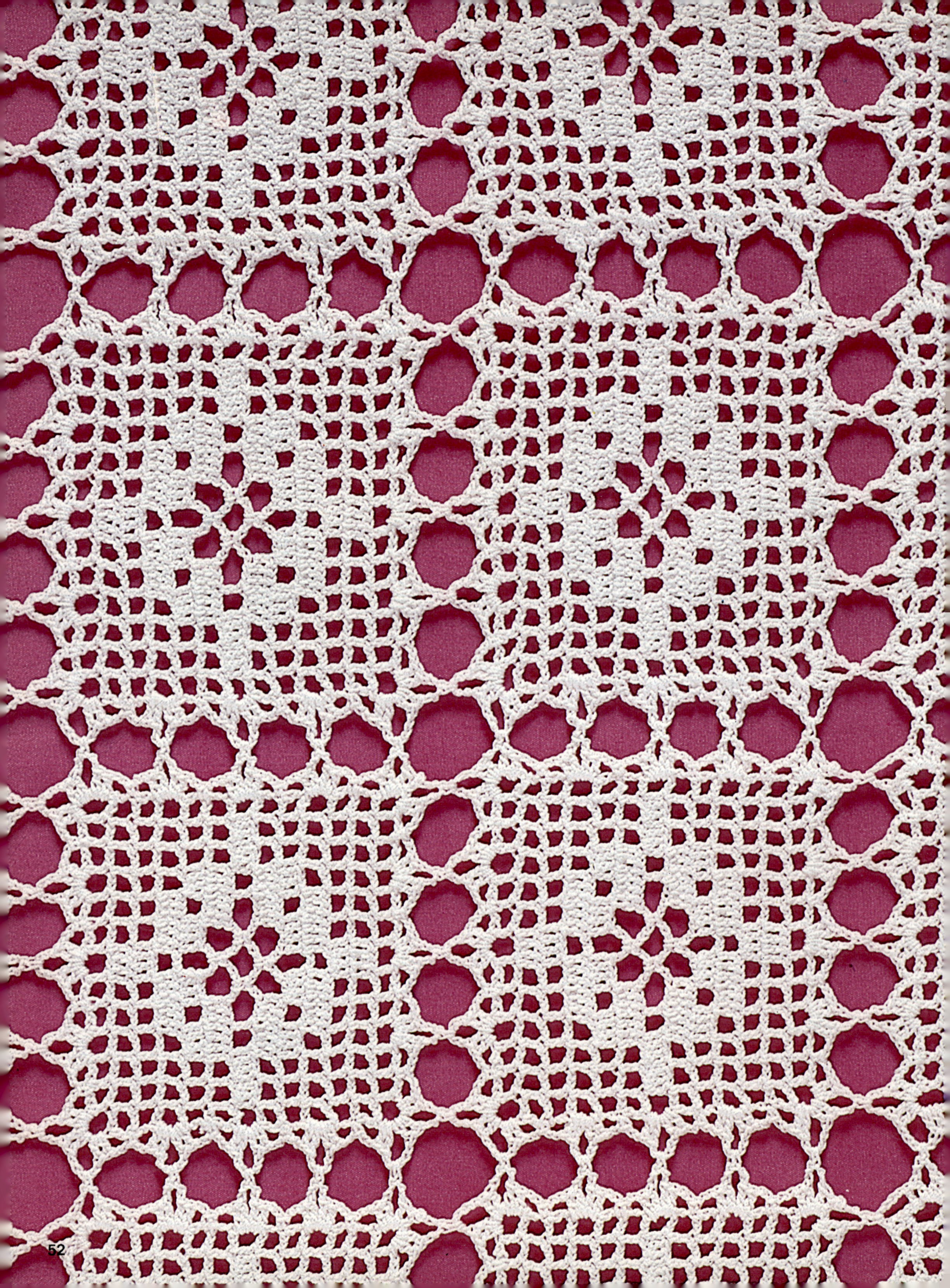

HÄKELN

LEHRGANG
Häkeln

Das Häkeln ist leichter zu erlernen als das Stricken. Man arbeitet nur mit 1 Nadel, jede Masche ist in sich abgeschlossen. Mit Ausnahme der Luftmasche wird eine Häkelmasche in eine bereits vorhandene Masche oder in einen Stoffrand gearbeitet. Ist ein Fehler unterlaufen, wird die Arbeit bis zur fehlerhaften Stelle aufgelöst. Maschen können hierbei nicht „fallen" – wie das z. B. beim Stricken sehr leicht möglich ist.

kann (muß aber nicht) alle folgenden Runden häkeln, ohne beim Übergang von der einen zur nächsten die Arbeit zu wenden.

Da sich das Maschenbild auf der Ober- und Unterseite nicht gleicht, sehen auch ein und dieselben Maschen beim Häkeln in Reihen anders aus als beim Häkeln in der Runde (vergleiche die Abb. 10 und 11 mit den Abb. 13 bis 18 auf den Seiten 55 und 56).

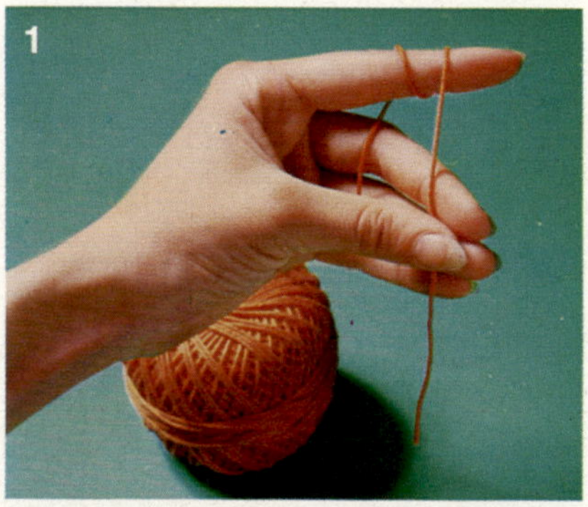
1

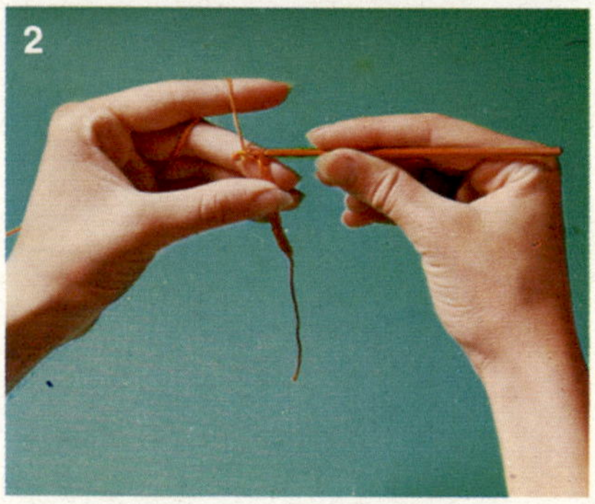
2

3

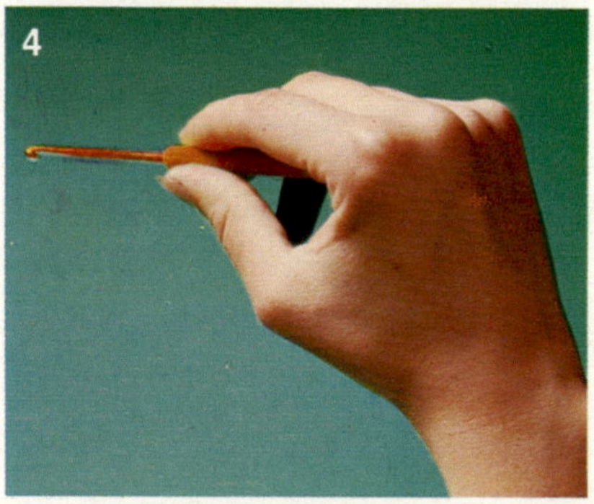
4

Anfangsschlinge, Luftmasche und Luftmaschenanschlag

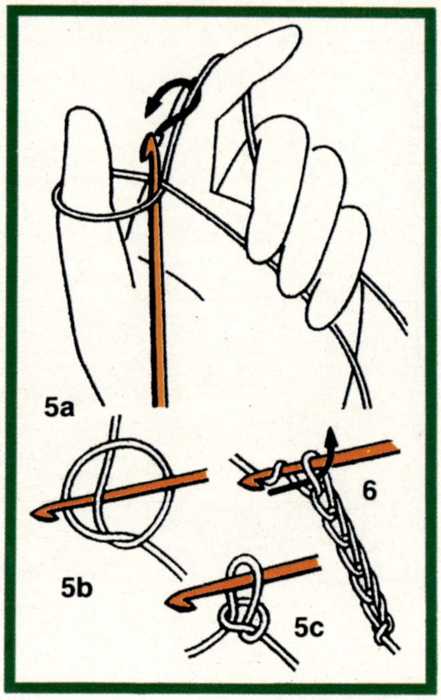

Jede Häkelei beginnt mit einer Fadenschlinge, Abb. 5a bis c. Bei wiederholtem Durchholen des Fadens mit der Häkelnadel durch die auf der Nadel liegende Schlinge entstehen Luftmaschen, Abb. 6. Luftmaschen ähneln den Gliedern einer Kette – daher bezeichnet man eine Reihe von Luftmaschen auch als eine „Luftmaschenkette".

Man häkelt grundsätzlich von rechts nach links. Dabei führt die linke Hand den vom Knäuel kommenden Faden (Abb. 1), und sie hält die Anfangsschlinge, den Luftmaschenanschlag und später das bereits gehäkelte Stück (Abb. 2). Die rechte Hand betätigt die Häkelnadel. Ob man sie dabei wie einen Bleistift (Abb. 3) oder wie eine Stricknadel (Abb. 4) in die Hand nimmt, ändert nichts am Resultat. Man sollte sich jene Haltung aneignen, die einem als die einfachere, die „leichtere" erscheint.

Einzelne nebeneinandergehäkelte Maschen bilden eine Reihe. Am Ende derselben muß „gewendet" werden; was bisher die Oberseite war, ist nun die Unterseite – und umgekehrt.

Nicht so beim Häkeln in der Runde! Man

Die Kettmasche

Niedrigste Häkelmasche ist die Kettmasche; Abb. 7 erklärt die Ausführung:

Die Nadel durch die betreffende Masche führen, den vom Knäuel kommenden Faden in Pfeilrichtung durchholen und in einem Zug durch die Masche und die auf der Häkelnadel liegende Schlinge ziehen.

Mit Kettmaschen überhäkelt man Übergänge an Reihen- oder Rundenanfang. In der Abb. 8 sind rechts feste Maschen mit Kettmaschen übergangen und anschließend feste Maschen gehäkelt. Kettmaschen kann man aber auch „aufhäkeln" (Abb. 8a).

7

8

8a

LEHRGANG
Häkeln

Die feste Masche

Die nächsthöhere Masche neben der Kettmasche ist die feste Masche. Sie füllt annähernd ein kleines Quadrat. Die Abbildungen 9a bis d erläutern die Ausführung; a – in die Masche des Anschlages oder der vorhergehenden Reihe (Runde) einstechen; b – Faden durchholen; c – den vom Knäuel kommenden Faden in Pfeilrichtung in einem Zug durch beide auf der Nadel liegenden Schlingen ziehen, d. h. „mit 1 Umschlag abmaschen". d – die fertige feste Masche.

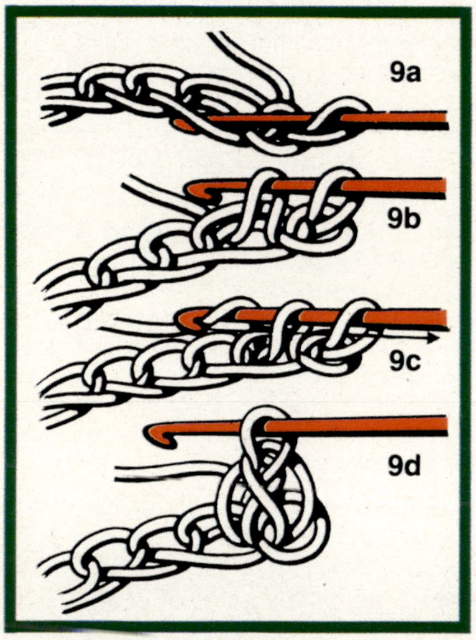

Das Maschenglied, das durch das Abmaschen entsteht und parallel zu denen der Vorreihe verläuft, wird als „Abmaschglied" bezeichnet.

Feste Maschen in Reihen

Beim Häkeln in Reihen muß die Höhe der 1. Masche durch 1 oder 2 Luftmaschen ersetzt werden; 1 Luftmasche genügt, wenn damit lediglich ein Übergang geschaffen werden soll. Folgt auf den Luftmaschenanschlag 1 Reihe feste Maschen, ist die 1. Masche in die 2. Luftmasche ab Nadel zu häkeln. In allen folgenden Reihen ist in **jede** feste Masche der Vorreihe 1 feste Masche zu häkeln (Abb. 10). Häkelt man jedoch 2 Luftmaschen (in einer Anleitung heißt es dann „mit 2 Luftmaschen wenden"), muß die 1. Masche in die 3. Luftmasche des Anschlages folgen. In den nächsten Reihen wird die 1. Masche der Vorreihe übergangen und die letzte in die oberste, in die 2. der beiden „Wende-Luftmaschen", gehäkelt, Abb. 11.

Deutlicher kann das mit der burda-Häkelschrift ausgedrückt werden:

- • = 1 Luftmasche
- ▮ = 1 feste Masche

10a 11a

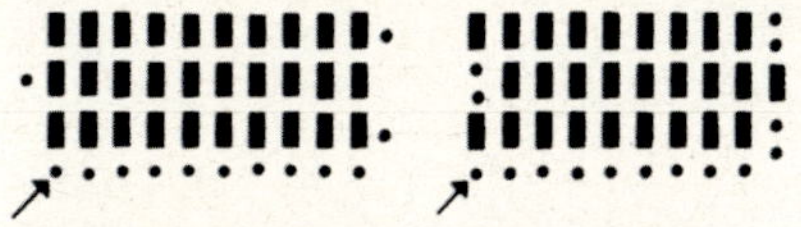

Beide Häkelschriften, Abb. 10a und 11a, zeigen über einem Anschlag aus 11 Luftmaschen 3 Reihen feste Maschen. Der Pfeil deutet auf die 1. Luftmasche des Anschlages. Beim Wenden mit 1 Luftmasche, Abb. 10 und 10a, fallen die Ränder nicht ganz so glatt aus wie beim Wenden mit 2 Luftmaschen, dazu Abb. 11 und 11a.

Veränderung des Maschenbildes durch unterschiedliches Einstechen

Je nachdem, ob die Häkelnadel das vollständige „Abmaschglied" der Vorreihe auffaßt oder nur den vorn oder rückwärts liegenden „Maschendraht", entstehen unterschiedliche Effekte. Abb. 13 zeigt feste Maschen in Hin- und Rückreihe, wobei in den Hinreihen nur der rückwärts liegende, in den Rückreihen nur der vorn liegende Draht der Vorreihe erfaßt worden ist. In der Abb. 12 wird nur in allen Hinreihen der rückwärtige Maschendraht aufgenommen, in den Rückreihen dagegen das vollständige Abmaschglied erfaßt.

Verwandt mit der festen Masche ist die „Kreuzmasche"

Sie wird im Grund genauso gehäkelt wie eine feste Masche, lediglich mit dem Unterschied, daß der Faden zur Schlinge lt. Abb. 14 – also von oben – durchzuholen ist.

Eine andere Variante ist die „Doppelmasche"

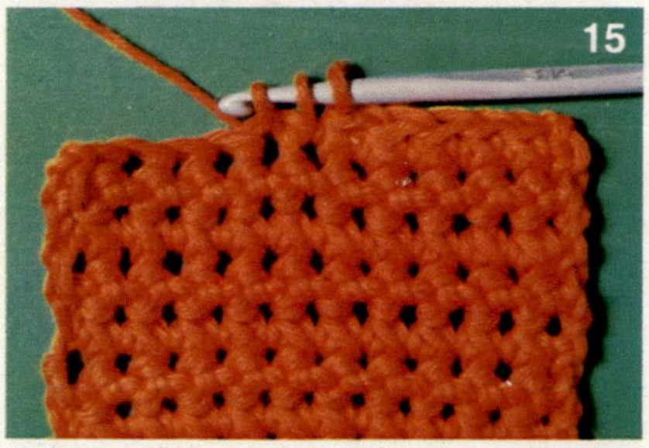

Für jede Doppelmasche (= Dm) sind 2 Schlingen durchzuholen, die 1. stets aus der vorhergehenden Einstichstelle, und mit 1 Umschlag in einem Zug abzumaschen. In der 1. Reihe holt man die Schlingen durch die 3. und 4. Luftmasche der Anschlagkette. Am Ende der Reihe ist 1 feste Masche zu häkeln, und es wird mit 2 Luftmaschen gewendet. Am Reihenanfang die 1. Schlinge aus der festen Masche, die 2. aus der folgenden Dm.

holen, wie die 1. Reihe mit 1 festen Masche enden. Der Luftmaschenanschlag muß für ein Muster aus Dm. besonders locker sein oder mit einer um 2 Nummern stärkeren Nadel ausgeführt werden. Die Abb. 15 zeigt die Dm. vor dem Abmaschen.

Feste Maschen in Runden gehäkelt

Den Ausgangspunkt bildet entweder eine Fadenschlinge lt. Abb. 16 a, b und c oder ein Ring aus Luftmaschen – dafür eine vorbestimmte Anzahl an Luftmaschen mit 1 Kettmasche „zum Ring schließen“. Auch jede folgende Runde ist mit 1 Kettmasche zu beenden – „zu schließen“. Ist beim Übergang von einer zur folgenden Runde nur 1 Luftmasche gehäkelt worden, trifft die Kettmasche in die 1. Masche dieser Runde. Sind jedoch 2 Luftmaschen am Rundenanfang ausgeführt, ist mit 1 Kettmasche in die 2. dieser „Übergangs-Luftmaschen“, die die 1. Masche ersetzen, zu schließen.

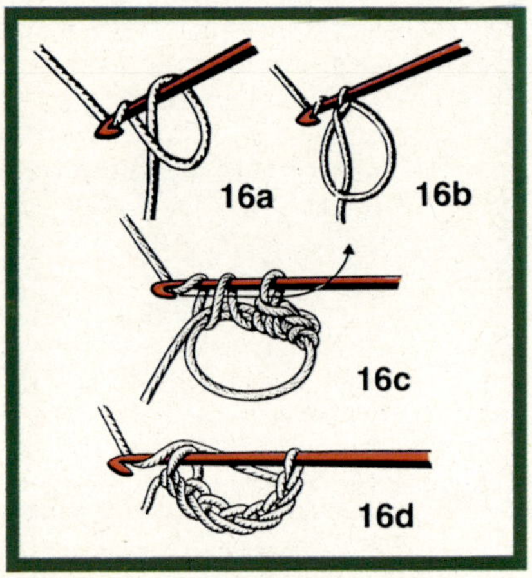

Formen aus festen Maschen häkeln

Verschiedene Formen können in hin- und hergehenden Reihen und auch in Runden entstehen. Beim Häkeln in Reihen wird die Veränderung durch Zu- oder Abnehmen von Maschen an den Rändern erziehlt. Beim Häkeln in der Runde erreicht man die gewünschte Form, indem in regelmäßiger Folge an bestimmten Stellen innerhalb der Runden zugenommen wird (oder abgenommen – falls man am Außenrand beginnt und zur Mitte zu häkelt). Jede Runde ist mit 1 Kettmasche zu schließen.

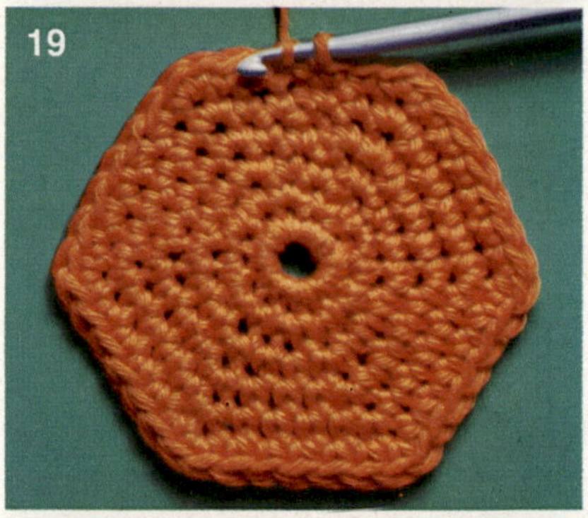

Das Viereck lt. Abb. 18 beginnt mit 1 Fadenring, in welchen in 1. Runde 4mal wechselnd 1 feste Masche, 1 Luftmasche zu häkeln sind. In der 2. und in allen folgenden Runden muß in den Ecken zugenommen werden, und zwar je 1 feste Masche, 2 Luftmaschen und 1 feste Masche um die Luftmasche der Vorrunde.

Abb. 17 zeigt ein **Viereck** in Reihen gehäkelt. In einen Ring aus 4 Luftmaschen sind in 1. Reihe 2 feste, 2 Luftmaschen und 2 feste Maschen ausgeführt. In allen folgenden Reihen ist in jede feste Masche wieder 1 feste Masche und um die Luftmaschen in der Ecke 1 feste Masche, 2 Luftmaschen und 1 feste Masche zu häkeln.

Das Sechseck, Abb. 19, beginnt mit 6 festen Maschen in einen Fadenring. In der 2. Runde in jede Masche 2, in 3. Runde nur in jede 2. folgende und in 4. Runde in jede 3. folgende M. der Vorrunde 2 Maschen häkeln. In dieser Art wird auch in allen folgenden Runden zugenommen.

Für ein Achteck ist genauso zuzunehmen, man beginnt natürlich mit 8 festen Maschen, die entweder in einen Ring aus 4 Luftmaschen oder in einen Fadenring zu häkeln sind. Darauf achten, daß immer über der Zunehmestelle der Vorrunde zugenommen wird (Abb. 20).

Der Kreis kann bis zur 3. Runde wie ein Achteck gehäkelt werden. Ab 4. Rd. ist jedoch darauf zu achten, daß nicht wieder über den zugenommenen Maschen zugenommen wird, sondern immer versetzt zur vorhergehenden Runde. Zur Kontrolle sollte die Arbeit ab und zu flach aufgelegt werden. Stellt sich der Rand hoch, muß öfter zugenommen werden, legt er sich in Wellen, ist das Gegenteil der Fall (Abb. 21).
Der Kreis, lt. Abb. 22, ist in Spiralrunden, also ohne erkennbaren Übergang (ohne jede Runde mit 1 Kettmasche zu schließen) gehäkelt. Hierbei ist auch stets nur der rückwärts liegende Maschendraht erfaßt.

Das halbe Stäbchen

Stäbchen sind die allervielseitigsten Häkelmaschen, und das halbe, auch „kurze“ Stäbchen ist die niedrigste Stäbchensorte, nur wenig höher als die feste Masche.

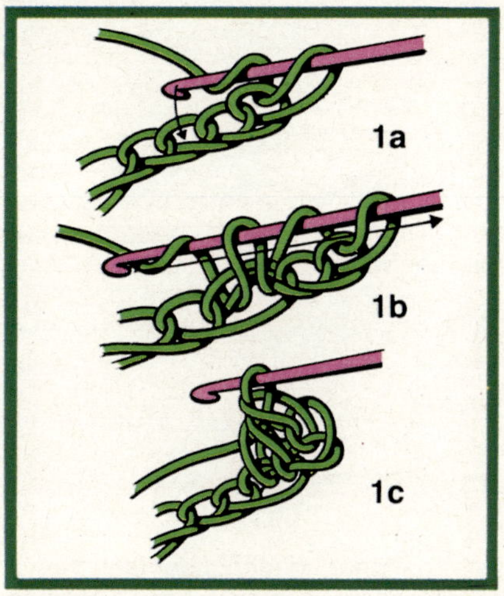

Die Abb. 1a bis c erläutern die einzelnen Phasen: Vor dem Einstechen wird 1 Umschlag auf die Nadel genommen, Abb. 1a. Nachdem die Schlinge durchgeholt ist, Abb. 1 b, liegen 3 Schlingen auf der Nadel, und diese sind in einem Zug mit 1 Umschlag abzumaschen, siehe Pfeil in der Abb. 1b. Das fertige halbe Stäbchen zeigt Abb. 1c, es ist das 1. halbe Stäbchen über einem Anschlag aus Luftmaschen.

Halbe Stäbchen in Reihen

Abb. 2 zeigt eine Reihe halber Stäbchen, Abb. 3 die 1. Reihe nach dem Wenden. Die Höhe des halben Stäbchens wird beim Übergang von einer zur folgenden Reihe oder Runde durch 2 Luftmaschen ausgeglichen.

Über dem Luftmaschenanschlag ist deshalb das 1. halbe Stäbchen in die 3. Luftmasche – ab Nadel gezählt – zu häkeln. Abb. 1a, b. In den folgenden Reihen ist das 1. halbe Stäbchen in die 2. (Abb. 3 und 4) oder die 1. Masche (Abb. 5) der Vorreihe zu häkeln.

4a 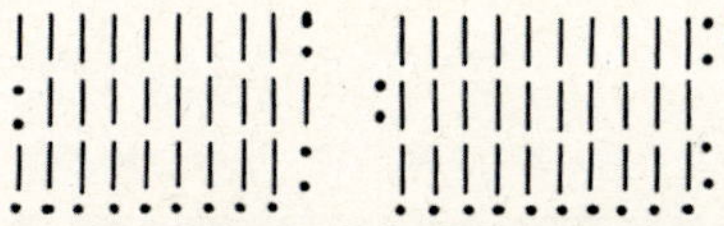 5a

• = Luftmasche | = halbes Stäbchen

Am Ende der Reihe bleiben lt. Abb. 5 die „Wende-Luftmaschen“ unbehäkelt, lt. Abb. 4 ist das letzte halbe Stäbchen der Reihe in die 2. Wendeluftmasche zu häkeln. Bei eingehender Betrachtung ist zu erkennen, daß der Rand glatter ausfällt, wenn man nach Abb. 4 und 4a arbeitet. Auch hier wieder zum Vergleich die burda-Häkelschriften, die den Unterschied deutlicher zeigen als die Häkelproben – siehe Abb. 4a und 5a.

Veränderungen des Maschenbildes durch unterschiedliches Einstechen in die Abmaschglieder

Die Eigenart des halben Stäbchens liegt in der Anordnung der „Maschendrähte“. Dadurch, daß drei Schlingen auf einmal abgemascht werden (Abb. 1b), legt sich der Umschlag, der vor dem Einstechen aufzunehmen ist, fast parallel unter den rückwärtsliegenden Maschendraht des Abmaschgliedes, vergleichen Sie Abb. 2, Vorder- und Rückseite. In Abb. 6 sind 6 Reihen gehäkelt, es wurde das volle Abmaschglied der Vorreihe erfaßt. In der Abb. 7 ist dagegen nur in den vornliegenden Maschendraht und in der Häkelprobe lt. Abb. 8 nur in den rückwärtsliegenden Maschendraht eingestochen. Abb. 9: Noch ein Beispiel dafür, wie sich das Maschenbild verändert, wenn nur in den Maschendraht eingestochen wird, der unter dem Abmaschglied liegt. Die Zeichnung 9a zeigt dies deutlicher als Abb. 9.

Das einfache Stäbchen

Manche nennen es auch das „ganze" Stäbchen. Es ist knapp doppelt so hoch wie breit: 2 Reihen aus je 5 Stäbchen füllen annähernd die Fläche eines Quadrates. Nebeneinandergehäkelte Stäbchen bilden eine Reihe schlanker Säulen.

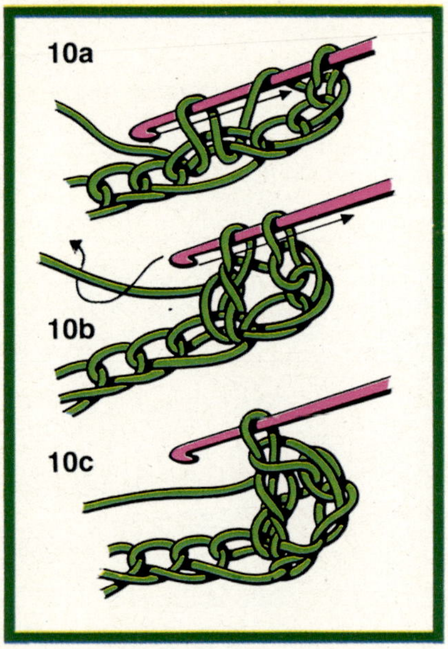

Abb. 10a: Ehe über dem Luftmaschenanschlag in die 4. Luftmasche, ab Nadel gezählt, einzustechen ist, muß ein Umschlag ausgeführt werden. Ist die Schlinge durchgeholt, wird der Faden erneut als Umschlag auf die Nadel genommen und in Pfeilrichtung durch nur 2 auf der Nadel liegende Schlingen gezogen. In der Fachsprache heißt dies „Schlingen paarweise abmaschen". Danach liegen wieder 2 Schlingen auf der Nadel, Abb. 10b. Diese sind wiederum mit 1 Umschlag abzumaschen. Die Abb. 10c zeigt das fertiggehäkelte Stäbchen einer Reihe über dem Anschlag aus Luftmaschen.

Das Wenden von einer zur folgenden Stäbchenreihe und der Rundenübergang

Die Höhe des einfachen Stäbchens ist mit 3 Luftmaschen auszugleichen. Beim Wenden zur nächsten Reihe – oder beim Übergang zur folgenden Stäbchenrunde – sind 3 Luftmaschen zu häkeln. Abb. 11. In dieser Häkelprobe sind über einem Anschlag aus 12 Luftmaschen 9 Stäbchen ausgeführt; die 3 Luftmaschen am Anfang der Reihe zählen als ein Stäbchen. Abb. 12: Das 1. Stäbchen der 2. Reihe ist in die 2. Masche der Vorreihe zu häkeln und das letzte in die 3. „Wende-Luftmasche", Abb. 13. Ein Vergleich mit Abb. 14 (die 2. Reihe nach dem Wenden) macht den Unterschied des Maschenbildes auf Ober- und Rückseite bzw. in Hin- und Rückreihe deutlich.

Veränderung des Maschenbildes durch unterschiedliches Erfassen der Maschen in der Vorreihe

Abb. 15: In der Hinreihe ist nur der rückwärts-, in der Rückreihe nur der vornliegende Maschendraht des Abmaschgliedes erfaßt. Lt. Abb. 16 wird stets wechselnd in den vorn-, dann in den rückwärtsliegenden Maschendraht eingestochen. Abb 17: Das Muster wird in der Rückreihe gebildet, es wird in das Abmaschglied ein- und im folgenden von rückwärts nach vorn ausgestochen. Beim folgenden Stäbchen wieder in der letzten Ausstichstelle ein-, im folgenden Maschenglied ausstechen. In der Hinreihe (Abb. 18) werden Stäbchen wie allgemein üblich gehäkelt.

Abb. 19: Es wird nicht in, sondern zwischen Stäbchen der Vorreihe eingestochen, das 1. Stäbchen zwischen die 1. und 2. Masche, das letzte Stäbchen der Reihe zwischen letztes Stäbchen und Wende-Luftmaschen. Dazu eine Abwandlung, Abb. 20: Das 1. Stäbchen zwischen die 2. und 3. Masche, das 2. Stäbchen zurück zwischen die 1. und 2. Masche häkeln. Dadurch entsteht der Effekt eines Stäbchen-Flechtmusters.

21

22

Stäbchen mit „Fußschlinge"

Wie beim Stäbchen üblich, wird der Faden einmal um die Nadel geschlungen, ehe in die Masche des Anschlages oder der Vorreihe einzustechen und die Schlinge durchzuholen ist. Diese Schlinge wird mit 1 Umschlag für sich abgemascht, die „Fußschlinge" ist damit gebildet, Abb. 21. Anschließend – wie beim Stäbchen üblich – 2mal je 2 Schlingen mit je einem Umschlag abmaschen. In der Abb. 22 ist das 1. Abmaschen nach der Fußschlinge bereits ausgeführt. In beiden Abbildungen sind auch in der 1. Reihe Stäbchen mit Fußschlingen gehäkelt.

Eineinhalbfaches Stäbchen

Soll ein Stäbchen etwas höher, aber doch wieder nicht doppelt so hoch wie ein einfaches Stäbchen ausfallen, häkelt man ein eineinhalbfaches. Der Faden wird nicht einmal, sondern zweimal um die Nadel gelegt (also 2 Umschläge ausführen), ehe man in die Masche des Anschlages oder der Vorreihe (Vorrunde) einsticht. Nun mit 1 Umschlag zunächst 2 Schlingen (in Abb. 23 ausgeführt), dann mit 1 Umschlag die restlichen 3 Schlingen abmaschen. In der Abb. 23 zeigt auch die 1. Reihe 1½fache Stäbchen.

Das Doppelstäbchen

Gleich im Anschluß lernen Sie das Doppelstäbchen, auch als „zweifaches"

24

23

Stäbchen, bekannt. Wie beim eineinhalbfachen, so werden auch hier 2 Umschläge ausgeführt, ehe man in die Masche einsticht und den vom Knäuel kommenden Faden durchholt. Nun sind 4 Schlingen auf der Nadel, die mit je 1 Umschlag 3mal zu zweit abzumaschen sind. Der einfache Pfeil in der Abb. 24 deutet das 1. Abmaschen an. Zusammen mit der sich dabei bildenden Schlinge wird jeweils die folgende Schlinge lt. doppeltem und dann lt. dreifachem Pfeil abgemascht. Kurz gesagt: „3mal mit je 1 Umschlag paarweise abmaschen". Vier nebeneinandergehäkelte Doppelstäbchen füllen annähernd ein Quadrat.

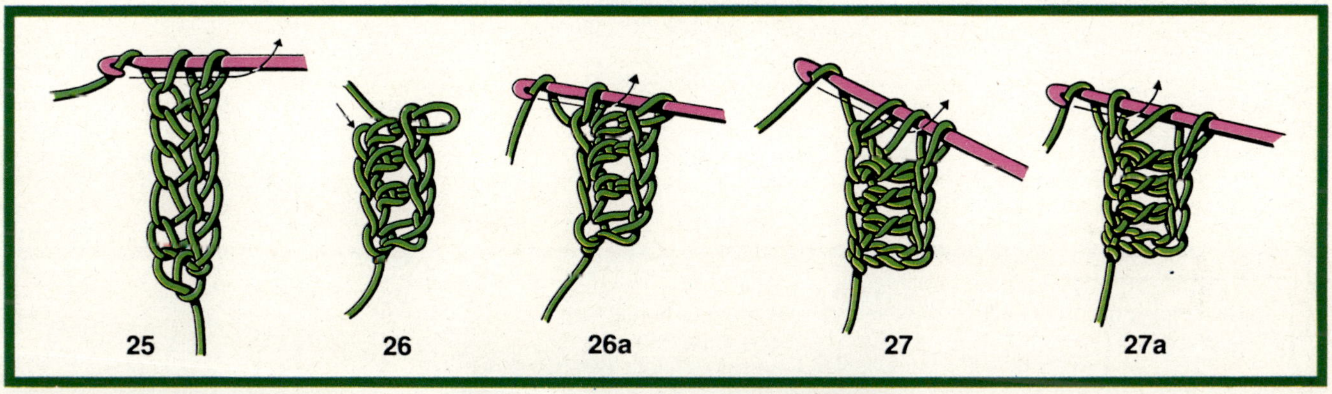

25 26 26a 27 27a

Anschlag aus Kettmaschen, festen Maschen, halben und einfachen Stäbchen

Beginnt eine Arbeit mit einer Reihe aus Kettmaschen, festen Maschen oder Stäbchen, kann der Luftmaschenanschlag wegfallen. Alle diese Maschen werden mit „Fußschlinge" gehäkelt, durch diese links außen liegenden Schlingen wird jeweils wieder die Fußschlinge für die nächste Häkelmasche durchgeholt. Maschenanschläge dieser Art sind wesentlich elastischer als eine einfache Luftmaschenkette.

Für den Kettmaschenanschlag mit 2 Luftmaschen beginnen, durch die 1. Masche die Fußschlinge holen, jetzt mit 1 Umschlag beide Schlingen abmaschen, siehe Pfeil in der Abb. 25.

28

Abb. 26: Für den Feste-Maschen-Anschlag mit 2 Luftmaschen beginnen, die durchgeholte Schlinge jedoch für sich abmaschen, Abb. 26a, dann mit 1 Umschlag die 2 Schlingen in einem Zug abmaschen. Der Pfeil in Abb. 26 deutet auf die Fußschlinge, durch die die folgende zu holen ist.

Abb. 27: Für den Stäbchenanschlag die Fußschlinge aus der 1. von 4 Luftmaschen durchholen, mit 1 Umschlag abmaschen (Pfeil in Abb. 27a), dann wie beim Stäbchen üblich 2mal je 2 Schlingen abmaschen (1. Abmaschen siehe Abb. 27).

In der Abb. 28 ist zwischen dem Feste-Maschen- und dem Stäbchen-Anschlag derjenige aus halben Stäbchen abgebildet; dafür mit 3 Luftmaschen beginnen und statt Stäbchen nur halbe Stäbchen häkeln.

Filethäkelei

Mit dieser Technik wird das geknüpfte Netz nachgebildet. Am besten gelingt es mit feinem Garn. Aber auch mitteilfeines Baumwollgarn und Wolle ergeben in der Filethäkelei hübsche Effekte. Man häkelt in der Regel nach einem Zählmuster. Jede Vorlage für einfarbigen Kreuzstich kann in ein Filethäkelmuster übersetzt werden, Abb. A. In der Regel wird in hin- und hergehenden R. gehäkelt, aber auch in der Rd. kann man arbeiten. Wechselt innerhalb eines Modells die Arbeitsweise, muß beim Rundhäkeln nach jeder Rd. gewendet werden, um dadurch das gleiche Maschenbild wie beim Häkeln in Reihen zu erhalten.

Der „offene" Gittergrund

Man kann dafür wechselnd 1 oder 2 Lm. und 1 Stb. (Häkelschriften B und C) **oder** 3 Lm. und 1 Dstb. (Häkelschrift D) für 1 Kästchen des Gitters häkeln. Da Zählmustern ein Liniennetz mit Quadraten zugrunde liegt, sollten auch die Karos annähernd quadratisch ausfallen. Das gelingt am besten mit wechselnd 1 Lm. und 1 Stb. **oder** 3 Lm. und 1 Dstb.

• = 1 Lm. ┼ = 1 Stb. ǂ = 1 Dstb.

Der „gefüllte" Gittergrund

Der Wechsel zwischen offenen und gefüllten Kästchen bildet die Musterung. Man häkelt für 1 gefülltes Kästchen an Stelle der Lm. Stb. oder Dstb., die entweder in die Stb. oder **um** die Lm. der Vor-Reihe oder -Runde auszuführen sind, siehe Abb. 3.

In den folg. Erläuterungen zeigen die gezeichneten Häkelproben den Gittergrund aus 2 Lm. und 1 Stb., die fotografierten dagegen den großen Gittergrund aus wechselnd 3 Lm. und 1 Dstb. In den Klammern stehen die Angaben für den großen Gittergrund.

Berechnung des Anschlages, 1. Reihe, wenden zur folg. Reihe

Für 1 Kästchen des Gitters 3 (4) Lm. anschlagen; dazu kommen 3 (4) Lm. als Ersatz fürs 1. Stb. (Dstb.) der 1. R. Das 1. Stb. (Dstb.) ist in 1. R. beim offenen Gittergrund in die 8. (11.) Lm. ab Nadel zu häkeln, jedes folg. Stb. (Dstb.) in die 3.- (4.-) folg. Lm. des Anschlages, Abb. 1 (1a) getrennt durch je 2 (3) Lm. Für 1 gefülltes Kästchen am R.-Anfang trifft das 1. Stb. (Dstb.) in die 4. (5.) Lm. ab Nadel.

Bei geradem Rand zur 2. und allen folg. R. mit 3 + 2 (4 + 3) Lm. für offene Kästchen, Abb. 2 (2a). Mit 3 (4) Lm. für gefüllte Kästchen wenden, die lediglich das 1. Stb. (Dstb.) der R. ersetzen, dann Stb. (Dstb.) häkeln.

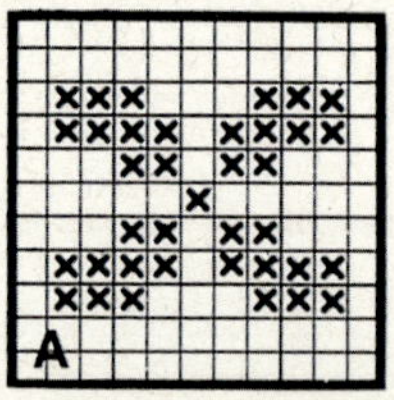

Zählmuster für Filethäkelei sind in ein kariertes Linennetz gezeichnet. Vergleichen Sie den Häkelausschnitt rechts oben mit dem nebenstehenden Zählmuster. Es zeigt einen schmalen Einsatz, der in hin- und hergehenden Reihen zu häkeln ist. Die drei Häkelschriften erklären drei verschiedene Ausführungen; Pfeil = Mitte.

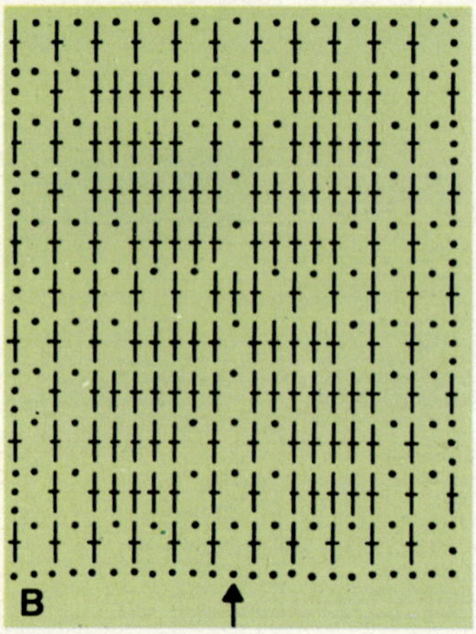

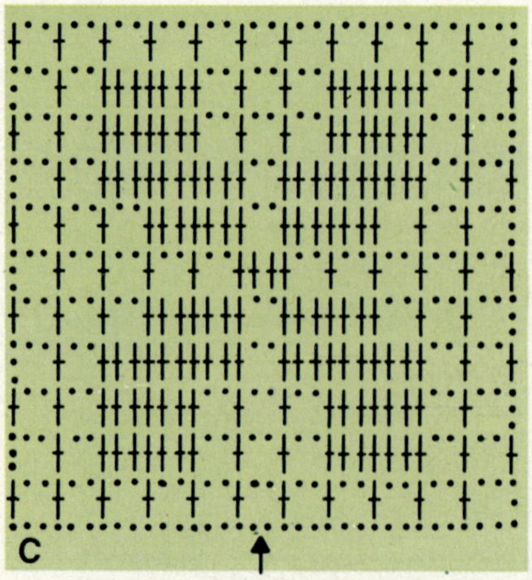

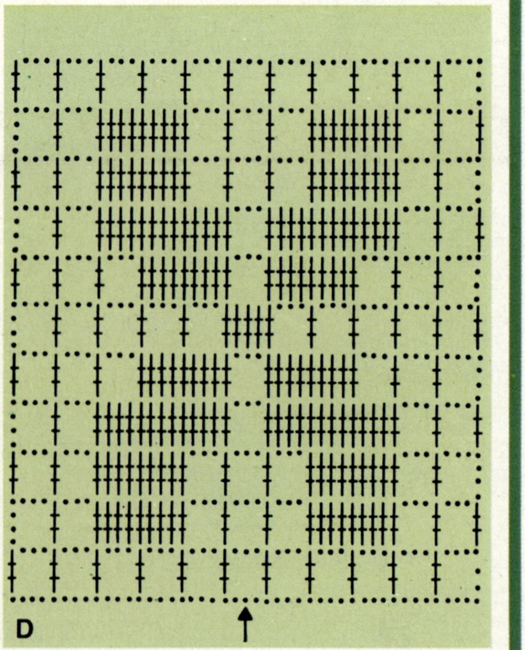

Zunehmen an Anfang und Ende einer Reihe

Für offene Kästchen, die am Anfang der R. zuzunehmen sind, werden Lm. angeschlagen; M.-Anzahl siehe Berechnung des Anschlages – für 2 Kästchen z. B. 10 (14) Lm., Abb. 4.

Am Ende der R. ist nach je 2 (3) Lm. 1 drei- (fünf-)faches Stb. auszuführen, für das 1. Kästchen in die Einstichstelle des letztes Stb. (Dstb.), für jedes folg. Kästchen in das 2. (3.) Abmaschglied des vorhergehenden Stb. (Dstb.). Abb. 5 (5a).

In der Häkelprobe 5b wechseln offene mit gefüllten Kästchen in versetzter Folge. Beidseitig ist je 1 offenes Kästchen zugenommen. Das letzte Dstb. vor dem Zunehmen ist in die 4. folg. Lm. der Vor-R. zu häkeln.

Bei gefülltem Gittergrund sind am R.-Anfang entsprechend viele Lm. anzuschlagen und rückgehend mit Stb. (Dstb.) zu überhäkeln, Abb. 6 (6a). Am R.-Ende werden für jedes Kästchen 3 Stb. (4 Dstb.) mit „Fußschlinge" angehäkelt; 1 (2) U. für das Stb. (Dstb.) aufnehmen, die Fußschlinge aus der letzten Einstichstelle durchholen. Abb. 7 (7a), abm., siehe Pfeil in Abb. 7. Dann die U. des Stb. wie üblich abm. Jede folg. Fußschlinge aus der vorhergehenden durchholen.

Beachten Sie, daß die Angaben in den Klammern für den großen Filetgrund mit 3 Lm. und Dstb. gelten.

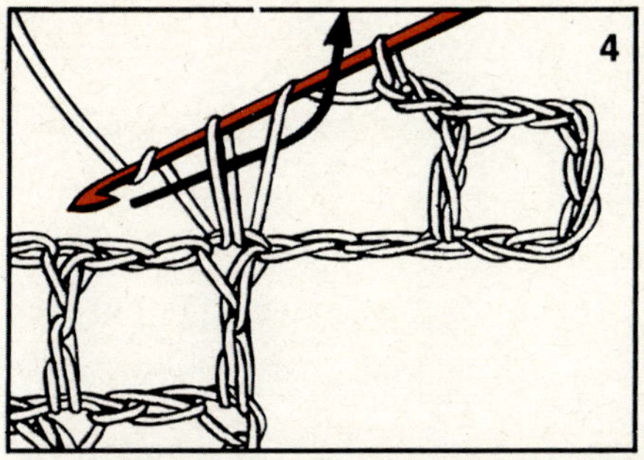
4

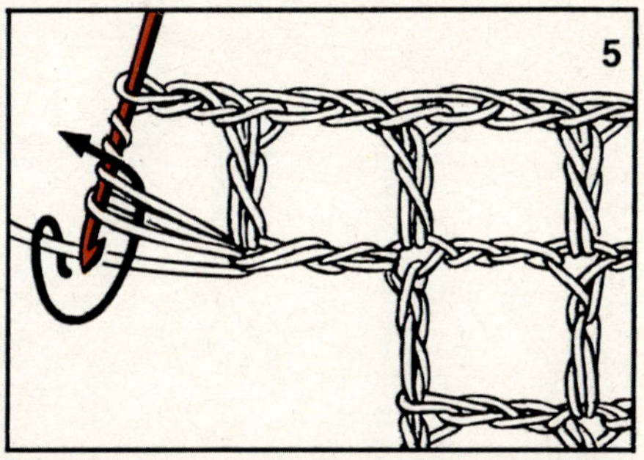
5

5a

5b

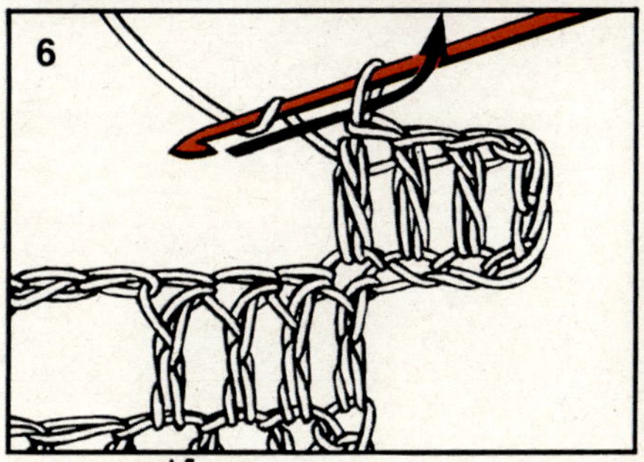
6

6a

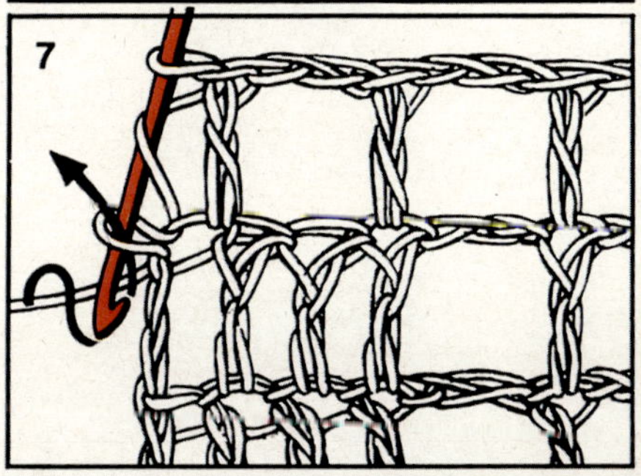
7

7a

Abnehmen an Reihenanfang und -ende

Am R.-Anfang kann die lt. Muster vorgeschriebene Anzahl an Kästchen mit Km. übergangen werden, Abb. 8 (8a), und am R.-Ende bleiben sie einfach unbehäkelt stehen. In der Häkelprobe 8b ist zu Beginn der R. 1 gefülltes Kästchen mit Km. überhäkelt.

Man kann die Verdickung, die sich durchs Überhäkeln mit Km. zwangsläufig ergibt, vermeiden, indem schon in der vorhergehenden R. darauf geachtet wird, daß dasjenige Stb. (Dstb.) zuletzt abgemascht wird, über welches die folgende „verkürzte" R. zu beginnen hat. Dazu einige Beispiele: Ist am Anfang der folg. R. nur 1 Kästchen abzunehmen, wird bereits das vorletzte Stb. (Dstb.) nur bis auf die letzten 2 Schl. abgemascht, und es folgt 1 drei- (fünf-)faches Stb. in die letzte Einstichstelle der R. Die auf der Nadel liegenden Schl. zunächst paarweise, Abb. 9 (9a), zuletzt 3 Schl. mit je 1 U. abm.

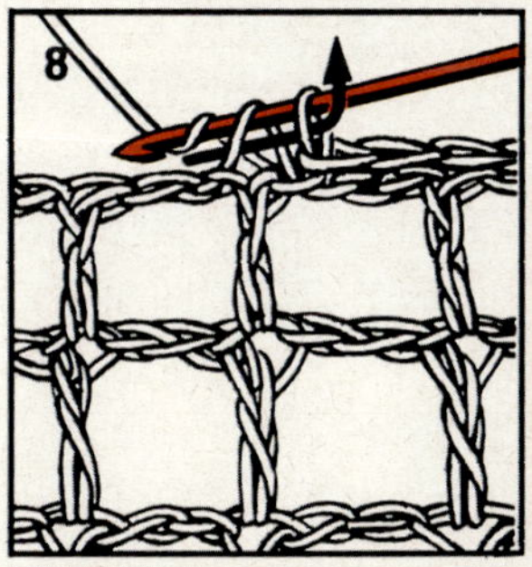
8

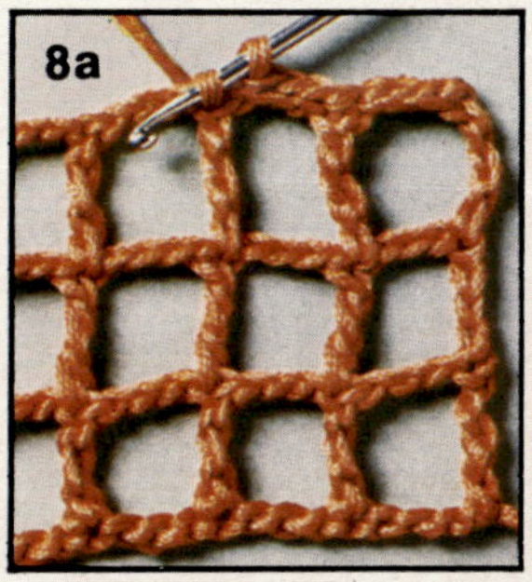
8a

8b

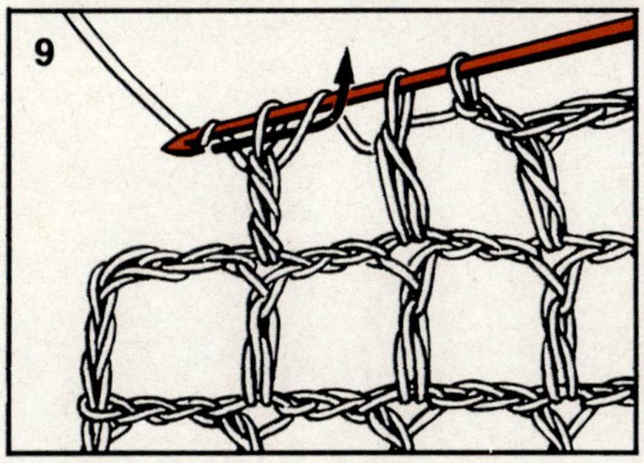
9

9a

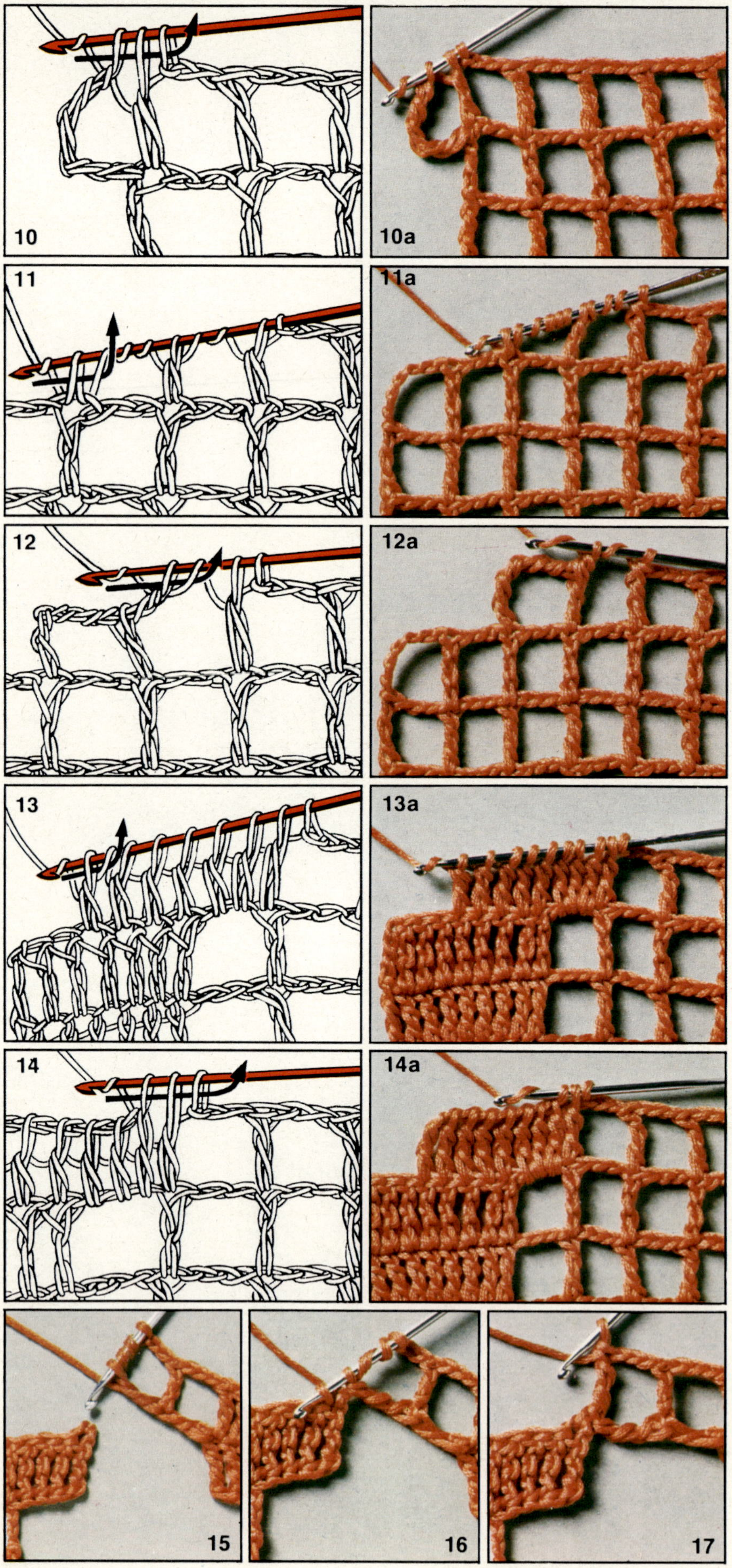

Ist dagegen nach einem Stufenrand abzunehmen, wird im Vergleich zur Abb. 9 (9a) statt des 3- (5-)fachen Stb. 1 fünf-(acht-)faches Stb. in die letzte Einstichstelle gehäkelt, auch dabei zuletzt 3 Schl. auf einmal abm., siehe Pfeil, Abb. 10 (10a).

Ist die folg. R. am Anfang um 2 Kästchen zu kürzen, wird nach Abb. 11 und 12 (11a und 12a) gehäkelt: Das letzte Stb. (Dstb.) bis auf die letzten 2 Schl. abm., für jede Lm. 1 U. aufnehmen, für 1 Stb. (für 1 Dstb. 2) U., jeweils einstechen, wie üblich 1 Schl. durchholen, jedoch nur 1 (2)mal 2 Schl. abm., die U. für die folg. Lm. aufnehmen, das folg. Stb. (Dstb.) ausführen. Abb. 11 (11a). Danach alle Schl. paarweise mit je 1 U. abm., Abb. 12 (12a). Die Schl. des letzten Stb. (Dstb.) mit 1 Umschl. zu dritt abmaschen, siehe Abb. 10.

Die Abb. 13 und 14 (13a und 14a) erklären das Verkürzen der R. bei gefüllten Kästchen: Jedes Stb. (Dstb.) nur 1 (2)mal abm. Schließlich alle Schl. paarweise abm., Abb. 13 (13a), und zuletzt 3 Schl. mit 1 U. zus.-fassen, d. h. abm., Abb. 14 (14a).

Dieses Zusammen-Abmaschen mehrerer Stäbchen bzw. Doppelstäbchen in einer Reihe kann auch allgemein beim Abnehmen angewendet werden. Es ist immer dann richtig, wenn man das Überhäkeln mit Kettmaschen vermeiden will.

Verbinden zweier Teile

Oft schließen Muster mit einem Bogen- oder Zackenrand ab. In diesem Falle muß jeder Bogen, jede Zacke zunächst für sich gehäkelt werden, und zwar bis an die 1. durchgehende R. heranreichend. Fäden jeweils abschneiden und sorgfältig vernähen.

Die 1. durchgehende R. mit neuem Faden beginnen und an der Verbindungsstelle, je nach Anzahl der Kästchen, die das Muster vorschreibt, lt. Abb. 5 oder 7 (5a oder 7a) häkeln. Beim Abmaschen, nachdem für 2 Lm. 2, für 3 Lm. 3mal 2 Schl. abgemascht wurden, Abb. 15, die Schlinge durch die letzte M. des angrenzenden Teiles durchholen, Abb. 16. Dann die auf der Nadel liegenden Schl. wie üblich abm. Abb. 17 zeigt die fertige Verbindungsstelle.

Schreibt das Muster an der Verbindungsstelle nicht den offenen, sondern den gefüllten Gittergrund vor, sind Stäbchen bzw. Doppelstäbchen mit Fußschlinge in entsprechender Anzahl auszuführen, siehe Abb. 7 bzw. Abb. 7a. Über dem anzuschlingenden Teil dann lt. Abb. 15 und 16 weiterhäkeln.

Das Verkürzen der Reihen für „eingehäkelte" Abnäher

In den Häkelproben 18 bis 23 ist der Filetgrund aus wechselnd 1 Lm. und 1 Stb. gehäkelt, wie er vorwiegend für modische Modelle vorgeschrieben ist. Das 1. Stb. der 1. R. ist in diesem Fall in die 6. Luftmasche ab Nadel zu häkeln.

Abb. 18: Ist eine Reihe um 6 Kästchen zu kürzen, so bleibt die Hälfte, also 3 Kästchen, am Ende der R. unbehäkelt stehen. Die übrigen 3 Kästchen häkelt man nicht mit Stb., sondern – um einen verlaufenden Übergang zur folgenden R. zu schaffen – anstelle der Stb. Km., f. M. und h. Stb. Da auch die folg. R. um 6 Kästchen zu kürzen ist, müssen die ersten 3 Kästchen unbehäkelt bleiben, d. h. die Nadel muß zu Beginn der folg. R. über dem Stb. nach dem 3. Kästchen liegen, siehe Pfeil. Die Stb. werden daher nicht voll abgemascht, und anstelle der Lm. sind U. auszuführen – das Abmaschen erklärten die Abb. 9, 11 und 12. Die Abb. 19 zeigt die Arbeit nach dem Abmaschen des 3. Stb., über dem also die folg. R. beginnt, siehe Abb. 20 (nach dem Wenden lt. Abb. 19).

Abb. 21: Es wird mit 2 Lm. gewendet und statt der folg. 2 Stb. als Übergang 1 f. M. und 1 h. Stb., dann erst wieder Stb. häkeln.

Abb. 22: Zu erkennen sind 3 verkürzte R., und der Anfang der 4. verkürzten R. ist in Arbeit. Es wird das 1. Stb. der R. zum 2. Mal abgemascht.

Abb. 23: Die verkürzten R. werden dann wieder mustergemäß, also mit wechselnd 1 Lm. und 1 Stb., überhäkelt. Besonders in der 1., „durchgehenden" R. ist an den Übergangsstellen darauf zu achten, daß die Anzahl der Stb. die gleiche ist wie vor der 1. verkürzten R.

Abnehmen am Rand

Sollten für ein modisches Filethäkelmodell am Rand Maschen ab- und zugenommen werden, vermeidet man abgestufte Ränder, die bei der dekorativen Filethäkelei Absicht sind. Auch die Häkelproben 24 und 25 sind im „kleinen" Filetgrund aus wechselnd 1 Lm. und 1 Stb. gehäkelt.

Abb. 24: Es ist zu beiden Seiten abgenommen, indem zu Beginn der R. nach den 3 Wende-Lm. sofort das nächste Stb. ausgeführt ist und am Reihenende die Lm. im letzten Kästchen weggelassen wurde. Schon in der folg. R. ist der Rand beidseitig um je 1 Kästchen schmaler.

Zunehmen am Rand

Beim Zunehmen wird genau entgegengesetzt verfahren: Am Reihenanfang folgt nach den 3 Wende-Lm. 1 Stb. in das 1. Stb. der R., dann erst nach 1 Lm. das Stb. in das folg. Stb. Am Reihenende sind in die 3. Wende-Lm. 2 Stb. zu häkeln.
In der nächsten R. nach den Wende-Lm. 1 Lm. und 1 Stb. ins 2. Stb. häkeln. Die R. schließt mit 1 Stb. ins letzte Stb., 1 Lm. und 1 Stb. in die 3. Wende-Lm. Der Rand ist zu beiden Seiten um ein Kästchen breiter geworden. Abb. 25.

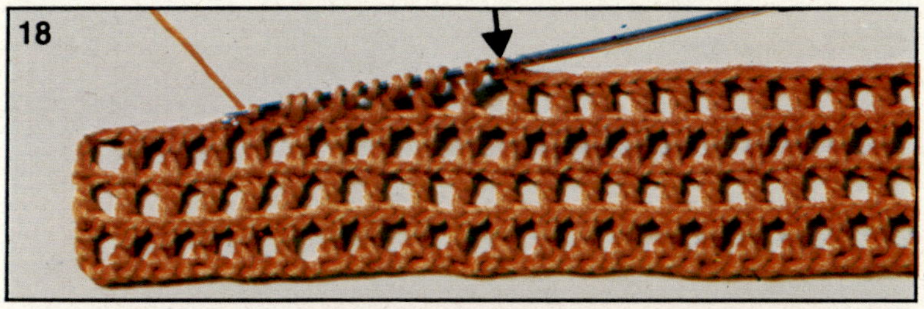
18

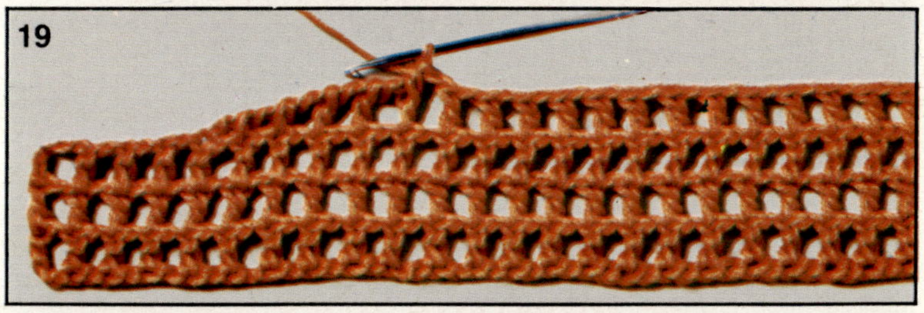
19

20

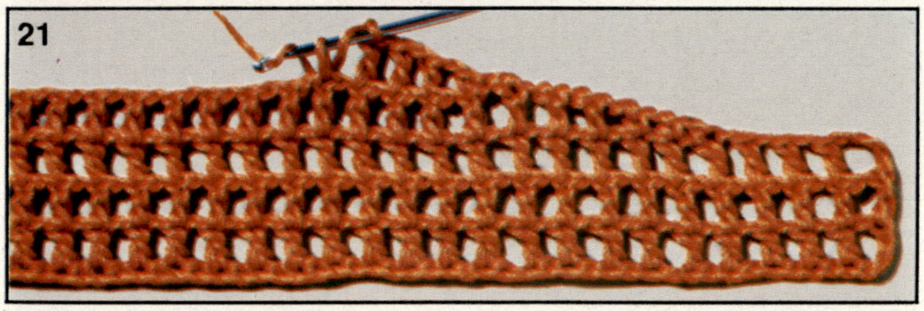
21

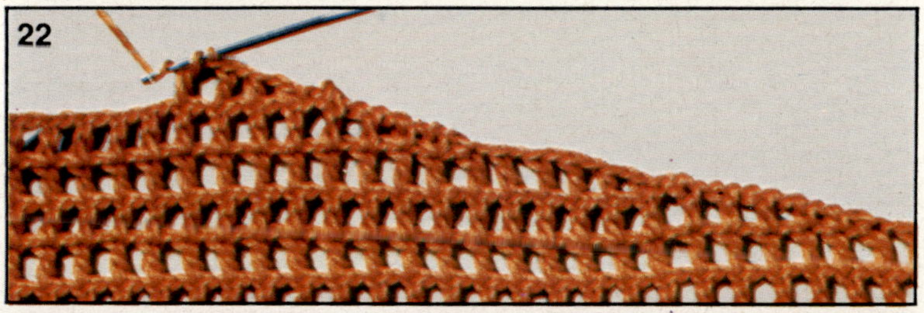
22

23

24

25

Zauberhafte Spitzenkragen

51

53 Vielleicht haben Sie von Urgroßmutter noch ein Jabot in der Kiste. Wenn nicht, häkeln Sie sich eines! Mit etwas Geduld und Fingerspitzengefühl gelingt es nach unserer Anleitung bestimmt. Pulli: Heinzelmann.

51 Dieser Kragen ist ein Leckerbissen für fortgeschrittene Häklerinnen. Fünf Rosetten werden einzeln gearbeitet und dann miteinander verbunden. Glanzhäkelgarn: MEZ.

52 Aus Stäbchengruppen und Luftmaschen entsteht dieser zarte Reverskragen mit Rüschenrand. Beide Revers verbindet hinten am Halsrand ein schmales Kragenteil. Pulli: Mondi.

54 Auch wenig Geübte können eine solche „Spitzenleistung" vollbringen. Aus mattem Baumwollgarn, Bogen für Bogen gehäkelt, entsteht dieser hübsche kleine Kragen. Alle Baumwollgarne: MEZ. Pulli: Benetton.

Feines Spitzen-beiwerk

Die zarten Taschentuchspitzen zeigen wir Ihnen teils sogar minimal vergrößert, damit Sie mit einem Blick erkennen, wie die Muster über die Ecken zu führen sind.

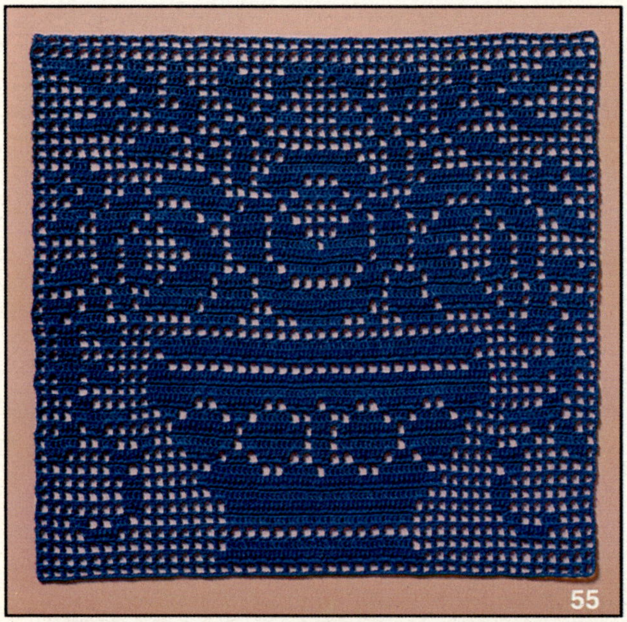
55

56

57

58

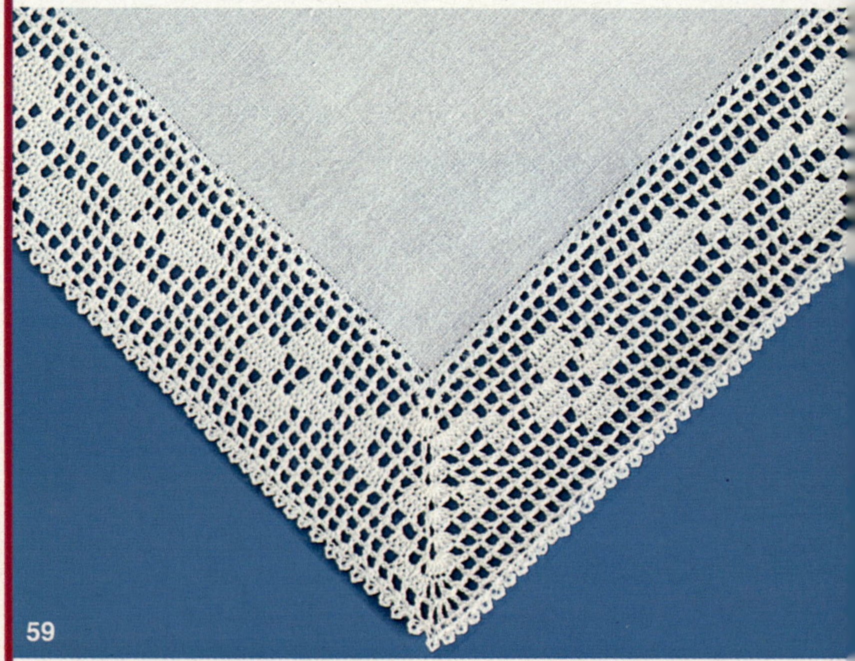
59

60

55+56 Das 17 x 17 cm große Blumenkorbmotiv und das 19 x 19 cm große Schwanenmotiv eignen sich beide als Schmuck für ein Täschchen, in dem Sie all Ihre kostbaren Taschentücher mit selbstgehäkelten Spitzen aufbewahren können. Aber auch als Bildchen, mit einem kontrastfarbigen Karton unterlegt und in einen schönen Rahmen gespannt, wirken sie sehr dekorativ. Garn: MEZ.

57–64 Häkelspitzen, so weit das Auge reicht! So machen Sie Batisttücher mit Hohlsaumrand (25 x 25 cm) zu kleinen Kostbarkeiten, die man gerne aus Taschen hervorblitzen läßt – ein willkommenes Geschenk für liebe Freundinnen und Verwandte. Garn: MEZ.

65

Selbstgehäkelte Filetgardinen erfreuen sich wachsender Beliebtheit. Kein Wunder, denn ein solch individueller Fensterschmuck läßt schon von außen den ganz persönlichen Stil der Bewohner erkennen.

65 Aus ecrufarbenem Baumwollhäkelgarn (MEZ) ist diese aparte Halbgardine gearbeitet. Besonders auffallend ist an ihr die gezackte Bogenkante. Das großzügige Blütendessin ist dem verspielten Stil der Rokoko-Epoche nachempfunden. Größe: 138 x 80 cm.

66 Dezenter in der Musterung ist dieses Modell (86 x 136 cm). Wir haben daraus eine Gardine gearbeitet, die das ganze Fenster bedeckt. Da die Blätterranken jedoch nur im unteren Teil der Gardine auftreten, können Sie – wenn Sie wollen – sie auch als Halbgardine arbeiten.

Ausgesucht schöne Dessins nach Fenstermaß zu häkeln

Motive aus einer historischen Sammlung

Mit wieviel Fantasie die Muster gestaltet sind, beweisen die schmalen Einfassungen: für jedes Motiv eine andere Bordüre!

67–70 Hier stellen wir Ihnen eine bezaubernde Folge von allegorischen Jahreszeitenbildern nach alten Vorlagen vor. Mit Filethäkelgarn (MEZ) und Häkelnadeln Nr. 1,5 gearbeitet, werden die Bilder jeweils 66 x 80 cm groß, ohne Bordüre 63 x 77 cm. Ein ganz außergewöhnliches Modell schaffen Sie sich, wenn Sie die Motive mit stärkerem Garn arbeiten und dann in einen Paraventrahmen spannen. Wer will, kann unsere Häkelschrift aber auch zum Kreuzstich-Zählmuster umarbeiten und die Jahreszeitenmotive auf Kissen oder Bilder sticken.

68

Tanz unter dem Maienbaum

71 In zartem Maisgelb haben wir dieses Prachtstück gehäkelt (208 x 135 cm, Garn: Heisler). Nicht nur als Gardine, auch als Wandbehang wird es zum dekorativen Blickfang Ihrer Wohnung, wenn Sie die Häkelei auf einen kontrastfarbigen Karton legen und in einen schönen Rahmen passen.

Schmuck für jeden Tisch

72

72 Tischkultur wird wieder gepflegt. Mit einer solch prächtigen Decke geben Sie Ihrem Tisch den festlichen Rahmen. Sie ist mit ihrem, dem Rokoko angelehnten Rosen- und Bogenmuster der ideale Begleiter für klassisch weiße Porzellane in traditionellen Formen oder für das beliebte Streublümchenporzellan aus Großmutters Vitrine. Größe: 143 x 172 cm. Garn: MEZ.

73

73 Zu dieser Tischdecke (125 x 155 cm) passen auch moderne und farbig gestaltete Porzellane. Sie ist mit Blüten und Palmetten (s. a. Detail) gemustert und eignet sich für ovale und rechteckige Tische. Wer will, kann die Decke auch in einem dunklen Ton arbeiten und auf eine helle Unterdecke legen.

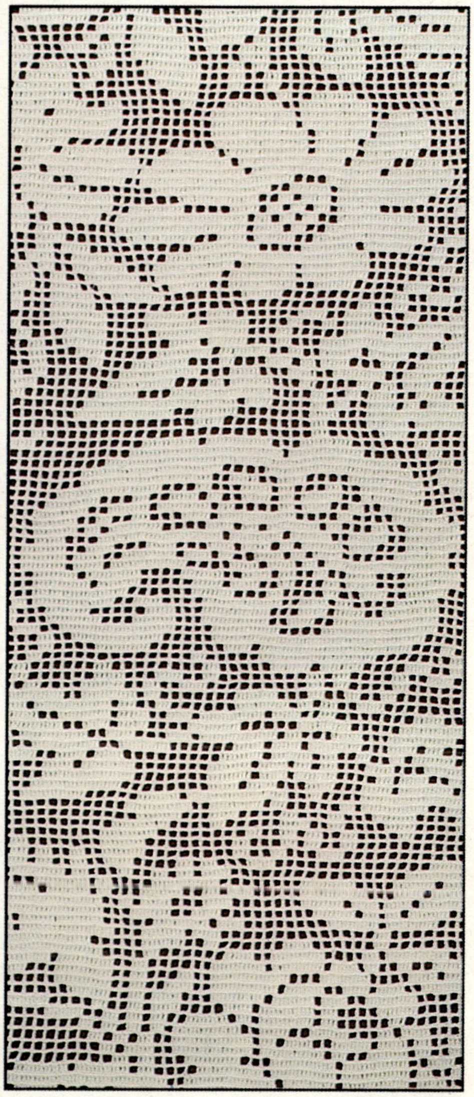

74

Runde für Runde dem Ziel entgegen

74 Diese schöne Decke hat einen Durchmesser von 170 cm. Sie besteht aus vielen Stäbchenrunden, hat ein hübsches Durchbruchmuster und einen zierlichen Pikotabschluß. Handstrickgarn: Phildar.

75 Feine Spitzen auf edlem Holz. Ein kleines Meisterwerk der Häkelkunst ist dieses zierliche ovale Deckchen. Es mißt ca. 75 x 50 cm, wenn es aus feinem Glanzhäkelgarn (Schürer) gearbeitet wird.

76 Hier noch ein besonderes Bonbon für alle Häkelfans. So filigranzart wie Schneekristall ist dieses Deckchen – ein Geschenk mit Herz. Material: Schürer.

Kostbarkeiten von bleibendem Wert

77 Edles Filigranwerk zeigt diese kostbare Handarbeit aus Filethäkelgarn (MEZ), die etwas Zeit und Ausdauer erfordert. In der Vergrößerung sehen Sie deutlich, wie die einzelnen Motive zusammengefügt werden.

78 Leicht und verspielt wie ein Sommermorgen wirkt diese Decke aus zarten Rosetten-Motiven. Wer bekäme hier nicht Lust, sofort zur Häkelnadel zu greifen und zu beginnen! Material: MEZ.

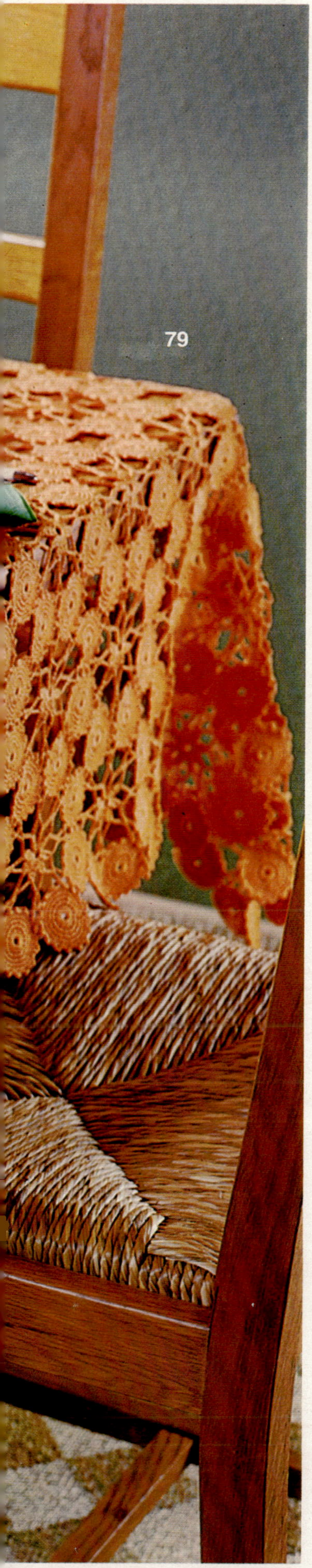

Farbige Spitzen für Ihren Tisch

79 Jedes Motiv macht Ihren Hausschatz noch reicher. Wieso? Aus einer Vielzahl von kleinen Rondellen, durch spinnwebfeine Sterne verbunden, entsteht diese zauberhafte Tischdecke. Das Format können Sie selbst bestimmen. Gehäkelt wurde mit Baumwollgarn (Lang).

80 Besonders lebendig wirkt diese Decke in leuchtendem Grün durch den Wechsel von Quadraten aus Häkelspitze und gleichfarbigem Leinen. Eine reizvolle, elegante Kombination, die sich sehen lassen kann. Zum Schluß werden alle Teile miteinander verbunden und die Decke noch umhäkelt. Garn: MEZ.

Lampen im Häkel-Look

81 Vergolden Sie Ihren Feierabend mit dieser zauberhaften kleinen Tischlampe. Die Spitzenborten des Schirmchens sind aus zartfarbigem Synthetikgarn (Schoeller) gehäkelt.

82 Borten aus Blütenfiligran und Streifen aus Luftmaschenbogen wurden hier zusammengefügt. Ein kleines Prunkstück! Material: Schürer.

83 Spitzenhäkelei auch für den Schirm dieser Hängelampe. Nach Anleitung und Musterzeichnung ganz leicht zu häkeln. Material: Lang.

84 Eine schnelle Arbeit ist der Lampenschirm aus fertiger Baumwollspitze, die lediglich zusammengehäkelt und mit gehäkelter Fransenborte versehen wurde. Garn: Schürer.

81

82

83

84

85 Die Borte mit dem liebevollen Gute-Nacht-Schriftzug ist 13 cm breit.

86 11,5 cm breit ist der Einsatz mit stilisierten Blütenmotiven.

87 Röschen ranken sich auf dieser 10,5 cm breiten Borte.

88 Noch einmal Blüten in stilisierter Form – hier in 13 cm Breite.

89 Passend zur Borte 88 sehen Sie hier dreieckige Kisseneinsätze (26 x 26 cm). Garn für alle Modelle: MEZ.

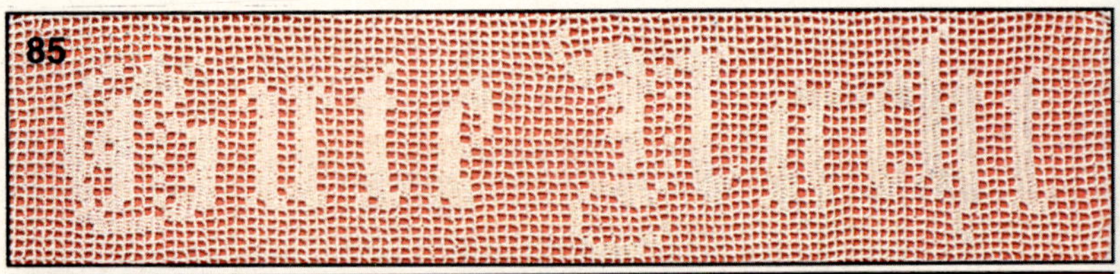

85

86

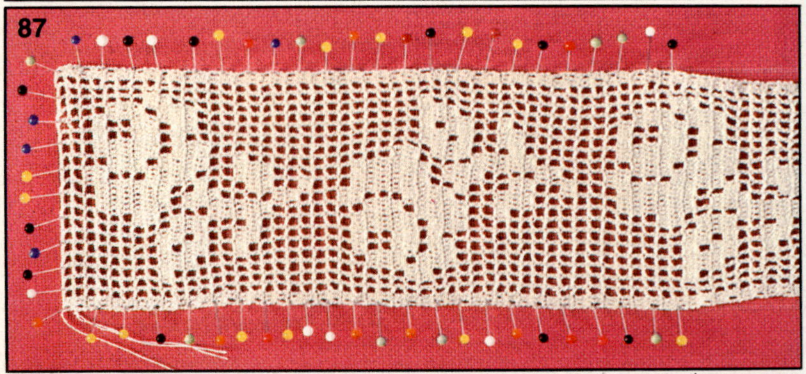

87

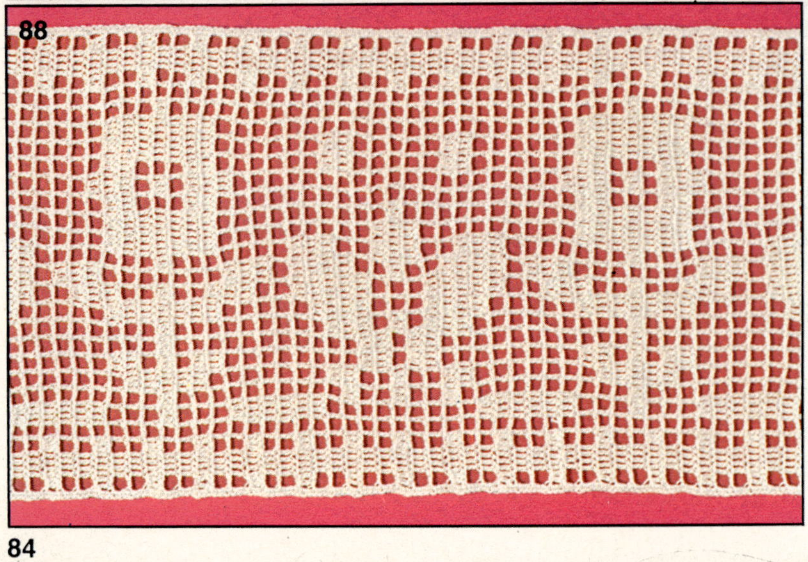

88

Bettwäsche mit Häkeleinsätzen wie zu Großmutters Zeiten erfreut sich wieder – und nicht nur bei Nostalgie-Fans – großer Beliebtheit. Wir stellen Ihnen deswegen auf dieser Doppelseite verschiedene Borten und Einsätze vor, mit denen Sie sich Ihre ganz persönliche Bettwäsche schaffen können. Klassisch ist die Kombination von weißer Spitze und Wäsche; wer will, kann aber auch gemusterte Stoffe und farbige Spitzen wählen. Wichtig ist nur, daß Stoff und Garn aus Baumwolle sind, damit sie kochfeste und farbechte Bettwäsche haben.

Beliebt wie vor Jahrzehnten: Solide Häkeleinsätze für Ihre kostbare Bettwäsche

90

91

92

93

Modelle mit viel und wenig Zeitaufwand

Aparte Modelle für ihr Heim stellen wir Ihnen auf diesen beiden Seiten vor. Das Nacharbeiten fällt selbst Anfängern leicht, da Filethäkelei stets nur aus offenen und geschlossenen Kästchen (also Luftmaschen und Stäbchen) gebildet wird.

90 Kissen hat man nie genug. Diese beiden mit graphischen Motiven passen sich jeder Einrichtung an. Die Größe bestimmen Sie durch die Wahl des Garnes, die Farben wählen Sie entsprechend Ihrer Einrichtung.

91+92 Ein hübscher Blickfang sind diese beiden Wandbehänge mit mittelalterlichen Burgmotiven. Aber auch als Scheibengardinen kommen sie gut zur Geltung. Größe: 59,5 x 52 cm.

93 Wer genau hinschaut, erkennt, daß die Bettdecke das Motiv der beiden Kissen 90 wieder aufgreift. Wir haben sie aus lauter Einzelmotiven zusammengesetzt. Wer will, kann sie aber auch in Streifen oder sogar in einem Stück häkeln. Größe: 135 x 225 cm. Garn: MEZ.

Kühle Kontraste aus warmer Wolle

94–97 Von bestechender Eleganz ist diese 150 x 250 cm große Häkeldecke. Das streng geometrische Muster ist aus sechs Bahnen entstanden, die zusammengenäht und mit einem breiten braunen Rand versehen wurden. Stilvolle Ergänzung dazu sind die drei unterschiedlich gestalteten Kissen in passenden Farben. Handstrickgarn: Britanica.

98

99

Für die Diele: Kunterbuntes aus Bast oder Wollresten

98 Wie wäre es mit einem kleinen runden Bastteppich für die Diele? Er hat einen Durchmesser von ca. 95 cm und ist aus doppeltem Bastfaden (Falag) gehäkelt. Das Material in leuchtenden Farben gibt es in Matt und Glänzend zu kaufen.

99 Wer viel handarbeitet, hat gewöhnlich auch eine Menge Wollreste übrig. Daraus können herrliche Läufer mit vielen bunten Streifen entstehen. Unser Läufer ist in festen Maschen gehäkelt und 80 x 120 cm groß.

c Photographic Department of the Royal Tropical Institute Amsterdam

STICKEN

Eine der wenigen Grundregeln beim Sticken lautet: Garn und Stoff müssen miteinander harmonieren. Je feinfädiger ein Gewebe, um so dünner der Faden und natürlich auch die

Linienstiche

spielen nicht nur in der Buntstickerei eine große Rolle. Auch in der Zähl- und Weißstickerei haben sie ihren festen Platz. Fünf Beispiele, an ein und demselben Motiv dargestellt, machen deutlich, wie dezent ein Stich das Aussehen einer Stickerei verändern kann.

Der Klosterstich besteht aus einem vorgespannten Faden, welcher der Musterlinie folgend aufzulegen ist. Ganz kurze „Überfangstiche" halten diesen Spannfaden (Abb. 1). In der Stickprobe 1a ist zum Vorspannen Mattstickgarn, zum Übersticken geteilter Twist verwendet. Auch als Füllstich geeignet.

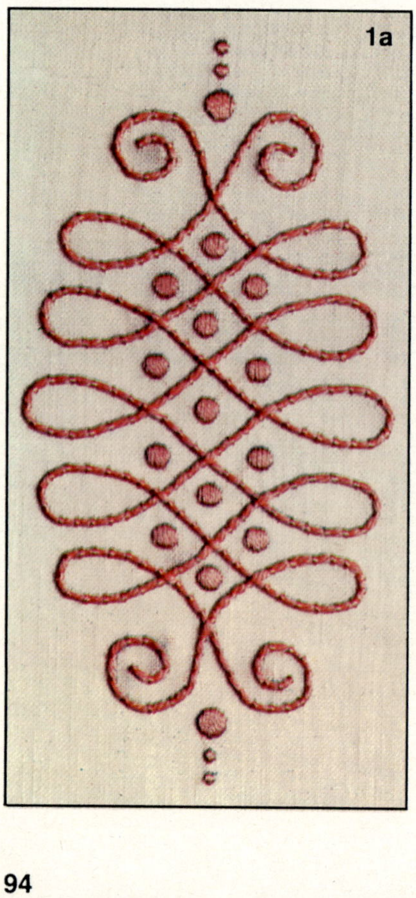

Der Vorstich zählt zu den einfachsten Stichen (Abb. 2). Meist ist er nur „Hilfsstich", um Durchzug- (Abb. 2, rechts) und Wickelstichen Halt zu geben. In der Stikkerei oft auch lediglich „Markierungsstich".

Der Steppstich ist auch als „Rückstich" bekannt. Man kann nach Vorzeichnung sticken, aber auch „nach dem Faden" zählen. Aus der Abb. 3 ist zu ersehen, daß rechts des Ausstiches eingestochen und im gleichen Abstand links der Ausstichstelle wieder ausgestochen werden muß.

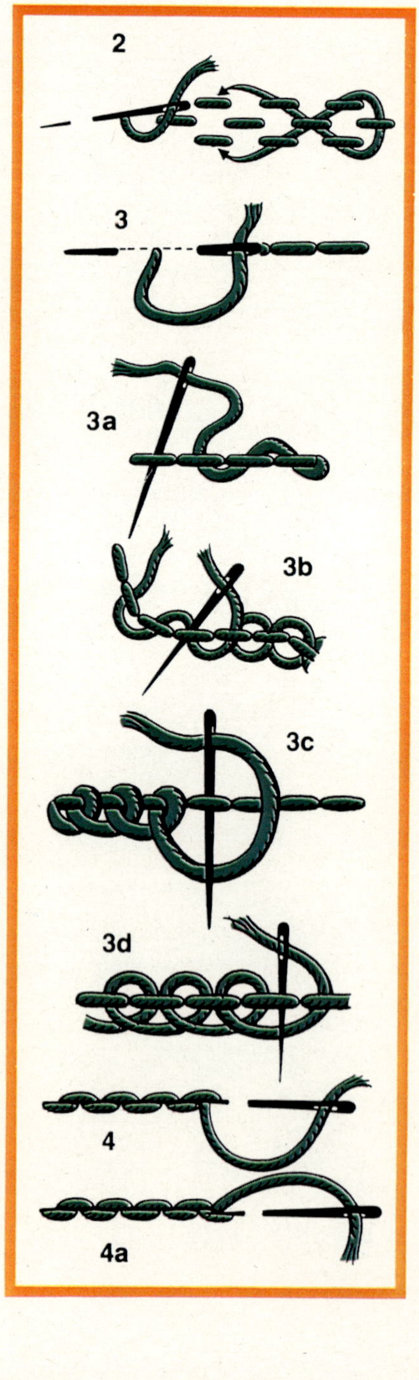

Die Abb. 3a bis 3d zeigen, wie viele Möglichkeiten es gibt, den Steppstich mit gleich- oder andersfarbigem Faden abzuwandeln und evtl. auch zu verbreitern.

Doppelter Steppstich wird durch die Abb. 4 und 4a erklärt. Die Verbindungsstiche auf der Rückseite sind nur halb so lang wie die Stiche auf der Stoffoberseite.

Der Stielstich zählt zu den bekanntesten Linienstichen, siehe Abb. 5. Man stickt in der Regel von links nach rechts. Der auf der Rückseite liegende Verbindungsstich ist bei korrekter Stickweise immer nur halb so lang wie der etwas schrägliegende „Oberstich". In der Stickprobe 5a sind zwei Stielstichlinien dicht nebeneinander ausgeführt.

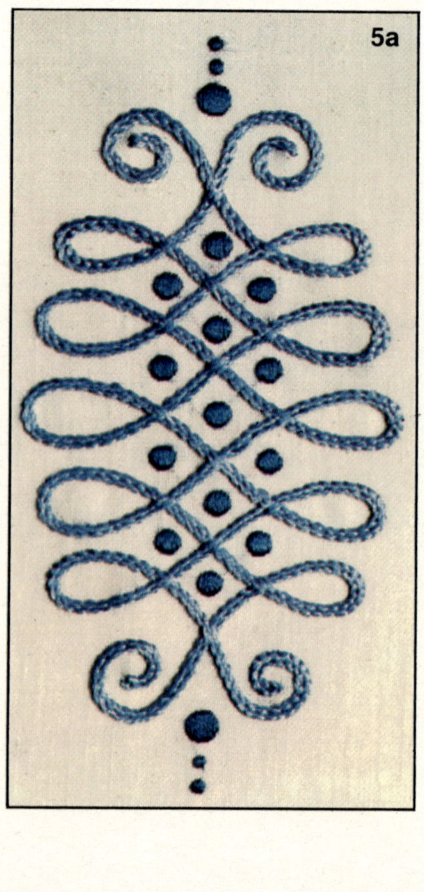

Sticknadel! Ebenso sollte man auch die Garnart auf den Stoff abstimmen und immer nur Markenerzeugnisse verwenden, denn zum Sticken ist das Beste gerade gut genug!

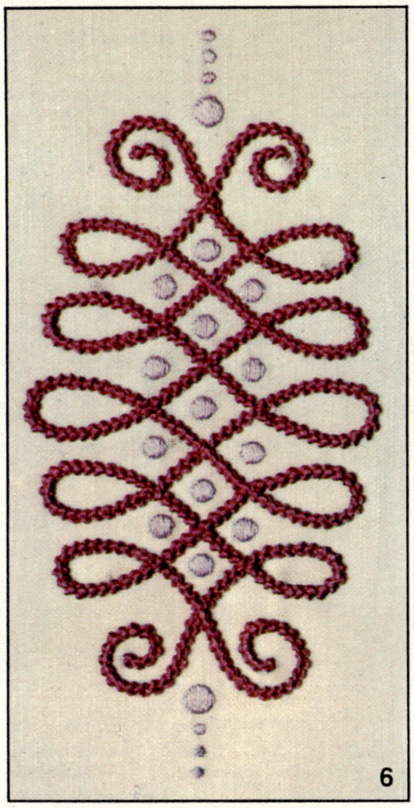
6

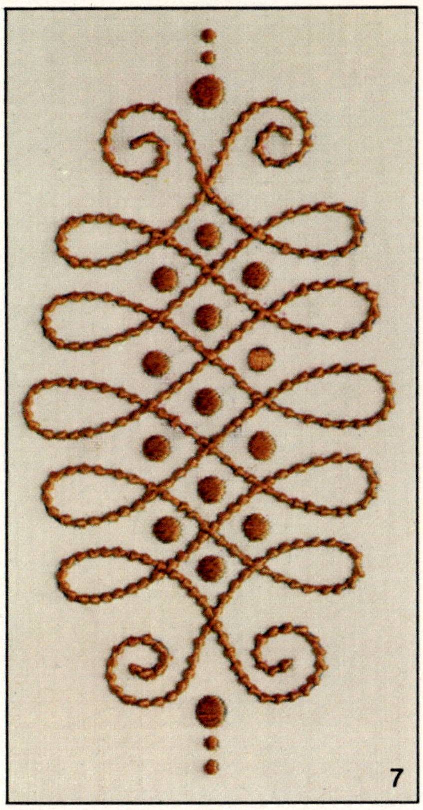
7

8

Der Makrameestich zählt zur Gruppe der Knüpfstiche. Die Abb. 6a, b und c erläutern die einzelnen Phasen: Schräg nach rechts unten ein-, links waagrecht ausstechen. Den entstandenen Schrägstich von rechts nach links auffassen, ohne dabei in den Stoff zu stechen. Den Schrägstich wieder auffassen, die Nadelspitze liegt dabei über dem Faden, siehe dazu Abbildung 6c.
Je nachdem, ob die Schrägstiche kurz oder lang sind, fallen die Verknotungen mehr oder weniger dicht aus. In der Stickprobe 6 ist der Makrameestich sehr dicht, also mit kurzen Schrägstichen, gearbeitet. Je kürzer die Schrägstiche, um so dünner muß der Faden sein. Wir stickten mit vierfädigem Twist.

Der Korallenstich ergibt eine sehr feine Verknotung. Man stickt von rechts nach links, und zwar ganz kurze, senkrechte Stiche, wobei die Nadel lt. Abb. 7 einzustechen ist. Die Nadelspitze liegt über der Fadenschlinge. Beim Durchziehen des Fadens darauf achten, daß gleichmäßig straffe Verknotungen entstehen; Abb. 7b: erster Stich.

Der Kettenstich wird in der Regel von oben nach unten gestickt, Abb. 8a. Den Fadenanfang durch einen kurzen Rückstich sichern, unterhalb des Einstiches ausstechen und den Faden als Schlinge unter die Nadelspitze legen. Nachdem der Faden durchgezogen ist, folgt der nächste Einstich in die letzte Ausstichstelle, senkrecht darunter ist wieder auszustechen. Die Verbindungsstiche auf der Rückseite bilden bei exakter Stickweise (Stickprobe 8) eine Steppstichlinie. Abb. 8b „umwickelter“, 8c durchzogener Kettenstich.

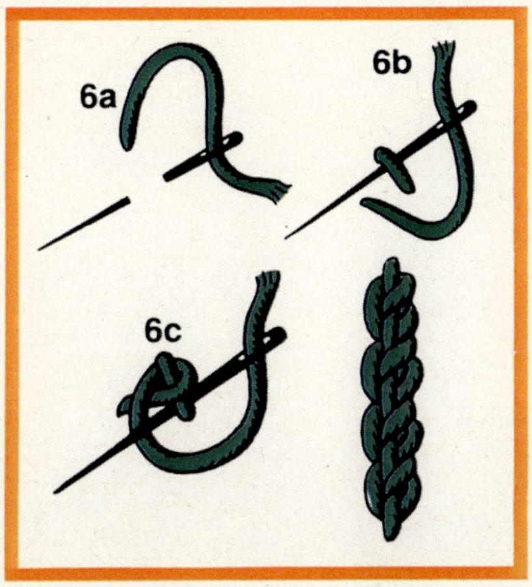

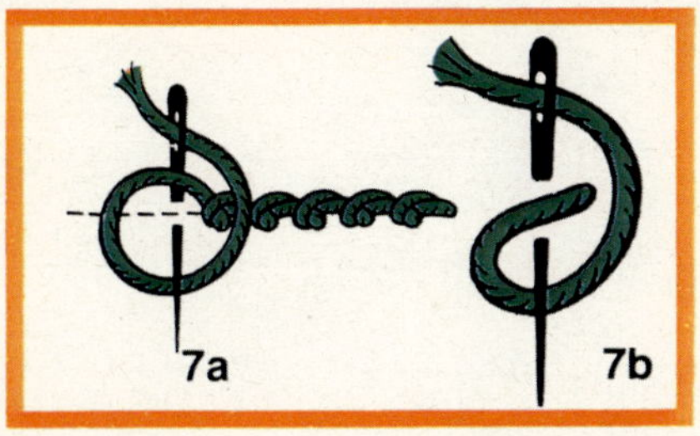

Wir stickten mit MEZ Stickgarnen auf Grasleinen „Agide“, 180 cm breit, 20 Gewebefäden messen etwa 1 cm.

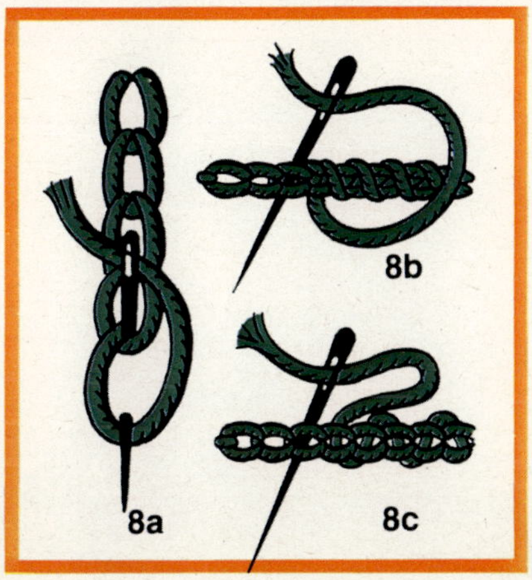

Beim Sticken nach Vorzeichnung ist darauf zu achten, daß Ein- und Ausstiche knapp außerhalb der Musterlinien erfolgen, damit diese in die Stickerei einbezogen werden.

Flachstich, Plattstich

Frei gezeichnete Muster können mit verschiedenen Stichen gefüllt werden. Für schmale und längliche Formen eignet sich der Flachstich ganz besonders gut. Obwohl die Stiche – wie schon beide Namen zum Ausdruck bringen – flach und platt auf dem Stoff liegen und sich die Motivformen daher nur wenig über der Stofffläche erheben, entsteht ein plastischer Effekt, der durch geschickte Anordnung der Stichlage bei den einzelnen Formen noch hervorgehoben werden kann! **Punkte** korrekt zu sticken, ist gar nicht so einfach. Am besten, man beginnt in der Mitte und stickt zunächst die eine, dann – wieder in der Mitte beginnend (Abb. 1) – die zweite Hälfte. Zur Erzielung einer schönen Rundung muß der letzte Stich am Rand dicht unter den vorhergehenden greifen. Eine gute Lösung schlägt Abb. 2 vor: Den Kreisumfang mit regelmäßigen Kettenstichen begrenzen, die Flachstiche treffen mitten in die Kettenstichrunde.

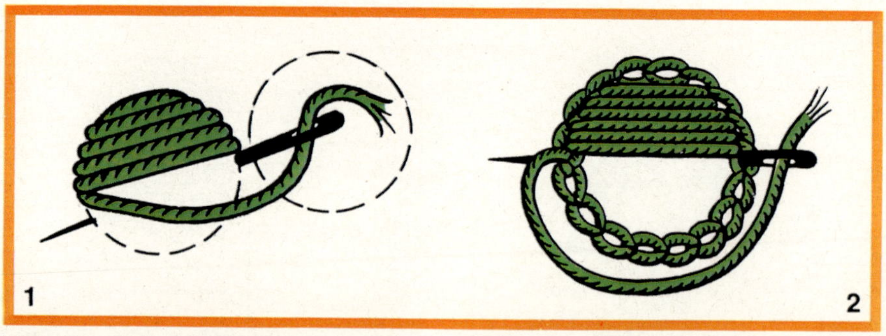

1 2

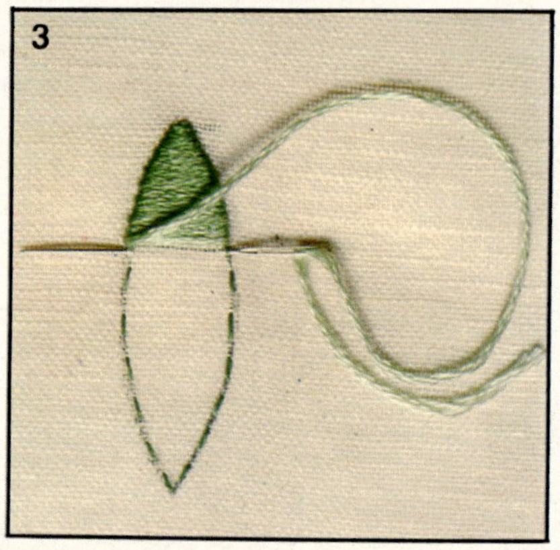

3

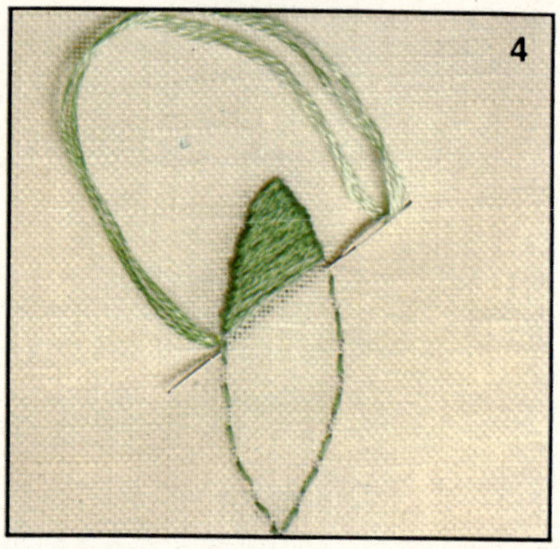

4

5

Blattformen beginnt man an der Spitze. Die Kontur kann mit Vorstichen umgrenzt werden. Je nach Anordnung der Blattmotive erfolgt der Ausstich genau gegenüber der Einstichstelle, Abb. 3, oder es werden Stiche in „Schräglage" gearbeitet, Abb. 4 und 6b. Bei gebogenen Formen müssen die Stiche an der inneren Rundung etwas dichter liegen als außen, siehe Abb. 5 und 6.
Die nebenstehende Wollstickerei ist ein hübsches Beispiel für korrekt ausgeführten Plattstich (alle Stiele in Stielstich gestickt). Unten ein naturgroßer Ausschnitt!

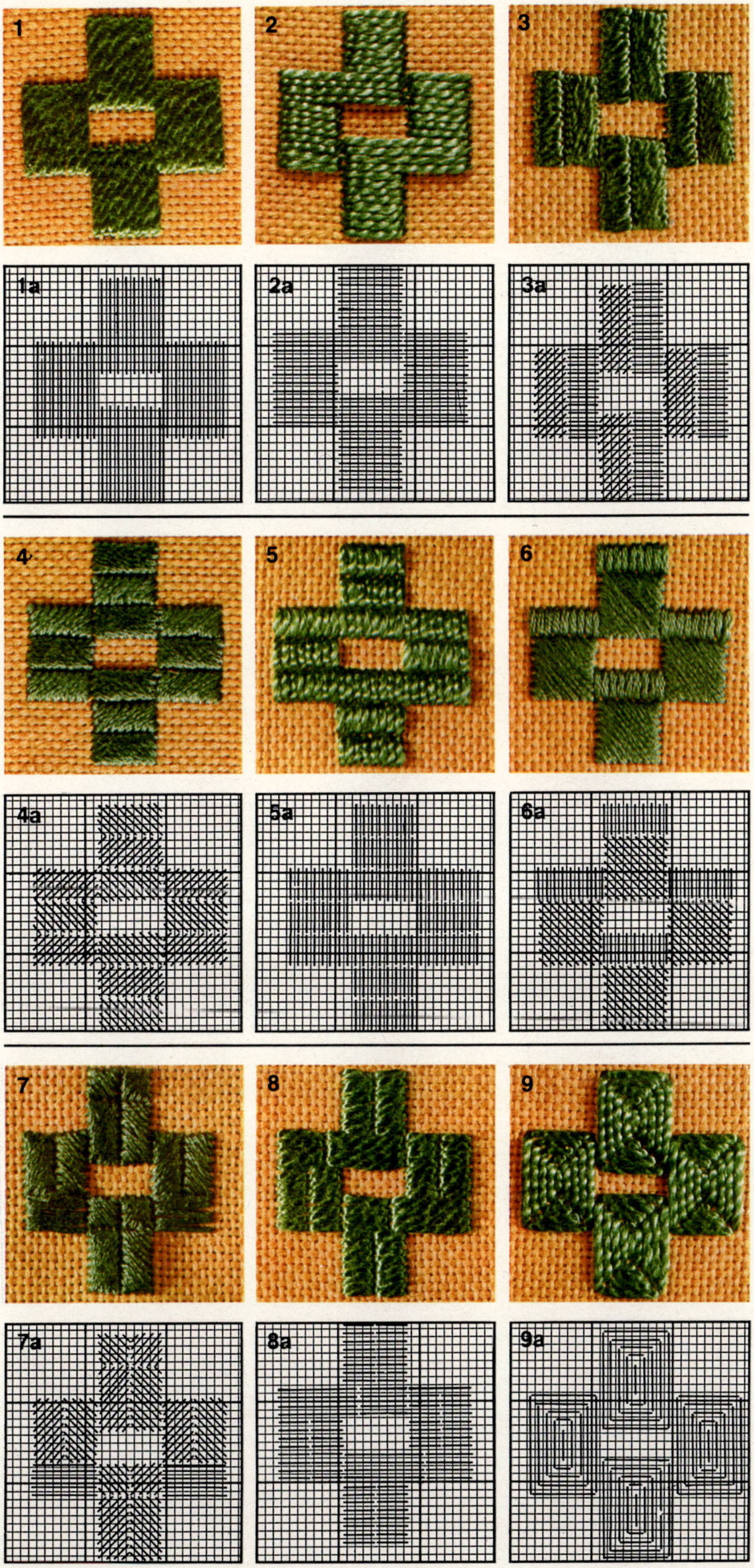

Plattstich, nach dem Gewebefaden gezählt

Im Gegensatz zum frei gestickten Plattstich nach Vorzeichnung hält sich die Musterung beim gezählten Plattstich an das streng rechtwinkelige Netz von Schuß und Kette eines leinenbindigen Grundstoffes.

Stoff und Garn

Gewebegrund und Stickfaden sind immer so aufeinander abzustimmen, daß alle Stiche die Lücken zwischen Gewebefäden und Fadenkreuzen einwandfrei ausfüllen. Die Art des Stoffes und ebenso die des Garnes richten sich nach der Musterung.

Überdeckt der Plattstich den Gewebegrund über und über, ist ein- oder zweifädiger Stramin die geeignete Stickunterlage. Bei zweifädigem Stramin kann man unter vielen Fadeneinstellungen wählen, so daß man mit Twist genauso gut wie mit Wolle sticken könnte.

Soll jedoch auch der Gewebegrund in die Musterung einbezogen werden, sind quadratisch gewebte Zählstoffe mit einfacher Leinenbindung zu verwenden. Falls mit Wolle, z. B. mit Kelimwolle, gestickt wird, kann auch auf Aidastoff mit drei Fadenkaros auf 1 cm gestickt werden.

Stickrichtung, Stickvorlage

Gezählter Plattstich kann senkrecht, waagrecht und schräg ausgeführt werden. Als Vorlage dient ein Zählmuster, dessen Liniennetz Schuß- und Kettfäden der Leinenbindung darstellt. Von einem Zählmuster ist daher nicht nur die Stichlänge, sondern auch die Stickrichtung bzw. die Stichlage abzulesen, Abb. 1a bis 9a.

Mit wieviel Phantasie gerade beim gezählten Plattstich ein Muster allein durch die unterschiedliche Stichlage zu beeinflussen ist, zeigen die Stickproben: ein Motiv und neun verschiedene Effekte. Teils mit Perlgarn (Abb. 1, 2, 3, 5, 8 und 9), teils mit ganzfädigem Twist gestickt (Abb. 4, 6, 7). Bedingt durch die unterschiedliche Stichlage, entsteht auch in einfarbigen Stickereien der belebende Eindruck von Licht und Schatten.

Am allerinteressantesten ist wohl der Schlingstich als Füllstich anzuwenden. Hier eine Reihe von Beispielen!

Der Schlingstich wird auch Langettenstich genannt. Der Faden muß beim Ausstich stets unter der Nadelspitze liegen, Abb. 12. Über einen umgebogenen Stoffrand gestickt, kann mit dem Langettenstich auch ein Saum gesichert werden.

Schon in den Leinenstickereien des späten Mittelalters spielt der Schlingstich als Füllstich eine große Rolle, ebenso in den Volkskunststickereien. Fast immer kann man ihn an Stelle des Plattstiches anwenden, ist er doch viel einfacher in der Hand zu sticken als dieser.

Abb. 13: Soll eine Kreisform mit Schlingstichen ausgefüllt werden, treffen alle Einstiche in den Mittelpunkt. Die Abstände der Ausstichstellen am Rand müssen gleichgroß sein. Bei größeren Kreisen ist die Mitte „auszusparen". Klar, daß die Abstände zwischen den Einstichstellen kleiner sind als die der Ausstiche am Außenrand, Abb. 13b, c, d.

Fotos und Zeichnungen der Abb. 14 bis 17 zeigen verschiedene Beispiele. Bei einer großen Blüte, Abb. 16, ist es sinnvoll, die Fläche zu unterteilen. Unten eine Röschenborte, in der nur die Stiele in Stielstich und die Blattrippen in Steppstich gestickt sind.

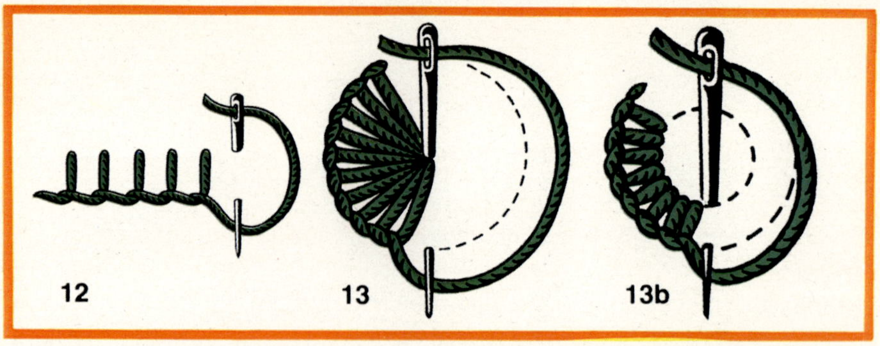

Der Schlingstich wird in der Regel in Reihen von links nach rechts gestickt, der Ausstich liegt senkrecht unter der Einstichstelle. Wird er als Füllstich angewandt, so ist die Stichlage immer von der Form des Motives abhängig.

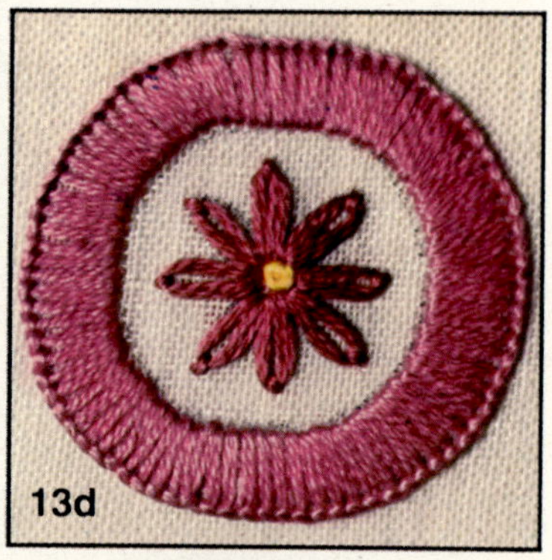

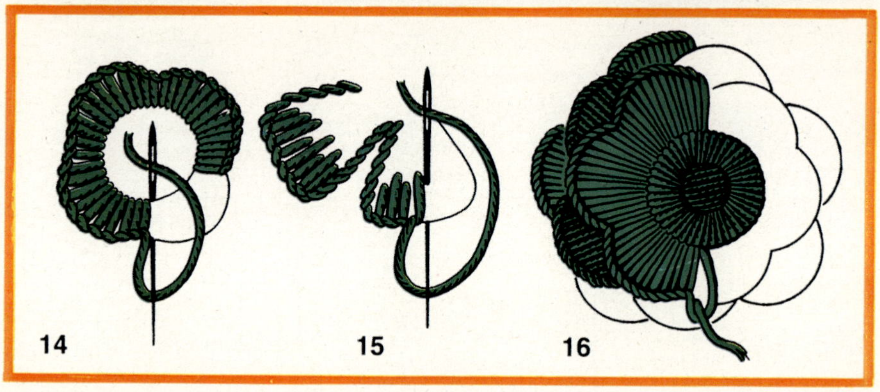

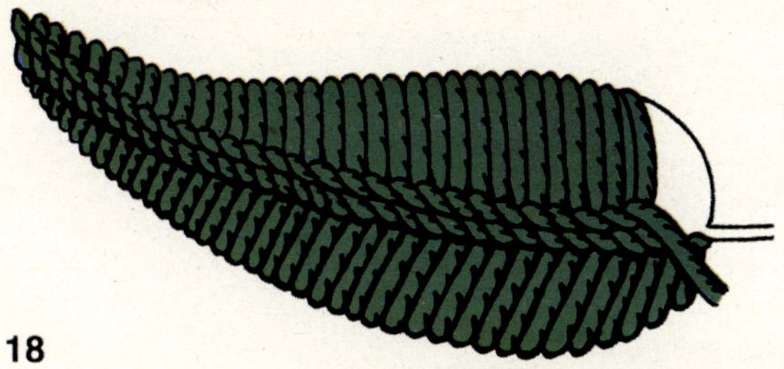

18

19

18a

19a

Wieviel lebendiger ein Muster durch fantasievolle Anordnung der Stiche gelingt, zeigen diese Stickproben!

Abb. 18: Bei diesem Blattmotiv liegt die „geschlossene" Kante des Schlingstiches innen. Ombriertes Garn vermittelt den Eindruck einer meisterhaft abgestuften Nadelmalerei, siehe Abb. 18a.
Abb. 19 und 19a: Der geschlossene Rand wird mit „überwendlichen" Stichen in abstechender Farbe belebt. Dafür sollte der Faden dünner sein als für den Schlingstich.
Abb. 20: Zarte Vergißmeinnichtblüten sind mit einfädigem Twist auf einen feinfädigen Stoff gezaubert – ebenfalls in Schlingstich. Zwei verschiedene Farbtöne in den Blüten unterstreichen die naturgetreue Wiedergabe. Plattstich in den winzigen Blättern, Stiele in Stielstich und je ein Knötchenstich in der Blütenmitte. Die Stickprobe ist fast originalgroß abgebildet; die Blüten messen 1 cm im Durchmesser. Abb. 21a, b und c: Eine Motivform und 3 verschiedene Ausführungen. Links ist das Blatt mit Schlingstichen, in der Mitte mit 2 Kettenstichrunden und rechts im Plattstich eingefaßt. In der Mitte Zweigstich, in den Punkten Platt- und rechts Stielstich. Für den Kettenstich Ombré-Twist.

20

Neben den verschiedenen Blatteinfassungen zeigen die drei Stickproben in der unteren Reihe noch einmal den Zweigstich: im ersten und dritten Motiv mit längerem, im zweiten mit sehr kurzem Überfangstich.

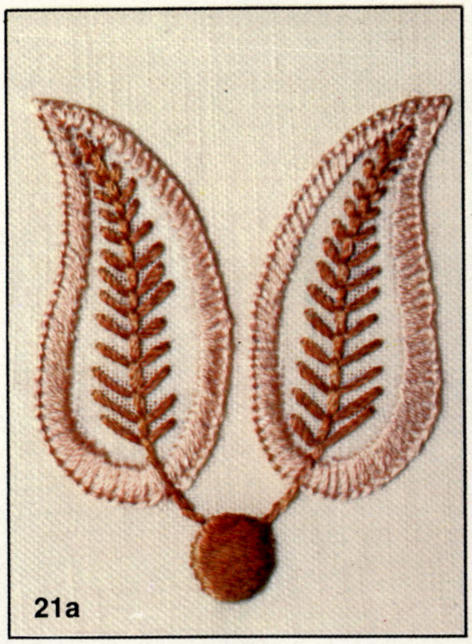

21a

21b

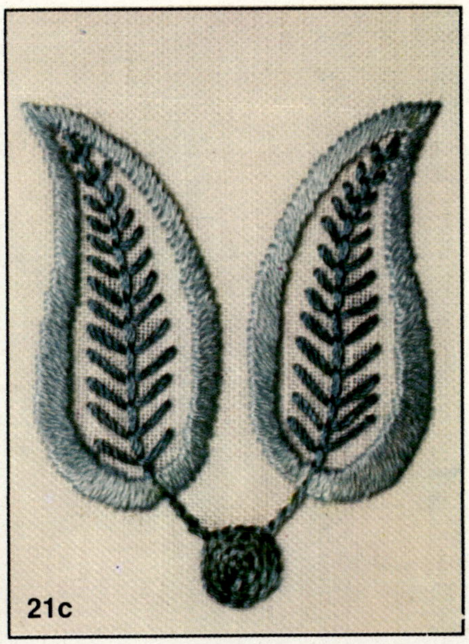

21c

Klassischer Kreuzstich wird nach dem Faden gezählt. Auch beim Sticken nach Vorzeichnung sollte man darauf achten, daß Grund- und Deckstiche innerhalb einer Arbeit die Richtung nicht wechseln.

Kreuzstich

Unter den verschiedenen Kreuzsticharten ist der einseitige – auch einfache – Kreuzstich nicht nur der bekannteste, sondern er wird auch am häufigsten angewandt. Einseitiger Kreuzstich deshalb, weil – im Unterschied zum gleichseitigen – nur auf der Oberseite Kreuze entstehen.
Korrekt gestickter Kreuzstich wird nach den Gewebefäden ausgezählt. Da ein Kreuzstich die Fläche eines kleinen Quadrates füllt, muß auch das Gewebe quadratisch gewebt sein, d. h., die Gewebefäden müssen in Kett- (parallel mit der Webekante) und Schußrichtung (von Webekante zu Webekante) nicht nur die gleiche Dichte aufweisen, sondern auch von gleicher Stärke sein.

Kreuzstich in waagrechten Reihen

Eine Kreuzstichreihe wird in zwei Arbeitsgängen gestickt. In der Hinreihe entstehen die Grundstiche, Abb. 1 (A = Anfang), in der Rückreihe die Deckstiche, Abb. 2. Bei einer größeren Fläche wird jede folgende unter oder über die vorhergehende Reihe gestickt, Abb. 3. An geraden Rändern entsteht beim Übergang von einer zur folgenden Reihe am linken Rand auf der Rückseite ein senkrechter Verbindungsstich in doppelter Länge (Abb. 3). An schrägen Rändern ist auch der Verbindungsstich am Rand schräg. In der Abb. 4 ist der Verbindungsstich zwischen 1. und 2. Reihe durch eine gestrichelte Linie angedeutet. Sind innerhalb eines Motivs ein oder zwei – höchstens drei – Stiche auszusparen, kann der Zwischenraum durch einen schrägen Verbindungsstich überbrückt werden, Abb. 5. Bei größeren Abständen sollte der Faden in den Verbindungsstichen der Rückseite vernäht (siehe Abb. 15, Seite 101) und dann wieder neu begonnen werden. Sind in einem Muster z. B. 2 Flächen durch eine waagrechte Kreuzstichreihe zu verbinden, kann man die Kreuzchen auch in einem Arbeitsgang sticken. In der Abb. 6 ist rechts unten der 1. Grundstich, links daneben der Deckstich und auch der Verbindungsstich zum nächsten Kreuzchen dargestellt, darüber die Ausführung einer Kreuzstichreihe.

Kreuzstich in senkrechten Reihen

Auch bei Ausführung einer senkrechten Reihe können zunächst die Grundstiche (sie sind immer von links unten nach rechts oben gerichtet) ausgeführt werden, die rückgehend durch die Deckstiche zu ergänzen sind. Auf der Rückseite entstehen waagrechte Verbindungsstiche, Abb. 7 (rechts der 1. Grundstich). Legt man Wert darauf, daß alle Verbindungsstiche in senkrechter Richtung liegen, wird nach Abb. 8 gestickt: links die Ausführung eines Grundstiches, rechts die Ergänzung durch den Deckstich. Der Verbindungsstich zum nächsten Kreuzchen ist am linken Rand doppelt so lang (siehe gestrichelte Linie) wie rechts.

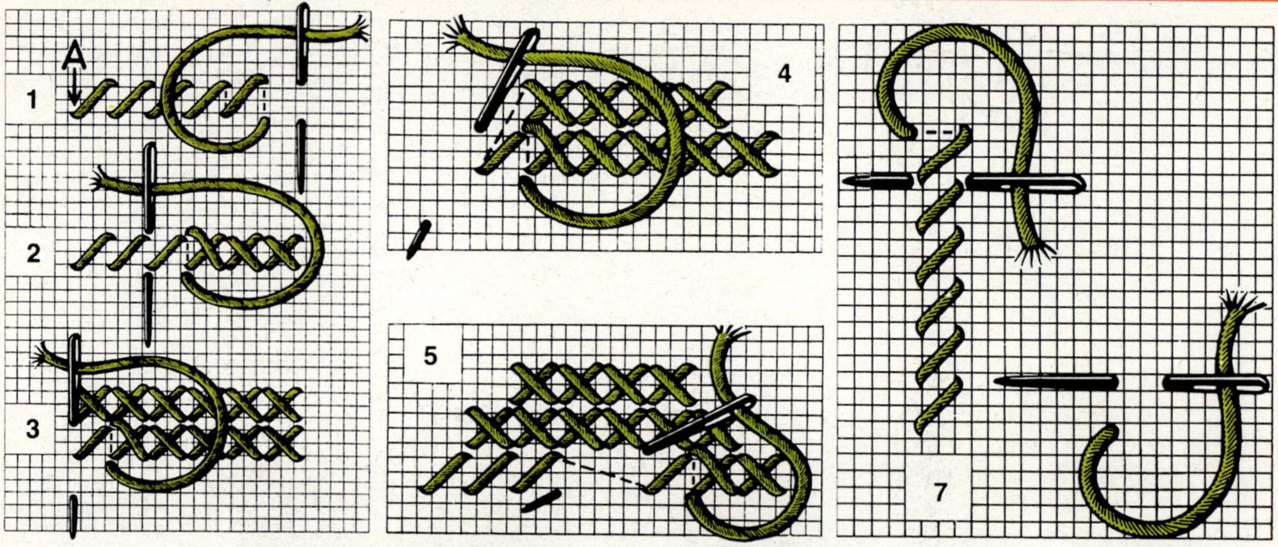

Eine Grundregel, die man immer beachten sollte: Alle Halbstiche der Hinreihe, die Grundstiche, sind von links unten nach rechts oben, die Deckstiche der Rückreihe von rechts unten nach links oben gerichtet.

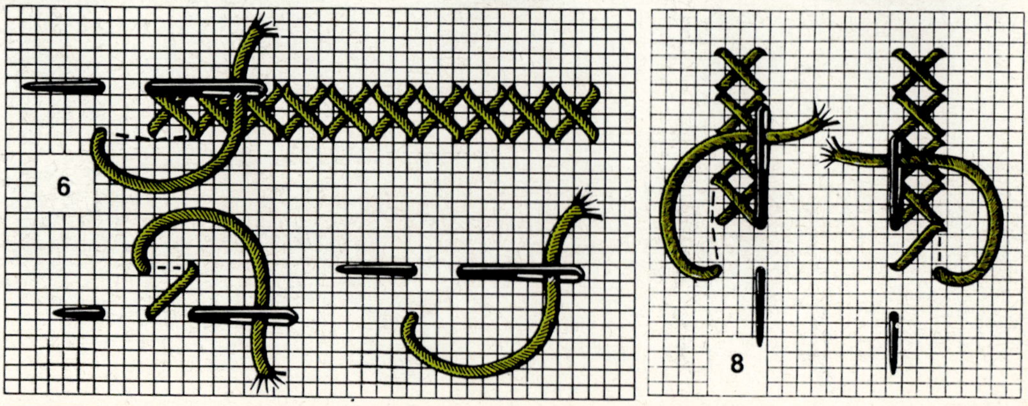

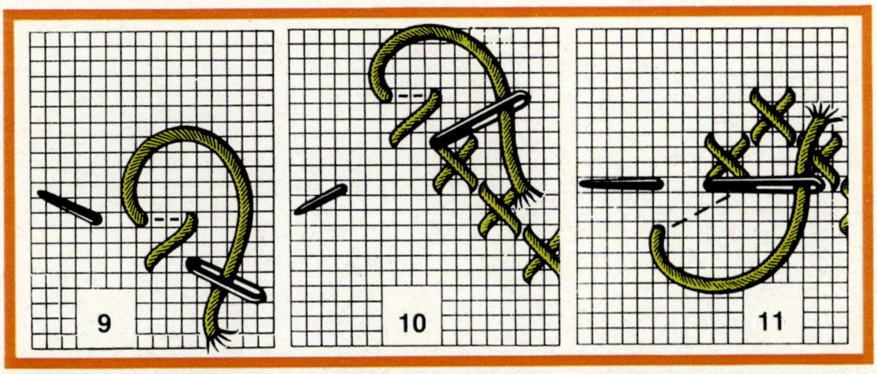

Kreuzstich in schrägen Reihen

Wie Kreuzstich in einer nach links gerichteten Diagonale zu sticken ist, erklären die Abb. 9 bis 11. Gestrichelte Linien deuten die auf der Rückseite liegenden Verbindungsstiche an. Den Übergang von einer auf- zu einer absteigenden Reihe zeigt Abb. 10.

Garnsparende Stickweise

Die Grundregel lautet: **Alle** Verbindungsstiche auf der Rückseite sind senkrecht gerichtet. Die Halbstiche des 1. Arbeitsganges können nach rechts und nach links verlaufen. Erst im 2. Arbeitsgang werden derartige Unregelmäßigkeiten ausgeglichen, indem man die nach links zeigenden Halbstiche nicht überstickt, sondern **unter** ihnen hindurchsticht (Abb. 12). Der Unterstich wird also im nachhinein gebildet. Abb. 13 zeigt die Rückseite dieses Arbeitsvorganges.

Fäden vernähen

Der Fadenanfang wird auf der Rückseite durch die ersten Verbindungsstiche gehalten. Beim Sticken mit Wolle genügt es, 3 oder 4 Verbindungsstiche über den Fadenanfang zu führen, bei Baumwoll- oder Seidengarn müssen es mehr Stiche sein (Abb. 14, die Rückseite zeigt Abb. 15). Das Fadenende ist einfach in Richtung der Verbindungsstiche zu vernähen (Abb. 16).

● = schwarz; × = blau; ○ = gelb

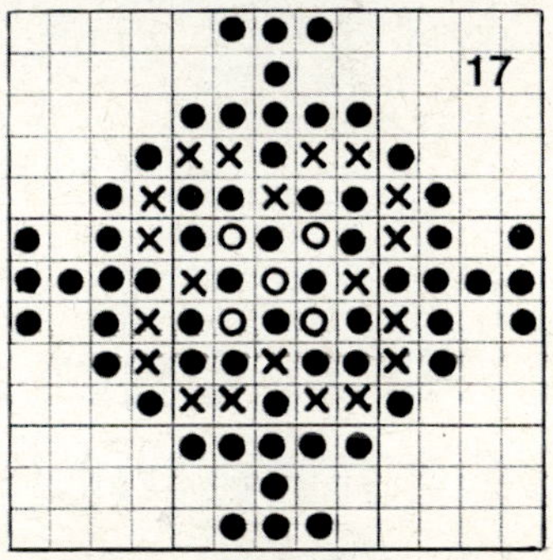

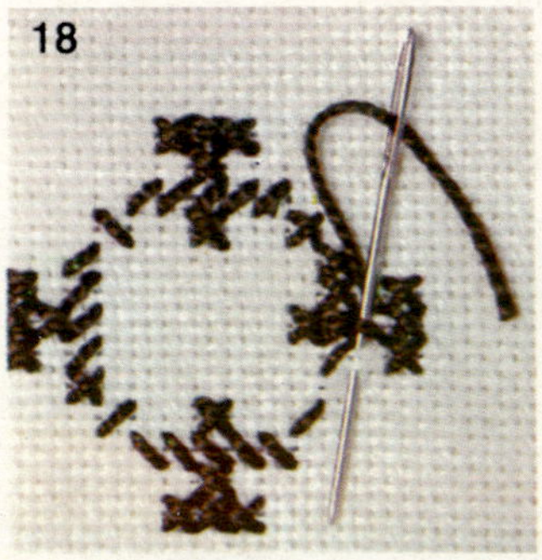

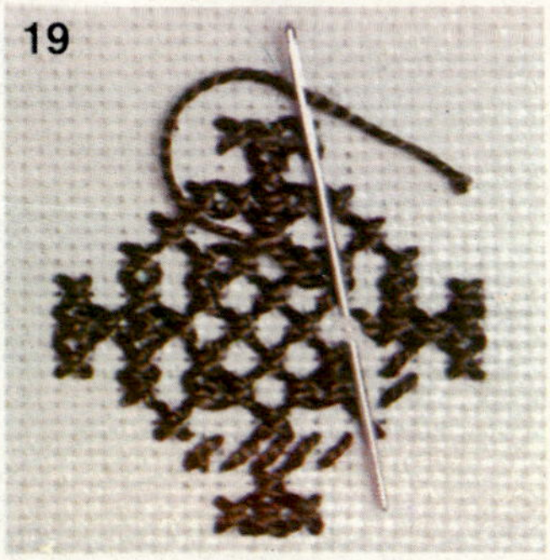

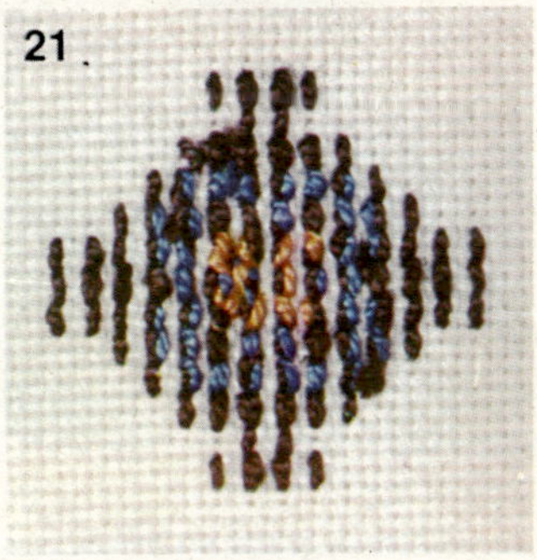

Sticken mit mehreren Farben

Für bunte Stickereien dient ein Typenmuster als Zählvorlage (Abb. 17). Verschiedene Zeichen–Typen–machen die Aufteilung der Farben verständlich. Auch bei vorgezeichneten Kreuzstichstickereien erklärt ein Typenmuster oder eine bunte Vorlage, wie die Farben anzuordnen sind. Mehrfarbige Muster sollten stets lt. Abb. 12 gestickt werden. Man vermeidet die schrägen Verbindungsstiche, die beim Überspringen der einzelnen Farben auch mehrfach übereinanderliegen, spart Garn, und die Rückseite bekommt ein „sauberes" Stichbild. Aber auch die Oberseite gewinnt, denn mehrfache Fadenschichten würden sich beim Von-Links-Bügeln durchdrücken. Die Stickproben 18 und 19 zeigen, wie das Motiv lt. Zählmuster vorschriftsmäßig zu sticken ist. Einzelne Stiche und kleine Stichgruppen, die über und unter der durchgehenden Umrandung liegen, werden im Laufe des ersten Arbeitsgangs fertiggestellt. Rückgehend sind im 2. Arbeitsgang die Ergänzungen lt. Abb. 12 vorzunehmen. Die fertige Stickerei von Vorder- und Rückseite zeigen die Abb. 20 und 21 (auch die Fäden sind in Richtung der Verbindungsstiche auf der Rückseite vernäht).

Die Zeichnungen stellte uns die Fa. MEZ AG, Freiburg/Br., freundlicherweise zur Verfügung.

Frisch und sommerlich in Nadelmalerei

100 Diese Decke (137 cm Ø) in sonnigem Gelb paßt nicht nur auf Ihre Terrasse. Auch im Wohnzimmer verbreitet sie auf dem Kaffeetisch Sommerlaune. Die acht Blumensträuße erfordern nicht allzuviel Geduld. Wer sich eifrig an die Arbeit macht, kann mit der Decke vielleicht schon beim nächsten Kaffeekränzchen vor den Freundinnen glänzen. Auf dem Detailfoto können Sie sehr deutlich die Farbverteilung erkennen. Die roten Blüten werden in Nadelmalerei, die übrigen Blüten und Blätter in Plattstich gestickt. Stoff: Jobelan; Garn: MEZ.

Farbenprächtig wie ein ungarischer Bauerngarten

101

101 Ein Gitter aus Hohlsaum durchzieht die Mittelfläche dieses Tischläufers. In 21 Karos sind 11 Sträußchen versetzt angeordnet. Hier wurde nur in Plattstich gestickt. Die verschiedenen Motive haben wir noch einmal einzeln abgebildet. Die Musterzeichnungen dafür finden Sie im Anleitungsteil. Material für beide Modelle: Garn von MEZ; Stoff: Bielefelder Leinen.

102 Diese große Tafeldecke (ca. 135 x 230 cm) ist ein ganz besonders wertvolles Stück, erfordert sie doch sehr viel Zeit und Ausdauer. In den Ranken erscheinen die gleichen Blütenformen wie in den unten abgebildeten Sträußchen. Die Palette der Möglichkeiten, diese floralen Motive auf andere Modelle zu sticken, ist umfangreich.

102

103

104

PUSSTA-FOLKLORE

103 Das Einzelmotiv dieser runden Decke (180 cm Durchmesser) ist 10 x 28 cm groß. Auch an geraden Deckenkanten ist das Motiv, da nur wenig gebogen, sehr gut anwendbar. Selbstverständlich aber auch am Saum Ihres todschicken Sommerrocks! Garn: Schürer.

104+105 In Anlehnung an die leuchtende Folklore Ungarns sind diese Muster entstanden. Sie zeigen alle Charakteristika dieser Region: verschiedenartige, flächige Blüten und die Paprikaschote im Blumengebinde. Das Motiv auf grünem Stoff mißt 12 x 13 cm, das auf beigem Fond 19,5 x 21,5 cm.

105

Blütenpracht aus buntem Stickgarn

106–111 Wie eine Gärtnerin können Sie sich fühlen, wenn Sie diese bunten Sträuße sticken. Die sechs Motive stammen aus einer Serie von neun Sträußen, die Sie in unserem burda-Bügelmuster 826 finden. Die Bildchen wurden über eine Holzplatte gezogen. Die Motive haben einen Durchmesser von etwa 18 cm. Zu den hier gezeigten Motiven finden Sie originalgroße Musterzeichnungen im Anleitungsteil.

111

GESTICKTE FRÜHLINGSTRÄUME

114 Passionierte Stickerinnen werden sich sicherlich über dieses ausgefallene Motiv freuen. Die kleine Mitteldecke (80 x 80 cm) gibt es randfertig und mit aufgezeichnetem Muster im Fachhandel zu kaufen (AMC). Das Bäumchenmotiv finden Sie aber auch unserem Arbeitsbogen.

112

112 Ein Kranz (35 cm ∅) aus lauter kleinen Rosenknospen ziert diese zarte Decke (48 cm ∅). Auch in der Mitte einer großen Decke, vielleicht mit einem Rosengebinde als Tischdekoration, verfehlt diese Stickerei nicht ihre Wirkung. Solche Muster stickt man am besten auf dichtgewebten Stoff.

113 Aufgenähte Spitze markiert hier die Felder, in die zarte Blütenzweige gestreut sind. Wer gern stickt, kann sie auch dichter als auf unserem Modell anordnen und dann eine schmalere Spitze wählen. Auf dem Detailfoto läßt sich die Stickausführung leicht erkennen: Stiel-, Platt-, Stepp- und Margeritenstich.

113

114

Attribute des Sommers: Beeren und Blumen

115–118 Beerenmotive, die Sie das ganze Jahr an den Sommer erinnern, sind hübsches Dekor für Wandbilder. Sie werden überwiegend in Plattstich gestickt und sind anfängerleicht. Musterzeichnungen für diese vier Motive finden Sie im Anleitungsteil. Wer's leichter haben möchte, dem empfehlen wir burda-Bügelmuster 776. Es enthält außer den Abbildungen noch Motive wie Stachelbeere, Erdbeere, Himbeere sowie Pflaume, Aprikose, Apfel, Kirsche und Birne.

119 In hübscher Umgebung schmeckt ein Täßchen Kaffee noch mal so gut. Die Streublümchen unserer Mitteldecke (ca. 75 x 75 cm) passen so recht in sommerliche Atmosphäre. Dieses Modell sieht auf einem kleinen Tisch in der Balkonecke frisch aus. Als Mitteldecke schmückt sie einen schöngedeckten Kaffeetisch. Für die Blumenbordüre gibt es auch eine Musterzeichnung im Anleitungsteil.

115 Als Pendant könnten – mit dunkelblauem Garn – schwarze Johannisbeeren gestickt werden.

116 Hier die schönsten Hagebutten, wie nur die Heckenrose sie hat. Das Motiv ist 6,5 x 7,5 cm groß.

117 Größenmäßig zur Brombeere passend gibt es ein Himbeermotiv.

118 Auch auf einem roséfarbenen Fond ist die Heidelbeere vorstellbar.

Glückwünsche – die Liebe wird hineingestickt

120

120–122 Für Glückwünsche aller Art geeignet sind diese gestickten Karten, auch ohne Geschenk machen die kleinen Kunstwerke viel Staat. Man sieht, wieviel Liebe in solch ein Kärtchen „hineingestickt" ist, und wird die Gabe und den Gratulanten ganz besonders schätzen. In einen zierlichen Rahmen gefaßt, werden die Karten zu bleibenden Schmuckstücken. Da sich hier kunterbunte Garn- und Stoffreste verwenden lassen, werden eifrige Stickerinnen diese Idee sicherlich gerne aufgreifen. Zu den niedlichen Blumensträußen und zarten Ranken paßt am besten ein leichter, feingewebter Stoff (Leibfried). Garn: Schürer.

Macht kleine Geschenke ganz „groß“: Als Beigabe zu den netten Kleinigkeiten, die man sich unter Freunden schenkt, sind die Glückwunschkarten gern gesehen.

121

122

HIER STAND DIE TIERWELT PATE – DIE GRAZILE

MOTIVE HABEN SIE IM NU GESTICKT!

123 Ganz leicht zu sticken sind diese putzigen Stielstich-Mäuschen. Sie können sie auch ganz kunter-
unt gestalten. Die kleine Maus
nißt 2 x 7 cm, die größere auf dem Kopfkissen 4,5 x 16,5 cm.

124 Das Storch-
notiv (6 x 7,5 cm) kann man außer in Stielstich auch noch in Plattstich auf ein Bildchen
15 x 15 cm) stik-
en. Die Konturen
es Vogels werden mit einem harten Bleistift auf den
amin übertragen, die Flächen dann
t den gewünschten Farben in
rschieden langen Plattstichen ausgefüllt. Stickgarn: DMC.

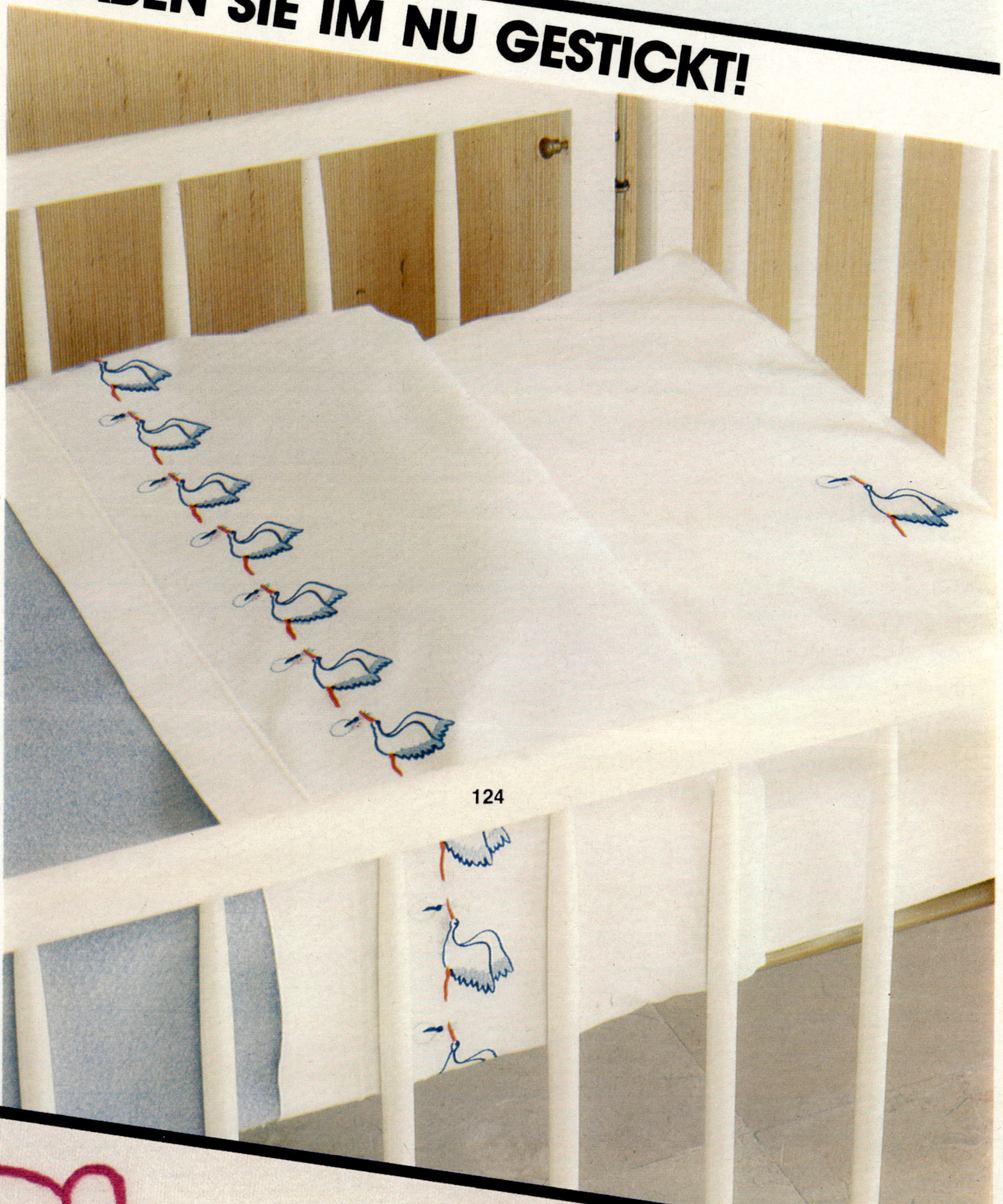

124

Eine Tischdecke, heiter wie der Sommer

125 Ein bunter Schmetterlingsschwarm hat sich auf dieser Kaffeedecke (ca. 170 cm Ø) niedergelassen. Die kleineren der verschieden großen Schmetterlinge sehen Sie noch einmal deutlich auf unseren Detailfotos. Auf die Servietten, die wie die Decke mit Festonstich eingefaßt werden, wurde jeweils ein kleiner, bunter Schmetterling gestickt.

Gestickte Feldblumensträuße

127

126 + 127 Ein hübscher Wandschmuck sind diese herrlichen Feldblumensträuße in leuchtenden Farben, die im Kreuzstich (Garn: MEZ) auf Zählstoff gearbeitet sind. Das Mohnblumenmotiv ist 23 x 30 cm groß (ohne Bordüre: 19 x 22 cm), das Kornblumenmotiv mißt 24 x 29 cm (ohne Bordüre 21 x 25 cm). Wer durch diese beiden Modelle Geschmack gefunden hat an gestickten Blumensträußen, dem empfehlen wir unser Sonderheft E 540, in dem sich für jeden Monat ein Kreuzstichbild befindet

Vier Jahreszeiten in buntem Kreuzstich

Einzeln oder als Gruppe gestickt, werden diese ausdrucksvollen Wandbehänge zur ansprechenden Dekoration.

128–131 Frühling, Sommer, Herbst und Winter werden die jahreszeitlich entsprechenden Motive zugeordnet. Mit Sticktwist ist die Stickerei ca. 25 x 61 cm, mit Kelim-Wolle etwa doppelt so groß.

128

129

Das Interesse eifriger Hobby-Stickerinnen findet sicherlich dieser praktische und schmückende Raumteiler.

Das „lustige Vogelgezwitscher" wird Sie in eleganter und rustikaler Umgebung gleichermaßen erfreuen.

130

131

132

133

Ideen für die wohnliche Küche

132 Über eine Mappe für Sammelrezepte freut sich jede Hausfrau. Man kann dafür einen normalen Ordner verwenden, der mit diesem küchenmäßig bestickten Einband zu einem wunderschönen Geschenk wird!

133 Nicht abgestaubt zu werden braucht dieser gestickte Setzkasten. Als Wandbehang (40 x 60 cm) trägt er besonders zur Gemütlichkeit in der Wohnküche bei. Für alle Modelle: Garn von MEZ; Stoff: Zweigart.

134 Daß hier gut, liebevoll und mit vielen Zutaten und Gewürzen gekocht wird, zeigt sich beinahe schon durch das Fensterrollo. Das Motiv ist 27 x 72 cm groß und eignet sich für nahezu jede Fensterbreite.

135

136

137

Assisi-Stickerei

Typisch für diese Art von Mustern sind die mit Kreuzstich ausgefüllten Flächen. Die Motive werden ausgespart und mit Steppstich eingefaßt.

135 Für dieses Plaid strickt man zwei Bahnen und setzt sie dann zusammen. Die Bordüre wird mit Strickwolle (Patons) gestickt.

136 Das Sternblumenmotiv ist 8 cm breit und durch seinen kleinen Rapport für verschiedene Deckengrößen verwendbar.

137 Das üppige Weinlaubmotiv hat einen Durchmesser von etwa 50 cm. Garn: MEZ; Stoff: Zweigart.

138

139

140

Gesticktes Dekor mit Variationsmöglichkeiten

138 Der Blick wird sofort von der breiten Mittelbordüre in Gobelin-Rosa eingefangen. Das an beiden Seiten von Blütenbordüren begrenzte Gitterfeld kann beliebig vergrößert werden. Es könnte sogar die ganze Fläche der Decke einnehmen.

139+140 Zwei Varianten ein und desselben Musters zeigen die Mitteldecke (64 x 64 cm) und der Läufer (29 x 64 cm). Das Motiv wurde aus Kreuzstich und Holbeinstich (einem Vorstich aus Hin- und Rückreihe) kombiniert. Material für alle Modelle – Garn: MEZ; Stoff: Zweigart & Sawitzki.

141

141 Leuchtendes Rot und tiefes Schwarz als Farbkombination waren seit jeher in russischen Stickereien beliebt. Die kontrastierenden seitlichen Abschlußblenden lassen dieses Kissen besonders frisch wirken. Stoff: Zweigart; Perlgarn: MEZ.

143 In der Steiermark wurden die Muster meist einfarbig gestickt. Typische Volkskunstmotive sind der Lebensbaum und der Hirsch. Garn: MEZ; Stoff: Zweigart.

Adler, Hirsch, Lebensbaum und andere Volkskunstmotive

142 Verschiedene Borten mit beliebten Volkskunstmotiven wurden hier als Flächenmuster nebeneinander angeordnet. Die bekannteste Borte zeigt den Tiroler Adler. Sie verläuft auf unserem Tischläufer quer. Weiter erkennt man Flechtborten, Vogelmotive und eine Reihe stilisierter Blumenmotive. Garn: MEZ.

142

143

144

144 Die gotischen Buchstaben dieses Mustertuchs eignen sich gut als Initialen für Wäsche oder Kleidung.

01 Quergestrickter Pullover aus Tweedwolle für Größe 38–40

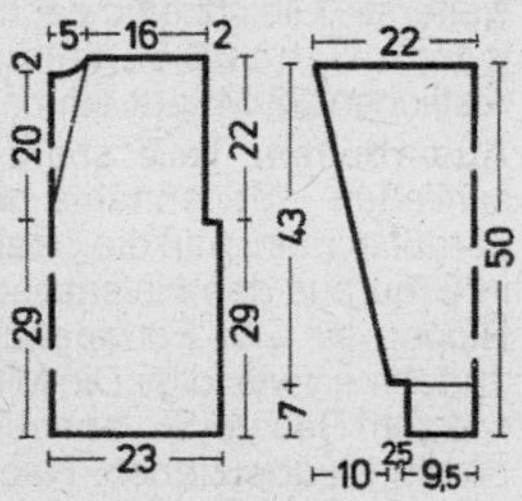

Material: Stärkere Lana Grossa Wolle „Carina“: ca. 150 g Grau (Fb. 53), 100 g Rosé (Fb. 54), 100 g Grün (Fb. 63), 100 g Graublau (Fb. 60), 100 g Lila (Fb. 56), 100 g Lachs (Fb. 57), Perl-INOX-Tric-Schnellstricknadeln und eine 60 cm lange Perl-INOX-Rundstricknadel Nr. 5.

Rippen: 1 M. rechts, 1 M. links im Wechsel.

Glatt rechts: Hin-R. rechte M., Rück-R. linke M.

Maschenprobe: 16 M. und 24 R. = 10 x 10 cm, glatt rechts.

Rückenteil: An der linken Seitennaht beginnen. Mit grauer Wolle 45 M. anschlagen und glatt rechts str., dabei am Ende der 5. R. = Hin-R. für den linken Armausschnitt 35 M. neu anschlagen = 80 M. Ist der graue Streifen 10 R. breit, folgende Streifen ausführen: Je 10 R. in Rosé, 10 R. in Grün, 10 R. in Graublau sowie 10 R. in Lila str. Bereits in der 4. lila Reihe (= Rück-R.) für den Halsausschnitt 1 M. abnehmen und dieses Abnehmen noch 2mal in jeder 2. R. wdh. = 77 M. Anschließend 10 R. mit lachsfarbener Wolle str. Der lachsfarbene Streifen bildet die Mitte, ab hier das Teil gegengleich beenden, auch in der Streifenfolge.

Vorderteil genauso str., jedoch mit tieferem Halsausschnitt. Bereits in der 4. lila Reihe (= Rück-R.) 1mal 6 M. abk. und dieses Abketten noch 5mal in jeder 2. R. wdh. = 44 M. Der lachsfarbene Streifen bildet die Mitte, ab hier das Teil gegengleich beenden.

Ärmel: Mit grauer Wolle 31 M. anschlagen und für den Bund 7 cm = 16 R. Rippen str. In der letzten Bund-R. gleichmäßig verteilt 9 M. verschränkt aus dem Querfaden zunehmen = 40 M. Anschließend glatt rechts in folgenden Streifen weiterarbeiten. * 10 R. in Rosé, 10 R. in Grün, 10 R. in Blaugrau, 10 R. in Lila, 10 R. in Lachs, sowie 10 R. in Grau, ab * fortlaufend wdh. Für die Ärmelschrägung ab Bund beidseitig 16mal in jeder 6. R. je 1 M. zunehmen = 72 M. Nach 43 cm = 104 R. ab Bund alle M. abk.

Ausarbeiten: Teile spannen, anfeuchten und trocknen lassen. Für den Bund aus den unteren Rändern von Vorder- und Rückenteil je 65 M. auffassen und in Reihen Rippen str. Nach 7 cm = 15 R. die M. locker abk., wie sie erscheinen. Nähte schließen, dabei an den Ärmelnähten die oberen 2 cm offen lassen. Aus dem Halsrand mit der Rundstricknadel und grauer Wolle 106 M. auffassen und in Rd. Rippen str., dabei darauf achten, daß in die Ausschnittspitze 1 rechte M. trifft. Für das Abnehmen in der Ausschnittspitze in jeder Rd. 3 M. überzogen zusammenstr. = die Mittel-M. zusammen mit der davorliegenden M. wie zum Rechtsstr. abheben, die folgende M. rechts str. und die beiden abgehobenen M. darüberziehen. Nach 4 cm = 11 Rd. die M. abk., wie sie erscheinen. Ärmel einsetzen.

02 Pullover mit Streifen und Jacquardmuster für Gr. 36 und 40

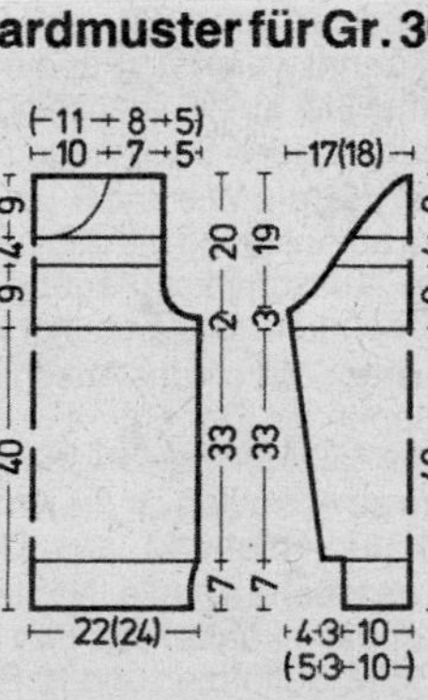

Die eingeklammerten Zahlen gelten für Gr. 40. Steht nur eine Zahlenangabe, so gilt sie für beide Größen.

Material: Stärkere Wolle „Mizar“ von der Fa. Lana Grossa: ca. 400 (450) g Lila, je 150 g Grün und Altrosa; Perl-INOX-Tric-Schnellstricknadeln Nr. 4½ und 5, Perl-INOX-Spielstricknadeln Nr. 4½.

Rippen: 1 M. rechts, 1 M. links im Wechsel.

Glatt rechts: Hin-R. rechte M., Rück-R. linke M.

Streifenmuster: * Je 2 R. Lila und Grün, 4 R. Lila und 2 R. Altrosa, ab * stets wdh.

Jacquardmuster: Nach den Zählmustern **A** und **B** glatt rechts in Norwegertechnik str., dabei den unbenutzten Faden stets locker auf der Rückseite der Arbeit mitführen. In der Breite mit den M. vor dem 1. Pfeil beginnen, den Mustersatz zwischen den Pfeilen stets wdh., enden mit den M. nach dem 2. Pfeil. Zur besseren Übersicht sind in der Breite 2 Mustersätze gezeichnet. Die genaue Aufteilung in der Höhe ist in der Arbeitsanleitung erklärt.

Maschenprobe: 16 M. und 23 R. = 10 x 10 cm, glatt rechts. – Jacquardbordüre über 18 R. = 9 cm hoch.

Rückenteil: Mit 71 (77) M. Anschlag in Lila auf Nadeln Nr. 4½ für den Bund in folgenden Streifen Rippen str.: 4 R. Lila, je 2 R. Altrosa, Lila und Grün, 4 R. Lila und 2 R. Altrosa: Anschließend mit Nadeln Nr. 5 in folgender Mustereinteilung glatt rechts weiterarbeiten: 33 cm = 76 R. Streifenmuster, 18 R. Jacquardmuster **A**, je 2 R. Lila, Grün, Lila, Altrosa und Lila, 18 R. Jacquardmuster **B**. Dazwischen, nach 2 cm = 4 R. ab Jacquardmuster **A**, für die Armausschnitte beidseitig in jeder 2. R. 1mal 3 M., 1mal 2 M. und 3mal 1 M. abk. = 55 (61) M. Nach 20 cm = 44 R. Armausschnitthöhe alle M. abk. Die äußeren je 12 (14) M. bilden die Schultern, die mittleren 31 (33) M. den Halsrand.

Vorderteil genauso str., jedoch mit tieferem Halsausschnitt. Bereits nach 11 cm = 22 R. Armausschnitthöhe die mittleren 17 (19) M. abk. und beide Seiten getrennt beenden. Für die Rundung am inneren Rand in jeder 2. R. 2mal 2 M. und 3mal 1 M. abk. Die M. für die Schultern in gleicher Höhe wie am Rückenteil abk.

Ärmel: Mit 31 M. Anschlag in Lila auf Nadeln Nr. 4½ den Bund wie am Rückenteil str., dabei in der letzten Bund-R. gleichmäßig verteilt 10mal je 1 M. verschränkt aus dem Querfaden zunehmen = 41 M. Anschließend mit Nadeln Nr. 5 glatt rechts weiterarbeiten und dabei die gleiche Mustereinteilung wie am Rückenteil ausführen. Für die Ärmelschrägung ab Bund beidseitig 2mal in jeder 12. R. und 5mal in jeder 10. R. (1mal in jeder 10. R. und 8mal in jeder 8. R.) je 1 M. zunehmen = 55 (59) M. Nach 3 cm = 6 R. ab Jacquardmuster **A** für die Ärmelkugel beidseitig in jeder 2. R. 1mal 3 M., 1mal 2 M., 17 (18)mal 1 M., 1mal 2 M. und die restlichen 7 (9) M. auf einmal abk.

Ausarbeiten: Teile spannen, anfeuchten und trocknen lassen. Nähte schließen. Aus dem Halsrand mit den Spielstricknadeln und lilafarbener Wolle für den Kragen 86 (92) M. auffassen und in Rd. Rippen str. Nach 22 cm = 50 Rd. alle M. abk., wie sie erscheinen. Den Kragen doppelt nach außen legen. Ärmel einsetzen.

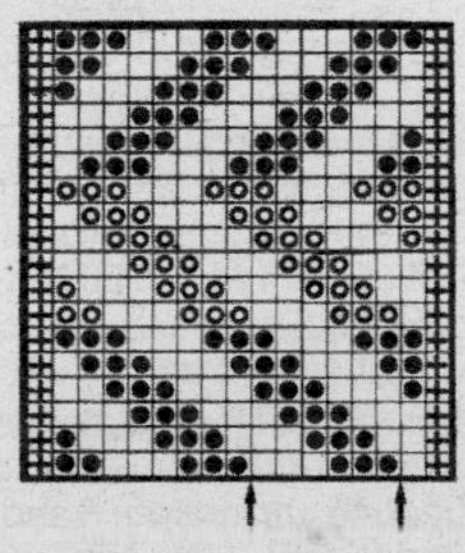

A

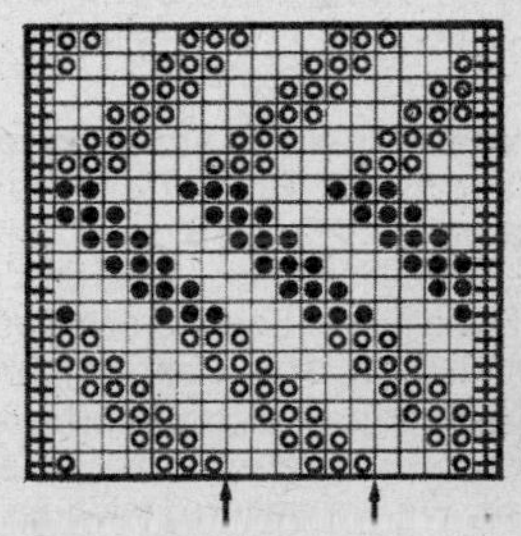

B

03 Blauer Streifenpulli für Größe 48–50

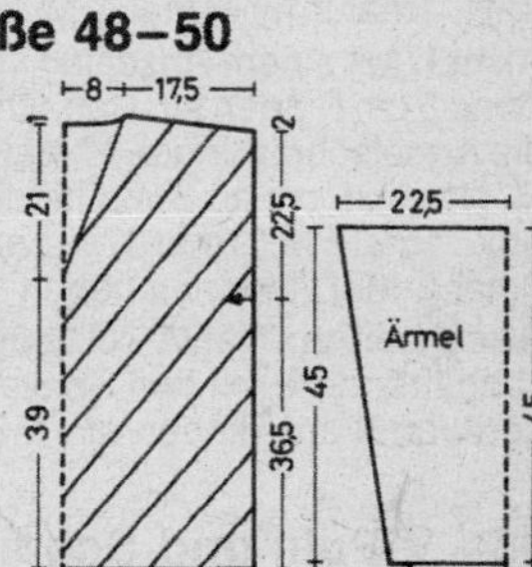

Material: Mittelstarke Wolle „Carmen“: ca. 400 g Hellblau-meliert 1206 und ca. 100 g Dunkelblau-meliert 1214 und zum Bestikken ein Rest Wolle „Shetland“ in Blau 5968. Beide Wollen aarlan von H. E. C.; Perl-INOX-Tric-Schnellstricknadeln Nr. 3½, eine 60 cm lange Rundstricknadel Nr. 3½, eine Sticknadel.

Rippen: 2 M. rechts, 2 M. links im Wechsel.

Glatt links: Hin-R. linke M., Rück-R. rechte M.

Maschenprobe (glatt links): 18 M. und 28 R. = 10 x 10 cm.

Streifenfolge: * 4 cm Dunkelblau-meliert, 4 cm Hellblau-meliert. Ab * fortl. wdh.

Zubehör

In den Anleitungen erwähnen wir diejenigen Stoffe, Garne und Wollsorten, die wir zur Ausführung der Originalmodelle verwendeten. Da das Angebot heutzutage riesengroß ist, kann ein Handarbeitsgeschäft unmöglich auch nur annähernd die bekanntesten Qualitäten an Stoffen und Garnen führen. Sollten Sie hie und da Schwierigkeiten bei der Beschaffung des Zubehörs haben, wenden Sie sich an die betreffenden Hersteller, deren Adressen auf Seite 168 vermerkt sind. Man kann Ihnen das Material zwar nicht direkt liefern, sicher aber eine Bezugsquelle in Ihrem Wohnort oder in der Nähe nennen.

Rückenteil: In Hellblau-meliert mit den Schnellstricknadeln und einem Anschlag von 82 M. beginnen und für den Bund 7 cm Rippen str. Dann glatt links weiterstr., dabei in der 1. R. ab Bund gleichmäßig verteilt 10 M. zunehmen = 92 M. Nach 59 cm ab Bund für die Schulterschrägungen beidseitig in jeder 2. R. 2mal 10 M. und 1mal 11 M. abk. Gleichzeitig nach 60 cm ab Bund für den Halsausschnitt die mittleren 28 M. abk. und beide Seiten getrennt weiterstr. Für die Halsausschnittrundung am inneren Rand 1mal 1 M. abk. Andere Seite gegengleich str.

Vorderteil: Wie das Rückenteil str., jedoch nach dem Bund in der Streifenfolge weiterstr. und mit V-Ausschnitt. Dafür nach 39 cm ab Bund die Arbeit in der Mitte teilen und beide Seiten getrennt weiterstr. Für die Ausschnittschrägung am inneren Rand 15mal in jeder 4. R. 1 M. abk. Schulterschrägung wie beim Rückenteil str. Andere Seite gegengleich str. Die Diagonalstreifen werden hinterher im Stielstich mit blauer Shetlandwolle aufgestickt. Der Abstand beträgt zwischen den Diagonalstreifen ca. 5 cm. Man kann sich vorher mit einem Hilfsfaden die Diagonale markieren, damit man den Stielstich schön gerade sticken kann.

Ärmel: In Hellblau-meliert mit den Schnellstricknadeln und einem Anschlag von 46 M. beginnen und für den Bund 8 cm Rippen str. Dann glatt links weiterstr., dabei in der 1. R. ab Bund gleichmäßig verteilt 10 M. zunehmen = 56 M. Nun für die Ärmelschrägungen beidseitig 12mal in jeder 10. R. 1 M. zunehmen = 80 M. Nach 45 cm ab Bund alle M. locker abk.

Ausarbeiten: Alle Nähte schließen – Seitennähte bis zum Pfeil – und die Ärmel einsetzen. Für die Ausschnittblende aus den Ausschnitträndern in Hellblau-meliert mit der Rundstricknadel ca. 124 M. auffassen und Rippen str., dabei für die Ausschnittspitze 2 M. einteilen und in **jeder** Rd. 2 M. abnehmen wie folgt: Die 1. rechte Mittel-M. mit der davorliegenden M. rechts zusammenstr., die 2. rechte Mittel-M. mit der folgenden M. überzogen zusammenstr. (= 1 M. abheben, 1 M. str. und die abgehobene M. überziehen). Nach 3,5 cm Blendenhöhe alle M. locker abk.

04 Pullover mit Blockstreifen für Gr. 52–54

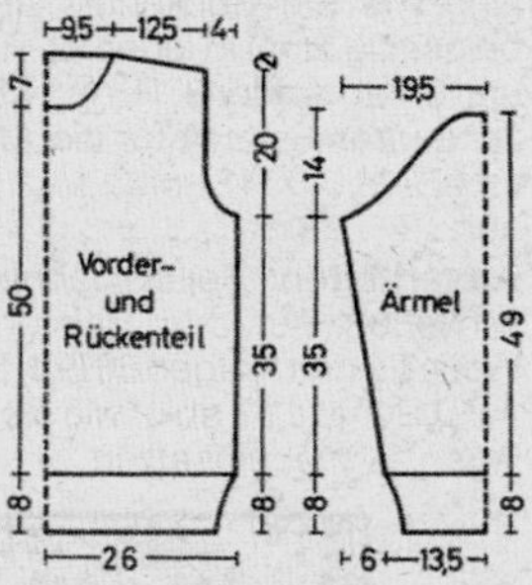

Material: Mittelstarke, mercerisierte Baumwolle „Intimo" von Lana Grossa: Je ca. 150 g Dunkelblau 35 und Mittelblau 33, je ca. 100 g Hellblau 30 und Weiß 1; Perl-INOX-Tric-Schnellstricknadeln und ein Spiel Stricknadeln Nr. 3.

Rippen: 1 M. rechts, 1 M. links im Wechsel.

Glatt rechts: Hin-R. rechte M., Rück-R. linke M.

Streifenfolge: * Je 26 R. Mittelblau, Hellblau, Weiß, Dunkelblau. Ab * wdh.

Maschenprobe: 27 M. und 34 R. = 10 x 10 cm.

Rückenteil: Mit einem Anschlag von 140 M. in Dunkelblau beginnen und für den Bund 8 cm Rippen str. Danach glatt rechts in der Streifenfolge weiterarbeiten. Nach 35 cm ab Bund für die Armausschnitte beidseitig in jeder 2. R. wie folgt abk.: 1mal 3 M., 1mal 2 M., 5mal 1 M. = 120 M. Nach 55 cm ab Bund für die Schulterschrägungen beidseitig in jeder 2. R. 1mal 14 M. und 2mal 10 M. abk. Die restlichen 52 M. auf einmal abk.

Vorderteil: Wie Rückenteil arbeiten, jedoch mit tieferem Halsausschnitt. Dafür nach 50 cm ab Bund die mittleren 36 M. abk. und beide Seiten getrennt weiterstr. Für die weitere Halsausschnittrundung am inneren Rand in jeder 2. R. 1mal 2 M., 4mal 1 M. und 2mal in jeder 4. R. 1 M. abk.

Ärmel: Mit einem Anschlag von 72 M. in Dunkelblau beginnen und für den Bund 8 cm Rippen str. Danach glatt rechts in der Streifenfolge weiterstr. Für die Ärmelschrägungen 17mal beidseitig in jeder 6. R. 1 M. zunehmen = 106 M. Nach 35 cm ab Bund für die Armkugel beidseitig in jeder 2. R. wie folgt abk.: 1mal 5 M., 1mal 4 M., 1mal 3 M., 3mal 2 M., 14mal 1 M., 2mal 3 M. und 2mal 2 M. Die verbliebenen 22 M. auf einmal abk.

Ausarbeiten: Nähte schließen und Ärmel einsetzen. Aus den Halsausschnitträndern mit den Spielstricknadeln ca. 142 M. in Dunkelblau auffassen und 3 cm Rippen str. M. locker abk.

05 V-Pulli und Schal für Größe 50–52

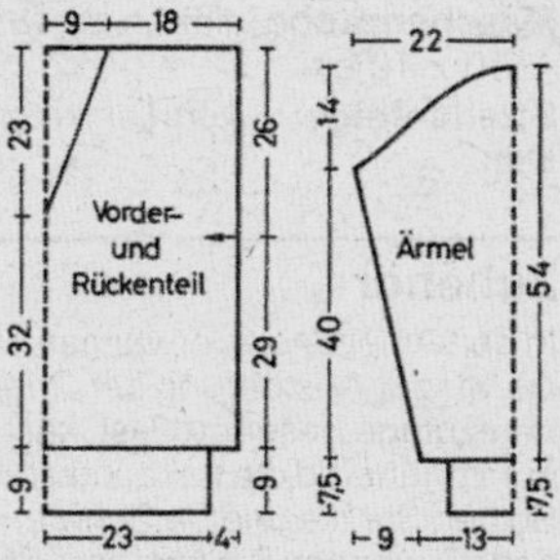

Material: Mittelstarkes Garn „aarlan royal" von H. E. C.: ca. 550 g Grau 4307, je ca. 100 g Weiß 4324, Dunkelblau 4306 und Mittelblau 4276; Perl-INOX-Tric-Schnellstricknadeln Nr. 3, eine 60 cm lange Perl-INOX-Rundstricknadel Nr. 3.

Rippen: 2 M. rechts, 2 M. links im Wechsel.

Glatt rechts: Hin-R. rechte M., Rück-R. linke M.

Kraus rechts: Stets rechte M. str.

Maschenprobe (glatt rechts): 24 M. und 32 R. = 10 x 10 cm.

PULLOVER:

Streifenfolge: 6 R. Weiß, 2 R. Grau, 6 R. Mittelblau, 2 R. Grau, 6 R. Dunkelgrau, 2 R. Grau, 6 R. Weiß.

Rückenteil: Mit grauem Garn und einem Anschlag von 120 M. beginnen und für den Bund 9 cm Rippen str. Dann glatt rechts weiterstr., dabei in der 1. R. ab Bund gleichmäßig verteilt 10 M. zunehmen = 130 M. Nach 32 cm ab Bund in der Streifenfolge weiterstr. Dann in Grau weiterstr. Nach 55 cm ab Bund alle M. abk.

Vorderteil: Wie das Rückenteil str., jedoch mit V-Ausschnitt. Dafür nach 32 cm ab Bund die Arbeit in der Mitte teilen und beide Seiten getrennt weiterstr. Für die V-Ausschnittschrägung am inneren Rand 22mal abwechselnd in jeder 2. und 4. R. 1 M. abk. Die restlichen 43 Schulter-M. nach 55 cm ab Bund auf einmal abk. Die andere Seite gegengleich str.

Ärmel: Mit grauem Garn und einem Anschlag von 50 M. beginnen und für den Bund 7,5 cm Rippen str. Dann glatt rechts weiterstr., dabei in der 1. R. ab Bund gleichmäßig verteilt 12 M. zunehmen = 62 M. Für die Ärmelschrägungen beidseitig 21mal in jeder 8. R. 1 M. zunehmen = 104 M. Nach 40 cm ab Bund in der Streifenfolge weiterstr. Dann den Ärmel mit grauem Garn weiterstr. Gleichzeitig nach 40 cm ab Bund für die Armkugel beidseitig in jeder 2. R. 1mal 3 M., 2mal 2 M., 16mal 1 M., 1mal 3 M., 2mal 5 M. und die restlichen 32 M. auf einmal abk.

Ausarbeiten: Teile spannen, anfeuchten und trocknen lassen. Nähte schließen – Seitennähte bis zum Pfeil – und die Ärmel einsetzen, dabei darauf achten, daß die Streifen zusammentreffen. Mit der Rundstricknadel in Grau aus den Halsausschnitträndern ca. 187 M. auffassen und in Rd. Rippen str. Zur Formgebung in der Ausschnittspitze in **jeder** Rd. 2 M. abnehmen wie folgt: Die Mittel-M. (= rechte M.) mit der davorliegenden M. wie zum Rechts-Str. abheben, die folgende M. str. und die beiden abgehobenen M. überziehen. Nach 3 cm Blendenhöhe alle M. locker abk.

SCHAL

Streifenfolge: Je 20 cm Mittelblau, Dunkelblau, Grau, Weiß, je 5,5 cm Mittelblau, Dunkelblau, Grau, Weiß, Mittelblau, Dunkelblau, Grau, Weiß.

Ausführung: Mit dunkelblauem Garn 60 M. anschlagen und in der Streifenfolge kraus rechts str. Nach ca. 125 cm ab Anschlag alle M. locker abk.

06 Streifenpulli für Größe 46–48

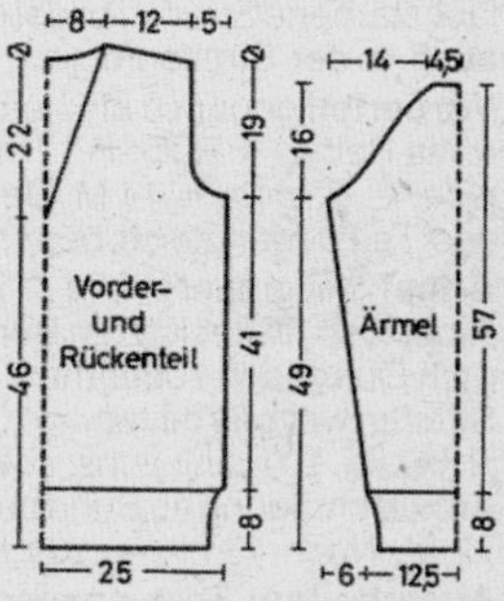

Material: Reine Schurwolle „Rio" von Gebrasa in folgenden Farben: ca. 250 g Stahlblau 1921, je ca. 200 g Mittelblau 1920 und Hellblau 1919; Perl-INOX-Tric-Schnellstricknadeln Nr. 3½, eine 40 cm lange Perl-INOX-Rundstricknadel Nr. 3½.

Achtung: Die Wolle stets doppelt verarbeiten.

Rippen: 1 M. rechts, 1 M. links im Wechsel.

Glatt rechts: Hin-R. rechte M., Rück-R. linke M.

Streifen- und Musterfolge: * 14 R. Stahlblau, 2 R. Mittelblau, 4 R. Stahlblau, dabei in der 4. stahlblauen R. jede 4. M. ungestrickt abheben und den Faden auf der Rückseite der Arbeit weiterführen; 14 R. Mittelblau, dabei die abgehobenen M. weiterhin in der 1. und 2. mittelblauen R. abheben (Faden auf der Rückseite weiterführen). In der 3. R. die abgehobenen M. als hochgezogene M. rechts abstr.; 2 R. Hellblau; 4 R. Mittelblau, dabei in der 4. R. jede 4. M. als hochgezogene M. arbeiten (Technik wie beschrieben). 14 R. Hellblau, 2 R. Stahlblau; 4 R. Hellblau, dabei jede 4. M. als hochgezogene M. arbeiten. Ab * fortl. wdh.

Maschenprobe: 23 M. und 33 R. = 10 x 10 cm.

Rückenteil: Mit einem Anschlag von 115 M. in Stahlblau beginnen und für den Bund 8 cm Rippen str. Dann glatt rechts in der Streifen- und Musterfolge weiterstr. Nach 49 cm ab Anschlag für die Armausschnitte beidseitig in jeder 2. R. 1mal 6 M., 2mal 2 M. und 2mal 1 M. abk. = 90 M. Nach 68 cm ab Anschlag für den Halsausschnitt die mittleren 17 M. abk. und beide Seiten getrennt weiterstr. Für die weitere Rundung am inneren Rand in jeder 2. R. 3mal 3 M. abk. Gleichzeitig für die Schulterschrägung in jeder 2. R. 4mal 7 M. abk. Andere Seite gegengleich str.

Vorderteil: Wie das Rückenteil str., jedoch mit V-Ausschnitt. Dafür nach 46 cm ab Anschlag die mittlere M. abk. und beide Seiten getrennt weiterstr. Für die Ausschnittschrägung am inneren Rand in jeder 4. R. 17mal 1 M. abnehmen. Die Schulterschrägung wie beim Rückenteil ausführen.

Ärmel: Mit einem Anschlag von 57 M. beginnen und für den Bund 8 cm Rippen str. Dann glatt rechts in der Streifenfolge weiterstr. Für die Ärmelschrägungen beidseitig in jeder 8. R. 14mal 1 M. zunehmen = 85 M. Nach 49 cm ab Anschlag für die Armkugel beidseitig in jeder 2. R. 1mal 3 M., 20mal 1 M. und 5mal 2 M. abk. Die verbliebenen 19 M. auf einmal abk.

Ausarbeiten: Alle Nähte schließen und die Ärmel einsetzen. Mit der Rundstricknadel aus den Halsausschnitträndern mit stahlblauer Wolle ca. 158 M. auffassen und 10 Rd. Rippen str. Zur Formgebung in der Ausschnittspitze in **jeder** Rd. 2 M. abnehmen wie folgt: Die Mittel-M. (= rechte M.) mit der davorliegenden M. wie zum Rechts-Str. abheben, die folgende M. str. und die beiden abgehobenen M. überziehen.

Vor Beginn der Arbeit die ganze Anleitung durchlesen!

07 Kinderpullover mit Streifen und geometrischen Motiven für Gr. 128

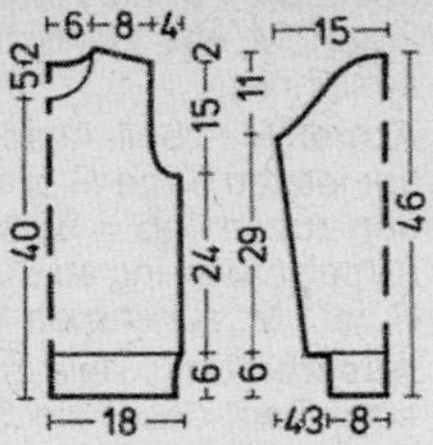

Material: Stärkere Schoeller-Wolle „Mohair de Luxe", ca. 300 g Weiß, je 50 g Rot, Hellblau, Gelb und Lila; Perl-INOX-Tric-Schnellstricknadeln Nr. 4½ und 5; Perl-INOX-Spielstricknadeln Nr. 4.

Rippen, glatt rechts, Maschenprobe, Zeichenerklärung, Motive siehe Modell 08.

Rückenteil: Mit 58 M. Anschlag in Weiß auf Nadeln Nr. 4½ für den Bund 6 cm = 14 R. Rippen str. Anschließend mit Nadeln Nr. 5 in folgender Streifeneinteilung glatt rechts weiterarbeiten: 10 R. Weiß, 2 R. Rot, 10 R. Weiß, 2 R. Hellblau, 10 R. Weiß, 8 R. Gelb, 10 R. Weiß, 2 R. Lila, 10 R. Weiß, 2 R. Rot, je 10 R. Weiß, Hellblau und Weiß. Dazwischen, nach 24 cm = 56 R. ab Bund für die Armausschnitte beidseitig in jeder 2. R. 1mal 3 M., 1mal 2 M. und 1mal 1 M. abk. = 46 M. Nach 15 cm = 34 R. Armausschnitthöhe beginnen gleichzeitig Halsausschnitt und Schulterschrägungen. Für den Halsausschnitt die mittleren 14 M. abk. und beide Seiten getrennt beenden. Am inneren Rand für die Rundung in der folgenden 2. R. noch 1mal 3 M. abk. Für die Schulterschrägung am äußeren Rand in jeder 2. R. 2mal 4 M. und 1mal 5 M. abk.

Vorderteil genauso str., jedoch mit tieferem Halsausschnitt. Bereits nach 24 R. Armausschnitthöhe die mittleren 6 M. abk. und beide Seiten getrennt beenden. Für die Rundung am inneren Rand in jeder 2. R. 2mal 2 M. und 3mal 1 M. abk. Die Schultern in gleicher Höhe wie am Rückenteil schrägen.

Ärmel: Mit 26 M. Anschlag in Weiß auf Nadeln Nr. 4½ für den Bund 6 cm = 14 R. Rippen str., dabei in der letzten Bund-R. gleichmäßig verteilt 10mal je 1 M. verschränkt aus dem Querfaden zunehmen = 36 M. Anschließend mit Nadeln Nr. 5 in der gleichen Streifeneinteilung wie am Rückenteil glatt rechts weiterarbeiten. Für die Ärmelschrägung ab Bund beidseitig 2mal in jeder 10. R. und 5mal in jeder 8. R. je 1 M. zunehmen = 50 M. Nach 29 cm = 68 R. ab Bund für die Ärmelkugel beidseitig in jeder 2. R. 1mal 3 M., 2mal 2 M., 6mal 1 M., 3mal 2 M., 1mal 3 M. und die restlichen 6 M. auf einmal abk.

Ausarbeiten: Teile spannen, anfeuchten und trocknen lassen. Alle Teile wie beschrieben mit den Rhomben und Dreiecken besticken. Nähte schließen. Aus dem Halsrand mit den Spielstricknadeln und weißer Wolle 56 M. auffassen, 1 Rd. linke M. und 6 Rd. Rippen str., dann die M. abk., wie sie erscheinen. Ärmel einsetzen.

08 Herrenpullover mit Streifen und geometrischen Motiven für Gr. 46 und 50

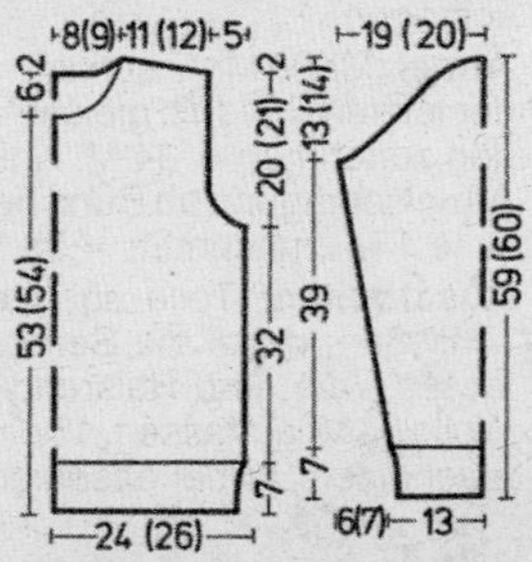

Die eingeklammerten Zahlen gelten für Gr. 50. Steht nur eine Zahlenangabe, so gilt sie für beide Größen.

Material: Stärkere Schoeller Wolle „Mohair de Luxe": Ca. 500 (550) g Beige; je 50 g Weiß, Hellgrün, Hellblau und Rost; Perl-INOX-Tric-Schnellstricknadeln Nr. 4½ und 5; Perl-INOX-Spielstricknadeln Nr. 4½.

Rippen: 2 M. rechts, 2 M. links im Wechsel.

Glatt rechts: Hin-R. rechte M., Rück-R. linke M.

Motive: Nach den Zählmuster **A–C** wunschgemäß in den verschiedenen Farben mit Maschenstichen über 1 M. in Höhe und Breite aufsticken.

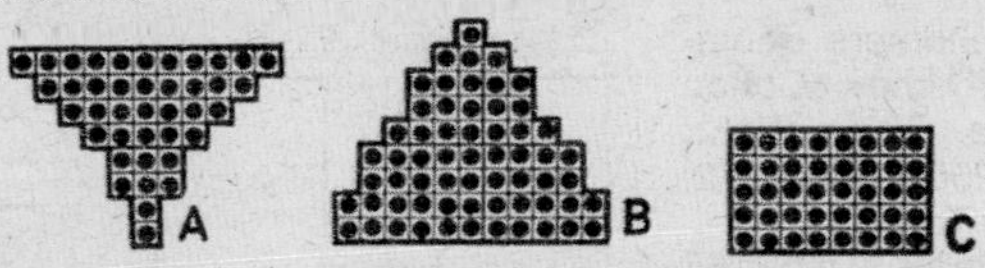

Zeichenerklärung: ● = 1 Maschenstich über 1 M. in Höhe und Breite. Die **Streifenfolge** ist in der Arbeitsanleitung erklärt.

Maschenprobe: 16 M. und 23 R. = 10 x 10 cm.

Rückenteil: Mit 78 (86) M. Anschlag in Beige auf Nadeln Nr. 4½ für den Bund 7 cm = 18 R. Rippen str. Anschließend mit Nadeln Nr. 5 in folgender Streifeneinteilung glatt rechts weiterarbeiten: 10 R. Beige, 2 R. Hellgrün, 10 R. Beige, 2 R. Rost, 10 R. Beige, 2 R. Weiß, 10 R. Beige, 8 R. Hellblau, 10 R. Beige, 2 R. Hellgrün, je 10 R. Beige, Rost und Beige, 2 R. Weiß, 10 R. Beige, 2 R. Hellblau. Danach das Teil mit beigefarbener Wolle beenden. Dazwischen, nach 32 cm = 74 R. ab Bund für die Armausschnitte beidseitig in jeder 2. R. 1mal 3 M., 1mal 2 M. und 3mal 1 M. abk. = 62 (70) M. Nach 20 cm = 46 R. (21 cm = 50 R.) Armausschnitthöhe beginnen gleichzeitig Halsausschnitt und Schulterschrägungen. Für den Halsausschnitt die mittleren 20 (24) M. abk. und beide Seiten getrennt beenden. Am inneren Rand für die Rundung in der folgenden 2. R. noch 1mal 3 M. abk. Für die Schulterschrägung am äußeren Rand in jeder 2. R. 3mal 6 (1mal 6 M. und 2mal 7) M. abk.

Vorderteil genauso str., jedoch mit tieferem Halsausschnitt. Bereits nach 14 cm = 32 R. (15 cm = 36 R.) Armausschnitthöhe die mittleren 8 (12) M. abk. und beide Seiten getrennt beenden. Für die Rundung am inneren Rand in jeder 2. R. 1mal 3 M., 1mal 2 M. und 4mal 1 M. abk. Die Schultern in gleicher Höhe wie am Rückenteil schrägen.

Ärmel: Mit 42 M. Anschlag in Beige auf Nadeln Nr. 4½ für den Bund 7 cm = 18 R. Rippen str. Anschließend mit Nadeln Nr. 5 in der gleichen Streifeneinteilung wie am Rückenteil weiterarbeiten. Für die Ärmelschrägung ab Bund beidseitig 10mal in jeder 8. R. (6mal in jeder 8. R. und 6mal in jeder 6. R.) je 1 M. zunehmen = 62 (66) M. Nach 39 cm = 90 R. ab Bund für die Ärmelkugel beidseitig in jeder 2. R. 1mal 3 M., 3mal 2 M., 6 (8)mal 1 M., 3mal 2 M., 2mal 3 M. und die restlichen 8 M. auf einmal abk.

Ausarbeiten: Teile spannen, anfeuchten und trocknen lassen. Alle Teile wie beschrieben mit Motiven besticken. Nähte schließen. Aus dem Halsausschnitt mit den Spielstricknadeln und beigefarbener Wolle 68 (76) M. auffassen, 1 Rd. linke M. und 9 Rd. Rippen str., dann die M. abk., wie sie erscheinen. Ärmel einsetzen.

09 Damenpullover mit Streifen und geometrischen Motiven für Gr. 36 und 40

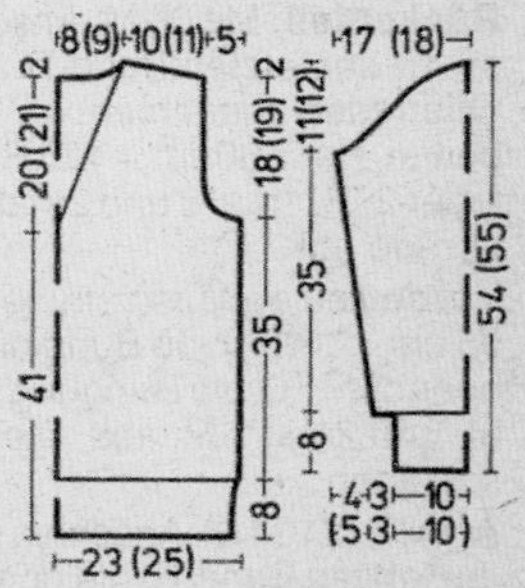

Die eingeklammerten Zahlen gelten für Gr. 40. Steht nur eine Zahlenangabe, so gilt sie für beide Größen.

Material: Stärkere Schoeller Wolle „Mohair de Luxe": Ca. 450 (500) g Weiß, je 50 g Rot, Gelb, Hellblau und Lila; Perl-INOX-Tric-Schnellstricknadeln Nr. 4½ und 5; Perl-INOX-Spielstricknadeln Nr. 4½.

Rippen, glatt rechts, Maschenprobe, Zeichenerklärung und Beschreibung der Motive siehe Modell 08.

Die **Streifenfolge** ist in der Arbeitsanleitung erklärt.

Rückenteil: Mit 74 (82) M. Anschlag in Weiß auf Nadeln Nr. 4½ für den Bund 8 cm = 20 R. Rippen str. Anschließend mit Nadeln Nr. 5 in folgender Streifeneinteilung glatt rechts weiterarbeiten: 10 R. Weiß, 2 R. Rot, 10 R. Weiß, 2 R. Hellblau, 10 R. Weiß, 8 R. Gelb, 10 R. Weiß, 2 R. Lila, 10 R. Weiß, 2 R. Rot, je 10 R. Weiß, Hellblau und Weiß, 2 R. Gelb, je 10 R. Weiß und Lila, 10 (12) R. Weiß. Dazwischen, nach 35 cm = 80 R. ab Bund, für die Armausschnitte beidseitig in jeder 2. R. 1mal 3 M., 1mal 2 M. und 3mal 1 M. abk. = 58 (66) M. Nach 18 cm = 42 R. (19 cm = 44 R.) Armausschnitthöhe beginnen gleichzeitig Halsausschnitt und Schulterschrägungen. Für den Halsausschnitt die mittleren 20 (24) M. abk. und beide Seiten getrennt beenden. Am inneren Rand für die Rundung in der folgenden 2. R. noch 1mal 3 M. abk. Für die Schulterschrägung am äußeren Rand in jeder 2. R. 2mal 5 M. und 1mal 6 M. (3mal 6 M.) abk.

Vorderteil genauso str., jedoch mit tieferem Halsausschnitt. Bereits nach 33 cm = 76 R. ab Bund die Arbeit in der Mitte teilen und beide Seiten getrennt beenden. Für die Ausschnittschrägung am inneren Rand 3 (5)mal in jeder 2. R. und 10mal in jeder 4. R. je 1 M. abnehmen. Die Armausschnitte und Schulterschrägungen in gleicher Höhe wie am Rückenteil ausführen.

Ärmel: Mit 34 M. Anschlag in Weiß auf Nadeln Nr. 4½ für den Bund 8 cm = 20 R. Rippen str., dabei in der letzten Bund-R. gleichmäßig verteilt 8mal je 1 M. verschränkt aus dem Querfaden zunehmen = 42 M. Anschließend mit Nadeln Nr. 5 in der gleichen Streifeneinteilung wie am Rückenteil glatt rechts weiterarbeiten. Für die Ärmelschrägung ab Bund beidseitig 7mal in jeder 10. R. (9mal in jeder 8. R.) je 1 M. zunehmen = 56 (60) M. Nach 35 cm = 80 R. ab Bund für die Ärmelkugel beidseitig in jeder 2. R. 1mal 3 M., 3mal 2 M., 4mal 1 M., 4 (5)mal 2 M., 1mal 3 M. und die restlichen 8 M. auf einmal abk.

Ausarbeiten: Teile spannen, anfeuchten und trocknen lassen. Alle Teile wie beschrieben mit den Motiven besticken. Nähte schließen. Aus dem Halsrand mit den Spielstricknadeln und weißer Wolle 105 (113) M. auffassen, 1 Rd. linke M. und danach Rippen str., dabei darauf achten, daß in die Ausschnittspitze 1 rechte M. trifft. In jeder 2. Rd. die beiden M. vor und nach der Mittel-M. links zusammenstr. Nach 3 cm = 7 Rd. Blendenbreite alle M. abk., wie sie erscheinen. Ärmel einsetzen.

Technik im Bild:

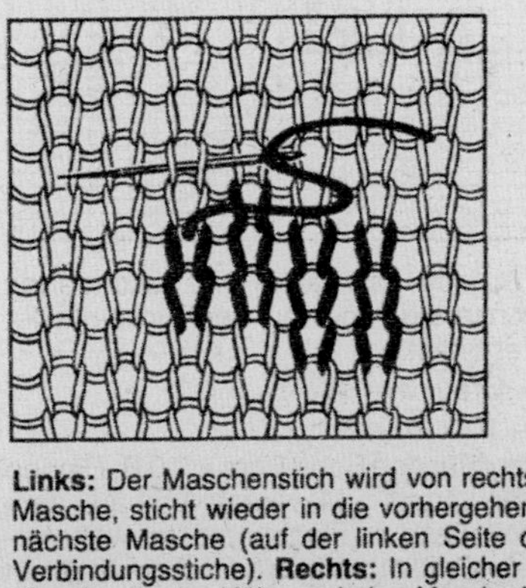

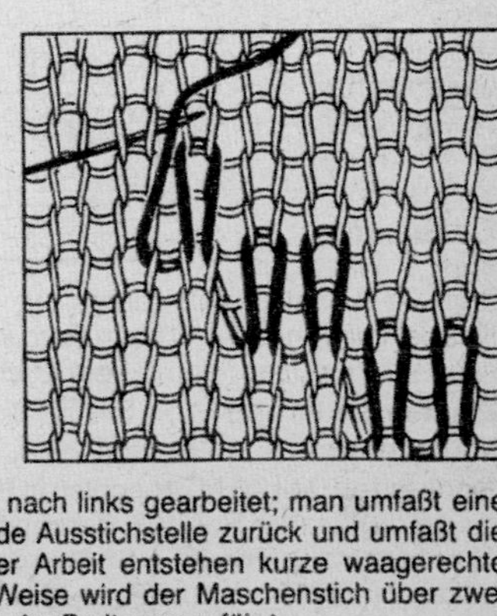

Links: Der Maschenstich wird von rechts nach links gearbeitet; man umfaßt eine Masche, sticht wieder in die vorhergehende Ausstichstelle zurück und umfaßt die nächste Masche (auf der linken Seite der Arbeit entstehen kurze waagerechte Verbindungsstiche). **Rechts:** In gleicher Weise wird der Maschenstich über zwei Maschen in der Höhe und eine Masche in der Breite ausgeführt.

10 Dreifarbiger Herrenpullover für Größe 48

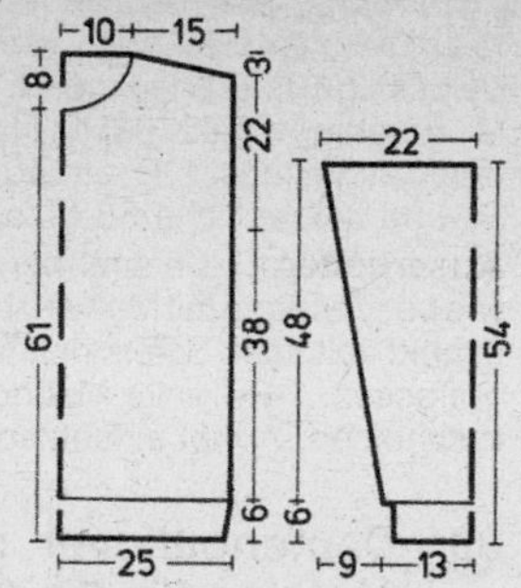

Material: Starke Esslinger Wolle „Conchita“: Ca. 300 g Weiß, je 150 g Blau und Braun; JMRA-flex-Schnellstricknadeln und IMRA-Spielstricknadeln Nr. 6.

Rippen, glatt rechts und **Maschenprobe:** siehe Modell 11.

Flächenmuster: Nach dem Zählmuster glatt rechts str. Für jede Farbfläche ein gesondertes Knäuel verwenden und beim Farbwechsel die Fäden auf der Rückseite der Arbeit verkreuzen, damit kein Loch entsteht. **Zählmuster** auf Bogen H.

Zeichenerklärung: 1 = Blau; 2 = Braun; 3 = Weiß.

Rückenteil: Mit 66 M. Anschlag in Blau für den Bund 6 cm = 12 R. Rippen str. In der letzten Bund-R. gleichmäßig verteilt 5 M. verschränkt aus dem Querfaden zunehmen = 71 M. Anschließend im Flächenmuster weiterarbeiten. Nach 60 cm = 120 R. ab Bund für die Schulterschrägung beidseitig in jeder 2. R. 1mal 8 und 2mal 7 M. abk. Die restlichen 27 M. für den Halsrand gerade abk.

Vorderteil genauso str., jedoch mit tieferem Halsausschnitt. Bereits nach 55 cm = 110 R. ab Bund die mittleren 9 M. abk. und beide Seiten getrennt beenden. Für die Rundung am inneren Rand in jeder 2. R. 1mal 3 M., 2mal 2 M. und 2mal 1 M. abk. Die Schultern in gleicher Höhe wie am Rückenteil schrägen.

Ärmel: Mit 34 M. Anschlag in Weiß für den Bund 6 cm = 12 R. Rippen str. In der letzten Bund-R. gleichmäßig verteilt 4 M. verschränkt aus dem Querfaden zunehmen = 38 M. Anschließend glatt rechts weiterarbeiten. Für die Ärmelschrägung ab Bund beidseitig 6mal in jeder 8. R. und 7mal in jeder 6. R. je 1 M. zunehmen = 64 M. Nach 48 cm = 96 R. ab Bund alle M. abk.

Ausarbeiten: Teile spannen, anfeuchten und trocknen lassen. Nähte schließen, dabei die Seitennähte oben 22 cm als Armausschnitte offen lassen. Aus dem Halsrand mit den Spielstricknadeln und weißer Wolle 68 M. auffassen, 15 cm = 30 Rd. Rippen str., dann die M. abk., wie sie erscheinen. Ärmel ansetzen.

11 Dreifarbiger Kinderpullover für Größe 122–128

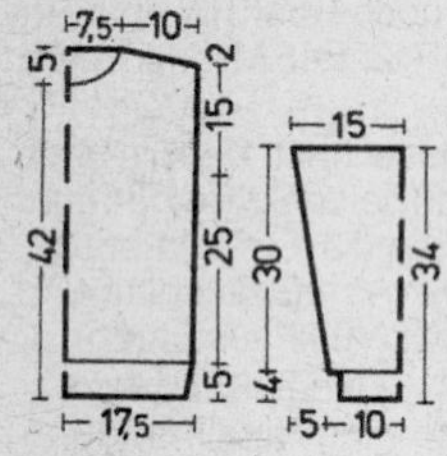

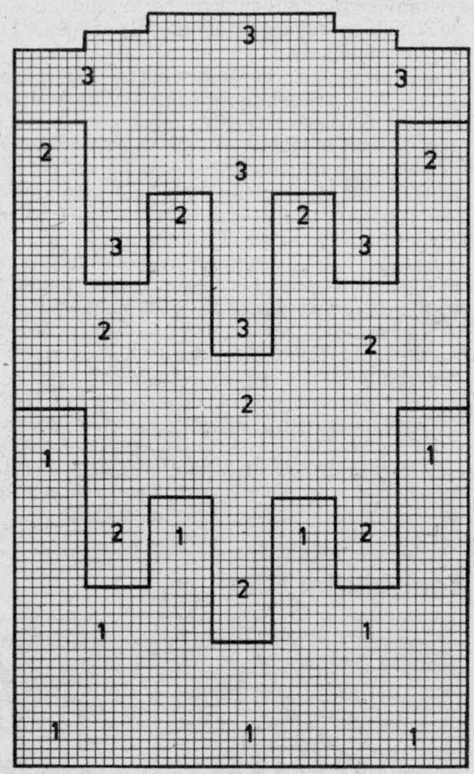

Material: Starke Esslinger Wolle „Conchita“: Ca. 150 g Weiß, je 100 g Grau und Braun; JMRA-flex-Schnellstricknadeln und JMRA-Spielstricknadeln Nr. 6.

Rippen: 2 M. rechts, 2 M. links im Wechsel.

Glatt rechts: Hin-.R. rechte M., Rück-R. linke M.

Flächenmuster: Nach dem Zählmuster glatt rechts str. Für jede Farbfläche ein gesondertes Knäuel verwenden und beim Farbwechsel die Fäden auf der Rückseite der Arbeit verkreuzen, damit kein Loch entsteht.

Zeichenerklärung: 1 = Braun; 2 = Grau; 3 = Weiß.

Maschenprobe: 14 M. und 20 R. = 10 x 10 cm.

Rückenteil: Mit 46 M. Anschlag in Braun für den Bund 5 cm = 10 R. Rippen str. In der letzten Bund-R. gleichmäßig verteilt 5 M. verschränkt aus dem Querfaden zunehmen = 51 M. Anschließend im Flächenmuster weiterarbeiten. Nach 40 cm = 80 R. ab Bund für die Schulterschrägung beidseitig in jeder 2. R. 1mal 8 M. und 1mal 7 M. abk. Die restlichen 21 M. für den Halsrand gerade abk.

Vorderteil genauso str., jedoch mit tieferem Halsausschnitt. Bereits nach 37 cm = 74 R. ab Bund die mittleren 7 M. abk. und beide Seiten getrennt beenden. Für die Rundung am inneren Rand in jeder 2. R. 1mal 3 M. und 2mal 2 M. abk. Die Schulterschrägung in gleicher Höhe wie am Rückenteil ausführen.

Ärmel: Mit 26 M. Anschlag in Weiß für den Bund 4 cm = 8 R. Rippen str. In der letzten Bund-R. gleichmäßig verteilt 4 M. verschränkt aus dem Querfaden zunehmen = 30 M. Anschließend glatt rechts weiterarbeiten. Für die Ärmelschrägung ab Bund beidseitig 5mal in jeder 8. R. und 2mal in jeder 6. R. je 1 M. zunehmen = 44 M. Nach 30 cm = 60 R. ab Bund alle M. abk.

Ausarbeiten: Teile spannen, anfeuchten und trocknen lassen. Nähte schließen, dabei die Seitennähte oben 15 cm als Armausschnitte offen lassen. Aus dem Halsrand mit den Spielstricknadeln und weißer Wolle 52 M. auffassen, 12 cm = 24 Rd. Rippen str., dann die M. abk., wie sie erscheinen. Ärmel ansetzen.

12 Dreifarbiger Damenpullover für Größe 38

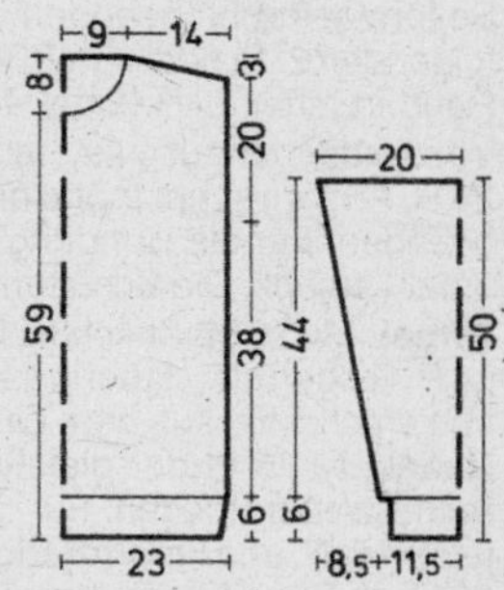

Material: Starke Esslinger Wolle „Conchita“: Ca. 300 g Lachs, je 150 g Blau und Rot; JMRA-flex-Schnellstricknadeln und JMRA-Spielstricknadeln Nr. 6.

Rippen, glatt rechts und Maschenprobe: siehe Modell 11.

Flächenmuster: Nach dem Zählmuster glatt rechts str. Für jede Farbfläche ein gesondertes Knäuel verwenden und beim Farbwechsel die Fäden auf der Rückseite der Arbeit verkreuzen, damit kein Loch entsteht.

Zählmuster auf Bogen H.

Zeichenerklärung: 1 = Blau; 2 = Rot; 3 = Lachs.

Rückenteil: Mit 62 M. Anschlag in Blau für den Bund 6 cm = 12 R. Rippen str. In der letzten Bund-R. gleichmäßig verteilt 5 M. verschränkt aus dem Querfaden zunehmen = 67 M. Anschließend im Flächenmuster weiterarbeiten. Nach 58 cm = 116 R. ab Bund für die Schulterschrägung beidseitig in jeder 2. R. 3mal 7 M. abk. Die restlichen 25 M. für den Halsrand gerade abk.

Vorderteil genauso str., jedoch mit tieferem Halsausschnitt. Bereits nach 53 cm = 106 R. ab Bund die mittleren 7 M. abk. und beide Seiten getrennt beenden. Für die Rundung am inneren Rand in jeder 2. R. 1mal 3 M., 2mal 2 M. und 2mal 1 M. abk. Die Schultern in gleicher Höhe wie am Rückenteil schrägen.

Ärmel: Mit 30 M. Anschlag in Lachs für den Bund 6 cm = 12 R. Rippen str. In der letzten Bund-R. gleichmäßig verteilt 4 M. verschränkt aus dem Querfaden zunehmen = 34 M. Anschließend glatt rechts weiterarbeiten. Für die Ärmelschrägung ab Bund beidseitig 5mal in jeder 8. R. und 7mal in jeder 6. R. je 1 M. zunehmen = 58 M. Nach 44 cm = 88 R. ab Bund alle M. abk.

Ausarbeiten: Teile spannen, anfeuchten und trocknen lassen. Nähte schließen, dabei die Seitennähte oben 20 cm als Armausschnitte offen lassen. Aus dem Halsrand mit den Spielstricknadeln und lachsfarbener Wolle 64 M. auffassen, 15 cm = 30 Rd. Rippen str., dann die M. abk., wie sie erscheinen. Ärmel ansetzen.

13 Herrenjacke für Größe 48–50

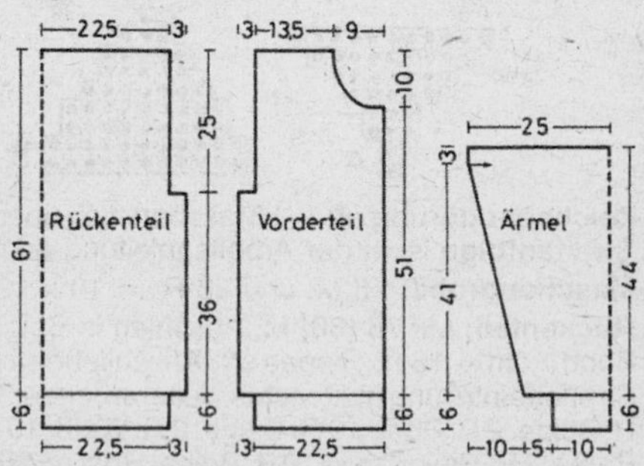

Material: Stärkere Baumwolle von Dilthey „Cotton cablé“: Ca. 650 g Natur 1367 und 250 g Rost 1372; Perl-INOX-Tric-Schnellstricknadeln Nr. 4; einen 65 cm langen teilbaren Reißverschluß.

Rippen: 1 M. rechts, 1 M. links im Wechsel.

Glatt rechts: Hin-R. rechte M., Rück-R. linke M. str.

Kraus rechts: Stets rechte M. str.

Jacquardmuster: Nach dem Zählmuster glatt rechts in Norwegertechnik str. Die unbenutzten Farbfäden stets locker auf der Rückseite der Arbeit weiterführen. Den gezeichneten Mustersatz in der Breite fortl. wdh., in der Höhe 1mal str. Zählmuster siehe Seite 137.

Maschenprobe: 21 M. und 28 R. = 10 x 10 cm.

Rückenteil: Mit einem Anschlag von 92 M. in Rost beginnen und für den Bund 6 cm Rippen in folgender Streifenfolge str.: 3 R. Rost, 2 R. Natur, * 2 R. Rost, 2 R. Natur. Ab * noch 3mal wdh. Dann glatt rechts in Natur weiterstr., dabei in der 1. R. gleichmäßig verteilt 16 M. zunehmen = 108 M. Nach 11,5 cm ab Bund nach dem Zählmuster weiterstr., dann * 12 R. Natur, 2 R. Rost, 12 R. Natur, 2 R. Rost, 2 R. Natur, 2 R. Rost. Ab * noch 1mal wdh. Dann noch 8 R. Natur. Nach 36 cm ab Bund für die Armausschnitte beidseitig 6 M. abk. und nach 61 cm ab Bund alle M. locker abk.

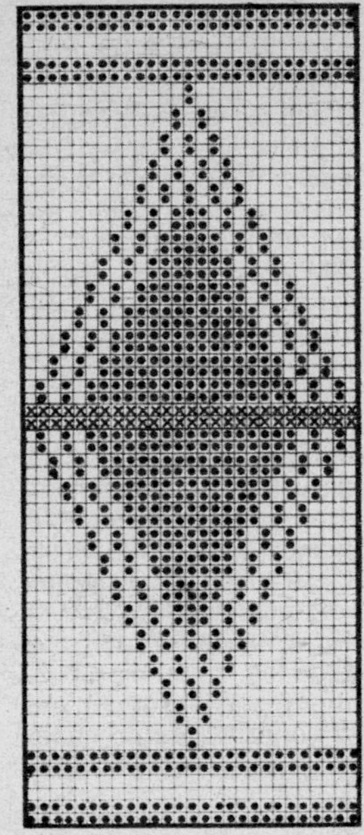

Linkes Vorderteil: Mit einem Anschlag von 46 M. in Rost beginnen und den Bund wie am Rückenteil beschrieben str. Dann glatt rechts in Natur weiterstr., dabei in der 1. R. gleichmäßig verteilt 8 M. zunehmen = 54 M. Die Muster- und Streifenfolge wie am Rückenteil str. An der rechten Kante den Armausschnitt wie am Rückenteil str. An der linken Kante nach 51 cm ab Bund für den Halsausschnitt in jeder 2. R. 1mal 10 M., 1mal 3 M., 1mal 2 M. und 4mal 1 M. abk. Nach 61 cm ab Bund die restlichen 29 M. auf einmal abk.

Rechtes Vorderteil gegengleich str.

Ärmel: Mit einem Anschlag von 44 M. in Rost beginnen und den Bund wie am Rückenteil beschrieben str. Dann glatt rechts in Natur weiterstr., dabei in der 1. R. gleichmäßig verteilt 16 M. zunehmen = 60 M. Für die Ärmelschrägungen beidseitig 23mal in jeder 4. R. 1 M. zunehmen = 106 M. Nach 41 cm ab Bund * 2 R. Rost kraus rechts, 2 R. Natur glatt rechts str. Ab * noch 2mal wdh. Dann alle M. locker abk.

Zeichenerklärung:

□ = 1 M. Natur
• = 1 M. Rost
× = 1 M. kraus rechts Natur

Ausarbeiten: Nähte schließen – Ärmelnähte bis zum Pfeil – und die Ärmel einsetzen. Aus den Halsausschnitträndern ca. 124 M. in Rost auffassen und abwechselnd 2 R. Rost und 2 R. Natur Rippen str. Nach 10 cm alle M. locker abk. Den Reißverschluß einnähen, den Kragen zur Hälfte nach innen umschlagen und annähen.

14 Polopulli für Größe 38–40

Material: Stärkere Baumwolle von Dilthey „Cotton cablé“: Ca. 600 g Natur 1367 und 200 g Rost 1372; Perl-INOX-Tric-Schnellstricknadeln Nr. 4; 4 Knöpfe.

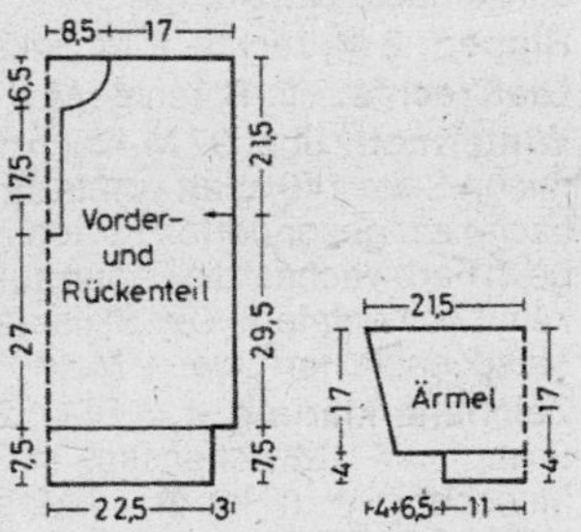

Rippen: 1 M. rechts, 1 M. links im Wechsel.

Glatt rechts: Hin-R. rechte M., Rück-R. linke M. stricken.

Kraus rechts: Stets rechte M. str.

Jacquardmuster: siehe Modell 13.

Maschenprobe (glatt rechts): 21 M. und 28 R. = 10 x 10 cm.

Rückenteil: Mit einem Anschlag von 92 M. in Rost beginnen und für den Bund 7,5 cm Rippen str. wie folgt: 3 R. Rost, * 2 R. Natur, 2 R. Rost. Ab * noch 4mal wdh. Dann glatt rechts in Natur weiterstr., dabei in der 1. R. gleichmäßig verteilt 16 M. zunehmen = 108 M. Nach 51 cm ab Bund alle M. locker abk.

Vorderteil: Wie das Rückenteil str., jedoch nach 11 cm ab Bund das Jacquardmuster einstr. und nach 27 cm ab Bund für den Schlitz die mittleren 8 M. abk. und beide Seiten getrennt weiterstr. Nach 44,5 cm ab Bund für den Halsausschnitt am inneren Rand in jeder 2. R. 1mal 5 M., 1mal 2 M. und 7mal 1 M. abk. Nach 51 cm ab Bund die restlichen 36 M. auf einmal abk. Die andere Seite gegengleich str.

Ärmel: Mit einem Anschlag von 64 M. in Rost beginnen und für den Bund 4 cm Rippen str. wie folgt: 3 R. Rost, 2 R. Natur, * 2 R. Rost, 2 R. Natur. Ab * noch 1mal wdh. Dann glatt rechts in Natur weiterstr., dabei in der 1. R. gleichmäßig verteilt 10 M. zunehmen = 74 M. Für die Ärmelschrägungen beidseitig 8mal in jeder 4. R. 1 M. zunehmen = 90 M. Nach 17 cm ab Bund alle M. locker abk.

Ausarbeiten: Nähte schließen – Seitennähte bis zum Pfeil – und die Ärmel einsetzen. Aus den vorderen Kanten in Natur je 48 M. auffassen und Rippen str., dabei in die rechte Blende Knopflöcher einarbeiten wie folgt: In der 5. R. ab unterer Kante 6 M. str., * 2 M. abk., 10 M. str. Ab * noch 3mal wdh. Die abgeketteten M. in der folgenden R. wieder neu anschlagen. Nach 3,5 cm alle M. locker abk. Aus den Halsausschnitträndern in Natur ca. 92 M. auffassen und Rippen str. wie folgt: 6 cm in Natur und 2 R. in Rost. Dann alle M. locker abk. Die Knopflöcher mit Knopflochstichen umstechen, die Knöpfe annähen. Die rechte Blende über die linke legen und an der Schmalseite unten annähen.

15 Pullover mit farbigen Flächen für Herrengröße 48–50 und 52–54

Die Angaben für Größe 52–54 stehen in Klammern, eine Zahl allein gilt für alle angegebenen Größen.

Material: Feinere Schachenmayr Wolle „nomotta Cordella“: Ca. 300 g Rohweiß 777 und je 50 g Blau 994, Braun 793 und Rot 762; Perl-INOX-Tric-Schnellstricknadeln Nr. 2½.

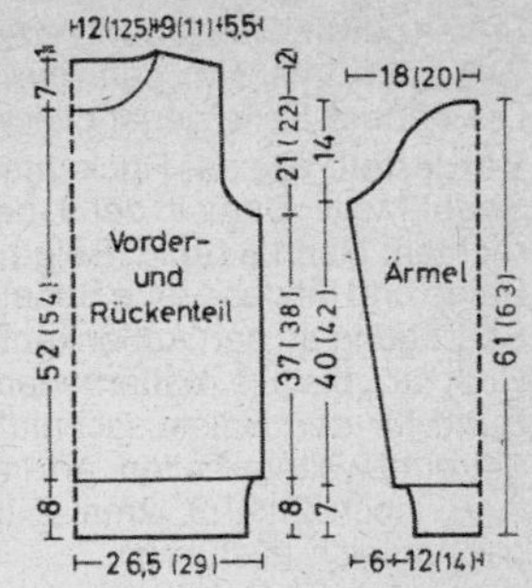

Rippen: 1 M. rechts, 1 M. links im Wechsel.

Glatt rechts: Hin-R. rechte M., Rück-R. linke M.

Die Farbflächen einstricken, die seitlichen Linien nachträglich im M.-Stich aufsticken. Beim Einstricken für jede Farbfläche ein gesondertes Knäuel verwenden und beim Farbwechsel die Fäden auf der Rückseite stets verkreuzen, damit keine Löcher entstehen. Das blaue Dreieck in der 1. R. nach dem Bund über den mittleren 77 M. beginnen. In jeder 2. R. beidseitig je 1 M. weniger Blau str., bis alle M. aufgebraucht sind. Wenn das blaue Dreieck noch 35 M. breit ist, die braunen Flächen beginnen. Dafür beidseitig der blauen Fläche je 1 M. Braun str. und die braunen Flächen in jeder 2. R. nach außen um je 1 M. verbreitern. Nach Beenden des blauen Dreiecks die braune Fläche auf die gleiche Weise schmälern. Ist das braune Dreieck noch 35 M. breit, die roten Flächen beginnen, zuerst verbreitern und nach Beenden der braunen Fläche schmälern, bis alle M. aufgebraucht sind. Die aufgestickten Linien setzen die obere Schrägung der roten und braunen Flächen zu den Seiten hin fort. Dafür an den Ecken der braunen bzw. roten Flächen beginnend jeweils 2 übereinander liegende M.-Stiche sticken. Diese Doppel-Stiche jeweils 1 M. nach außen und 2 R. nach unten versetzen, bis die Seitenkante bzw. der Bund erreicht ist.

Maschenprobe: 29 M. und 46 R. = 10 x 10 cm.

Rückenteil: Mit rohweißer Wolle 141 (159) M. anschlagen und für den Bund 8 cm Rippen str. In der letzten Bund-R. gleichmäßig verteilt 10 M. zunehmen = 151 (169) M., dann glatt rechts weiterarbeiten. Die Farbflächen wie beschrieben ausführen. Für die Armausschnitte nach 37 (38) cm ab Bund beidseitig in jeder 2. R. 2mal 3, 2mal 2 und 6mal 1 M. abketten. Nach 21 (22) cm Armausschnitthöhe für die Schulterschrägungen beidseitig in jeder 2. R. 1mal 7 und 3mal 6 (4mal 8) M. abk. Gleichzeitig mit dem 2. Schulterabnehmen für den Halsausschnitt die mittleren 49 (53) M. abk. und beide Seiten getrennt beenden. Am inneren Rand für die weitere Rundung noch 2mal 5 M. abk. und die andere Seite gegengleich ausführen.

Vorderteil: Wie das Rückenteil str., jedoch mit tieferem Halsausschnitt. Dafür nach 52 (54) cm ab Bund die mittleren 15 (19) M. abk. und beide Seiten getrennt weiterarbeiten. Am inneren Rand für die weitere Rundung in jeder 2. R. noch 1mal 4, 2mal 3, 7mal 2 und 3mal 1 M. abnehmen. Die andere Seite gegengleich ausführen.

Ärmel: Mit rohweißer Wolle 58 (64) M. anschlagen und für den Bund 7 cm Rippen str. Danach glatt rechts weiterarbeiten, dabei in der 1. R. gleichmäßig verteilt 12 (18) M. zunehmen = 70 (82) M. Für die Ärmelschrägungen 17mal in jeder 10. R. beidseitig je 1 M. zunehmen = 104 (116) M. Nach 40 (42) cm ab Bund für die Armkugel beidseitig in jeder 2. R. 1mal 4., 1mal 3, 2mal 2, 24mal 1, 2mal 2, 1mal 3, 1mal 4 und die restlichen 12 (24) M. auf einmal abk.

Ausarbeiten: Die Linien aufsticken. Alle Teile spannen und unter feuchtem Tuch vorsichtig dämpfen. Alle Nähte schließen und die Ärmel einsetzen. Für die Halsblende mit rohweißer Wolle 150 (156) M. anschlagen und 3 cm Rippen str. Danach die M. auf Hilfsfaden nehmen, die Schmalseiten verbinden und die Blende mit Steppstichen am Halsausschnitt annähen (mit jedem Stich 2 M. erfassen).

16 Herrenpulli mit Segelmotiv für Herrengröße 46–48 und 50–52

Die Angaben für Größe 50–52 stehen in Klammern, eine Zahl allein gilt für alle angegebenen Größen.

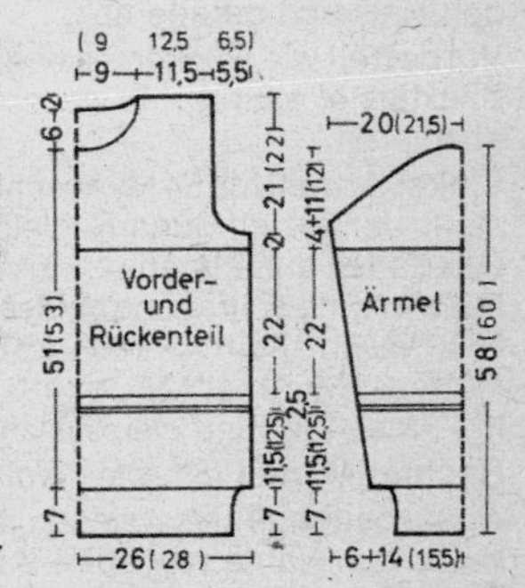

Material: Mittelstarke Junghans-Wolle „Frottee Nova“: Ca. 250 (300) g Weiß 284–091, 150 (200) g Beige 284–109, je 50 g Dunkelbau 284–133 und Rost 284–158; Perl-INOX-Tric-Schnellstricknadeln Nr. 3 und 3½.

Rippen: 1 M. rechts, 1 M. links im Wechsel.

Glatt rechts: Hin-R. rechte M., Rück-R. linke M.

Segel-Motiv: Nach den Angaben in der Beschreibung glatt rechts in Norwegertechnik einstr. Die unbenutzten Farbfäden auf der Rückseite der Arbeit locker weiterführen.

Maschenprobe (auf Nadeln Nr. 3½ glatt rechts): 24 M. und 35 R. = 10 x 10 cm.

Rückenteil: Auf Nadeln Nr. 3 mit weißer Wolle 106 (116) M. anschlagen und für den Bund 7 cm Rippen str. Anschließend auf Nadeln Nr. 3½ glatt rechts weiterarbeiten, dabei in der 1. R. gleichmäßig verteilt 22 M. zunehmen = 128 (138) M. Farbfolge ab Bund: 11,5 cm = 40 R. (12,5 cm = 44 R.) Weiß, 1 R. Blau, 2 R. Weiß, 6 R. Blau, 22 cm = 77 R. Beige, dann bis zum Ende Weiß. Nach 38 (39) cm ab Bund für die Armausschnitte beidseitig in jeder 2. R. 1mal 4, 1mal 3 (2mal 3), 2mal 2 und 3mal 1 M. abketten. Für den Halsausschnitt nach 57 (59) cm ab Bund die mittleren 26 M. abk. und beide

Seiten getrennt beenden. Am inneren Rand für die weitere Rundung in jeder 2. R. noch 3mal 3 M., dann die restlichen 28 (30) Schulter-M. auf einmal abk. Die andere Seite gegengleich ausführen.

Vorderteil: Wie das Rückenteil str., jedoch mit tieferem Halsausschnitt und Segel-Motiv. Dafür in der 9. beigefarbenen R. die M. wie folgt einteilen: Ab rechtem Rand 6 (9) M. Beige, für das kleine Segel 18 M. Rost, dann 2 M. Beige und für das große Segel 28 M. Rost. Die übrigen M. Beige str. Für die Schrägung an den Außenkanten der Segel in jeder 4. R. je 1 M. weniger in Rost str., bis alle rostfarbenen M. aufgebraucht sind. Nach 51 (53) cm ab Bund für den Halsausschnitt die mittleren 18 M. abk. und beide Seiten getrennt weiterarbeiten. Am inneren Rand für die weitere Rundung in jeder 2. R. noch 2mal 3, 2mal 2 und 3mal 1 M. abketten. Die andere Seite gegengleich ausführen.

Ärmel: Mit 48 M. Anschlag den Bund wie am Rückenteil str. Anschließend auf Nadeln Nr. 3½ glatt rechts weiterarbeiten, dabei in der 1. R. gleichmäßig verteilt 20 (26) M. zunehmen = 68 (74) M. Farbfolge wie am Rückenteil. Für die Ärmelschrägungen 15mal in jeder 8. R. beidseitig je 1 M. zunehmen = 98 (104) M. Nach 40 (41) cm ab Bund für die Armkugel beidseitig in jeder 2. R. 2mal 3, 14mal 2 (16mal 2), 2mal 3 und die restlichen 18 (16) auf einmal abk.

Ausarbeiten: Die Teile spannen und unter feuchtem Tuch vorsichtig dämpfen. Alle Nähte schließen und die Ärmel einsetzen. Für die Halsausschnittblende auf Nadeln Nr. 3 mit weißer Wolle 110 M. anschlagen und 2,5 cm Rippen str. Danach die M. auf Hilfsfaden nehmen, die Schmalseiten verbinden und die Blende mit Steppstichen an den Halsausschnitt nähen (mit jedem Stich 2 M. erfassen).

17 Damenpullover mit aufgesticktem Skiläufer für Größe 40, passende Mütze und Handschuhe

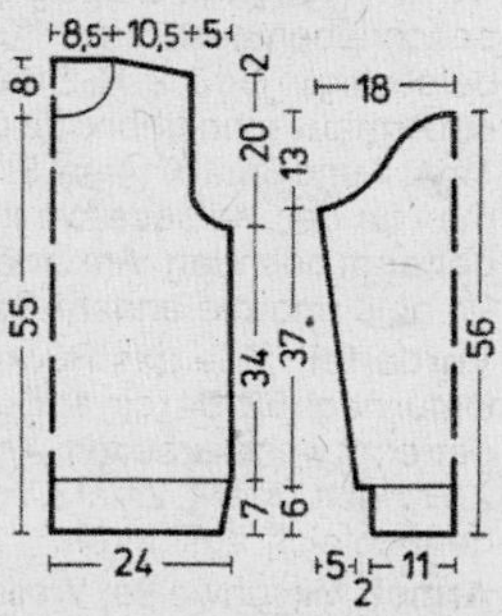

Material: Mittelstarke Schachenmayr Wolle „Nomotta Extra", Reine Schurwolle: Ca. 400 g Blau, je 150 g Rot und Grün, 100 g Weiß, je ein Rest Schwarz, Braun und Beige; Perl-INOX-Tric-Schnellstricknadeln und Perl-INOX-Spielstricknadeln Nr. 3½.

Rippen: 2 M. rechts, 2 M. links im Wechsel.

Glatt rechts: Hin-R. rechte M., Rück-R. linke M.

Wintermotiv über 117 M. Nach dem Zählmuster (siehe Seite 139) glatt rechts str. Für jede Farbfläche ein gesondertes Knäuel verwenden und beim Farbwechsel die Fäden auf der Rückseite der Arbeit verkreuzen, damit kein Loch entsteht. Der Skiläufer und die Tannen werden nachträglich mit Maschenstichen über 1 M. in Höhe und Breite aufgestickt.

Zeichenerklärung: 1 = Blau; 2 = Weiß; 3 = Rot; – = 1 Maschenstich in Braun; / = 1 Maschenstich in Grün; ○ = 1 Maschenstich in Blau; × = 1 Maschenstich in Rot; ● = 1 Maschenstich in Schwarz; v = 1 Maschenstich in Beige.

Maschenprobe: 24 M. und 32 R. = 10 x 10 cm.

PULLOVER, Rückenteil: Mit 114 M. Anschlag in Blau für den Bund 7 cm = 22 R. Rippen str. In der letzten Bund-R. gleichmäßig verteilt 3 M. verschränkt aus dem Querfaden zunehmen = 117 M. Anschließend glatt rechts weiterarbeiten. Für die Armausschnitte nach 34 cm = 110 R. ab Bund beidseitig in jeder 2. R. 1mal 5 M., 1mal 3 M., 1mal 2 M. und 3mal 1 M. abk. = 91 M. Nach 20 cm = 64 R. Armausschnitthöhe für die Schulterschrägung beidseitig in jeder 2. R. 2mal 9 M. und 1mal 7 M. abk. Die restlichen 41 M. für den Halsrand gerade abk.

Vorderteil wie Rückenteil beginnen. Im Anschluß an den Bund nach dem Zählmuster glatt rechts weiterarbeiten. Die Abnahmen wie eingezeichnet ausführen.

Linker Ärmel: Mit 54 M. Anschlag in Blau für den Bund 6 cm = 20 R. Rippen str. In der letzten Bund-R. gleichmäßig verteilt 11 M. verschränkt aus dem Querfaden zunehmen = 65 M. Anschließend glatt rechts weiterarbeiten. Für die Ärmelschrägung beidseitig 11mal in jeder 10. R. je 1 M. zunehmen = 87 M. Nach 37 cm = 118 R. ab Bund für die Ärmelkugel beidseitig in jeder 2. R. 1mal 5 M., 1mal 4 M., 1mal 3 M., 2mal 2 M., 11mal 1 M., 1mal 2 M., 1mal 3 M., 1mal 4 M. und die restlichen 15 M. auf einmal abk.

Rechten Ärmel mit roter Wolle genauso arbeiten.

Ausarbeiten: Teile spannen, anfeuchten und trocknen lassen. Vorderteil besticken. Nähte schließen. Aus dem Halsrand mit den Spielstricknadeln und grüner Wolle 128 M. auffassen, 1 Rd. linke M. und 20 cm = 64 Rd. Rippen str., dann die M. abk., wie sie erscheinen. Ärmel einsetzen.

MÜTZE: Wie bei Modell 18 str., jedoch mit grüner Wolle. In Kopfmitte einen grünen Pompon aufnähen.

Linker Handschuh: Mit den Spielstricknadeln und blauer Wolle 48 M. anschlagen. Die M. auf 4 Nadeln verteilen, zur Rd. schließen und für das Bündchen 8 cm = 26 Rd. Rippen str. Anschließend in Rechtsrunden weiterarbeiten, dabei bilden die ersten 24 M. die Innenhand und die letzten 24 M. den Handrücken. Bereits in der 2. Rd. nach dem Bündchen für den Daumenkeil beidseitig der 23. M. je 1 M. verschränkt aus dem Querfaden zunehmen. Dieses Zunehmen noch 6mal in jeder 3. Rd. wdh., jedoch das Zunehmen jeweils vor der ersten und nach der letzten zugenommenen Masche ausführen = 15 Keil-M. Nach 20 Rd. ab Bund die Keil-M. auf eine Sicherheitsnadel nehmen und darüber für den Steg 1 M. neu anschlagen = 48 M. Anschließend in Rechtsrunden weiterarbeiten und nach 10 cm = 32 Rd. ab Bund mit den Fingern beginnen.

Kleiner Finger: Die ersten 6 M. der Innenhand und die letzten 6 M. des Handrückens abstr. und als Steg dazwischen 1 M. anschlagen. Diese 13 M. auf 3 Nadeln verteilt zur Rd. schließen und mit blauer Wolle rechte M. str. Nach der gewünschten Länge (ca. 5 cm) die Spitze beginnen. Dafür auf jeder Nadel jeweils die beiden ersten und letzten M. rechts zusammenstr., 1 Rd. darüberstr., in der folgenden Rd. fortlaufend 2 M. zusammenstr. und die restlichen M. mit dem Arbeitsfaden zusammenziehen und vernähen.
Ringfinger: Die folgenden je 6 M. von Innenhand und Handrücken aufnehmen, am vorhergehenden Steg 1 M. auffassen und für den folgenden Steg 1 M. neu anschlagen. Diese 14 M. auf 3 Nadeln verteilt zur Rd. schließen und mit roter Wolle rechte M. str. Nach der gewünschten Länge (ca. 7 cm) die Spitze wie beim kleinen Finger ausführen. **Mittelfinger:** Die folgenden je 6 M. von Innenhand und Handrücken aufnehmen, am vorhergehenden Steg 1 M. auffassen und für den folgenden Steg 2 M. neu anschlagen. Diese 15 M. auf 3 Nadeln verteilt zur Rd. schließen und mit grüner Wolle rechte M. str. Nach der gewünschten Länge (ca. 7,5 cm) die Spitze ausführen. **Zeigefinger:** Die restlichen 12 M. aufnehmen und am vorhergehenden Steg 2 M. auffassen. Diese 14 M. auf 3 Nadeln verteilt zur Rd. schließen und mit roter Wolle rechte M. str. Nach der gewünschten Länge (ca. 7 cm) die Spitze ausführen. **Daumen:** Die 15 M. von der Sicherheitsnadel abstr. und aus dem Steg 2 M. auffassen. Diese 17 M. auf 3 Nadeln verteilt zur Rd. schließen und mit blauer Wolle rechte M. str. Nach der gewünschten Länge (ca. 5 cm) die Spitze ausführen.
Den **rechten Handschuh** gegengleich arbeiten.

18 Kinderpullover mit aufgesticktem Skiläufer für Größe 146, passende Mütze und Handschuhe

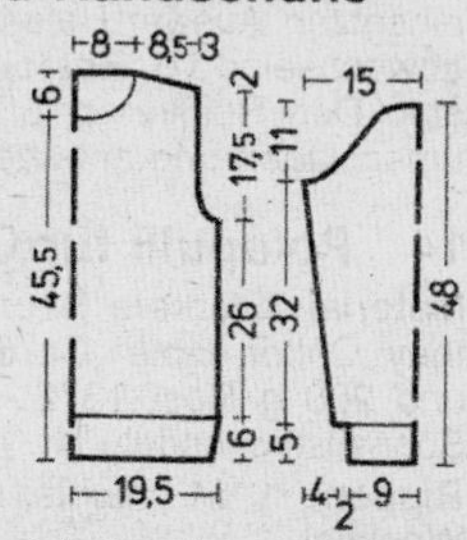

Material: Mittelstarke Schachenmayr Wolle „Nomotta Extra", Reine Schurwolle: Ca. 300 g Blau und 250 g Rot, 100 g Weiß, 50 g Grün, je ein Rest in Schwarz, Braun und Beige; Perl-INOX-Tric-Schnellstricknadeln, und Perl-INOX-Spielstricknadeln Nr. 3½.

Rippen: 2 M. rechts, 2 M. links im Wechsel.

Glatt rechts: Hin-R. rechte M., Rück-R. linke M.

Wintermotiv über 97 M. Nach dem Zählmuster (siehe Seite 140) glatt rechts str. Für jede Farbfläche ein gesondertes Knäuel verwenden und beim Farbwechsel die Fäden auf der Rückseite der Arbeit verkreuzen, damit kein Loch entsteht. Der Skiläufer und die Tannen werden nachträglich mit Maschenstichen über 1 M. in Höhe und Breite aufgestickt.

Zeichenerklärung: 1 = Blau; 2 = Weiß; 3 = Rot; – = 1 Maschenstich in Braun; / = 1 Maschenstich in Grün; ○ = 1 Maschenstich in Blau; x = 1 Maschenstich in Rot; ● = 1 Maschenstich in Schwarz; v = 1 Maschenstich in Beige.

Maschenprobe: 24 M. und 32 R. = 10 x 10 cm.

PULLOVER, Rückenteil: Mit 94 M. Anschlag in Blau für den Bund 6 cm = 20 R. Rippen str. In der letzten Bund-R. gleichmäßig verteilt 3 M. verschränkt aus dem Querfaden zunehmen = 97 M. Anschließend glatt rechts weiterarbeiten. Für die Armausschnitte nach 26 cm = 84 R. ab Bund beidseitig in jeder 2. R. 1mal 3 M., 1mal 2 M. und 2mal 1 M. abk. = 83 M. Nach 17,5 cm = 56 R. Armausschnitthöhe für die Schulterschrägung beidseitig in jeder 2. R. 2mal 8 M. und 1mal 6 M. abk. Die restlichen 39 M. für den Halsrand gerade abk.

Vorderteil wie Rückenteil beginnen. Im Anschluß an den Bund nach dem Zählmuster glatt rechts weiterarbeiten. Die Abnahmen wie eingezeichnet ausführen.

Linker Ärmel: Mit 46 M. Anschlag in Blau für den Bund 5 cm = 16 R. Rippen str. In der letzten Bund-R. gleichmäßig verteilt 9 M. verschränkt aus dem Querfaden zunehmen = 55 M. Anschließend glatt rechts weiterarbeiten. Für die Ärmelschrägung beidseitig 7mal in jeder 10. R. und 3mal in jeder 8. R. je 1 M. zunehmen = 75 M. Nach 32 cm = 102 R. ab Bund für die Ärmelkugel beidseitig in jeder 2. R. 1mal 4 M., 1mal 3 M., 2mal 2 M., 10mal 1 M., 1mal 2 M., 1mal 3 M., 1mal 4 M. und die restlichen 15 M. auf einmal abk.

Rechten Ärmel mit roter Wolle genauso arbeiten.

Ausarbeiten: Teile spannen, anfeuchten und trocknen lassen. Vorderteil besticken. Nähte schließen. Aus dem Halsrand mit den Spielstricknadeln und grüner Wolle 110 M. auffassen, 1 Rd. linke M. und 16 cm = 52 Rd. Rippen str., dann die M. abk., wie sie erscheinen. Ärmel einsetzen.

MÜTZE: Mit den Spielstricknadeln und roter Wolle 110 M. anschlagen. Die M. auf 4 Nadeln verteilt zur Rd. schließen und für den Rollrand rechte M. str. Nach 9 cm = 28 Rd. ab Anschlag wie folgt weiterarbeiten: **1. Rd.:** * 1 M. mit Umschlag wie zum Linksstr. abheben, 4 M. links; ab * stets wdh. **2. Rd.:** * Die M. mit dem darüberliegenden Umschlag rechts zusammenstr., 4 M. links; ab * stets wdh. Die **1. und 2. Rd.** stets wdh. Nach 25 cm = 80 Rd. ab Anschlag, jeweils die beiden M. vor und nach den Patentmaschen links zusammenstr. = 66 M. In der folgenden 2. Rd. jeweils die beiden linken M. zwischen den Patentmaschen links zusammenstr. Die restlichen 44 M. mit dem Arbeitsfaden zusammenziehen und vernähen. Mit der Strickliesel eine Schnur von ca. 8 cm anfertigen und in Kopfmitte annähen. Den unteren Mützenrand nach außen rollen und mit großen Stichen ansäumen.

Zählmuster zu 17

Zählmuster zu 18

Linker Handschuh: Mit den Spielstricknadeln und roter Wolle 40 M. anschlagen. Die M. auf 4 Nadeln verteilen, zur Rd. schließen und für das Bündchen Rippen str. Nach 8 cm = 26 Rd. in Rechtsrunden weiterarbeiten, dabei bilden die ersten 20 M. die Innenhand und die letzten 20 M. den Handrücken. Bereits in der 2. Rd. nach dem Bündchen für den Daumenkeil beidseitig der 19. M. je 1 M. verschränkt aus dem Querfaden zunehmen. Dieses Zunehmen noch 6mal in jeder 3. Rd. wdh., jedoch das Zunehmen jeweils vor der ersten und nach der letzten zugenommenen Masche ausführen = 15 Keil-M. Nach 20 Rd. ab Bund die Keil-M. auf eine Sicherheitsnadel nehmen und darüber für den Steg 1 M. neu anschlagen = 40 M. Anschließend in Rechtsrunden weiterarbeiten und nach 9 cm = 28 Rd. ab Bund mit den Fingern beginnen. **Kleiner Finger:** Die ersten 5 M. der Innenhand und die letzten 5 M. des Handrückens abstr. und als Steg dazwischen 2 M. anschlagen. Diese 12 M. auf 3 Nadeln verteilt zur Rd. schließen und mit roter Wolle rechte M. str. Nach der gewünschten Länge (ca. 4 cm) die Spitze beginnen. Dafür auf jeder Nadel jeweils die 2. und 3. M. rechts zusammenstr., 1 Rd. darüberstr., in der folgenden Rd. fortlaufend 2 M. rechts zusammenstr. und die restlichen M. mit dem Arbeitsfaden zusammenziehen und vernähen. **Ringfinger:** Die folgenden je 5 M. von Innenhand und Handrücken aufnehmen, am vorhergehenden Steg 2 M. auffassen und für den folgenden Steg 1 M. neu anschlagen. Diese 13 M. auf 3 Nadeln verteilt zur Rd. schließen und mit grüner Wolle rechte M. str. Nach der gewünschten Länge (ca. 5,5 cm) die Spitze wie beim kleinen Finger ausführen. **Mittelfinger:** Die folgenden je 5 M. von Innenhand und Handrücken aufnehmen, am vorhergehenden Steg 2 M. auffassen und für den folgenden Steg 2 M. neu anschlagen. Diese 14 M. auf 3 Nadeln verteilt zur Rd. schließen und mit roter Wolle rechte M. str. Nach der gewünschten Länge (ca. 6 cm) die Spitze ausführen. **Zeigefinger:** Die restlichen 10 M. aufnehmen und am vorhergehenden Steg 3 M. auffassen. Diese 13 M. auf 3 Nadeln verteilt zur Rd. schließen und mit blauer Wolle rechte M. str. Nach der gewünschten Länge (ca. 5,5 cm) die Spitze ausführen. **Daumen:** Die 15 M. von der Sicherheitsnadel abstr. und aus dem Steg 1 M. auffassen. Diese 16 M. auf 3 Nadeln verteilt zur Rd. schließen und mit roter Wolle rechte M. str. Nach der gewünschten Länge (ca. 4 cm) die Spitze ausführen. Den **rechten Handschuh** gegengleich arbeiten.

19 Kinderpullover für Größe 134 und 146, Handschuhe und Schal

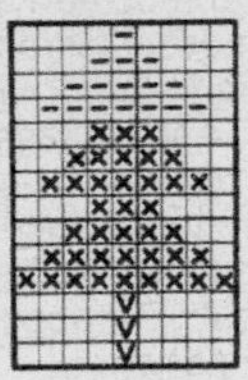

B

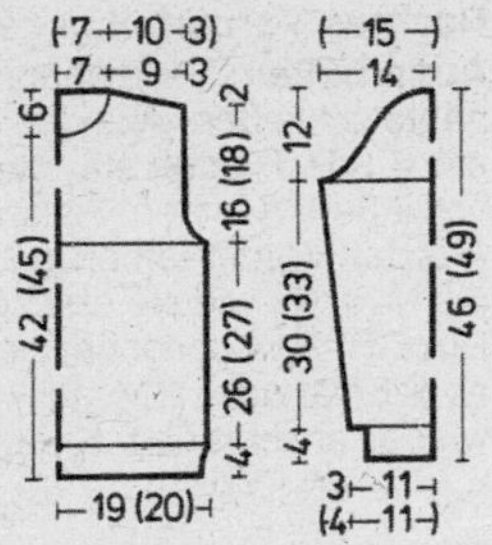

Die eingeklammerten Zahlen gelten für Größe 146. Steht nur eine Zahlenangabe, so gilt sie für beide Größen.

Material: Stärkere Hübner Wolle „Reine Schurwolle": Ca. 250 (300) g Weiß, 300 (350) g Rot, je 1 Rest in Grün, Braun, Schwarz, Rosa und Dunkelblau; Perl-INOX-Tric-Schnellstricknadeln und Perl-INOX-Spielstricknadeln Nr. 4

Rippen, glatt rechts, Zählmuster A, Zeichenerklärung und **Maschenprobe** siehe Modell 20.

Schlittenfahrer und **Tannenbäumchen** nach Zählmuster **A** und **D** nachträglich mit Maschenstichen über 1 M. in Breite und Höhe aufsticken.

PULLOVER, Rückenteil: Mit 77 (81) M. Anschlag in Weiß für den Bund 4 cm = 10 R. Rippen str. Anschließend glatt rechts weiterarbeiten. Nach 26 cm = 70 R. (27 cm = 74 R.) ab Bund mit roter Wolle weiterarbeiten, dabei gleichzeitig für die Armausschnitte in jeder 2. R. 1mal 3 M., 1mal 2 M. und 1mal 1 M. abk. = 65 (69) M. Nach 16 cm = 44 R. (18 cm = 48 R.) Armausschnitthöhe für die Schultern beidseitig in jeder 2. R. 2mal 6 M. und 1mal 7 M. (3mal 7 M.) abk. Die restlichen 27 M. für den Halsrand gerade abk.

Vorderteil wie das Rückenteil str., jedoch mit tieferem Halsausschnitt. Nach 12 cm = 32 R. (14 cm = 38 R.) Armausschnitthöhe für den Halsausschnitt die mittleren 11 M. abk. und beide Seiten getrennt beenden. Für die Ausschnittrundung am Teilungsrand in jeder 2. R. 1mal 3 M., 1mal 2 M. und 3mal 1 M. abk. Die Schultern in gleicher Höhe wie am Rückenteil schrägen.

Ärmel: Mit 37 M. Anschlag in Weiß für den Bund 4 cm = 10 R. Rippen str., dabei in der letzten Bund-R. gleichmäßig verteilt 8mal je 1 M. verschränkt aus dem Querfaden herausstr. = 45 M. Anschließend glatt rechts weiterarbeiten. Für die Schrägung beidseitig 6mal in jeder 12. R. (8mal in jeder 10. R.) 1 M. zunehmen = 57 (61) M. Nach 30 cm = 82 R. (33 cm = 90 R.) ab Bund mit roter Wolle weiterarbeiten, dabei gleichzeitig für die Ärmelkugel beidseitig in jeder 2. R. 1mal 3 M., 1 (2)mal 2 M., 12 (10)mal 1 M., 1 (2)mal 2 M., 2mal 3 M. und die restlichen 7 M. auf einmal abk.

Ausarbeiten: Teile spannen, anfeuchten und trocknen lassen. Den Schlittenfahrer nach Zählmuster **A** auf das Vorderteil sticken. Der Pfeil bezeichnet die Mittel-M. Für Haare und Schalfransen kurze Fädchen einknüpfen. Auf die ersten 14 R. der Passe und der Ärmelkugeln gleichmäßig verteilt Tannenbäumchen nach Zählmuster **B** sticken. Nähte schließen und Ärmel einsetzen. Aus dem Halsrand mit dem Spiel Nadeln und roter Wolle 74 M. auffassen, für den Rollkragen 12 cm = 32 Rd. Rippen str. und die M. abk., wie sie erscheinen. Den Kragen zur Hälfte nach außen legen.

SCHAL: Mit 35 M. Anschlag in Rot am Tascheneingriffrand beginnen und 2 R. rechte M. str. Anschließend für die Tasche 7 cm = 20 R. glatt rechts und 1 Hin-R. linke M. str., danach in Rippen weiterarbeiten. Nach 120 cm = 325 R. Rippen für die 2. Tasche 1 Rück-R. rechte M., 7 cm = 20 R. glatt rechts und 2 R. rechte M. str., danach die M. abk. Auf jede Tasche 1 Tannenbäumchen sticken. Taschennähte schließen.

HANDSCHUHE, linker Fausthandschuh: Mit 36 M. Anschlag in Rot auf dem Spiel Nadeln beginnen. Die M. auf 4 Nadeln verteilt zur Rd. schließen und für den Bund 7 cm = 20 Rd. Rippen str. Anschließend in Rechts-Rd. weiterarbeiten. Die ersten 18 M. bilden die Innenhand, die letzten 18 M. den Handrücken. In der 2. Rd. nach dem Bund für den Daumenkeil nach den ersten 16 M. und vor den letzten 18 M. je 1 M. verschränkt aus dem Querfaden zunehmen. Dieses Zunehmen noch 3mal in jeder 3. Rd. wdh. = 10 Keil-M. Nach 5 cm = 14 Rd. ab Bund die Keil-M. auf eine Sicherheitsnadel nehmen und darüber für den Steg 2 M. neu anschlagen = 36 M. Nach 13 cm = 36 Rd. ab Bund für die Spitze die beiden ersten M. der 1. und 3. Nadel überzogen zusammenstr.: 1 M. wie zum Rechtsstr. abheben, die folgende M. rechts str. und die abgehobene M. darüberziehen; die beiden letzten M. der 2. und 4. Nadel rechts zusammenstr. Dieses Abnehmen noch 7mal in jeder Rd. wdh. Die restlichen 4 M. mit dem Arbeitsfaden zusammenziehen und vernähen. – Für den Daumen die 10 M. von der Sicherheitsnadel abstr. und aus dem Steg 2 M. auffassen. Diese 12 M. auf 3 Nadeln verteilen und Rechts-Rd. str. Nach 13 Rd. fortlaufend je 2 M. zusammenstr. und die restlichen 6 M. mit dem Arbeitsfaden zusammenziehen und vernähen.

Den **rechten Handschuh** gegengleich stricken.

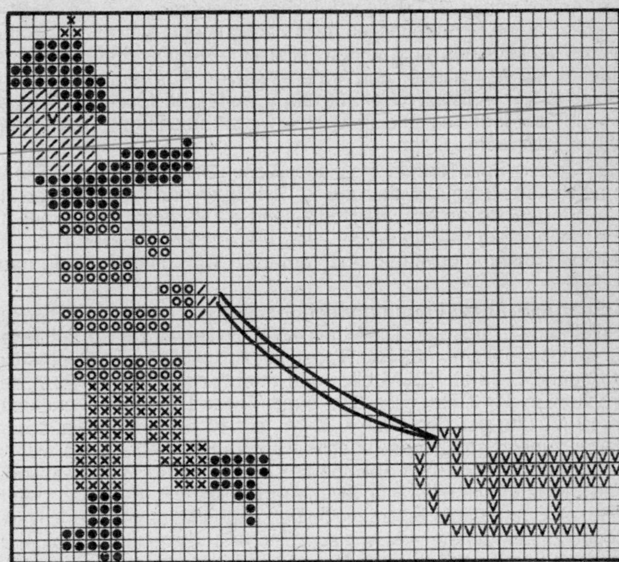

A

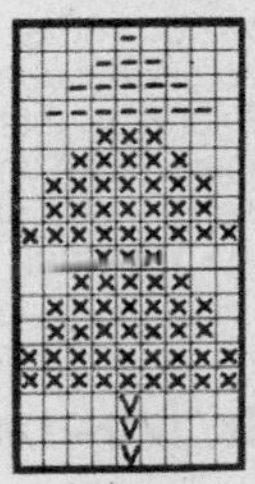

B

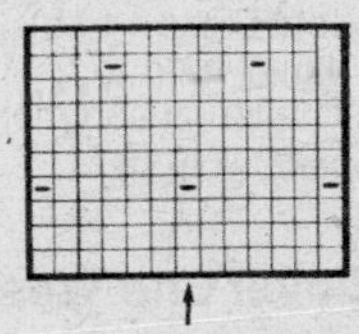

C

Zählmuster 19

20 Damenpullover für Größe 36 und 40, Mütze und Handschuhe

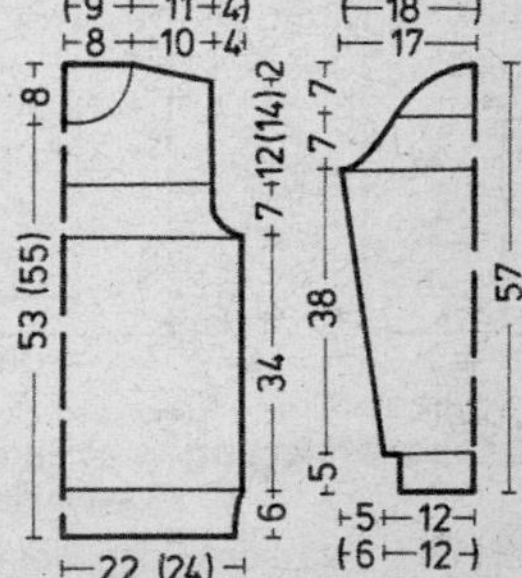

Die eingeklammerten Zahlen gelten für Größe 40. Steht nur eine Zahlenangabe, so gilt sie für beide Größen.

Material: Stärkere Hübner Wolle „Reine Schurwolle": Ca. 300 (350) g Weiß, 300 g Blau, 100 g Dunkelblau, 50 g Grün und je 1 Rest in Braun, Schwarz, Rot, Rosa; Perl-INOX-Tric-Schnellstricknadeln und Perl-INOX-Spielstricknadeln Nr. 4.

Rippen: 1 M. rechts, 1 M. links im Wechsel.

Glatt rechts: Hin-R. rechte M., Rück-R. linke M.

Schlittenfahrer, Tannenbäumchen und **Schneeflocken** nachträglich mit Maschenstichen über 1 M. in Breite und Höhe nach Zählmuster **A, B** und **C** aufsticken. **Zählmuster** s. Seite 20.

Zeichenerklärung: ● = Rot; X = Grün; ○ = Blau; / = Rosa; V = Braun; – = Weiß; leere Karos = Strickgrund.

Maschenprobe: 20 M. und 27. R. = 10 x 10 cm.

PULLOVER, Rückenteil: Mit 89 (97) M. Anschlag in Weiß für den Bund 6 cm = 16 R. Rippen str. Anschließend glatt rechts weiterarbeiten. Nach 34 cm = 92 R. ab Bund mit dunkelblauer Wolle weiterstr., dabei gleichzeitig für die Armausschnitte beidseitig in jeder 2. R. 1mal 3 M., 1mal 2 M. und 3mal 1 M. abk. = 73 (81) M. Nach 7 cm = 18 R. Armausschnitthöhe mit blauer Wolle weiterarbeiten und nach weiteren 12 cm = 32 R. (14 cm = 38 R.) für die Schultern beidseitig in jeder 2. R. 3mal 7 M. (1mal 7 M. und 2mal 8 M.) abk. Die restlichen 31 (35) M. für den Halsrand gerade abk.

Vorderteil wie das Rückenteil str. jedoch mit tieferem Halsausschnitt. Nach 6 cm = 16 R. (8 cm = 22 R.) ab dunkelblauem Streifen die mittleren 11 (15) M. abk. und beide Seiten getrennt beenden. Für die Ausschnittrundung am Teilungsrand in jeder 2. R. 1mal 3 M., 1mal 2 M. und 5mal 1 M. abk. Die Schultern in gleicher Höhe wie am Rückenteil schrägen.

Ärmel: Mit 41 M. Anschlag in Weiß für den Bund 5 cm = 14 R. Rippen str., dabei in der letzten Bund-R. gleichmäßig verteilt 8mal je 1 M. verschränkt aus dem Querfaden herausstr. = 49 M. Anschließend glatt rechts weiterarbeiten. Für die Schrägungen beidseitig 10mal in jeder 10. R. (12mal in jeder 8. R.) 1 M. zunehmen = 69 (73) M. Nach 38 cm = 104 R. ab Bund mit dunkelblauer Wolle 7 cm = 18 R. ausführen, danach das Teil in Blau beenden. In gleicher Höhe mit Beginn des dunkelblauen Streifens für die Ärmelkugel beidseitig in jeder 2. R. 1mal 3 M., 2mal 2 M., 11mal 1 M., 3 (2)mal 2 M., 1(2)mal 3 M., 1mal 4 M. und die restlichen 7 (9) M. auf einmal abk.

Ausarbeiten: Teile spannen, anfeuchten und trocknen lassen. Den Schlittenfahrer nach Zählmuster **A** auf das Vorderteil sticken. Der Pfeil bezeichnet die Mittel-M. Für Haare und Schalfransen kurze Fädchen einknüpfen. Auf den dunkelblauen Streifen des Rücken- und Vorderteils gleichmäßig verteilt 4 Tannenbäumchen nach Zählmuster **B** sticken, den dunkelblauen Streifen der Ärmel mit je 3 Tannenbäumchen besticken. Auf die in Blau gestrickten Partien Schneeflocken nach Zählmuster **C** sticken, dabei das Muster von der Mitte aus nach beiden Seiten einteilen. Der Pfeil bezeichnet die Mittel-M. Nähte schließen und Ärmel einsetzen. Aus dem Halsrand mit dem Spiel Nadeln und blauer Wolle 88 (96) M. auffassen, für den Rollkragen 13 cm = 36 Rd. Rippen str. und die M. abk., wie sie erscheinen. Den Kragen zur Hälfte nach außen legen.

MÜTZE: Mit dem Spiel Nadeln und blauer Wolle 124 M. anschlagen. Die M. gleichmäßig verteilt auf 4 Nadeln zur Rd. schließen und in Rd. Rippen str. Nach 25 cm = 68 Rd. ab Anschlag fortlaufend je 2 M. rechts zusammenstr. Danach noch 4 Rd. rechte M. str. und die restlichen 62 M. mit dem Arbeitsfaden zusammenziehen und vernähen. Den unteren Rand nach außen legen.

HANDSCHUHE, linker Fausthandschuh: Mit 40 M. Anschlag in Blau auf dem Spiel Nadeln beginnen. Die M. auf 4 Nadeln verteilt zur Rd. schließen und für den Bund 8 cm = 22 Rd. Rippen str. Anschließend in Rechts-Rd. weiterarbeiten. Die ersten 20 M. bilden die Innenhand, die letzten 20 M. den Handrücken. In der 2. Rd. nach dem Bund für den Daumenkeil nach den ersten 18 M. und vor den letzten 20 M. je 1 M. verschränkt aus dem Querfaden zunehmen. Dieses Zunehmen noch 4mal in jeder 3. Rd. wdh. = 12 Keil-M. Nach 6 cm = 16 Rd. ab Bund die Keil-M. auf eine Sicherheitsnadel nehmen und darüber für den Steg 2 M. neu anschlagen = 40 M. Nach 15 cm = 40 Rd. ab Bund für die Spitze die beiden ersten M. der 1. und 3. Nadel überzogen zusammenstr.: 1 M. wie zum Rechtsstr. abheben, die folgende M. rechts str. und die abgehobene M. darüberziehen; die beiden letzten M. der 2. und 4. Nadel rechts zusammenstr. Dieses Abnehmen noch 8mal in jeder Rd. wdh. Die restlichen 4 M. mit dem Arbeitsfaden zusammenziehen und vernähen. – Für den Daumen die 12 M. von der Sicherheitsnadel abstr. und aus dem Steg 2 M. auffassen. Diese 14 M. auf 3 Nadeln verteilen und Rechts-Rd. str. Nach 15 Rd. fortlaufend je 2 M. zusammenstr. und die restlichen 7 M. mit dem Arbeitsfaden zusammenziehen und vernähen. Den **rechten Handschuh** gegengleich str.

21 + 22 Jacquardpullover und Weste für Gr. 140–146

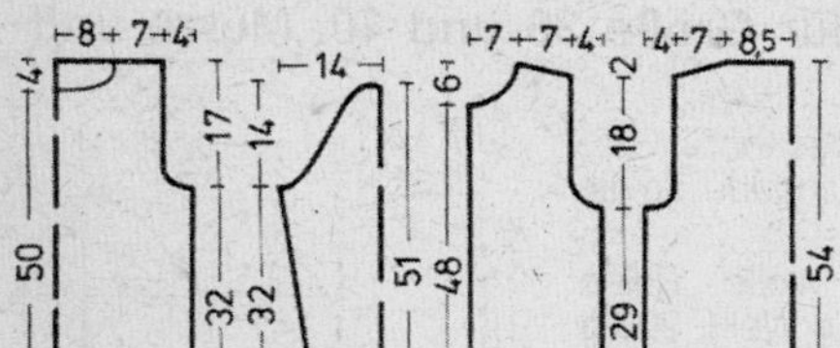

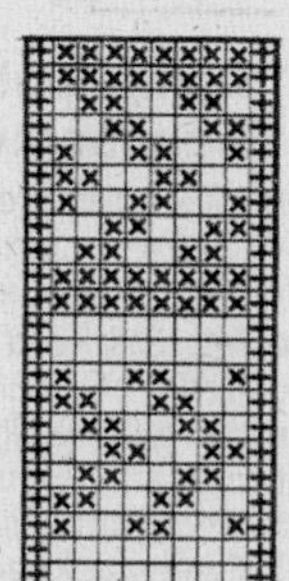

Zeichenerklärung: + = Rand-M.; x = Graubraun. Leere Karos = Hellblau.

Material: Stärkere Schoeller Wolle „Woll-Spaß", Reine Schurwolle: für den Pullover ca. 200 g Graubraun und 150 g Hellblau, für die Weste ca. 300 g Graubraun; Perl-INOX-Tric-Schnellstricknadeln und Perl-INOX-Spielstricknadeln Nr. 4½; acht Knöpfe.

Rippen, Perlmuster und glatt rechts siehe Modell 23 + 24.

Jacquardmuster, Maschenzahl teilbar durch 4 + 2 M. extra: Nach dem Zählmuster glatt rechts in Norwegertechnik str. Den unbenutzten Faden locker auf der Rückseite der Arbeit mitführen. In der Breite mit den M. vor dem 1. Pfeil beginnen, den Mustersatz zwischen den Pfeilen stets wdh., enden mit den M. nach dem 2. Pfeil. In der Höhe den gezeichneten Mustersatz stets wdh.

Maschenproben: 21 M. und 25 R. = 10 x 10 cm, Jacquardmuster. – 19 M. und 30 R. = 10 x 10 cm, Perlmuster.

PULLOVER, Rückenteil: Mit 82 M. Anschlag in Graubraun für den Bund 5 cm = 14 R. Rippen str. Anschließend mit Jacquardmuster weiterarbeiten. Für die Armausschnitte nach 32 cm = 80 R. ab Bund beidseitig in jeder 2. R. 1mal 3 M., 2mal 2 M. und 1mal 1 M. abk. = 66 M. Nach 17 cm = 42 R. Armausschnitthöhe alle M. abk. Die äußeren je 16 M. bilden die Schultern, die mittleren 34 M. den Halsrand.

Vorderteil genauso str., jedoch mit tieferem Halsausschnitt. Bereits nach 13 cm = 32 R. Armausschnitthöhe die mittleren 14 M. abk. und beide Seiten getrennt beenden. Am inneren Rand in jeder 2. R. 1mal 5 M., 1mal 3 M. und 1mal 2 M. abk. Die restlichen je 16 M. für die Schultern in gleicher Höhe wie am Rückenteil abk.

Ärmel: Mit 38 M. Anschlag in Graubraun für den Bund 5 cm = 14 R. Rippen str. Anschließend im Jacquardmuster weiterarbeiten. Für die Schrägung beidseitig 5mal in jeder 8. R. und 6mal in jeder 6. R. je 1 M. zunehmen = 60 M. Nach 32 cm = 80 R. ab Bund für die Ärmelkugel beidseitig in jeder 2. R. 2mal 2 M., 13mal 1 M., 1mal 2 M., 2mal 3 M. und die restlichen 10 M. auf einmal abk.

Ausarbeiten: Teile spannen, anfeuchten und trocknen lassen. Nähte schließen. Aus dem Halsrand mit den Spielstricknadeln und graubrauner Wolle 76 M. auffassen und 9 cm = 26 Rd. Rippen str., dann die M. abk., wie sie erscheinen. Ärmel einsetzen.

WESTE, Rückenteil: Mit 74 M. Anschlag für den Bund 5 cm = 14 R. Rippen str. In der letzten Bund-R. 2 M. zunehmen = 76 M. Anschließend im Perlmuster weiterarbeiten. Für die Armausschnitte nach 29 cm = 86 R. ab Bund beidseitig in jeder 2. R. 1mal 3 M., 2mal 2 M. und 1mal 1 M. abk. = 60 M. Nach 18 cm = 54 R. Armausschnitthöhe für die Schulterschrägung beidseitig in jeder 2. R. 1mal 4 M., 2mal 5 M. abk. Die restlichen 32 M. für den Halsrand gerade abk.

Linkes Vorderteil: Mit 34 M. Anschlag für den Bund 5 cm = 14 R. Rippen str. In der letzten Bund-R. 2 M. zunehmen = 36 M. Anschließend im Perlmuster weiterarbeiten. Armausschnitt und Schulterschrägung am rechten Rand in gleicher Höhe wie am Rückenteil ausführen. Dazwischen, nach 14 cm = 42 R. Armausschnitthöhe für den Halsausschnitt am linken Rand in jeder 2. R. 2mal 3 M., 3mal 2 M. und 2mal 1 M. abk.

Rechtes Vorderteil gegengleich str.

Ausarbeiten: Teile spannen, anfeuchten und trocknen lassen. Schulternähte schließen. Aus den Armausschnitträndern je 78 M. auffassen und 3 cm = 9 R. Rippen str., dann die M. abk., wie sie erscheinen. Seitennähte schließen. Aus dem Halsrand 74 M. auffassen und die gleiche Blende str. Aus den Vorderkanten je 98 M. auffassen und 3 cm = 9 R. Rippen str. Dann die M. abk., wie sie erscheinen. In die linke Blende bereits in der 5. R. (= Rück-R.) 8 Knopflöcher einarbeiten wie folgt: 2 M. str., * 2 M. abk., 11 M. str.; ab * 6mal wdh., 2 M. abk., 3 M. str. Die abgeketteten M. in der folgenden R. wieder anschlagen. Knöpfe annähen.

23 + 24 Jacquardpulli und Weste für Gr. 134–140

Material: Stärkere Esslinger Wolle „Cocktail": Für den Pullover ca. 200 g Rohweiß und 150 g Rosa, für die Weste ca. 250 g Rosa; Perl-INOX-Tric-Schnellstricknadeln und Perl-INOX-Spielstricknadeln Nr. 4½; neun Knöpfe.

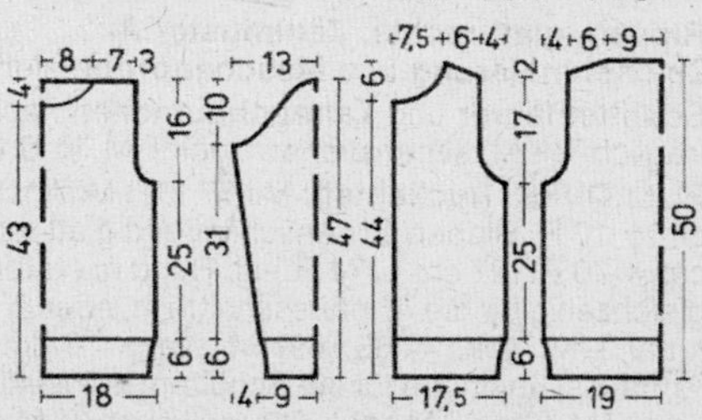

Rippen: 2 M. rechts, 2 M. links im Wechsel.

Perlmuster: 1 M. rechts, 1 M. links im Wechsel, nach jeder R. versetzt str.

Glatt rechts: Hin-R. rechte M., Rück-R. linke M.

Jacquardmuster: Nach den Zählmustern **A–D** glatt rechts in Norwegertechnik str. Den unbenutzten Faden locker auf der Rückseite der Arbeit mitführen. In der Breite mit den M. vor dem 1. Pfeil beginnen, den Mustersatz zwischen den Pfeilen stets wdh., enden mit den M. nach dem 2. Pfeil. In der Höhe jeweils den gezeichneten Mustersatz arbeiten.

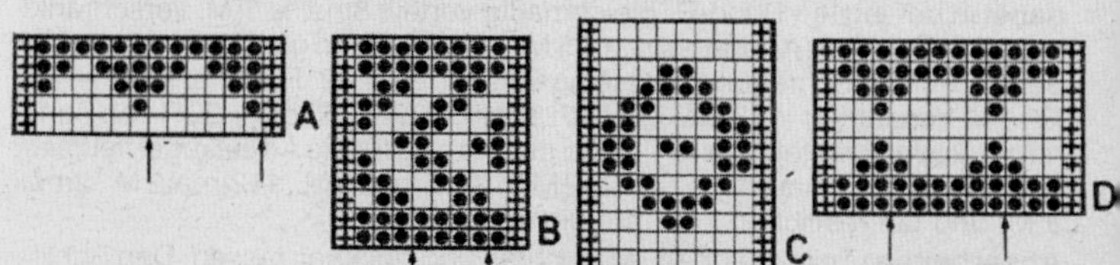

Zeichenerklärung: + = Rand-M.; ● = Rosa; leere Karos = Rohweiß.

Maschenprobe: 20 M. und 24 R. = 10 x 10 cm, Jacquardmuster; – 19 M. und 32 R. = 10 x 10 cm, Perlmuster.

PULLOVER, Rückenteil: Mit 74 M. Anschlag in Rohweiß für den Bund 6 cm = 14 R. Rippen str. Anschließend im Jacquardmuster in folgender Einteilung weiterarbeiten: 5 R. Muster **A,** ∗ 2 R. Rohweiß, 11 R. Muster **B,** 13 R. Muster **C,** je 2 R. Rosa und Rohweiß, 9 R. Muster **D,** ab ∗ stets wdh. Für die Armausschnitte nach 25 cm = 60 R. ab Bund beidseitig in jeder 2. R. 1mal 3 M., 1mal 2 M. und 1mal 1 M. abk. = 62 M. Nach 16 cm = 38 R. Armausschnitthöhe alle M. abk. Die äußeren je 15 M. bilden die Schultern, die mittleren 32 M. den Halsrand.

Vorderteil genauso str., jedoch mit tieferem Halsausschnitt. Bereits nach 12 cm = 28 R. Armausschnitthöhe die mittleren 12 M. abk. und beide Seiten getrennt beenden. Am inneren Rand in jeder 2. R. 1mal 5 M., 1mal 3 M. und 1mal 2 M. abk. Die restlichen je 15 M. für die Schultern in gleicher Höhe wie am Rückenteil abk.

Ärmel: Mit 38 M. Anschlag in Rohweiß für den Bund 6 cm = 14 R. Rippen str. Anschließend im Jacquardmuster in gleicher Einteilung wie am Rückenteil weiterarbeiten. Für die Schrägung beidseitig 8mal in jeder 8. R. je 1 M. zunehmen = 54 M. Nach 31 cm = 74 R. ab Bund für die Ärmelkugel beidseitig in jeder 2. R. 1mal 3 M., 2mal 2 M., 6mal 1 M., 1mal 2 M., 2mal 3 M. und die restlichen 12 M. auf einmal abk.

Ausarbeiten: Teile spannen, anfeuchten und trocknen lassen. Nähte schließen. Aus dem Halsrand mit den Spielstricknadeln und rohweißer Wolle 72 M. auffassen und 8 cm = 20 Rd. Rippen str., dann die M. abk., wie sie erscheinen. Ärmel einsetzen.

WESTE, Rückenteil: Mit 74 M. Anschlag für den Bund 6 cm = 14 R. Rippen str. Anschließend im Perlmuster weiterarbeiten. Für die Armausschnitte nach 25 cm = 80 R. ab Bund beidseitig in jeder 2. R. 1mal 3 M., 2mal 2 M. und 1mal 1 M. abk. = 58 M. Nach 17 cm = 54 R. Armausschnitthöhe für die Schulterschrägung beidseitig in jeder 2. R. 3mal 4 M. abk. Die restlichen 34 M. für den Halsrand gerade abk.

Linkes Vorderteil: Mit 34 M. Anschlag für den Bund 6 cm = 14 R. Rippen str. Anschließend im Perlmuster weiterarbeiten. Armausschnitt und Schulterschrägung am rechten Rand in gleicher Höhe wie am Rückenteil ausführen. Dazwischen, nach 13 cm = 42 R. Armausschnitthöhe, für den Halsausschnitt am linken Rand in jeder 2. R. 1mal 4 M., 2mal 3 M., 1mal 2 M. und 2mal 1 M. abk.

Rechtes Vorderteil gegengleich str.

Ausarbeiten: Teile spannen, anfeuchten und trocknen lassen. Schulternähte schließen. Aus den Armausschnitträndern je 74 M. auffassen und 3 cm = 7 R. Rippen str., dann die M. abk., wie sie erscheinen. Seitennähte schließen. Aus dem Halsrand 78 M. auffassen und die Blende wie an den Armausschnitten str. Aus den Vorderkanten je 90 M. auffassen und die Blende genauso str. An der rechten Kante bereits in der 4. R. (= Hin-R.) 9 Knopflöcher einarbeiten wie folgt: 4 M. str., ∗ 2 M. abk., 8 M. str.; ab ∗ 7mal wdh., 2 M. abk., 4 M. str. Die abgeketteten M. in der folgenden R. wieder anschlagen. Knöpfe annähen.

25 + 26 Schal, Mütze und Handschuhe mit Sternbordüren für 6–10 Jahre

Material: Mittelstarke Schachenmayr Wolle „Nomotta Extra", Reine Schurwolle: Ca. 200 g Rot und 100 g Weiß; Perl-INOX-Tric-Schnellstricknadeln und Perl-INOX-Spielstricknadeln Nr. 3½.

Gerippt: Hin- und Rück-R. rechte M.

Rippen: 1 M. rechts, 1 M. links im Wechsel.

Glatt rechts: Hin-R. rechte M., Rück-R. linke M.

Zeichenerklärung:

- \+ = Rand-M.
- □ = 1 M. glatt rechts in Rot
- ○ = 1 M. glatt rechts in Weiß
- × = 1 M. gerippt in Rot
- ◡ = 1 M. rechts verschränkt aus dem Querfaden zunehmen

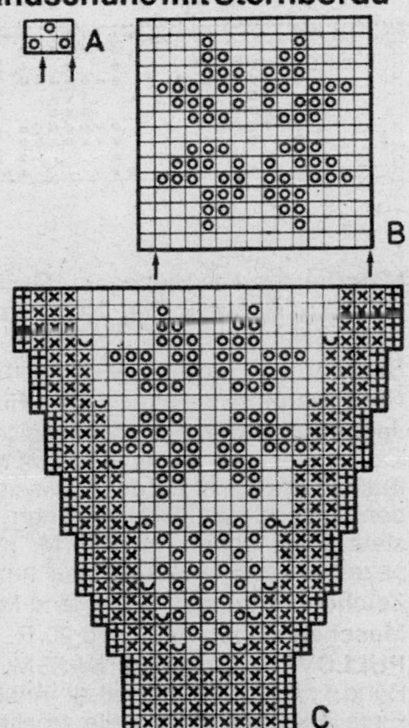

Jacquardmuster: Nach den Zählmustern **A–C** in Norwegertechnik str. Den unbenutzten Faden locker auf der linken Seite der Arbeit mitführen. In der Breite bei Muster **A** und **B** den Mustersatz zwischen den Pfeilen stets wdh., enden mit der M. nach dem 2. Pfeil. Bei Muster **C** ist die ganze Breite gezeichnet. In der Höhe bei Muster **A** die gezeichneten 2 R. stets wdh., bei Muster **B** und **C** den gezeichneten Mustersatz 1mal str.

Maschenproben: 24 M. und 32 R. = 10 x 10 cm, glatt rechts. – 24 M. und 24 R. = 10 x 10 cm, Jacquardmuster.

SCHAL, Maße: Breite = 16 cm, Länge ohne Fransen = 145 cm.

Ausführung: Mit 39 M. Anschlag in Rot für die Randblende 8 R. gerippt str. In allen folgenden R. die äußeren je 5 M. für die Randblende weiterhin gerippt str. Über die mittleren 29 M. in folgender Einteilung weiterarbeiten: 4 R. Jacquardmuster **A,** 15 R. Jacquardmuster **B,** 4 R. Muster **A,** 21 R. glatt rechts in Rot, 4 R. Muster **A,** 107 cm glatt rechts in Rot, 4 R. Muster **A,** 21 R. glatt rechts in Rot, 4 R. Muster **A,** 15 R. Muster **B** und 4 R. Muster **A.** Als Abschluß über alle M. mit roter Wolle noch 8 R. gerippt str., dann die M. abk. In die Schmalseiten je 7 ca. 12 cm lange Fransen aus 5facher roter Wolle einknüpfen.

MÜTZE, Kopfweite ca. 52 cm.

Ohrenteil (2mal str.): Mit 11 M. Anschlag in Rot nach Zählmuster **C** arbeiten, dabei die Zunahmen wie eingezeichnet ausführen. Nach Beenden des Zählmusters die nun vorhandenen 25 M. auf eine Hilfsnadel legen.

Rückwärtiger Besatz (2mal str.): Mit 10 M. Anschlag in Rot 4 R. glatt rechts und 1 Rück-R. rechte M. str., dann die M. auf eine Hilfsnadel legen.

Vorderer Besatz: Mit 45 M. Anschlag in Rot wie den rückwärtigen Besatz str.

Kopfteil: Mit roter Wolle die 10 M. des 1. rückwärtigen Besatzes, die 25 M. eines Ohrenteils, die 45 M. des vorderen Besatzes, die 25 M. des anderen Ohrenteils und die 10 M. des 2. rückwärtigen Besatzes rechts abstr. = 115 M. In folgender Einteilung weiterarbeiten: 1. Rück-R. linke M. in Rot, 4 R. Muster **A** und 15 R. Muster **B.** Danach das Teil im Muster **A** beenden. Für die Abnahmen nach 5 cm = 12 R. ab Muster **B** die 2., 24., 47., 69., 92. und 114. M. markieren und in jeder folgenden 2. R. die 1. markierte M. mit der folgenden M., die 2.–5. markierte M. mit der M. davor und danach und die letzte markierte M. mit der davorliegenden M. zusammenstr. Die restlichen 15 M. mit dem Arbeitsfaden zusammenziehen und vernähen. Mützennaht schließen. Besätze nach innen säumen. Aus 6facher roter Wolle zwei je 35 cm lange Kordeln drehen und an den Ohrenteilen befestigen.

LINKER HANDSCHUH: Mit 46 M. Anschlag in Rot beginnen. Die M. auf 4 Nadeln verteilt zur Rd. schließen und für den Bund 6 cm = 20 Rd. Rippen str. Anschließend im Jacquardmuster **A** in Rechts-Rd. weiterarbeiten, dabei den Mustersatz zwischen den Pfeilen fortlaufend wdh. Die insgesamt 23 M. der 1. und 2. Nadel bilden die Innenhand, die 23 M. der 3. und 4. Nadel den Handrücken. Bereits nach 4 cm = 10 Rd. ab Bund für den Daumenschlitz die 13.–20. M. der Innenhand auf eine Sicherheitsnadel nehmen und dafür 8 M. neu anschlagen. Nach 5 cm = 12 Rd. ab Bund über der 5.–19. M. des Handrückens ein Motiv ausführen, dafür die ganze Breite des Zählmusters **B** str. Für die Spitze nach 12 cm = 30 Rd. ab Bund die 1. und 2. M. der 1. und 3. Nadel überzogen zusammenstr. (= 1 M. wie zum Rechtsstr. abheben, die folgende M. rechts str. und die abgehobene M. darüberziehen), die beiden letzten M. der 2. und 4. Nadel rechts zusammenstr. Dieses Abnehmen noch 2mal in jeder folgenden 2. Rd. und 7mal in jeder Rd. wdh. Die restlichen 6 M. mit dem Arbeitsfaden zusammenziehen und vernähen. Für den Daumen mit roter Wolle die 8 M. der Sicherheitsnadel rechts abstr. und aus dem Neuanschlag 8 M. auffassen. Diese 16 M. auf 3 Nadeln verteilen und in Rd. rechte M. str. Nach 4,5 cm = 14 Rd. Daumenhöhe für die Spitze fortlaufend 2 M. rechts zusammenstr. Die restlichen 4 M. mit dem Arbeitsfaden zusammenziehen und vernähen.

Den **rechten Handschuh** gegengleich str.

27 + 28 Blaue Jacke mit bunten Streifen für Gr. 140 und Mütze

Material: Stärkere Thiemann Wolle „Rauma Vamsegarn", Reine Schurwolle: ca. 300 g Blau, 100 g Rot, je 50 g Beige, Orange, Grün, Gelb und Lila; Perl-INOX-Tric-Schnellstricknadeln Nr. 5; sechs Knöpfe.

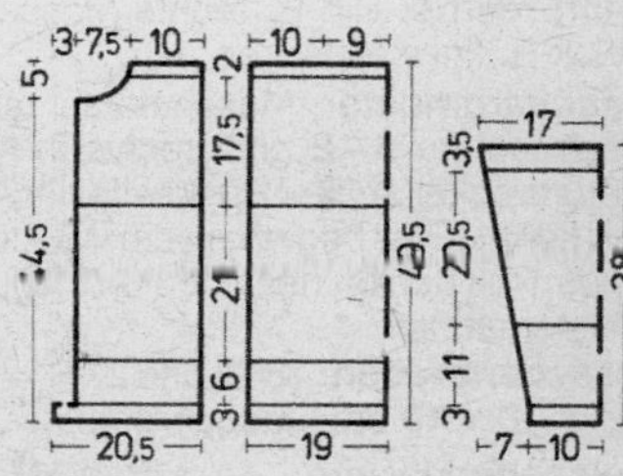

Gerippt, glatt rechts, Erklärung zum Jacquardmuster und Maschenproben siehe Modell 29 + 30.

Jacquardmuster siehe unten.

Zeichenerklärung: + = Rand-M.; leere Karos = Blau; v = Rot; ○ = Beige; ● = Orange; / = Gelb; s = Lila.

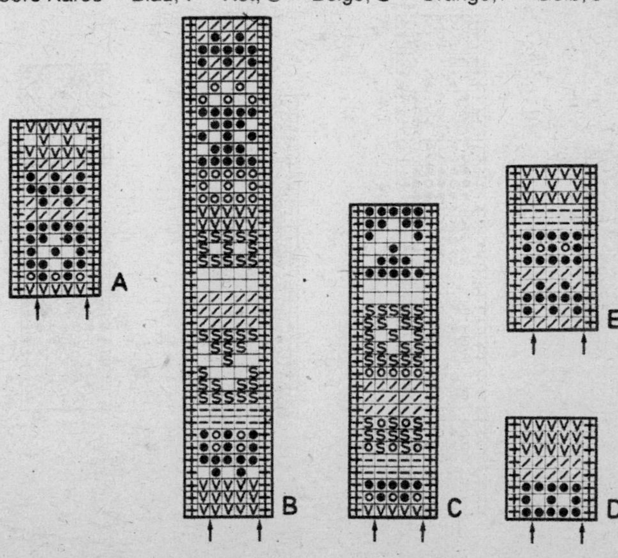

Rückenteil: Mit 71 M. Anschlag in Rot für die Randblende 3 cm = 10 R. gerippt str. Anschließend glatt rechts in folgender Einteilung weiterarbeiten: 14 R. Jacquardmuster **A**, 21 cm = 56 R. Blau, 40 R. Jacquardmuster **B** und 4 R. Blau. Danach alle M. abk. Die äußeren je 19 M. bilden die Schultern, die mittleren 33 M. den Halsrand.

Linkes Vorderteil: Mit 39 M. Anschlag in Rot für die Randblende 3 cm = 10 R. gerippt str. Anschließend über die ersten 34 M. in gleicher Einteilung wie am Rückenteil str., dabei am linken Rand nach 1 Naht-M. anschlagen = 35 M. Die restlichen 5 M. auf eine Sicherheitsnadel legen. Für den Halsausschnitt nach 14,5 cm = 34 R. ab Beginn des Musters **B** am linken Rand in jeder 2. R. 1mal 6 M., 1mal 5 M., 1mal 3 M. und 1mal 2 M. abk. Die restlichen 19 M. für die Schulter in gleicher Höhe wie am Rückenteil abk.

Rechtes Vorderteil gegengleich str.

Ärmel: Mit 35 M. Anschlag in Rot für die Randblende 3 cm = 10 R. gerippt str. Anschließend glatt rechts in folgender Einteilung weiterarbeiten: 25 R. Jacquardmuster **C**, 20,5 cm = 55 R. Blau und 8 R. Jacquardmuster **D.** Für die Schrägung ab Randblende beidseitig 14mal in jeder 6. R. je 1 M. zunehmen = 63 M. Nach der letzten R. des Musters **D** alle M. abk.

Ausarbeiten: Teile spannen, anfeuchten und trocknen lassen. Für die Knopfblende über die 5 M. der Sicherheitsnadel am linken Vorderteil mit roter Wolle gerippt str. und am inneren Rand 1 Naht-M. anschlagen = 6 M. Nach 41,5 cm Blendenlänge die Naht-M. wieder abk. und die restlichen 5 M. auf eine Sicherheitsnadel legen. Knopflochblende genauso str., jedoch mit 6 Knopflöchern. Bereits in der 3. R. die 2. und 3. M. zusammenstr. und dafür 1 U. auf die Nadel nehmen. Die übrigen 5 Knopflöcher im Abstand von je 8 cm ebenso ausführen. Blenden an die Vorderteile nähen. Schulternähte schließen. Ärmel ansetzen. Ärmel- und Seitennähte schließen. Aus dem Halsrand mit roter Wolle 78 M. auffassen, einschließlich der M. der Sicherheitsnadeln, 9 R. gerippt str., dann die M. abk. Knöpfe annähen.

MÜTZE: Mit 91 M. Anschlag in Rot für den Rand 14 cm gerippt str. Anschließend glatt rechts weiterarbeiten. Zuerst die 13 R. des Jacquardmusters **E** str., danach die Mütze mit blauer Wolle beenden. Für die Abnahmen nach 24 R. ab Rand die 5. M. und 17mal jede folgende 5. M. markieren. In jeder folgenden Hin-R. jede markierte M. mit der M. davor rechts zusammenstr. Die restlichen 18 M. mit dem Arbeitsfaden zusammenziehen und vernähen. Mützennaht schließen. Aus allen Farben eine dicke Quaste anfertigen und in Mützenmitte befestigen. Rand zur Hälfte aufschlagen.

29 + 30 Beigefarbene Jacke mit bunten Streifen für Gr. 122 und Mütze

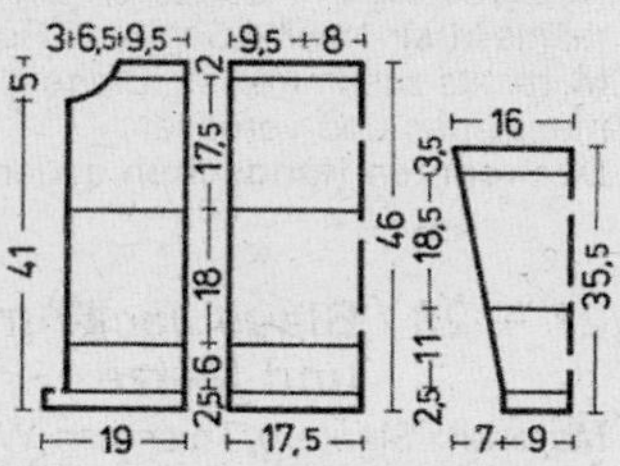

Material: Stärkere Thiemann Wolle „Rauma Vamsegarn", Reine Schurwolle: ca. 250 g Beige, 100 g Rot, je 50 g Blau, Orange, Gelb, Grün und Lila; Perl-INOX-Tric-Schnellstricknadeln Nr. 5; sechs Knöpfe.

Gerippt: Hin- und Rück-R. rechte M.

Glatt rechts: Hin-R. rechte Maschen, Rück-R. linke Maschen.

Jacquardmuster, Maschenzahl teilbar durch 4 + 3 M. extra: Nach den Zählmustern **A–E** glatt rechts in Norwegertechnik str. Die unbenutzten Fäden locker auf der Rückseite der Arbeit mitführen. In der Breite mit der M. vor dem 1. Pfeil beginnen, den Mustersatz zwischen den Pfeilen stets wdh., enden mit den M. nach dem 2. Pfeil. In der Höhe jeweils den gezeichneten Mustersatz str.

Maschenproben: 18 M. und 27 R. = 10 x 10 cm, glatt rechts. – 18 M. und 23 M. = 10 x 10 cm, Jacquardmuster.

Zeichenerklärung: + = Rand-M.; leere Karos = Beige; ● = Blau; ○ = Orange; v = Rot; – = Grün; / = Gelb; s = Lila.

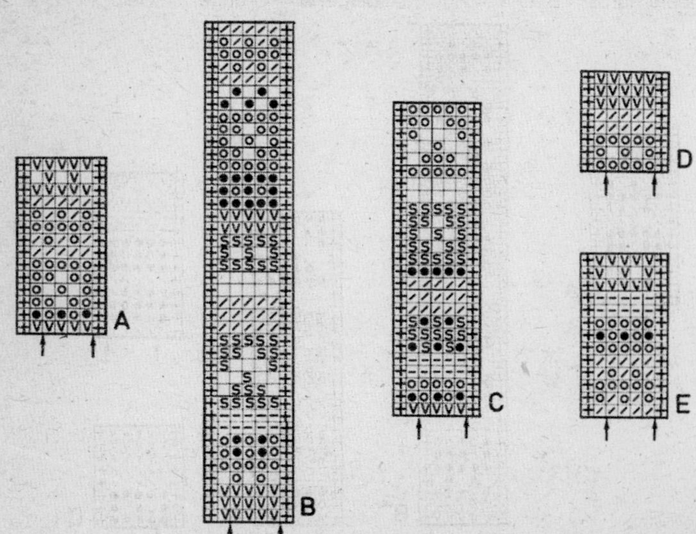

Rückenteil: Mit 67 M. Anschlag in Rot für die Randblende 2,5 cm = 8 R. gerippt str. Anschließend glatt rechts in folgender Einteilung weiterarbeiten: 14 R. Jacquardmuster **A**, 18 cm = 48 R. Beige, 40 R. Jacquardmuster **B** und 4 R. Beige. Danach alle M. abk. Die äußeren je 18 M. bilden die Schultern, die mittleren 31 M. den Halsrand.

Linkes Vorderteil: Mit 35 M. Anschlag in Rot für die Randblende 2,5 cm = 8 R. gerippt str. Anschließend über die ersten 30 M. in gleicher Einteilung wie am Rückenteil str., dabei am linken Rand noch 1 Naht-M. anschlagen = 31 M. Die restlichen 5 M. auf eine Sicherheitsnadel legen. Für den Halsausschnitt nach 14,5 cm = 34 R. ab Beginn des Musters **B** am linken Rand in jeder 2. R. 1mal 5 M., 1mal 4 M. und 2mal 2 M. abk. Die restlichen 18 M. für die Schulter in gleicher Höhe wie am Rückenteil abk.

Rechtes Vorderteil gegengleich str.

Ärmel: Mit 31 M. Anschlag in Rot für die Randblende 2,5 cm = 8 R. gerippt str. Anschließend glatt rechts in folgender Einteilung weiterarbeiten: 25 R. Jacquardmuster **C**, 18,5 cm = 49 R. Beige und 8 R. Jacquardmuster **D.** Für die Schrägung ab Randblende beidseitig 10mal in jeder 6. R. und 4mal in jeder 4. R. je 1 M. zunehmen = 59 M. Nach der letzten R. des Musters **D** alle M. abk.

Ausarbeiten: Teile spannen, anfeuchten und trocknen lassen. Für die Knopfblende über die 5 M. der Sicherheitsnadel am linken Vorderteil mit roter Wolle gerippt str. und am inneren Rand 1 Naht-M. anschlagen = 6 M. Nach 38,5 cm Blendenlänge die Naht-M. wieder abk. und die restlichen 5 M. auf eine Sicherheitsnadel legen. Knopflochblende genauso str., jedoch mit 6 Knopflöchern. Bereits in der 1. R. die 2. und 3. M. zusammenstr. und dafür 1 U. auf die Nadel nehmen. Die übrigen 5 Knopflöcher im Abstand von je 7,5 cm ebenso ausführen. Blenden an die Vorderteile nähen. Schulternähte schließen. Ärmel ansetzen. Ärmel- und Seitennähte schließen. Aus dem Halsrand mit roter Wolle 71 M. auffassen, einschließlich der M. der Sicherheitsnadeln, 7 R. gerippt str., dann die M. abk. Knöpfe annähen.

MÜTZE: Mit 87 M. Anschlag in Rot für den Rand 14 cm gerippt str. Anschließend glatt rechts weiterarbeiten. Zuerst die 13 R. des Jacquardmusters **E** str., danach die Mütze mit beigefarbener Wolle beenden. Für die Abnahmen nach 22 R. ab Rand die 6. und 16mal jede folgende 5. M. markieren und 4mal in jeder folgenden Hin-R. jede markierte M. mit der M. davor rechts zusammenstr. Die restlichen 19 M. mit dem Arbeitsfaden zusammenziehen und vernähen. Mützennaht schließen. Aus roter, grüner, gelber, orangefarbener und beigefarbener Wolle eine dicke Quaste anfertigen und in Mützenmitte befestigen. Rand zur Hälfte aufschlagen.

31 + 32 Roter Rollkragenpullover mit weißer Musterpasse für Gr. 128 und Mütze

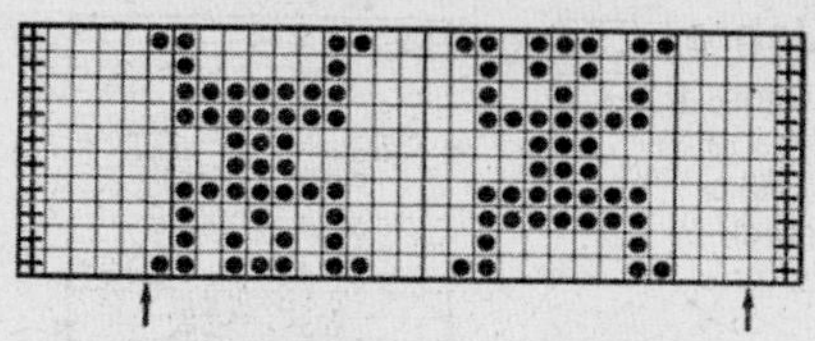

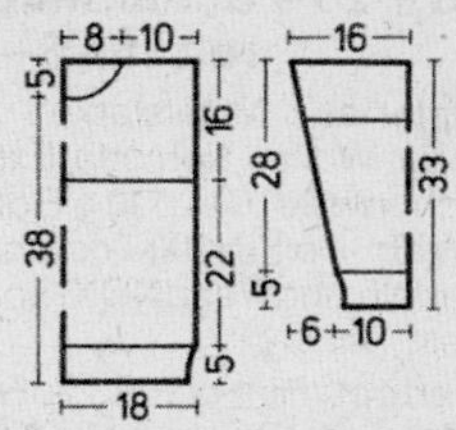

Material: Starkes Hjertegarn „Gullfoss", Reine Schurwolle: ca. 300 g Rot und 200 g Rohweiß; Perl-INOX-Tric-Schnellstricknadeln Nr. 5 und 6; Perl-INOX-Spielstricknadeln Nr. 5.

Rippen: 1 M. rechts, 1 M. links im Wechsel.

Glatt rechts: Hin-R. rechte M., Rück-R. linke M.

Jacquardbordüre, Maschenzahl teilbar durch 24 + 7 M. extra: Nach dem Zählmuster glatt rechts in Norwegertechnik str., dabei den unbenutzten Faden stets locker auf der Rückseite der Arbeit mitführen. In der Breite mit den M. vor dem 1. Pfeil beginnen, den Mustersatz zwischen den Pfeilen stets wdh., enden mit den M. nach dem 2. Pfeil. In der Höhe den gezeichneten Mustersatz 1mal arbeiten.

Zeichenerklärung: + = Rand-M.; ● = Rot; leere Karos = Rohweiß.

Maschenprobe: 15 M. und 20 R. = 10 x 10 cm.

PULLOVER, Rückenteil: Mit 55 M. Anschlag in Rot auf Nadeln Nr. 5 für den Bund 5 cm = 10 R. Rippen str. Anschließend mit Nadeln Nr. 6 in folgender Einteilung glatt rechts weiterarbeiten: 44 R. Rot, 4 R. Rohweiß und 10 R. Jacquardbordüre. Danach das Teil mit rohweißer Wolle beenden. Nach 38 cm = 76 R. ab Bund alle M. abk. Die äußeren je 15 M. bilden die Schultern, die mittleren 25 M. den Halsrand.

Vorderteil genauso str., jedoch mit tieferem Halsausschnitt. Bereits nach 33 cm = 66 R. ab Bund die mittleren 13 M. abk. und beide Seiten getrennt beenden. Für die Rundung am inneren Rand in jeder 2. R. 1mal 3 M., 1mal 2 M. und 1mal 1 M. abk. Die M. für die Schultern in gleicher Höhe wie am Rückenteil abk.

Ärmel: Mit 31 M. Anschlag in Rot auf Nadeln Nr. 5 für den Bund 5 cm = 10 R. Rippen str. Anschließend mit Nadeln Nr. 6 in folgender Einteilung glatt rechts weiterarbeiten: 40 R. Rot, 4 R. Rohweiß, 10 R. Jacquardbordüre, dabei das Muster von der Mitte aus einteilen, und 2 R. Rohweiß. Für die Ärmelschrägung ab Bund beidseitig 5mal in jeder 6. R. und 5mal in jeder 4. R. je 1 M. zunehmen = 51 M. Nach 28 cm = 56 R. ab Bund alle M. abk.

Ausarbeiten: Teile spannen, anfeuchten und trocknen lassen. Nähte schließen, dabei an den Seitennähten die oberen 16 cm als Armausschnitte offen lassen. Aus dem Halsrand mit den Spielstricknadeln und rohweißer Wolle 56 M. auffassen, für den Rollkragen in Rd. Rippen str. und nach 12 cm = 24 Rd. alle M. abk., wie sie erscheinen. Ärmel einsetzen.

MÜTZE: Mit den Spielstricknadeln und roter Wolle 72 M. anschlagen. Die M. auf 4 Nadeln verteilt zur Rd. schließen und für den Aufschlag 11 cm Rippen str. Anschließend in Rechts-Rd. in folgender Einteilung weiterarbeiten: 4 Rd. Rohweiß, 10 Rd. Jacquardmuster, dabei den Mustersatz zwischen den Pfeilen 3mal ausführen und danach die Mütze in Rohweiß beenden. Nach 3 Rd. ab Bordüre wie folgt abnehmen: * die 5. und 6. M. überzogen zusammenstr,. (= 1 M. wie zum Rechtsstr. abheben, die folgende M. rechts str. und die abgehobene M. darüberziehen), die 7. und 8. M. rechts zusammenstr., ab * 8mal wdh. = 54 M. Dieses Abnehmen über den gleichen Stellen noch 2mal in jeder folgenden 4. Rd. wdh. = 18 M. In der nun folgenden 2. Rd. fortlaufend 2 M. zusammenstr. Die restlichen 9 M. mit dem Arbeitsfaden zusammenziehen und vernähen. Aus rohweißer Wolle einen Pompon anfertigen und in Mützenmitte befestigen. Den Rand zur Hälfte aufschlagen.

33 Rollkragenpullover mit breiten Bordüren für Gr. 122

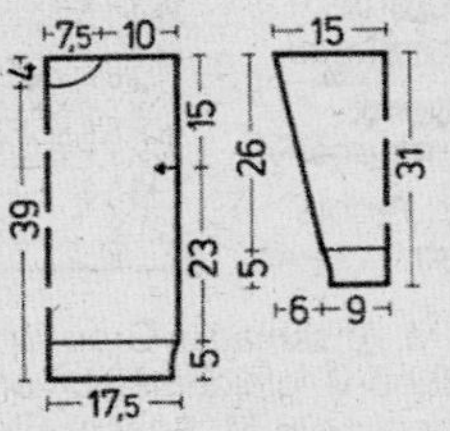

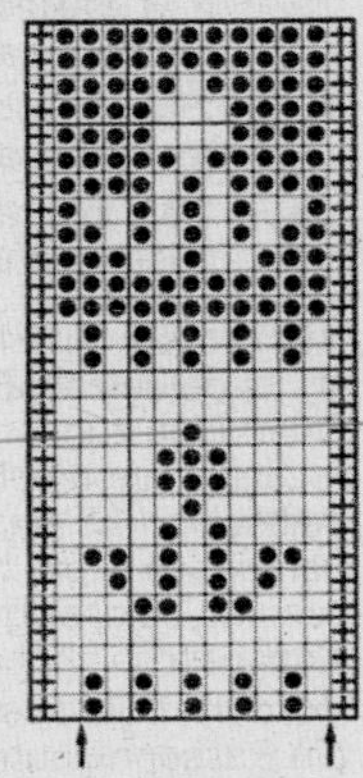

Material: Starkes Hjertegarn „Gullfoss", Reine Schurwolle: ca. 300 g Blau und 250 g Rohweiß; Perl-INOX-Tric-Schnellstricknadeln Nr. 5 und 6; Perl-INOX-Spielstricknadeln Nr. 5.

Rippen: 1 M. rechts, 1 M. links im Wechsel.

Glatt rechts: Hin-R. rechte M., Rück-R. linke M.

Jacquardmuster, Maschenzahl teilbar durch 10 + 3 M. extra: Nach dem Zählmuster glatt rechts in Norwegertechnik str., dabei den unbenutzten Faden stets locker auf der Rückseite der Arbeit mitführen. In der Breite mit den M. vor dem 1. Pfeil beginnen, den Mustersatz zwischen den Pfeilen stets wdh., enden mit den M. nach dem 2. Pfeil. In der Höhe die **1.–28. R.** stets wdh.

Zeichenerklärung: + = Rand-M.; ● = Blau; leere Karos = Rohweiß.

Maschenprobe: 15 M. und 18 R. = 10 x 10 cm.

Rückenteil: Mit 53 M. Anschlag in Blau auf Nadeln Nr. 5 für den Bund 5 cm = 10 R. Rippen str. Anschließend mit Nadeln Nr. 6 im Jacquardmuster weiterarbeiten. Nach 38 cm = 70 R. ab Bund alle M. abk. Die äußeren je 15 M. bilden die Schultern, die mittleren 23 M. den Halsrand.

Vorderteil genauso str., jedoch mit tieferem Halsausschnitt. Bereits nach 34 cm = 62 R. ab Bund die mittleren 9 M. abk. und beide Seiten getrennt beenden. Für die Rundung am inneren Rand in jeder 2. R. 1mal 5 M. und 1mal 2 M. abk. Die M. für die Schultern in gleicher Höhe wie am Rückenteil abk.

Ärmel: Mit 27 M. Anschlag in Blau auf Nadeln Nr. 5 für den Bund 5 cm = 10 R. Rippen str. Anschließend mit Nadeln Nr. 6 im Jacquardmuster weiterarbeiten, dabei das Muster von der Mitte aus einteilen. Für die Ärmelschrägung ab Bund beidseitig 2mal in jeder 6. R. und 8mal in jeder 4. R. je 1 M. zunehmen = 47 M. Nach 26 cm = 48 R. ab Bund alle M. abk.

Ausarbeiten: Teile spannen, anfeuchten und trocknen lassen. Nähte schließen, dabei an den Seitennähten die oberen 15 cm als Armausschnitte offen lassen. Aus dem Halsrand mit den Spielstricknadeln und blauer Wolle 52 M. auffassen, für den Rollkragen in Rd. Rippen str. und nach 12 cm alle M. abk., wie sie erscheinen. Ärmel ansetzen.

34 Pullover mit Rundpasse für Damengröße 40 oder Herrengröße 46

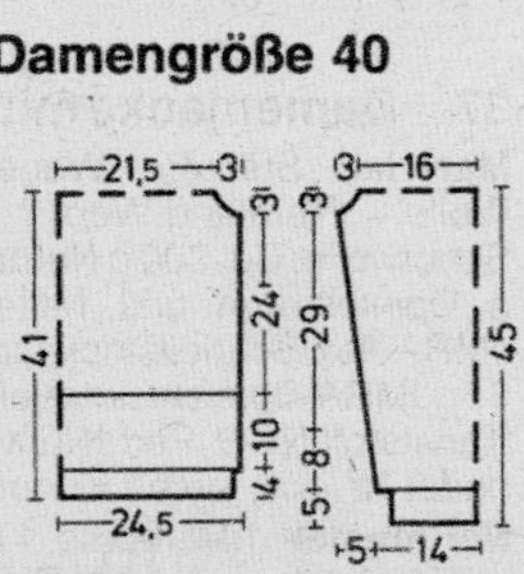

Material: Stärkere Wagenfelder Wolle „Nordland-Wool", Reine Schurwolle: Ca. 600 g Mittelgrau, je 100 g Dunkelbraun, Hellgrau und Rohweiß; Perl-INOX-Tric-Schnellstricknadeln und JMRA-Spielstricknadeln aus Kunststoff Nr. 6; eine 70 cm lange Perl-INOX-Rundstricknadel Nr. 6.

Rippen: 1 M. rechts, 1 M. links im Wechsel.

Glatt rechts: Hin-R. rechte M., Rück-R. linke M.

Jacquardmuster: Nach den Zählmustern **A–E** glatt rechts bzw. in Rechts-Rd. in Norwegertechnik str., dabei die unbenutzten Fäden locker auf der Rückseite der Arbeit mitführen. In der Breite bei den Mustern **A** und **B** mit den M. vor dem 1. Pfeil beginnen, den Mustersatz zwischen den Pfeilen stets wdh., enden mit den M. nach dem 2. Pfeil. Bei den Mustern **C–E** den gezeichneten Mustersatz fortlaufend wdh. Die Mustereinteilung für die Höhe ist in der Anleitung erklärt.

Maschenproben: 13 M. und 19 R. = 10 x 10 cm, glatt rechts. – 13 M. und 16 R. bzw. Rd. = 10 x 10 cm, Jacquardmuster.

Rückenteil: Mit 61 M. Anschlag in Mittelgrau für den Bund 4 cm = 8 R. Rippen str. In der letzten Bund-R. gleichmäßig verteilt 5 M. verschränkt aus dem Querfaden zunehmen = 66 M. Anschließend glatt rechts weiterarbeiten und die 16 R. des Jacquardmusters **A** ausführen, dann mit mittelgrauer Wolle weiterstr. Nach 24 cm = 46 R. ab Jacquardmuster für die Armausschnitte beidseitig in jeder 2. R. 1mal 2 M., 2mal 1 M. abk. Nach 6 R. Armausschnitthöhe die restlichen 58 M. auf eine Hilfsnadel legen.

Vorderteil genauso str.

Ärmel: Mit 33 M. Anschlag in Mittelgrau, für den Bund 5 cm = 10 R. Rippen str. In der letzten Bund-R. gleichmäßig verteilt 5 M. verschränkt aus dem Querfaden zunehmen = 38 M. Anschließend glatt rechts weiterarbeiten und die 12 R. des Jacquardmusters **B** ausführen, dann mit mittelgrauer Wolle weiterstr. Für die Ärmelschrägung in der 1. R. ab Jacquardmuster beidseitig 1 M. zunehmen, dies noch 6mal in jeder 8. R. wdh. = 52 M. Nach 29 cm = 56 R. ab Jacquardmuster beidseitig in jeder 2. R. 1mal 2 M., 2mal 1 M. abk. Die restlichen 44 M. auf eine Hilfsnadel legen.

Passe: Mit der Rundstricknadel und mittelgrauer Wolle nacheinander die 44 M. des linken Ärmels, 58 M. des Vorderteils, 44 M. des rechten Ärmels und 58 M. des Rückenteils abstr. = insgesamt 204 M. In Rechts-Rd. weiterarbeiten wie folgt: Die 14 Rd. des Jacquardmuster **C,** dann 4 Rd. in Mittelgrau str., dabei in der 3. mittelgrauen Rd. 34mal jede 5. und 6. M. zusammenstr. = 170 M. In der 4. mittelgrauen Rd. noch gleichmäßig verteilt 2mal 2 M. zusammenstr. = 168 M. Danach die 14 Rd. des Jacquardmusters **D** ausführen, dabei die eingezeichneten Abnahmen beachten = 126 M. Anschließend 4 Rd. in Mittelgrau str., dabei in der 2. Rd. 21mal jede 5. und 6. M. zusammenstr. = 105 M. In der 4. mittelgrauen Rd. noch 13mal jede 7. und 8. M. zusammenstr. = 92 M. Sind für die Rundstricknadel nicht mehr genügend M. vorhanden, mit den Spielstricknadeln weiterarbeiten. Danach die 5 Rd. des Jacquardmusters **E** ausführen, dabei wie eingezeichnet abnehmen = 69 M. Nun 1 Rd. in Mittelgrau str. und noch 13mal jede 4. und 5. M. zusammenstr. Über die restlichen 56 M. für die Halsblende mit mittelgrauer Wolle 8 cm = 15 Rd. Rippen str. Danach die M. abk., wie sie erscheinen.

Ausarbeiten: Nähte schließen. Die Halsblende zur Hälfte nach innen säumen.

Zeichenerklärung für Modell 34:

+ = Rand-M.
□ = Mittelgrau
● = Dunkelbraun
○ = Rohweiß
× = Hellgrau
◢ = 2 M. in Dunkelbraun rechts zusammenstr.
⟋ = 2 M. in Rohweiß rechts zusammenstr.

Zeichenerklärung für Modell 38:

+ = Rand-M.
□ = Dunkelbraun
× = Mittelbraun
● = Rohweiß
○ = Hellbraun
◢ = 2 M. in Rohweiß rechts zusammenstr.
⟋ = 2 M. in Hellbraun rechts zusammenstr.

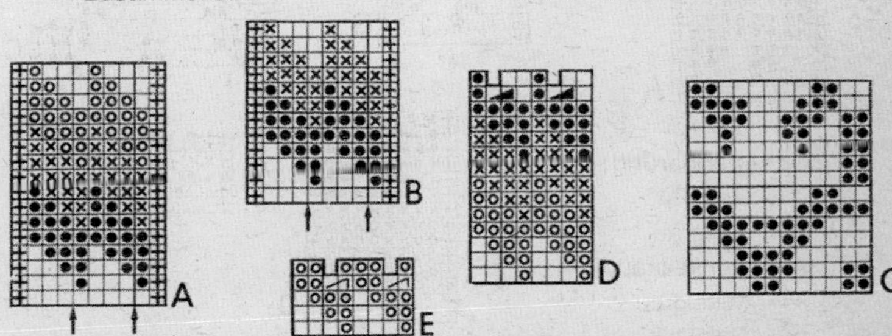

35 Herrenjacke mit Rundpasse für Größe 50

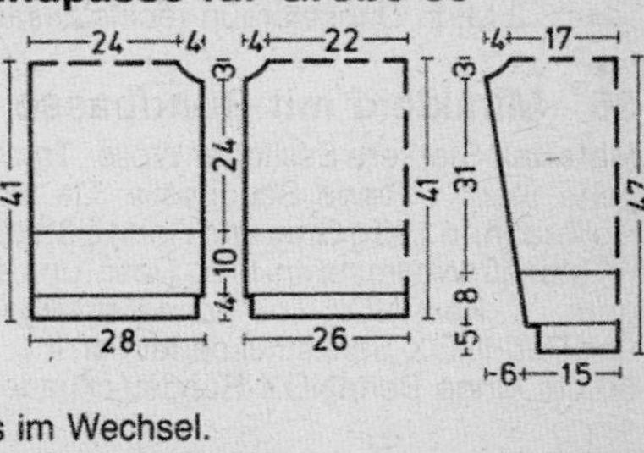

Material: Stärkere Wagenfelder Wolle „Nordland-Wool", Reine Schurwolle: Ca. 800 g Hellgrau, je 100 g Dunkelbraun, Rohweiß und Mittelgrau; JMRA-flex-Schnellstricknadeln Nr. 6; Perl-INOX-Häkelnadel Nr. 5½; ein aushakbarer Reißverschluß, 70 cm lang.

Rippen: 1 M. rechts, 1 M. links im Wechsel.

Glatt rechts: Hin-R. rechte M., Rück-R. linke M.

Jacquardmuster: Nach den Zählmustern **A–E** glatt rechts in Norwegertechnik str., dabei die unbenutzten Fäden locker auf der Rückseite der Arbeit mitführen. In der Breite mit den M. vor dem 1. Pfeil beginnen, den Mustersatz zwischen den Pfeilen stets wdh., enden mit den M. nach dem 2. Pfeil. Die Mustereinteilung für die Höhe ist in der Anleitung erklärt.

Maschenproben: 13 M. und 19 R. = 10 x 10 cm, glatt rechts. – 13 M. und 16 R. bzw. Rd. = 10 x 10 cm, Jacquardmuster.

Rückenteil: Mit 67 M. Anschlag in Hellgrau für den Bund 4 cm = 8 R. Rippen str. In der letzten Bund-R. gleichmäßig verteilt 3 M. verschränkt aus dem

Querfaden zunehmen = 70 M. Anschließend glatt rechts weiterarbeiten und die 16 R. des Jacquardmusters **A** ausführen, dann mit hellgrauer Wolle weiterstr. Nach 24 cm = 46 R. ab Jacquardmuster für die Armausschnitte beidseitig in jeder 2. R. 1mal 3 M., 2mal 1 M. abk. Nach 6 R. Armausschnitthöhe die restlichen 60 M. auf eine Hilfsnadel legen.

Linkes Vorderteil: Mit 35 M. Anschlag in Hellgrau für den Bund 4 cm = 8 R. Rippen str. In der letzten Bund-R. gleichmäßig verteilt 3 M. verschränkt aus dem Querfaden zunehmen = 38 M. Anschließend glatt rechts weiterarbeiten und dieselben Streifen wie am Rückenteil ausführen. Nach 24 cm = 46 R. ab Jacquardmuster für den Armausschitt am rechten Rand in jeder 2. R. 1mal 3 M., 2mal 1 M. abk. Nach 6 R. Armausschnitthöhe die restlichen 33 M. auf eine Hilfsnadel legen.

Rechtes Vorderteil gegengleich str.

Ärmel: Mit 35 M. Anschlag in Hellgrau für den Bund 5 cm = 10 R. Rippen str. In der letzten Bund-R. gleichmäßig verteilt 7 M. verschränkt aus dem Querfaden zunehmen = 42 M. Anschließend glatt rechts weiterarbeiten und die 12. R. des Jacquardmusters **B** ausführen, dann mit hellgrauer Wolle weiterstr. In der 1. R. ab Jacquardmuster in der Mitte der Arbeit 1 M. verschränkt aus dem Querfaden zunehmen = 43 M. Für die Ärmelschrägung in der 5. R. ab Jacquardmuster beidseitig 1 M. zunehmen, dies noch 6mal in jeder 8. R. wdh. = 57 M. Nach 31 cm = 58 R. ab Jacquardmuster beidseitig in jeder 2. R. 1mal 3 M., 2mal 1 M. abk. Die restlichen 47 M. auf eine Hilfsnadel legen.

Passe: Mit hellgrauer Wolle nacheinander die 33 M. des rechten Vorderteils, 47 M. des 1. Ärmels, 60 M. des Rückenteils, 47 M. des 2. Ärmels und 33 M. des linken Vorderteils abstr. = insgesamt 220 M. Nun mit 1 Rück-R. beginnend, wie folgt glatt rechts weiterstr.: Die 14 R. des Jacquardmusters **C** arbeiten, dann 5 R. in Hellgrau str., dabei in der 3. hellgrauen R. 36mal jede 5. und 6. M. zusammenstr. = 184 M. In der 5. hellgrauen R. noch gleichmäßig verteilt 2mal 2 M. zusammenstr. = 182 M. Danach die 14 R. des Jacquardmusters **D** ausführen, dabei die eingezeichneten Abnahmen beachten = 137 M. Anschließend 5 R. in Hellgrau str., dabei in der 3. R. 34mal jede 3. und 4. M. zusammenstr. = 103 M. In der 5. hellgrauen R. noch gleichmäßig verteilt 5mal 2 M. zusammenstr. = 98 M. Danach die 5 R. des Jacquardmusters **E** ausführen und wie eingezeichnet abnehmen = 74 M. Nun 1 R. in Hellgrau str. und dabei 1mal die 7. und 8. M. und noch 12mal jede 4. und 5. M. zusammenstr. Über die restlichen 61 M. für die Ausschnittblende mit hellgrauer Wolle 8 cm = 15 R. Rippen str. Danach die M. abk., wie sie erscheinen.

Ausarbeiten: Nähte schließen. Ausschnittblende zur Hälfte nach innen säumen. Auf die Vorderkanten mit hellgrauer Wolle 1 R. feste M. und 1 R. Krebsmaschen häkeln (= f. M. von links nach rechts gehend). Reißverschluß einsetzen.

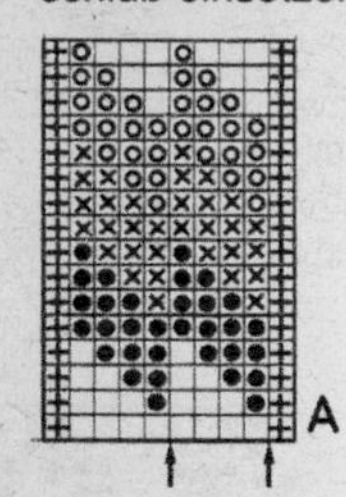
A

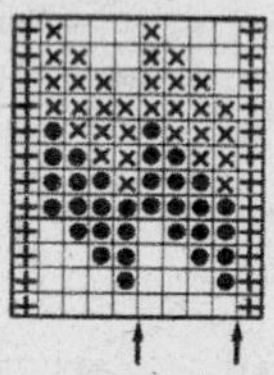
B

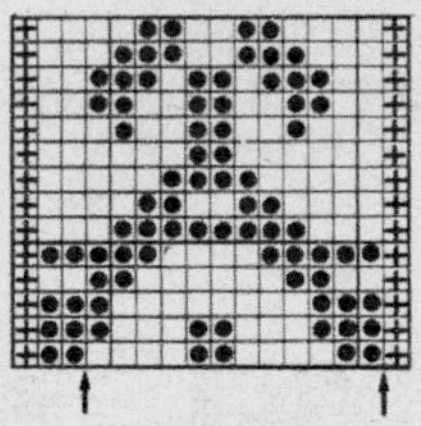
C

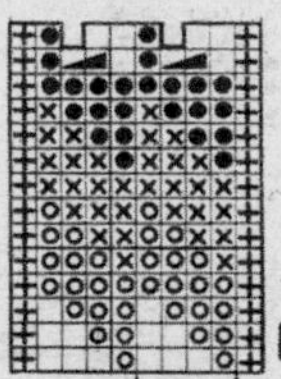
D

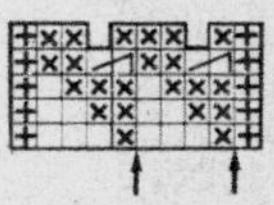
E

Zeichenerklärung:

+ = Rand-M.
□ = Hellgrau
● = Dunkelbraun
× = Mittelgrau
○ = Rohweiß
⟋ = 2 M. in Mittelgrau rechts zusammenstr.
◢ = 2 M. in Dunkelbraun rechts zusammenstr.

36 Minikleid mit Rundpasse für Größe 36–38

Material: Stärkere Esslinger Wolle „Trockenperle 6fach", Reine Schurwolle: Ca. 900 g Hellbraun, je 150 g Grau und Rohweiß; stärkere Mohair-Wollreste in Lila, Rosa und Olivgrün; Perl-INOX-Tric-Schnellstricknadeln und Perl-INOX-Spielstricknadeln Nr. 4½; eine 80 cm lange Perl-INOX-Rundstricknadel Nr. 4½.

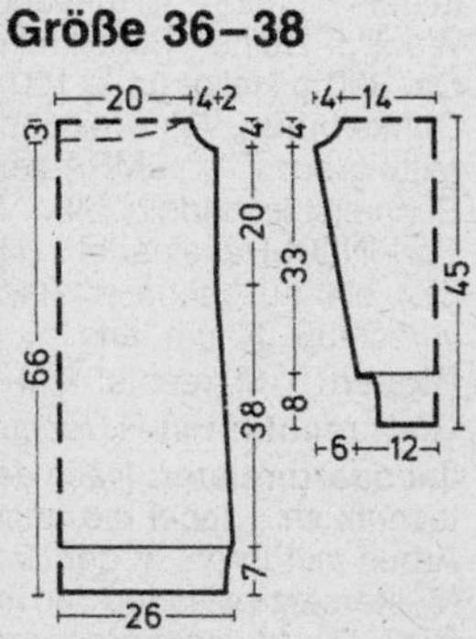

Rippen: 2 M. rechts, 2 M. links im Wechsel.

Glatt rechts: Hin-R. rechte M., Rück-R. linke M.

Jacquardmuster: Nach den Zählmustern **A–C** in Rechts-Rd. in Norwegertechnik str., dabei die unbenutzten Fäden locker auf der Rückseite der Arbeit mitführen. In der Breite den gezeichneten Mustersatz fortlaufend wdh.

Maschenproben: 18 M. und 24 R. = 10 x 10 cm, glatt rechts. – 18 M. und 20 Rd. = 10 x 10 cm, Jacquardmuster.

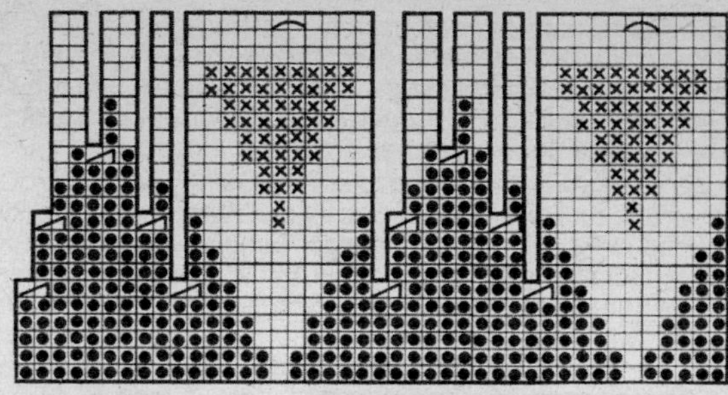
A

Zeichenerklärung:

□ = 1 rechte M. in Rohweiß
● = 1 rechte M. in Hellbraun
× = 1 rechte M. in Grau
○ = 1 Umschlag
⟋ = 2 M. in Hellbraun rechts zusammenstr.
⌒ = 2 M. in Rohweiß rechts zusammenstr.
◢ = 2 M. in Grau rechts zusammenstr.

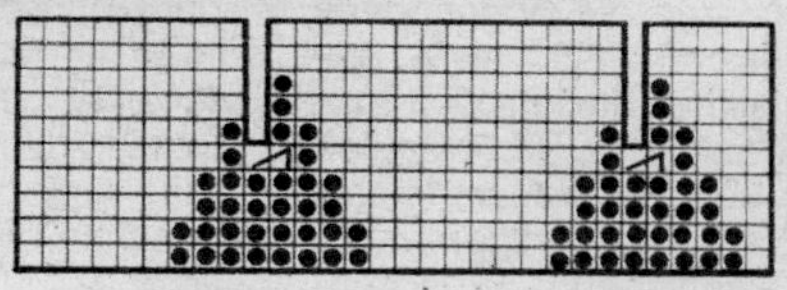
B

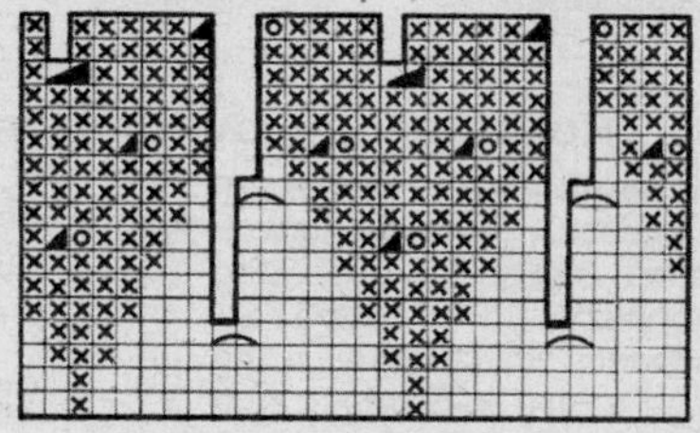
C

Rückenteil: Mit 94 M. Anschlag in Grau für den Bund 7 cm = 16 R. Rippen str. In der letzten Bund-R. gleichmäßig verteilt 2 M. verschränkt aus dem Querfaden zunehmen = 96 M. Anschließend mit hellbrauner Wolle glatt rechts weiterarbeiten. Für die Hüftschrägung in der 23. R. ab Bund beidseitig 1 M. abnehmen, dies noch 3mal in jeder 22. R. wdh. Über 88 M. gerade weiterstr. bis 58 cm = 140 R. ab Bund. Danach für die Armausschnitte beidseitig in jeder 2. R. 2mal 2 M., 3mal 1 M. abk. Nach 10 R. Armausschnitthöhe die restlichen 74 M. auf eine Hilfsnadel legen.

Vorderteil genauso str., jedoch nach 2 R. ab Beginn der Armausschnitte für die Passenrundung verkürzte R. ausführen wie folgt: Die mittleren 34 M. ungestrickt lassen und beide Seiten getrennt beenden. Für die Rundung am inneren Rand noch 3mal in jeder 2. R. jeweils 5 M. mehr ungestrickt lassen und dabei stets mit 1 U. wenden. Sind an beiden Seiten nur noch jeweils 5 M. in Arbeit, das Teil ruhen lassen.

Ärmel: Mit 38 M. Anschlag in Hellbraun für den Bund 8 cm = 18 R. Rippen str. In der letzten Bund-R. gleichmäßig verteilt 6 M. verschränkt aus dem Querfaden zunehmen = 44 M. Danach glatt rechts weiterarbeiten. Für die Ärmelschrägung beidseitig 4mal in jeder 8. R. und 7mal in jeder 6. R. 1 M. zunehmen = 66 M. Nach 33 cm = 80 R. ab Bund beidseitig in jeder 2. R. 2mal 2 M. und 3mal 1 M. abk. Die restlichen 52 M. auf eine Hilfsnadel legen.

Passe: Mit der Rundstricknadel und hellbrauner Wolle nacheinander die M. des linken Ärmels, des Vorderteils, des rechten Ärmels und des Rückenteils abstr., dabei am Vorderteil stets die Umschläge mit der danebenliegenden M. zusammenstr. = insgesamt 252 M. In Rechts-Rd. weiterarbeiten und nacheinander die 22 Rd. des Jacquardmusters **A**, 10 Rd. des Musters **B** und 17 Rd. des Musters **C** ausführen. Die eingezeichneten Abnahmen beachten. Sind für die Rundstricknadel nicht mehr genügend M. vorhanden, mit den Spielstricknadeln weiterarbeiten. Nach der letzten Rd. des Musters **C** sind noch 132 M. übrig. Nun mit grauer Wolle 4 Rd. rechte M. str., dabei in der 2. Rd. 33mal jede 3. und 4. M. zusammenstr. = 99 M. Danach für die Ausschnittblende Rippen str. und in der 1. Rd. noch 15mal jede 5. und 6. M. zusammenstr. = 84 M. Nach 11 Rd. Rippen die M. abk., wie sie erscheinen.

Ausarbeiten: Nähte schließen. Aus je 5 Fäden in Lila, Rosa und Olivgrün 12 Quasten von ca. 10 cm Länge anfertigen. Am Passenrand an jeder Spitze des Zackenmusters eine Quaste befestigen (siehe Foto).

37 Damenjacke mit Rundpasse für Größe 36 und Mütze

Material: Stärkere Wagenfelder Wolle „Nordland-Wool", Reine Schurwolle: Ca. 700 g Natur, je 100 g Dunkelbraun und Mittelbraun; JMRA-flex-Schnellstricknadeln Nr. 6; JMRA-Spielstricknadeln aus Kunststoff Nr. 6; Perl-INOX-Häkelnadel Nr. 5½; sechs Knöpfe.

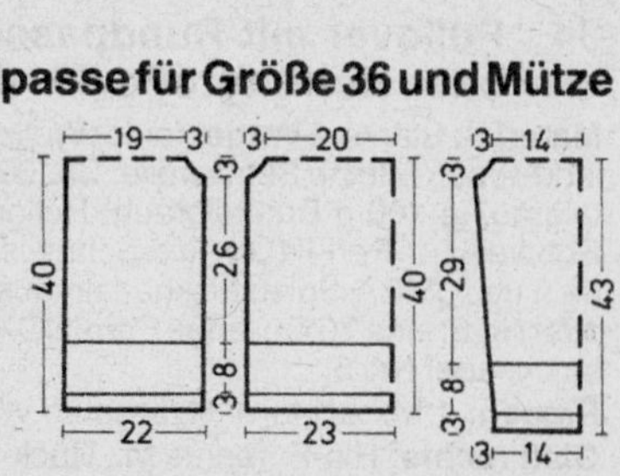

Perlmuster: 1 M. rechts, 1 M. links im Wechsel, nach jeder R. versetzt str.

Glatt rechts und Maschenprobe: Siehe Modell 35.

Jacquardmuster: Nach den Zählmustern **A–D** glatt rechts in Norwegertechnik str., dabei die unbenutzten Fäden locker auf der Rückseite der Arbeit mitführen. In der Breite mit der M. vor dem 1. Pfeil beginnen, den Mustersatz zwischen den Pfeilen stets wdh., enden mit den M. nach dem 2. Pfeil. Die Mustereinteilung für die Höhe ist in der Anleitung erklärt.

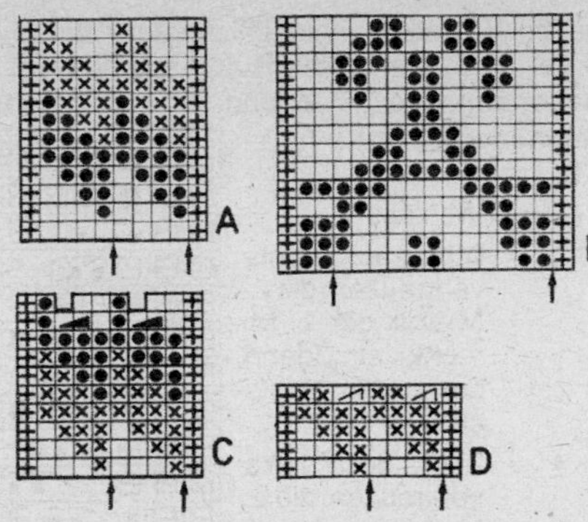

Zeichenerklärung:

- + = Rand-M.
- □ = Natur
- ● = Dunkelbraun
- × = Mittelbraun
- ◢ = 2 M. in Dunkelbraun rechts zusammenstr.
- ⁄ = 2 M. in Mittelbraun rechts zusammenstr.

JACKE, Rückenteil: Mit naturfarbener Wolle 62 M. anschlagen und für die Randblende 3 cm = 6 R. im Perlmuster str. Anschließend glatt rechts weiterarbeiten und die 12 R. des Jacquardmusters **A** ausführen, dann mit naturfarbener Wolle weiterstr. Nach 26 cm = 50 R. ab Jacquardmuster für die Armausschnitte beidseitig in jeder 2. R. 1mal 2 M., 2mal 1 M. abk. Nach 6 R. Armausschnitthöhe die restlichen 54 M. auf eine Hilfsnadel legen.

Linkes Vorderteil: Mit naturfarbener Wolle 30 M. anschlagen und für die Randblende 3 cm = 6 R. im Perlmuster str. Anschließend glatt rechts weiterarbeiten und dieselben Streifen wie am Rückenteil ausführen. Nach 26 cm = 50 R. ab Jacquardmuster für den Armausschnitt am rechten Rand in jeder 2. R. 1mal 2 M., 2mal 1 M. abk. Nach 6 R. Armausschnitthöhe die restlichen 26 M. auf eine Hilfsnadel legen.

Rechtes Vorderteil gegengleich str.

Ärmel: Mit naturfarbener Wolle 38 M. anschlagen und für die Randblende 3 cm = 6 R. im Perlmuster str. Anschließend glatt rechts weiterarbeiten und die 12 R. des Jacquardmusters **A** ausführen, dann mit naturfarbener Wolle weiterstr. In der 1. R. ab Jacquardmuster in der Mitte der Arbeit 1 M. verschränkt aus dem Querfaden zunehmen = 39 M. Für die Armelschrägung in der 5. R. ab Jacquardmuster beidseitig 1 M. zunehmen, dies noch 3mal in jeder 14. R. wdh. = 47 M. Nach 29 cm = 56 R. ab Jacquardmuster beidseitig in jeder 2. R. 1mal 2 M., 2mal 1 M. abk. Die restlichen 39 M. auf eine Hilfsnadel legen.

Passe: Mit naturfarbener Wolle nacheinander die 26 M. des rechten Vorderteils, 39 M. des 1. Ärmels, 54 M. des Rückenteils, 39 M. des 2. Ärmels und 26 M. des linken Vorderteils abstr. = insgesamt 184 M. Nun, mit 1 Rück-R. beginnend, glatt rechts weiterarbeiten wie folgt: 1 R. mit naturfarbener Wolle und die 14 R. des Jacquardmusters **B** str. Danach 4 R. mit naturfarbener Wolle arbeiten, dabei in der 3. R. 30mal jede 5. und 6. M. zusammenstr. = 154 M. Anschließend die 10 R. des Jacquardmusters **C** str., dabei die eingezeichneten Abnahmen beachten = 116 M. Danach 4 R. mit naturfarbener Wolle arbeiten und in der 2. R. 28mal jede 3. und 4. M. zusammenstr. = 88 M. In der 4. naturfarbenen R. 6mal jede 13. und 14. M. zusammenstr. = 82 M. Anschließend die 5 R. des Jacquardmusters **D** arbeiten und wie eingezeichnet abnehmen = 62 M. Nun 1 R. in Natur str., dabei 1mal die 7. und 8. M. und noch 4mal jede 11. und 12. M. zusammenstr. Über die restlichen 57 M. für die Ausschnittblende mit naturfarbener Wolle 7 R. im Perlmuster str. Danach die M. abk.

Ausarbeiten: Nähte schließen. Für die Verschlußblenden die beiden Vorderkanten mit jeweils 3 R. festen M. aus naturfarbener Wolle behäkeln. In die rechte Blende gleichmäßig verteilt 6 Knopflöcher arbeiten. In der 2. R. für jedes Knopfloch 2 f. M. mit 2 Lm. überspringen und in der folgenden R. die Lm. wieder mit f. M. behäkeln. Knöpfe annähen. Für den Gürtel aus naturfarbener und hellbrauner Wolle eine ca. 150 cm lange Kordel flechten oder drehen.

MÜTZE: Mit den Spielstricknadeln und naturfarbener Wolle 72 M. anschlagen. Die M. auf 4 Nadeln verteilt zur Rd. schließen und rechte M. in Rd. str. Bereits nach 1 Rd. ab Anschlag die 12 Rd. des Jacquardmusters **A** ausführen, dabei entfallen die Rand-M. Anschließend mit naturfarbener Wolle weiterstr. Nach 2 Rd. ab Jacquardmuster 8mal jede 9. M. markieren. In der folgenden Rd. jede markierte M. mit der davorliegenden M. rechts zusammenstr. Dieses Abnehmen noch 2mal in jeder 4. Rd. und 4mal in jeder 2. Rd. wdh. = 16 M. Danach in der folgenden Rd. fortlaufend 2 M. zusammenstr. Die restlichen 8 M. mit dem Arbeitsfaden zusammenziehen und vernähen. Den Mützenrand mit 1 Rd. Krebsmaschen aus naturfarbener Wolle behäkeln (= f. M. von links nach rechts gehend). Für die Schlaufe eine 8 cm lange Kordel drehen und in Mützenmitte befestigen.

38 Pullover mit Rundpasse für Herrengröße 48/50 oder Damengröße 42/44 und Mütze

Material: Stärkere Wagenfelder Wolle „Nordland Wool", Reine Schurwolle: Ca. 800 g Dunkelbraun, je 100 g Rohweiß, Hellbraun und Mittelbraun; Perl-INOX-Tric-Schnellstricknadeln und JMRA-Spielstricknadeln aus Kunststoff Nr. 6; eine 70 cm lange Perl-INOX-Rundstricknadel Nr. 6.

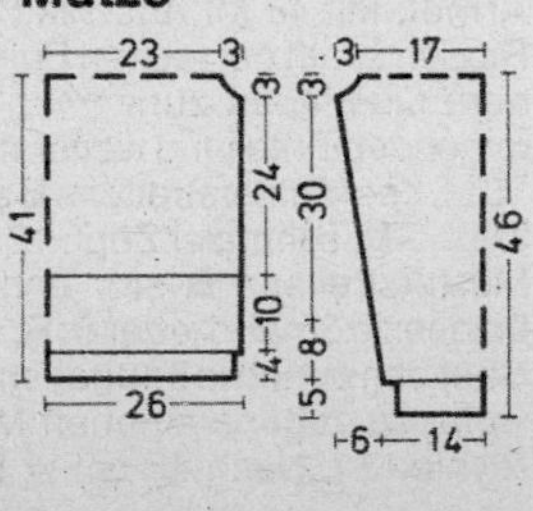

Rippen, glatt rechts, Jacquardmuster, Zählmuster und Maschenproben: siehe Modell 34.

PULLOVER, Rückenteil: Mit 65 M. Anschlag in Dunkelbraun für den Bund 4 cm = 8 R. Rippen str. In der letzten Bund-R. gleichmäßig verteilt 5 M. verschränkt aus dem Querfaden zunehmen = 70 M. Anschließend glatt rechts weiterarbeiten und die 16 R. des Jacquardmusters **A** ausführen, dann mit dunkelbrauner Wolle weiterstr. Nach 24 cm = 46 R. ab Jacquardmuster für die Armausschnitte beidseitig in jeder 2. R. 1mal 2 M., 2mal 1 M. abk. Nach 6 R. Armausschnitthöhe die restl. 62 M. auf eine Hilfsnadel legen.

Vorderteil genauso str.

Ärmel: Mit 33 M. Anschlag in Dunkelbraun für den Bund 5 cm = 10 R. Rippen str. In der letzten Bund-R. gleichmäßig verteilt 5 M. verschränkt aus dem Querfaden zunehmen = 38 M. Anschließend glatt rechts weiterarbeiten und die 12 R. des Jacquardmusters **B** ausführen, dann mit dunkelbrauner Wolle weiterstr. Für die Ärmelschrägung in der 9. R. ab Bund beidseitig 1 M. zunehmen, dies noch 7mal in jeder 8. R. wdh. = 54 M. Nach 30 cm = 58 R. ab Jacquardmuster beidseitig in jeder 2. R. 1mal 2 M., 2mal 1 M. abk. Die restlichen 46 M. auf eine Hilfsnadel legen.

Passe: Mit der Rundstricknadel und dunkelbrauner Wolle nacheinander die 46 M. des linken Ärmels, 62 M. des Vorderteils, 46 M. des rechten Ärmels und 62 M. des Rückenteils abstr. = insgesamt 216 M. In Rechts-Rd. weiterarbeiten und noch 2 Rd. in Dunkelbraun str. Anschließend die 14 Rd. des Jacquardmusters **C**, dann 3 Rd. in Dunkelbraun str., dabei in der 2. dunkelbraunen Rd. 36mal jede 5. und 6. M. zusammenstr. = 180 M. In der 3. dunkelbraunen Rd. noch gleichmäßig verteilt 4mal 2 M. zusammenstr. = 176 M. Danach die 14 Rd. des Jacquardmusters **D** ausführen, dabei die eingezeichneten Abnahmen beachten = 132 M. Anschließend 4 Rd. in Dunkelbraun str., dabei in der 2. Rd. 22mal jede 5. und 6. M. zusammenstr. = 110 M. In der 4. dunkelbraunen Rd. noch 18mal jede 5. und 6. M. zusammenstr. = 92 M. Sind für die Rundstricknadel nicht mehr genügend M. vorhanden, mit den Spielstricknadeln weiterarbeiten. Danach die 5 Rd. des Jacquardmusters **E** ausführen, dabei wie eingezeichnet abnehmen = 69 M. Nun 1 Rd. in Dunkelbraun str. und noch 13mal jede 4. und 5. M. zusammenstr. Über die restlichen 56 M. für die Halsblende mit dunkelbrauner Wolle 3 cm = 6 Rd. Rippen str. Danach die M. abk., wie sie erscheinen. Nähte schließen.

MÜTZE: Mit den Spielstricknadeln und dunkelbrauner Wolle 72 M. anschlagen. Die M. auf 4 Nadeln verteilt zur Rd. schließen und rechte M. in Rd. str. Nach 7 Rd. ab Anschlag die 14 Rd. des Jacquardmusters **C** ausführen, dann mit dunkelbrauner Wolle weiterstr. Nach 3 Rd. ab Jacquardmuster 8mal jede 9. M. markieren. In der folgenden Rd. jede markierte M. mit der davorliegenden M. rechts zusammenstr. Dieses Abnehmen noch 2mal in jeder 4. Rd. und 4mal in jeder 2. Rd. wdh. = 16 M. Danach in der folgenden Rd. fortlaufend 2 M. zusammenstr. Die restlichen 8 M. mit dem Arbeitsfaden zusammenziehen und vernähen.

39 Pullover mit Aranmuster für Größe 40 und 44

Die eingeklammerten Zahlen gelten für Größe 44. Steht nur eine Zahlenangabe, so gilt sie für beide Größen.

Material: Ca. 1000 (1200) g starke Junghans Wolle „Natur"; Perl-INOX-Tric-Schnellstricknadeln Nr. 6 und 7; JMRA-Spielstricknadeln aus Kunststoff Nr. 7.

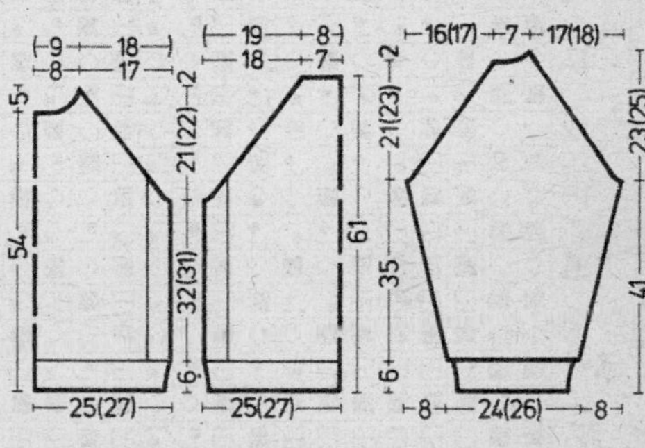

Rippen: 2 M. links, 2 M. rechts im Wechsel.

Glatt links: Hin-R. linke M., Rück-R. rechte M.

Aranmuster (Maschenzahl teilbar durch 20 + 2 M. extra): Nach der Strickschrift arbeiten. In der Breite den Mustersatz zwischen den Pfeilen fortlaufend wdh., enden mit den M. nach dem 2. Pfeil. Die Zahlen rechts außen bezeichnen die Hin-R., links außen die Rück-R. In der Höhe 1mal die **1.–28. R.** arbeiten, dann die **3.–28. R.** fortlaufend wdh.

Maschenproben: 12 M. und 17 R. = 10 x 10 cm, glatt links. – 1 Mustersatz (= 20 M.) im Aranmuster = 14 cm breit, 17 R. = 10 cm hoch.

Rückenteil: Mit 70 (74) M. Anschlag auf Nadeln Nr. 6 für den Bund 6 cm = 10 R. Rippen str. Für Größe 44 in der letzten Bund-R. beidseitig 1 M. verschränkt aus dem Querfaden zunehmen = 70 (76) M. Anschließend mit Nadeln Nr. 7 in folgender Mustereinteilung weiterarbeiten: Die ersten und letzten je 4 (7) M. glatt links, die mittleren 62 M. im Aranmuster str. Nach 32 cm = 54 R. (31 cm = 52 R.) ab Bund für die Raglanform beidseitig in jeder 2. R. 2mal 2 M. abk. Danach für die Raglanschrägung wie folgt abnehmen: In der nächsten Hin-R. die ersten 2 M. am rechten Rand rechts str. und die folgenden 2 M. links zusammenstr.; vor den letzten 2 M. am linken Rand 2 M. links zusammenstr. und die letzten 2 M. rechts str. Dieses Abnehmen noch 13 (12)mal in jeder Hin-R. wdh., in allen Rück-R. die äußeren je 2 M. links str. Anschließend noch 4 (6)mal in jeder Hin-R. beidseitig 3 M. zusammenstr. Nach 23 cm = 40 R. (24 cm = 42 R.) Raglanhöhe die restlichen 18 (20) M. für den Halsrand gerade abk.

Vorderteil wie das Rückenteil beginnen. Nach 32 cm = 54 R. (31 cm = 52 R.) ab Bund für die Raglanform beidseitig in jeder 2. R. 2mal 2 M. abk. Danach für die Raglanschrägung wie folgt abnehmen: In der nächsten Hin-

R. die ersten 2 M. am rechten Rand rechts str. und die folgenden 2 M. links zusammenstr.; vor den beiden letzten M. am linken Rand 2 M. links zusammenstr. und die letzten 2 M. rechts str. Dieses Abnehmen noch 12 (11)mal in jeder Hin-R. wdh., in allen Rück-R. die äußeren je 2 M. links str. Anschließend noch 3 (5)mal in jeder Hin-R. beidseitig 3 M. zusammenstr. Dazwischen nach 16 cm = 26 R. (17 cm = 28 R.) Raglanhöhe, für den Halsausschnitt die mittleren 10 (12) M. abk. und beide Seiten getrennt beenden. Für die Rundung am inneren Rand in jeder 2. R. noch 1mal 2 M. und 2mal 1 M. abk. Nach 21 cm = 36 R. (22 cm = 38 R.) Raglanhöhe die restlichen je 3 M. abk.

Linker Ärmel: Mit 26 (30) M. Anschlag auf Nadeln Nr. 6 für den Bund 6 cm = 10 R. Rippen str. In der letzten Bund-R. gleichmäßig verteilt 6 M. verschränkt aus dem Querfaden zunehmen = 32 (36) M. Anschließend mit Nadeln Nr. 7 in folgender Mustereinteilung weiterarbeiten: Die ersten und letzten je 5 (7) M. glatt links, die mittleren 22 M. im Aranmuster str. Für die Ärmelschrägung beidseitig 7mal in jeder 6. R. und 3mal in jeder 4. R. 1 M. zunehmen = 52 (56) M. Nach 35 cm = 60 R. ab Bund für die Raglanform beidseitig in jeder 2. R. 2mal 2 M. abk. Anschließend für die Raglanschrägung wie folgt abnehmen: In der nächsten Hin-R. die ersten 2 M. am rechten Rand rechts str. und die folgenden 2 M. links zusammenstr.; vor den letzten 2 M. am linken Rand 2 M. links zusammenstr. und die letzten 2 M. rechts str. Dieses Abnehmen am rechten Rand noch 17 (19)mal, am linken Rand noch 15 (17)mal in jeder Hin-R. wdh. In allen Rück-R. die äußeren je 2 M. links str. Nach 21 cm = 36 R. (23 cm = 40 R.) Raglanhöhe für die Rundung vom linken Rand aus in jeder 2. R. 1mal 4 M. und 2mal 3 M. abk.

Rechten Ärmel gegengleich str.

Ausarbeiten: Teile spannen, anfeuchten und trocknen lassen. Nähte schließen und Ärmel einsetzen. Für den Rollkragen mit den Spielstricknadeln aus dem Halsausschnitt 64 (68) M. auffassen und in Rd. Rippen str. Nach 19 cm die M. abk., wie sie erscheinen.

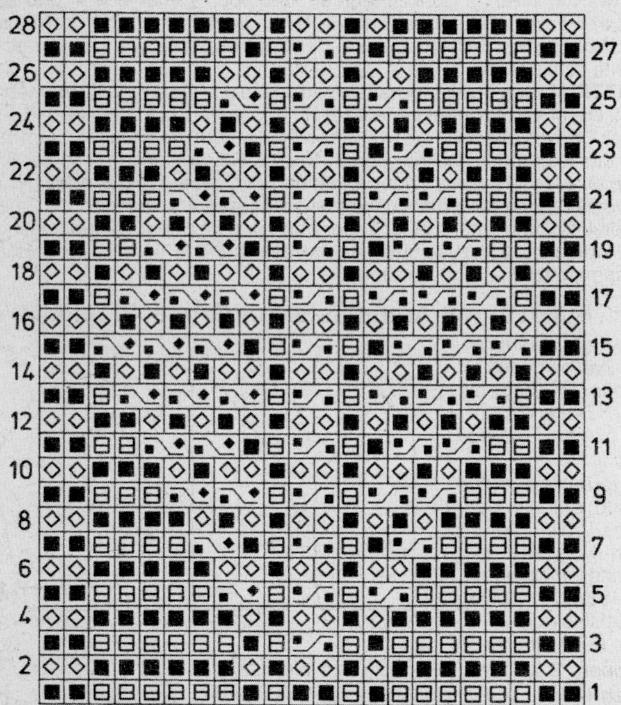

Zeichenerklärung:

⊟ = 1 M. links ■ = 1 M. rechts ◇ = 1 M. links verschränkt

= 2 M. nach rechts verkreuzen: die 2. M. **vor** der 1. M. rechts str., dann die 1. M. rechts str.

= 2 M. nach links verkreuzen: die 2. M. **hinter** der 1. M. rechts verschränkt str., dann die 1. M. rechts str.

40 Herrenjacke mit Aranmuster für Größe 44–46

Material: Ca. 900 g stärkere Junghans Wolle „Polarstern"; JMRA-flex-Schnellstricknadeln Nr. 6 und 7; sechs Knöpfe.

Rippen: 2 M. rechts, 2 M. links im Wechsel.

Schmaler Zopf über 2 M.: **Hin-R.:** 2 M. nach links verkreuzen (= die 2. M. **hinter** der 1. M. rechts verschränkt str., dann die 1. M. rechts str.) **Rück-R.:** Linke M.

Musterstreifen A und B: Nach den Strickschriften arbeiten. Die Zahlen rechts außen bezeichnen die Hin-R. In allen nichtgezeichneten Rück-R. die M. str., wie sie erscheinen. In der Höhe die **1.–30. R.** fortlaufend wdh.

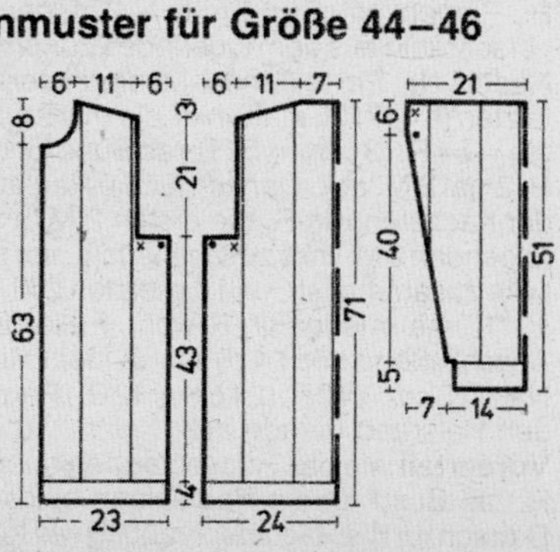

Maschenprobe: 17 M. und 19 R. = 10 x 10 cm.

Zeichenerklärung:

■ = 1 M. rechts

⊟ = 1 M. links

= 2 M. nach rechts verkreuzen: die 2. M. **vor** der 1. M. rechts str., dann die 1. M. rechts str.

= 2 M. nach links verkreuzen: die 2. M. **hinter** der 1. M. rechts verschränkt str., dann die 1. M. rechts str.

= 2 M. nach rechts verkreuzen: 1 M. auf Hilfsnadel **hinter** die Arbeit legen, die folgende M. rechts str., dann die M. der Hilfsnadel links str.

= 2 M. nach links verkreuzen: 1 M. auf Hilfsnadel **vor** die Arbeit legen, die folgende M. links str., dann die M. der Hilfsnadel rechts str.

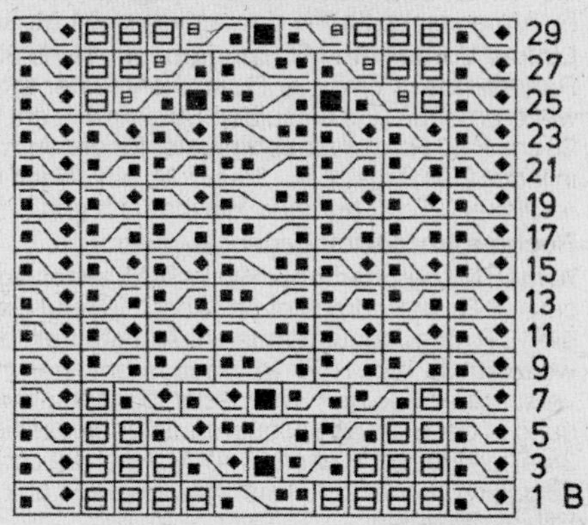

= 3 M. nach rechts verkreuzen: 1 M. auf Hilfsnadel **hinter** die Arbeit legen, die folgenden 2 M. rechts str., dann die M. der Hilfsnadel links str.

= 3 M. nach links verkreuzen: 2 M. auf Hilfsnadel **vor** die Arbeit legen, die folgende M. links str., dann die 2 M. der Hilfsnadel rechts str.

= 3 M. nach rechts verkreuzen: 2 M. auf Hilfsnadel **hinter** die Arbeit legen, die folgende M. rechts str., dann die 2 M. der Hilfsnadel rechts str.

= 3 M. nach links verkreuzen: 1 M. auf Hilfsnadel **vor** die Arbeit legen, die folgenden 2 M. rechts str., dann die M. der Hilfsnadel rechts str.

= 4 M. nach links verkreuzen: 2 M. auf Hilfsnadel **vor** die Arbeit legen, die folgenden 2 M. rechts str., dann die 2 M. der Hilfsnadel rechts str.

Rückenteil: Mit 78 M. Anschlag auf Nadeln Nr. 6 für den Bund 4 cm = 8 R. Rippen str. In der letzten Bund-R. gleichmäßig verteilt 6 M. verschränkt aus dem Querfaden zunehmen = 84 M. Anschließend mit Nadeln Nr. 7 in folgender Mustereinteilung weiterarbeiten: Rand-M., 12 M. Musterstreifen **A,** 15 M. Musterstreifen **B,** 12 M. Musterstreifen **A,** 2 M. schmaler Zopf, 2 M. schmaler Zopf, 12 M. Musterstreifen **A,** 15 M. Musterstreifen **B,** 12 M. Musterstreifen **A,** Rand-M. Nach 43 cm = 82 R. ab Bund für die Armausschnitte beidseitig 1mal 10 M. abk. = 64 M. Für die Schulterschrägung nach 21 cm = 40 R. Armausschnitthöhe beidseitig in jeder 2. R. 3mal 5 M. und 1mal 6 M. abk. Die restlichen 22 M. für den Halsrand gerade abk.

Linkes Vorderteil: Mit 38 M. Anschlag auf Nadeln Nr. 6 für den Bund 4 cm = 8 R. Rippen str. In der letzten Bund-R. gleichmäßig verteilt 3 M. verschränkt aus dem Querfaden zunehmen = 41 M. Danach in folgender Einteilung weiterarbeiten: Rand-M., 12 M. Musterstreifen **A,** 15 M. Musterstreifen **B,** 12 M. Musterstreifen **A,** Rand-M. Am rechten Rand den Armausschnitt in gleicher Höhe wie am Rückenteil ausführen = 31 M. Nach 16 cm = 30 R. Armausschnitthöhe für den Halsausschnitt am linken Rand in jeder 2. R. 1mal 4 M., 2mal 2 M., 2mal 1 M. abk. Am rechten Rand die Schulter in gleicher Höhe wie am Rückenteil schrägen.

Rechtes Vorderteil gegengleich str.

Ärmel: Mit 46 M. Anschlag auf Nadeln Nr. 6 für den Bund 5 cm = 10 R. Rippen str. In der letzten Bund-R. gleichmäßig verteilt 4 M. verschränkt aus dem Querfaden zunehmen = 50 M. Anschließend mit Nadeln Nr. 7 in folgender Einteilung weiterstr.: Mit 1 Rand-M. beginnen, danach die letzten 10 M. des Musterstreifens **B** arbeiten, 12 M. Musterstreifen **A,** 2 M. schmaler Zopf, 2 M. schmaler Zopf, 12 R. Musterstreifen **A,** dann die ersten 10 M. des Musterstreifens **B** str., enden mit 1 Rand-M. Für die Ärmelschrägung beidseitig 3mal in jeder 8. R. und 8mal in jeder 6. R. 1 M. zunehmen = 72 M. Über den ersten je 5 zugenommenen M. den Musterstreifen **B** ergänzen, die weiteren zugenommenen M. glatt links str. (= Hin-R. linke M., Rück-R. rechte M.). Nach 46 cm = 88 R. ab Bund alle M. abk.

Ausarbeiten: Teile spannen, anfeuchten und trocknen lassen. Für die Knopflochblende mit Nadeln Nr. 6 aus der linken Vorderkante 98 M. auffassen und Rippen str. In der 2. R. (= Hin-R.) für die Knopflöcher vom oberen Rand aus 14 M. str., 2 M. abk. * 16 M. str., 2 M. abk.; ab * noch 3mal wdh. und die letzten 10 M. str. In der folgenden R. die abgeketteten M. wieder anschlagen. Nach 4 cm = 7 R. Rippen die M. abk., wie sie erscheinen. Die Knopfblende am rechten Vorderteil genauso anstr., jedoch ohne Knopflöcher. Nähte schließen, dabei an den Ärmelnähten die oberen 6 cm offen lassen. Für die Ausschnittblende mit Nadeln Nr. 6 aus dem Halsrand, einschließlich Verschlußblenden, 74 M. auffassen. Rippen str., dabei in der 4. R. über der linken Blende ein weiteres Knopfloch ausführen. Nach 6 cm = 11 R. Rippen die M. abk., wie sie erscheinen. Ärmel lt. Zeichen im Schnitt einsetzen. Knöpfe annähen.

41 Herrenpullover im Aranstil für Gr. 52 und 56

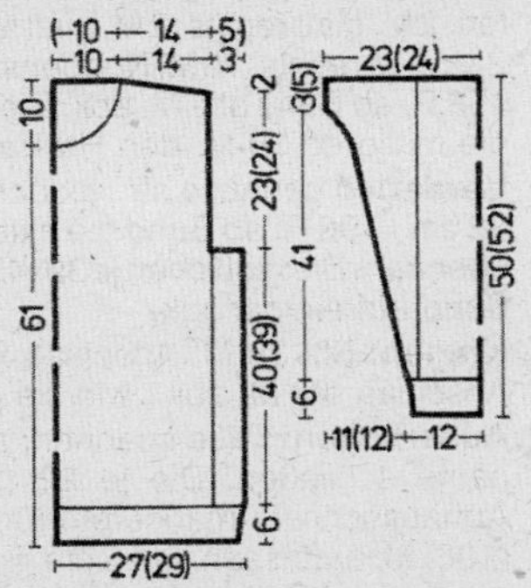

Die eingeklammerten Zahlen gelten für Gr. 56. Steht nur eine Zahlenangabe, so gilt sie für beide Größen.

Material: Ca. 1000 (1100) g starke Junghans Wolle „Polarstern"; Perl-INOX-Tric-Schnellstricknadeln und JMRA-Spielstricknadeln aus Kunststoff Nr. 7.

Rippen: 2 M. rechts, 2 M. links im Wechsel.

Perlmuster: 1 M. rechts, 1 M. links im Wechsel, nach jeder R. versetzt str.

Aranmuster: Maschenzahl teilbar durch 25 + 11 M. extra: Nach der Strickschrift arbeiten. In der Breite mit den M. vor dem 1. Pfeil beginnen und den Mustersatz zwischen den Pfeilen stets wdh. Die Zahlen rechts außen bezeichnen die Hin-R. In den nichtgezeichneten Rück-R. die M. str., wie sie erscheinen, die Zug-M. abheben, in der Höhe die **1.–12. R.** stets wdh.

Strickschrift und Zeichenerklärung:

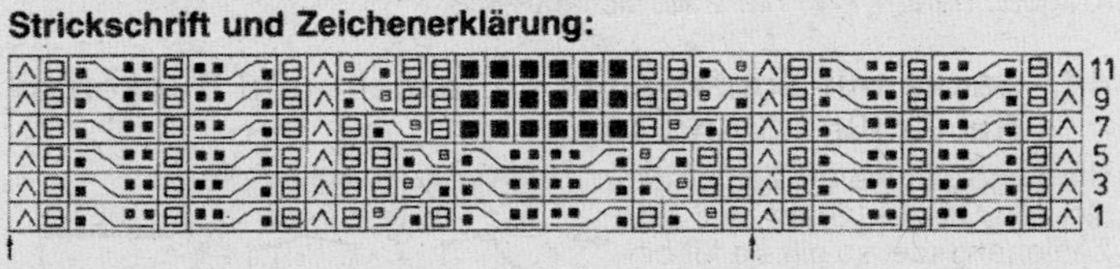

■ = 1 M. rechts ⊟ = 1 M. links

∧ = 1 Zug-M.: Die M. in den Hin-R. rechts str., in den Rück-R. wie zum Linksstr. abheben, dabei den Faden **vor** der M. weiterführen

= 2 M. nach links verkreuzen: 1 M. auf Hilfsnadel **vor** die Arbeit legen, die folgende M. links str., dann die M. der Hilfsnadel rechts str.

= 2 M. nach rechts verkreuzen: 1 M. auf Hilfsnadel **hinter** die Arbeit legen, die folgende M. rechts str., dann die M. der Hilfsnadel links str.

= 3 M. nach links verkreuzen: 1 M. auf Hilfsnadel **vor** die Arbeit legen, die folgenden 2 M. rechts str., dann die M. der Hilfsnadel rechts str.

= 3 M. nach rechts verkreuzen: 2 M. auf Hilfsnadel **hinter** die Arbeit legen, die folgende M. rechts str., dann die 2 M. der Hilfsnadel rechts str.

Maschenproben: 13 M. und 19 R. = 10 x 10 cm Perlmuster. – 18 M. und 19 R. = 10 x 10 cm, Aranmuster.

Rückenteil: Mit 94 (102) M. Anschlag für den Bund 6 cm = 12 R. Rippen str. Für Gr. 52 in der letzten Bund-R. 2 M. zunehmen = 96 M. Anschließend in folgender Einteilung weiterarbeiten: 5 (8) M. Perlmuster, 86 M. Aranmuster und 5 (8) M. Perlmuster. Für die Armausschnitte nach 40 cm = 76 R. (39 cm = 74 R.) ab Bund beidseitig je 4 (7) M. abk. = 88 M. Nach 23 cm = 44 R. (24 cm = 46 R.) Armausschnitthöhe für die Schulterschrägung beidseitig in jeder 2. R. 2mal 13 M. abk. Die restlichen 36 M. für den Halsrand gerade abk.

Vorderteil genauso str., jedoch mit tieferem Halsausschnitt. Bereits nach 15 cm = 28 R. (16 cm = 30 R.) Armausschnitthöhe die mittleren 8 M. abk. und beide Seiten getrennt beenden. Für die Ausschnittrundung am inneren Rand in jeder 2. R. 1mal 5 M., 1mal 3 M., 1mal 2 M. und 4mal 1 M. abk. Die Schultern in gleicher Höhe wie am Rückenteil schrägen.

Ärmel: Mit 42 M. Anschlag für den Bund 6 cm = 12 R. Rippen str. Anschließend in folgender Einteilung weiterarbeiten: 3 M. Perlmuster, 36 M. Aranmuster und 3 M. Perlmuster. Für die Schrägung beidseitig 4 (3)mal in jeder 8. R., 4 (4)mal in jeder 6. R., 4 (5)mal in jeder 4. R. und 3 (5)mal in jeder 2. R. je 1 M. zunehmen = 72 (76) M. Nach 44 cm = 84 R. (46 cm = 88 R.) ab Bund alle M. abk.

Ausarbeiten: Teile spannen, anfeuchten und trocknen lassen. Nähte schließen, dabei die Ärmelnähte oben 3 (5) cm offen lassen. Aus dem Halsrand mit den Spielstricknadeln 96 M. auffassen, 1 Rd. linke M. und 18 cm = 34 Rd. Rippen str., dann die M. abk., wie sie erscheinen. Ärmel einsetzen.

42 Herrenpullover mit Zopfmusterstreifen für Gr. 48 und 52

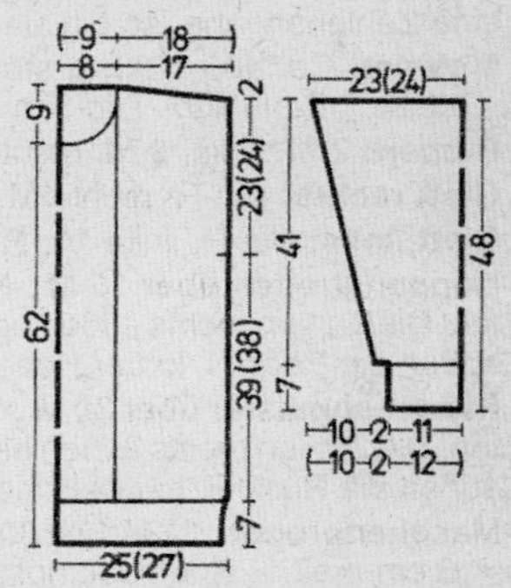

Die eingeklammerten Zahlen gelten für Gr. 52. Steht nur eine Zahlenangabe, so gilt sie für beide Größen.

Material: Ca. 500 (600) g stärkere Lana Grossa Wolle „Regina"; Perl-INOX-Tric-Schnellstricknadeln und Perl-INOX-Spielstricknadeln Nr. 4.

Rippen: 2 M. rechts, 2 M. links im Wechsel.

Perlmuster: 1 M. rechts, 1 M. links im Wechsel, nach jeder R. versetzt str.

Zopfmusterstreifen über 50 M.: Nach der Strickschrift arbeiten. Die Zahlen rechts außen bezeichnen die Hin-R. In den nichtgezeichneten Rück-R. die M. str., wie sie erscheinen. In der Höhe 1mal die **1.–32. R.** str., dann die **3.–32. R.** stets wdh.

Strickschrift und Zeichenerklärung: siehe unten.

■ = 1 M. rechts ⊟ = 1 M. links

= 4 M. nach links verkreuzen: 2 M. auf Hilfsnadel **vor** die Arbeit legen, die folgenden 2 M. rechts str., dann die 2 M. der Hilfsnadel rechts str.

= 4 M. nach rechts verkreuzen: 2 M. auf Hilfsnadel **hinter** die Arbeit legen, die folgenden 2 M. rechts str., dann die 2 M. der Hilfsnadel rechts str.

= 5 M. nach links verkreuzen: 4 M. auf Hilfsnadel **vor** die Arbeit legen, die folgende M. links str., dann die 4 M. der Hilfsnadel rechts str.

= 5 M. nach rechts verkreuzen: 1 M. auf Hilfsnadel **hinter** die Arbeit legen, die folgenden 4 M. rechts str., dann die M. der Hilfsnadel links str.

= 6 M. nach links verkreuzen: 4 M. auf Hilfsnadel **vor** die Arbeit legen, die folgenden 2 M. links str., dann die 4 M. der Hilfsnadel rechts str.

= 6 M. nach rechts verkreuzen: 2 M. auf Hilfsnadel **hinter** die Arbeit legen, die folgenden 4 M. rechts str., dann die 2 M. der Hilfsnadel links str.

= 8 M. nach links verkreuzen: 4 M. auf Hilfsnadel **vor** die Arbeit legen, die folgenden 4 M. rechts str., dann die 4 M. der Hilfsnadel rechts str.

= 8 M. nach rechts verkreuzen: 4 M. auf Hilfsnadel **hinter** die Arbeit legen, die folgenden 4 M. rechts str., dann die 4 M. der Hilfsnadel rechts str.

Maschenproben: 20 M. und 32 R. = 10 x 10 cm, Perlmuster. – Zopfmuster-Streifen über 50 M. = 18 cm breit.

Rückenteil: Mit 102 (110) M. Anschlag für den Bund 7 cm = 22 R. Rippen str. Anschließend im Perlmuster weiterarbeiten. Nach 62 cm = 200 R. ab Bund für die Schulterschrägung beidseitig in jeder 2. R. 1mal 11 M., 2mal 12 M. (2mal 12 M., 1mal 13 M.) abk. Die restlichen 32 (36) M. für den Halsrand gerade abk.

Vorderteil: Mit 102 (110) M. Anschlag den Bund wie am Rückenteil str. In der letzten Bund-R. über den mittleren 34 M. gleichmäßig verteilt 12 M. verschränkt aus dem Querfaden zunehmen = 114 (122) M. Anschließend in folgender Einteilung weiterarbeiten: 32 (36) M. Perlmuster, 50 M. Zopfmusterstreifen und 32 (36) M. Perlmuster. Für den Halsausschnitt nach 55 cm = 176 R. ab Bund die mittleren 12 (16) M. abk. und beide Seiten getrennt beenden. Für die Rundung am inneren Rand in jeder 2. R. 1mal 5 M., 1mal 4 M., 1mal 3 M., 1mal 2 M. und 2mal 1 M. abk. Die Schultern in gleicher Höhe wie am Rückenteil schrägen.

Ärmel: Mit 46 (50) M. Anschlag für den Bund 7 cm = 22 R. Rippen str. In der letzten Bund-R. gleichmäßig verteilt 9 M. verschränkt aus dem Querfaden zunehmen = 55 (59) M. Anschließend im Perlmuster weiterarbeiten. Für die Schrägung beidseitig 6mal in jeder 8. R. und 13mal in jeder 6. R. je 1 M. zunehmen = 93 (97) M. Nach 41 cm = 134 R. ab Bund alle M. abk.

Ausarbeiten: Teile spannen, anfeuchten und trocknen lassen. Nähte schließen, dabei die Seitennähte oben 23 (24) cm als Armausschnitte offen lassen. Aus dem Halsrand mit den Spielstricknadeln 100 (108) M. auffassen und 4 cm = 13 Rd. Rippen str., dann die M. abk., wie sie erscheinen. Blende zur Hälfte nach außen säumen. Ärmel einsetzen.

Vor Beginn der Arbeit die ganze Anleitung durchlesen!

43 Pullunder mit mehreren Mustern für Gr. 38 und 42

Die eingeklammerten Zahlen gelten für Gr. 42. Steht nur eine Zahlenangabe, so gilt sie für beide Größen.

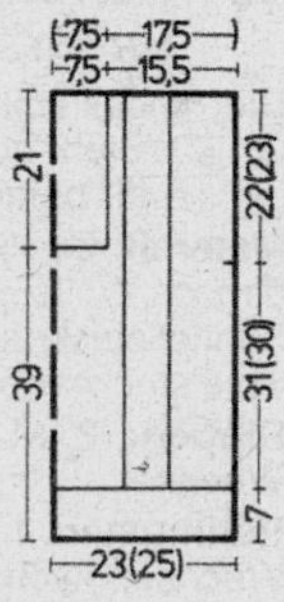

Material: Ca. 400 (450) g stärkere Lana Grossa Wolle „Regina"; Perl-INOX-Tric-Schnellstricknadeln Nr. 4.

Rippen: 2 M. links, 2 M. rechts im Wechsel.

Glatt rechts: Hin-R. rechte M., Rück-R. linke M.

Glatt links: Hin-R. linke M., Rück-R. rechte M.

Noppenstreifen über 15 M.: Nach Strickschrift **A** arbeiten. Die Zahlen rechts außen bezeichnen die Hin-R., links außen die Rück-R. In der Höhe die **1.–14. R.** stets wdh.

Rhombenmuster über 30 M.: Nach Strickschrift **B** arbeiten. Die Zahlen rechts außen bezeichnen die Hin-R., links außen die Rück-R. In der Höhe die **1.–16. R.** stets wdh.

Maschenproben: 23 M. und 30 R. = 10 x 10 cm, Rippen. – Noppenstreifen = 6 cm breit. – Rhombenmuster = 15 cm breit.

Zeichenerklärung zu 43:

■ = 1 M. rechts

⊟ = 1 M. links

(Symbol) = 2 M. nach links verkreuzen: die 2 M. **hinter** der 1. M. rechts verschränkt str., dann die 1. M. rechts str.

(Symbol) = 2 M. nach rechts verkreuzen: die 2. M. **vor** der 1. M. rechts str., dann die 1. M. rechts str.

▲ Strickschrift zu 43 ▼

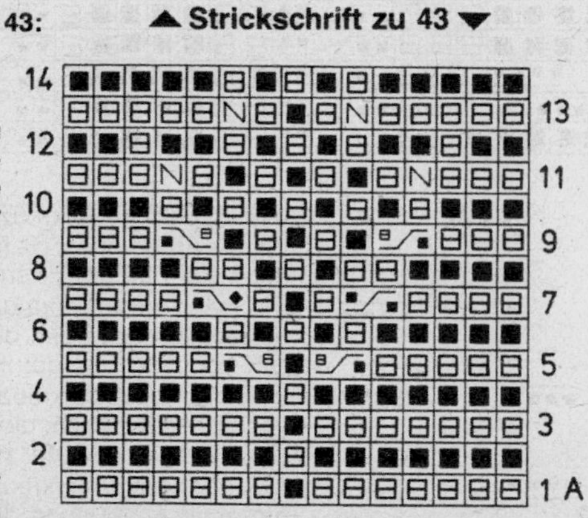

(Symbol) = 2 M. nach links verkreuzen: 1 M. auf Hilfsnadel **vor** die Arbeit legen, die folgende M. links str., dann die M. der Hilfsnadel rechts str.

(Symbol) = 2 M. nach rechts verkreuzen: die 2. M. **vor** der 1. M. rechts str., dann die 1. M. links str.

N = 1 Noppe: aus 1 M. rechts, 1 M. rechts, 1 M. rechts verschränkt, 1 M. rechts, 1 M. rechts verschränkt und 1 M. rechts herausstr. = 5 M. Wenden, die 5 M. links str., wenden, die 5 M. rechts str., wenden, die 5 M. links str., wenden, die 5 M. links zusammenstr.

Rückenteil: Mit 106 (114) M. Anschlag für den Bund 7 cm = 20 R. Rippen str. In der letzten Bund-R. 2 M. zunehmen wie folgt: 27 (31) M. str., 1 M. verschränkt aus dem Querfaden zunehmen, 52 M. str., 1 M. verschränkt aus dem Querfaden zunehmen, 27 (31) M. str. = 108 (116) M. Anschließend in folgender Einteilung weiterarbeiten: 20 (24) M. Rippen, 15 M. Noppenstreifen, 2 M. glatt rechts, 2 M. glatt links, 30 M. Rhombenmuster, 2 M. glatt links, 2 M. glatt rechts, 15 M. Noppenstreifen und 20 (24) M. Rippen. Nach 53 cm = 158 R. ab Bund alle M. abk. Die äußeren je 39 (43) M. bilden die Schultern, die mittleren 30 M. den Halsrand.

Vorderteil genauso str., jedoch mit tieferem Halsausschnitt. Bereits nach 32 cm = 96 R. ab Bund die mittleren 30 M. abk. und beide Seiten getrennt beenden. Die restlichen je 39 (43) M. für die Schulter nach 53 cm = 158 R. ab Bund auf einmal abk.

Kragen: Mit 38 M. Anschlag Rippen str. und nach 57 cm = 170 R. ab Anschlag die M. abk., wie sie erscheinen.

Ausarbeiten: Teile spannen, anfeuchten und trocknen lassen. Schulternähte schließen. Die je 22 (23) cm beidseitig der Schulternähte als Armausschnitte markieren, für die Blenden aus diesen Strecken je 102 (106) M. auffassen und 5 cm = 15 R. Rippen str., dann die M. abk., wie sie erscheinen. Seitennähte schließen. Armausschnittblenden zur Hälfte nach innen säumen. Kragen einsetzen, Schmalseiten übereinanderlegen und an die abgeketteten Mittel-M. nähen. Für die Querblende 4 M. anschlagen und 15 cm glatt rechts str., dann die M. abk. Die Blende so auf die Ansatznaht des Kragens nähen, daß nur 2 M. sichtbar sind.

44 Jacke mit Zopfstreifen an Ärmeln und Rückenteil für Größe 36 und 40

Die eingeklammerten Zahlen gelten für Gr. 40. Steht nur eine Zahlenangabe, so gilt sie für beide Größen.

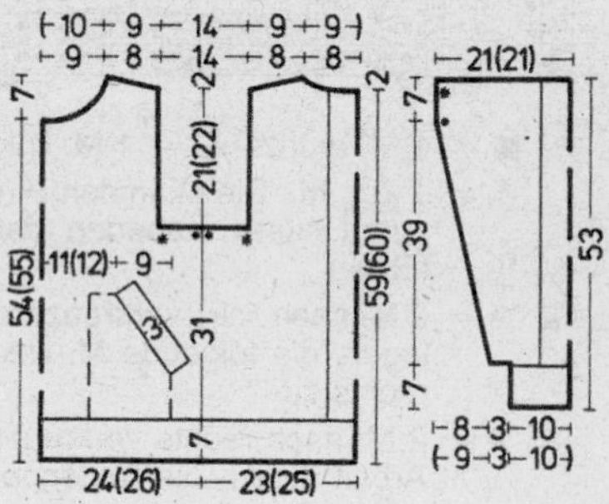

Material: Ca. 1000 (1100) g stärkere Schaffhauser Wolle „Merino Queen"; JMRA-flex-Schnellstricknadeln Nr. 4 und eine Perl-INOX-Häkelnadel Nr. 4; ein aushakbarer Reißverschluß, 60 cm lang.

Rippen: 2 M. rechts, 2 M. links im Wechsel.

Karomuster, Maschenzahl teilbar durch 8 + 4 M. extra: **1. R.:** ∗ 4 M. rechts, 4 M. links, ab ∗ stets wdh., enden mit 4 M. rechts. **2.–4. R.:** M. str., wie sie erscheinen. **5. R.:** ∗ 4 M. links, 4 M. rechts, ab ∗ stets wdh., enden mit 4 M. links. **6.–8. R.:** M. str. wie sie erscheinen. Die **1.–8. R.** fortlaufend wdh.

Zopfstreifen über 36 M.: Nach der Strickschrift arbeiten. In der Breite den gezeichneten Mustersatz 1mal ausführen. Die Zahlen rechts außen bezeichnen die Hin-R. In allen nichtgezeichneten Rück-R. die M. str. wie sie erscheinen. In der Höhe die **1.–12. R.** stets wdh.

Strickschrift siehe Seite 151

Maschenprobe: 22 M. und 32 R. = 10 x 10 cm Karomuster. – Zopfstreifen über 36 M. = 10 cm breit.

Tascheninnenteil (2mal str.): Mit 29 M. Anschlag glatt rechts str. Nach 7 cm = 22 R. ab Teilung die M. auf eine Hilfsnadel legen.

Rückenteil und Vorderteile im Zusammenhang beginnen. Für die ganze untere Weite 220 (236) M. anschlagen und für den Bund 7 cm = 22 R. Rippen str., dabei in der letzten Bund-R. gleichmäßig verteilt 2mal je 1 M. verschränkt aus dem Querfaden zunehmen = 222 (238) M. Anschließend in folgender Einteilung weiterarbeiten: Rand-M., 92 (100) M. Karomuster, 36 M. Zopfstreifen, 92 (100) M. Karomuster, Rand-M. Für die Tascheneingriffe nach 7 cm = 22 R. ab Bund die Arbeit teilen und über die ersten und letzten je 45 (47) M. im Karomuster getrennt weiterstr. Für die Schrägung am Teilungsrand 20mal in jeder 2. R. je 1 M. abnehmen und die übrigen 25 (27) M. nach 13 cm = 42 R. ab Teilung auf eine Hilfsnadel legen. Zu den mittleren 132 (144) M. beidseitig ein Tascheninnenteil hinzufügen und über alle 190 (202) M. im Muster wie bisher weiterstr. Nach 13 cm = 42 R. ab Teilung die äußeren je 9 M. abk. und beidseitig die je 25 (27) M. der Hilfsnadel hinzunehmen. Danach wieder über alle 222 (238) M. im Zusammenhang weiterstr. Nach 31 cm = 100 R. ab Bund über die mittleren 116 (124) M. zuerst das Rückenteil beenden. Für die Armausschnitte beidseitig je 15 M. abk. = 86 (94) M. Bereits nach 21 cm = 68 R. (22 cm = 72 R.) Armausschnitthöhe beginnen gleichzeitig Halsausschnitt und Schulterschrägung. Für den Halsausschnitt die mittleren 40 (44) M. abk. und beide

Seiten getrennt beenden. Am inneren Rand für die Rundung in der folgenden 2. R. 1mal 5 M. abk. Für die Schulterschrägung am äußeren Rand in jeder 2. R. 3mal 6 M. (1mal 6 M. und 2mal 7 M.) abk. Danach über die letzten 53 (57) M. das **linke Vorderteil** arbeiten. Den Armausschnitt am rechten Rand wie am Rückenteil ausführen = 38 (42) M. Für die Ausschnittrundung nach 16 cm = 52 R. (17 cm = 56 R.) Armausschnitthöhe am linken Rand in jeder 2. R. 1mal 6 M., 1mal 4 M., 1mal 3 M., 2mal 2 M. und 3mal 1 M. (1mal 7 M., 1mal 4 M., 1mal 3 M., 3mal 2 M. und 2mal 1 M.) abk. Die Schultern am rechten Rand in gleicher Höhe wie am Rückenteil schrägen. Nun das **rechte Vorderteil** über die ersten 53 (57) M. gegengleich beenden.

Ärmel: Mit 46 M. Anschlag für den Bund 7 cm = 22 R. Rippen str., dabei in der letzten Bund-R. gleichmäßig verteilt 24mal je 1 M. verschränkt aus dem Querfaden zunehmen = 70 M. Anschließend in folgender Einteilung weiterarbeiten: Rand-M., 16 M. Karomuster, 36 M. Zopfstreifen, 16 M. Karomuster, Rand-M. Für die Ärmelschrägung ab Bund beidseitig 6mal in jeder 8. R. und 13mal in jeder 6. R. (21mal in jeder 6. R.) je 1 M. zunehmen = 108 (112) M. Anschließend noch 7 cm = 22 R. gerade str., dann die M. abk.

Ausarbeiten: Teile spannen, anfeuchten und trocknen lassen. Aus den vorderen Tascheneingriffsrändern für die Blenden je 36 M. auffassen und Rippen str. Nach 3 cm = 10 R. alle M. abk., wie sie erscheinen. Schmalseiten der Blenden und Tascheninnenteile annähen. Schulternähte schließen. Aus den Längsrändern der Armausschnitte je 96 (100) M. auffassen, 3 cm = 10 R. Rippen str. und dann die M. abk., wie sie erscheinen. Seiten- und Ärmelnähte schließen, dabei an den Ärmelnähten die oberen 7 cm offen lassen. Schmalseiten der Armausschnittblenden annähen. Ärmel zeichengemäß einsetzen. Für den Kragen aus dem Halsrand 108 (116) M. auffassen und Rippen str. Nach 18 cm = 58 R. alle M. abk., wie sie erscheinen. Die beiden Vorderkanten, einschließlich der Schmalseiten des Kragens, mit je 1 R. fester M. behäkeln. Den Kragen zur Hälfte nach innen säumen. Reißverschluß einnähen und am Kragen zwischensetzen.

Strickschrift und Zeichenerklärung:

⊟ = 1 M. links, ■ = 1 M. rechts

 = 10 M. nach rechts verkreuzen: 5 M. auf Hilfsnadel **hinter** die Arbeit legen, die folgenden 5 M. rechts str., dann die 5 M. der Hilfsnadel rechts str.

 = 10 M. nach links verkreuzen: 5 M. auf Hilfsnadel **vor** die Arbeit legen, die folgenden 5 M. rechts str., dann die 5 M. der Hilfsnadel rechts str.

45 Herrenpullover mit dekorativem Zopfstreifen für Größe 48 und 52

Die eingeklammerten Zahlen gelten für Gr. 52. Steht nur eine Zahlenangabe, so gilt sie für beide Größen.

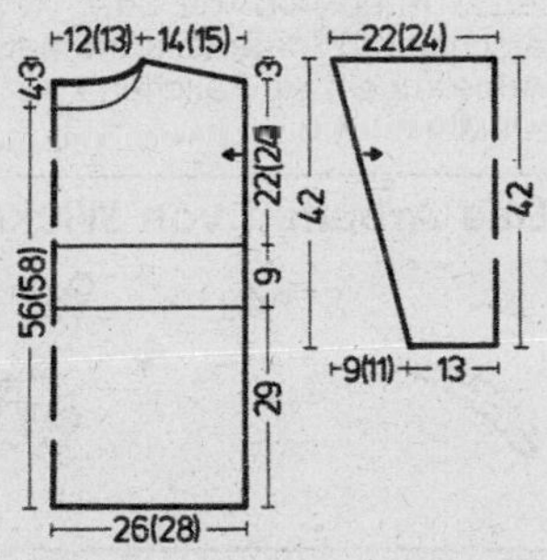

Material: Ca. 1000 (1100) g stärkere Schaffhauser Wolle „Merino Queen"; Perl-INOX-Tric-Schnellstricknadeln Nr. 4 und eine 60 cm lange Perl-INOX-Rundstricknadel Nr. 4.

Rippen: 2 M. rechts, 2 M. links im Wechsel.

Karomuster: 2 M. rechts, 2 M. links im Wechsel, stets nach 2 R. versetzt str.

Zopfstreifen: über 30 M. Nach der Strickschrift arbeiten. In der Breite den gezeichneten Mustersatz 1mal ausführen. Die Zahlen rechts außen bezeichnen die Hin-R., links außen die Rück-R. In der Höhe die **1.–12. R.** fortlaufend wdh.

Strickschrift siehe Seite 149

Maschenprobe: 22 M. und 32 R. = 10 x 10 cm, Karomuster. – Zopfstreifen über 30 M. = 9 cm breit.

Achtung! Die Pfeile in der Schnittübersicht geben die Strickrichtung an.

Rückenteil: In Querrichtung arbeiten. Mit 144 (148) M. Anschlag an der späteren rechten Seitennaht beginnen und in folgender Einteilung str.: Rand-M., 48 (52) M. Karomuster, 30 M. Zopfstreifen, 64 M. Karomuster, Rand-M. Für die Schulterschrägung am rechten Rand nach 6 R. ab Anschlag 1 M. zunehmen und dieses Zunehmen noch 4 (3)mal in jeder 6. R. und 1 (2)mal in jeder 8. R. wdh. = 150 (154) M. Nach 14 cm = 44 R. (15 cm = 48 R.) ab Anschlag für den Halsausschnitt am rechten Rand in jeder 2. R. 1mal 2 M. und 4mal 1 M. abk. = 144 (148) M., 18 cm = 58 R. (20 cm = 64 R.) gerade str. und danach wieder in jeder 2. R. 4mal 1 M. und 1mal 2 M. zunehmen. Damit ist der Halsausschnitt beendet. Nun wieder über alle 150 (154) M. weiterstr. und das Teil ab Halsausschnittbeginn gegengleich beenden.

Vorderteil: Mit 144 (148) M. Anschlag an der späteren linken Seitennaht beginnen und wie das Rückenteil str., jedoch den Halsausschnitt nach 14 cm = 44 R. (15 cm = 48 R.) ab Anschlag wie folgt ausführen: am rechten Rand in jeder 2. R. 1mal 8 M., 1mal 3 M., 1mal 2 M. und 3mal 1 M. abk. = 134 (138) M., 17 cm = 54 R. (19 cm = 60 R.) gerade str. und danach wieder in jeder 2 R. 3mal 1 M., 1mal 2 M., 1mal 3 M. und 1mal 8 zunehmen. Nun das Teil wieder über alle 150 (154) M. wie das Rückenteil beenden.

Linker Ärmel: In Querrichtung arbeiten. Mit 7 (6) M. Anschlag im Karomuster str. Für die Ärmelschrägung am rechten Rand in jeder 2. R. 3mal 7 M. und 11mal 6 M. (3mal 6 M. und 14mal 5 M.) neu anschlagen = 94 M. Damit ist die gesamte Ärmellänge erreicht. Hier eine Markierung anbringen und gerade weiterarbeiten. Nach 26 cm = 84 R. ab Markierung am rechten Rand für die Ärmelschrägung wieder in jeder 2. R. 4mal 7 M. und 11mal 6 M. (4mal 6 M. und 14mal 5 M.) abk.

Rechten Ärmel gegengleich str.

Ausarbeiten: Teile spannen, anfeuchten und trocknen lassen. Aus den unteren Rändern von Rücken- und Vorderteil je 114 (122) M. auffassen und Rippen str. Nach 8 cm = 24 R. alle M. abk., wie sie erscheinen. Aus den unteren Ärmelrändern je 50 M. auffassen, 8 cm = 24 R. Rippen str. und dann die M. abk., wie sie erscheinen. Nähte schließen, dabei an den Seitennähten die oberen 22 (24) cm als Armausschnitte offen lassen. Aus dem Halsausschnitt mit der Rundstricknadel 124 M. auffassen, in Rd. Rippen str. und nach 8 cm = 24 Rd. alle M. abk., wie sie erscheinen. Die Halsblende zur Hälfte nach innen säumen. Ärmel ansetzen.

Strickschrift

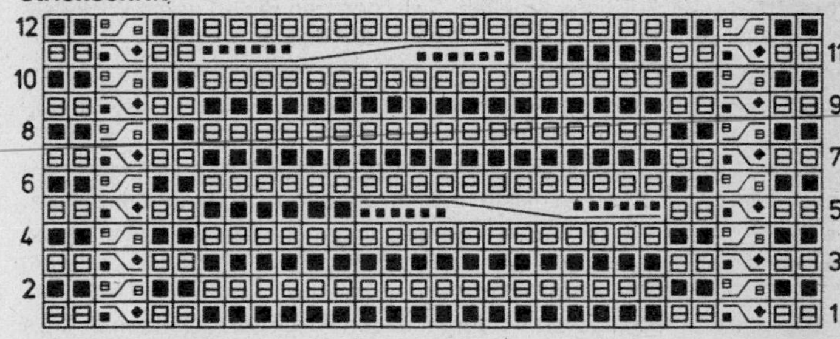

Zeichenerklärung

■ = 1 M. rechts ⊟ = 1 M. links

 = 2 M. nach links verkreuzen: die 2. M. **hinter** der 1. M. rechts verschränkt str., dann die 1. M. rechts str.

 = 2 M. nach rechts verkreuzen: die 2. M. **vor** der 1. M. links str., dann die 1. M. links str.

 = 12 M. nach links verkreuzen: 6 M. auf Hilfsnadel **vor** die Arbeit legen, die folgenden 6 M. rechts str., dann die 6 M. der Hilfsnadel rechts str.

 = 12 M. nach rechts verkreuzen: 6 M. auf Hilfsnadel **hinter** die Arbeit legen, die folgenden . rechts str., dann die 6 M. der Hilfsnadel rechts str.

46 Jacke mit Fächermuster für Gr. 34 und 42

Die eingeklammerten Zahlen gelten für Gr. 42. Steht nur eine Zahlenangabe, so gilt sie für beide Größen.

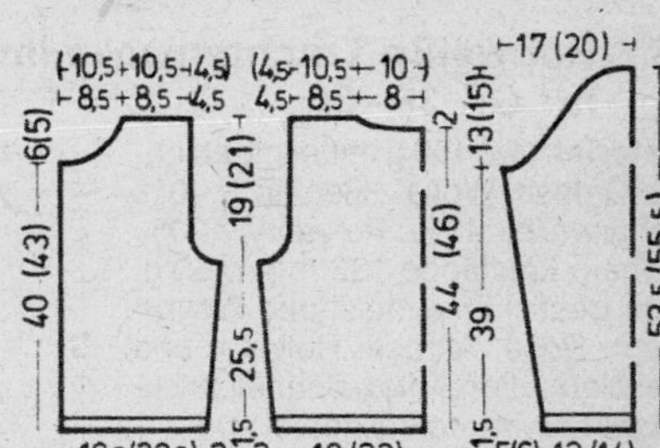

Material: Ca. 450 (550) g mittelstarke Lana Grossa Wolle „Sport 4fach"; Reine Schurwolle, Lauflänge 145 m pro 50 g; zum Besticken Wollreste in Rosa und Grün; Perl-INOX-Tric-Schnellstricknadeln und eine Perl-INOX-Häkelnadel Nr. 3½; sieben Knöpfe.

Gerippt: Hin- und Rück-R. rechte Maschen.

Fächermuster, Maschenzahl teilbar durch 10 + 3 M. extra: Nach der Strickschrift arbeiten. In der Breite mit den M. vor dem 1. Pfeil beginnen, den Mustersatz zwischen den Pfeilen stets wdh., enden mit den M. nach dem 2. Pfeil. Die Zahlen rechts außen bezeichnen die Hin-R., links außen die Rück-R. Alle übrigen nichtgezeichneten Rück-R. links str. In der Höhe die **1.–20. R.** stets wdh.

Maschenprobe: 22 M. und 31 R. = 10 x 10 cm.

Rückenteil: Mit 83 (103) M. Anschlag für die Randblende 1,5 cm = 6 R. gerippt str. Anschließend im Fächermuster weiterarbeiten. Für die Seitenschrägung beidseitig 5mal in jeder 14. R. je 1 M. zunehmen = 93 (113) M. Nach 25,5 cm = 80 R. ab Randblende für die Armausschnitte beidseitig in jeder 2. R. 1mal 3 M., 2mal 2 M. und 3mal 1 M. abk. = 73 (93) M. Für den Halsausschnitt nach 17 cm = 54 R. (19 cm = 60 R.) Armausschnitthöhe die mittleren 25 (35) M. abk. und beide Seiten getrennt beenden. Am inneren

Rand in der folgenden 2. R. 1mal 5 M. abk. Die restlichen je 19 (24) M. für die Schultern nach 19 cm = 60 R. (21 cm = 66 R.) Armausschnitthöhe auf einmal abk.

Linkes Vorderteil: Mit 43 (53) M. Anschlag für die Randblende 1,5 cm = 6 R. gerippt str. Anschließend im Grundmuster weiterarbeiten. Seitenschrägung und Armausschnitt am rechten Rand in gleicher Höhe wie am Rückenteil ausführen = 38 (48) M. Für den Halsausschnitt nach 13 cm = 40 R. (16 cm = 50 R.) Armausschnitthöhe am linken Rand in jeder 2. R. 1mal 7 M., 1mal 4 M., 1mal 3 M., 1mal 2 M. und 3mal 1 M. (1mal 8 M., 1mal 5 M., 1mal 4 M., 1mal 3 M., 1mal 2 M. und 2mal 1 M.) abk. Die M. für die Schulter in gleicher Höhe wie am Rückenteil abk.

Rechtes Vorderteil gegengleich str.

Ärmel: Mit 53 (63) M. Anschlag für die Randblende 1,5 cm = 6 R. gerippt str. Anschließend im Grundmuster weiterarbeiten. Für die Schrägung beidseitig 8 (4)mal in jeder 10. R. und 4 (9)mal in jeder 8. R. je 1 M. zunehmen = 77 (89) M. Nach 39 cm = 120 R. ab Randblende für die Ärmelkugel beidseitig in jeder 2. R. 1mal 3 M., 2 (3)mal 2 M., 13 (15)mal 1 M., 2mal 2 M., 1mal 3 M., 1mal 5 M. und die restlichen 13 (17) M. auf einmal abk.

Ausarbeiten: Teile spannen, anfeuchten und trocknen lassen. Nähte schließen. Die Vorderkanten und den Halsausschnitt mit 2 R. fester M. und 1 R. Krebsmaschen behäkeln, dabei an der rechten Vorderkante in der 2. R. gleichmäßig verteilt 7 Knopflöcher einarbeiten. Für jedes Knopfloch 2 f. M. der Vor-R. mit 2 Lm. überspringen und diese Lm. in der folgenden R. mit Krebsmaschen behäkeln. Die Vorderteile abbildungsgemäß mit Wickelröschen besticken. Für die Blütenmitte je 3 grüne, für die Blütenblätter je 6 rosafarbene Wickelstiche arbeiten. Zwischen den Blüten grüne Wickelstiche aufsticken. Ärmel einsetzen. Knöpfe annähen.

Zeichenerklärung:

+ = Rand-M. ■ = 1 M. rechts ⊟ = 1 M. links ○ = 1 Umschlag

◢ = 2 M. rechts zusammenstr.

◣ = 2 M. überzogen zusammenstr.: 1 M. wie zum Rechtsstr. abheben, die folgende M. rechts str. und die abgehobene M. darüberziehen.

■6■ = 1 M. rechts str., aus den darunterliegenden 3 bzw. 6 Umschlägen
■3■ nacheinander je 1 Schlinge holen und alle Schlingen ca. 2 cm hochziehen, 1 M. rechts str.

⇑ = die 6 Umschläge der vorhergehenden R. mit der folgenden M. links zusammenstr.

↑ = die 3 Umschläge der vorhergehenden R. mit der folgenden M. links zusammenstr.

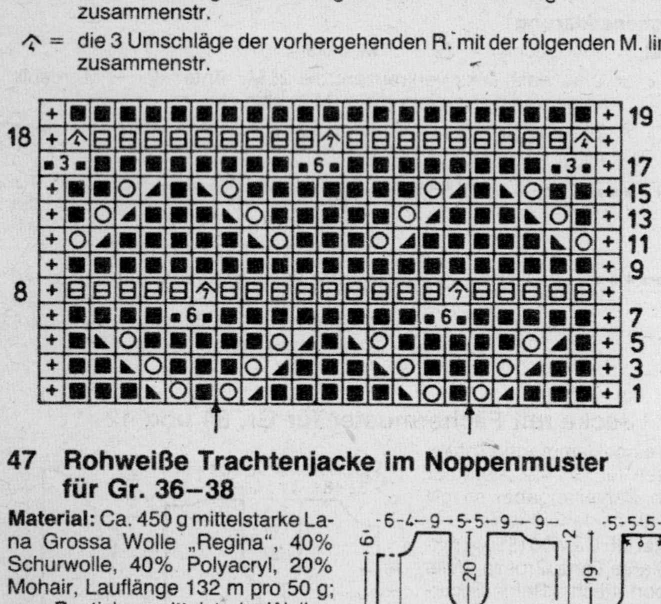

47 Rohweiße Trachtenjacke im Noppenmuster für Gr. 36–38

Material: Ca. 450 g mittelstarke Lana Grossa Wolle „Regina", 40% Schurwolle, 40% Polyacryl, 20% Mohair, Lauflänge 132 m pro 50 g; zum Besticken mittelstarke Wollreste in Rosé, Altrosa, Hellgrün und Hellblau; JMRA-flex-Schnellstricknadeln Nr. 4; acht Knöpfe.

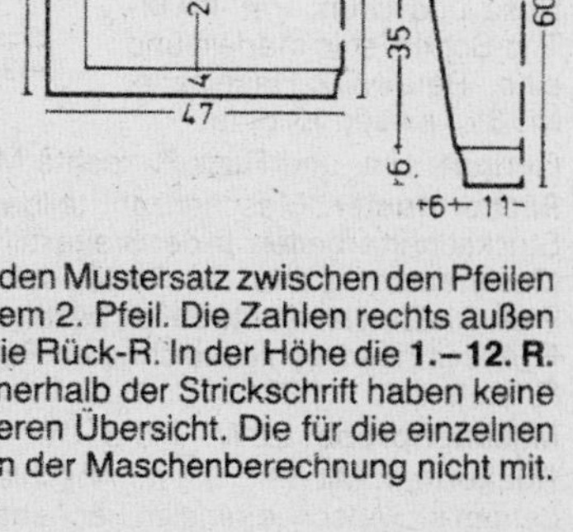

Rippen: 1 M. rechts verschränkt, 1 M. links im Wechsel.

Noppenmuster, Maschenzahl teilbar durch 6 + 5 M. extra: Nach der Strickschrift arbeiten. In der Breite mit den M. vor dem 1. Pfeil beginnen, den Mustersatz zwischen den Pfeilen stets wdh., enden mit den M. nach dem 2. Pfeil. Die Zahlen rechts außen bezeichnen die Hin-R., links außen die Rück-R. In der Höhe die **1.–12. R.** stets wdh. **Achtung!** Leere Karos innerhalb der Strickschrift haben keine Bedeutung. Sie dienen nur zur besseren Übersicht. Die für die einzelnen Noppen zugenommenen M. zählen in der Maschenberechnung nicht mit. Jede Noppe zählt nur als 1 Masche

Zeichenerklärung:

■ = 1 M. rechts, ⊟ = 1 M. links

⇣ = aus 1 M. 1 M. rechts, 1 M. links, 1 M. rechts und 1 M. links herausstr.

⇡ = 4 M. links zusammenstr.

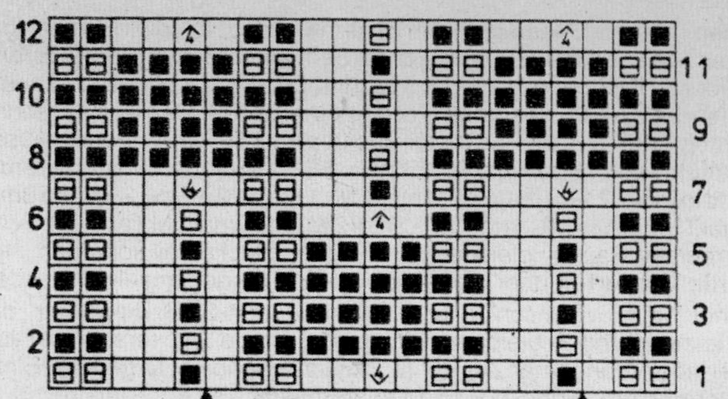

Stickerei: Nach der originalgroßen Musterzeichnung (siehe Bogen B) die Ranke auf das linke Vorderteil mit Wickelstichen sticken. In der Höhe den gezeichneten Mustersatz stets wdh. Das rechte Vorderteil gegengleich besticken. Auf die Halsblende gleichmäßig verteilt noch 3 Wickelröschen, dazwischen gleichmäßig verteilt hellgrüne und blaue Wickelstiche arbeiten. Farben siehe Foto.

Maschenprobe: 21 M. und 30 R. = 10 x 10 cm Noppenmuster.

Rücken- und Vorderteile: Mit 211 M. Anschlag für die ganze untere Weite beginnen und für den Bund Rippen str. Bereits in der 7. R. ab Anschlag für das 1. Knopfloch die 4.–6. M. abk. und in der folgenden R. diese M. wieder anschlagen. Die übrigen 7 Knopflöcher in jeder folgenden 20. R. ebenso ausführen. Nach 4 cm = 12 R. Bundbreite über den mittleren 173 M. im Noppenmuster weiterarbeiten, die äußeren je 19 M. weiterhin in Rippen str. Nach 23 cm = 70 R. ab Bund das **Rückenteil** über die mittleren 97 M. getrennt beenden. Für die Armausschnitte beidseitig in jeder 2. R. 1mal 4 M., 1mal 3 M., 1mal 2 M. und 1mal 1 M. abk. = 77 M. Nach 18 cm = 54 R. Armausschnitthöhe für den Halsausschnitt die mittleren 17 M. abk. und beide Seiten getrennt beenden. Am inneren Rand in der folgenden 2. R. 1mal 10 M. abk. Die restlichen je 20 M. für die Schultern nach 20 cm = 60 R. Armausschnitthöhe auf einmal abk. Anschließend das **linke Vorderteil** über die letzten 57 M. beenden. Den Armausschnitt am rechten Rand wie am Rückenteil ausführen = 47 M. Nach 14 cm = 42 R. Armausschnitthöhe für den Halsausschnitt am linken Rand die 19 Rippenmaschen auf eine Sicherheitsnadel legen und für die Ausschnittrundung in jeder folgenden 2. R. 1mal 2 M. und 6mal 1 M. abk. Die M. der Schulter in gleicher Höhe wie am Rückenteil abk. Das **rechte Vorderteil** über die ersten 57 M. gegengleich beenden.

Ärmel: Mit 47 M. Anschlag für den Bund 6 cm = 18 R. Rippen str. Anschließend im Noppenmuster weiterarbeiten. Für die Schrägung beidseitig 10mal in jeder 8. R., 3mal in jeder 6. R. je 1 M. zunehmen = 73 M. Nach 35 cm = 106 R. ab Bund für die Ärmelkugel beidseitig in jeder 2. R. 1mal 4 M., 1mal 3 M., 1mal 2 M. und 1mal 1 M. abk. = 53 M. Nach 19 cm = 56 R. Kugelhöhe alle M. abk.

Ausarbeiten: Teile spannen, anfeuchten und trocknen lassen. Nähte schließen. Aus dem Halsrand 109 M. auffassen, einschließlich der M. auf den Sicherheitsnadeln, und für die Halsblende 9 R. Rippen str., dabei das letzte Knopfloch wie beschrieben arbeiten, dann die M. abk., wie sie erscheinen. Vorderteile und Halsblende wie beschrieben besticken. An den Ärmelkugeln die Fältchen x auf o legen und die Ärmel einsetzen. Knöpfe annähen.

Das Arbeiten von Wickelröschen

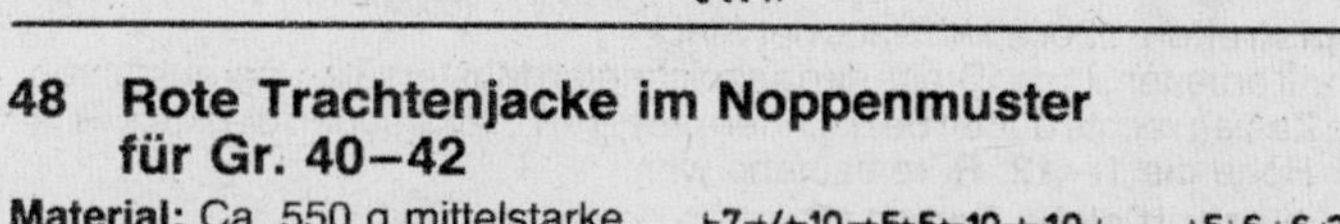

48 Rote Trachtenjacke im Noppenmuster für Gr. 40–42

Material: Ca. 550 g mittelstarke Lana Grossa Wolle „Regina", 40% Schurwolle, 40% Polyacryl, 20% Mohair, Lauflänge 132 m pro 50 g; zum Besticken mittelstarke Wollreste in Rosé, Altrosa, Hellgrün und Hellblau; JMRA-flex-Schnellstricknadeln Nr. 4; acht Knöpfe.

Rippen, Noppenmuster, Stickerei und Maschenprobe siehe Modell 47

Rücken- und Vorderteile: Mit 227 M. Anschlag für die ganze untere Weite beginnen und für den Bund Rippen str. Bereits in der 7. R. ab Anschlag für das 1. Knopfloch die 4.–6. M. abk. und in der folgenden R. wieder anschlagen. Die übrigen 7 Knopflöcher abwechselnd in jeder folgenden 16. bzw. 18. R. ebenso ausführen. Nach 4 cm = 12 R. Bundbreite über die mittleren 185 M. im Noppenmuster weiterarbeiten, die äußeren je 21 M. weiterhin in Rippen str. Nach 25 cm = 76 R. ab Bund das **Rückenteil** über die mittleren 107 M. getrennt beenden. Für die Armausschnitte beidseitig in jeder 2. R. 1mal 4 M., 1mal 3 M., 1mal 2 M. und 1mal 1 M. abk. = 87 M. Nach 19 cm = 56 R. Armausschnitthöhe für den Halsausschnitt die mittleren 23 M. abk. und beide Seiten getrennt beenden. Am inneren Rand in der folgenden 2. R. 1mal 10 M. abk. Die restlichen je 22 M. für die Schultern nach 21 cm = 62 R. Armausschnitthöhe auf einmal abk. Anschließend das **linke Vorderteil** über die letzten 60 M. beenden. Den Armausschnitt am rechten Rand wie am Rückenteil ausführen = 50 M. Nach 15 cm = 46 R. Armausschnitthöhe für den Halsausschnitt am linken Rand die 21 Rippenmaschen auf eine Sicherheitsnadel legen und für die Ausschnittrundung in jeder folgenden 2. R. 1mal 2 M. und 5mal 1 M. abk. Die M. für die Schulter in gleicher Höhe wie am Rückenteil abk. Das **rechte Vorderteil** über die ersten 60 M. gegengleich beenden.

Ärmel: Mit 53 M. Anschlag für den Bund 6 cm = 18 R. Rippen str. Anschließend im Noppenmuster weiterarbeiten. Für die Schrägung beidseitig 7mal in jeder 8. R. und 7mal in jeder 6. R. je 1 M. zunehmen = 81 M. Nach 35 cm = 106 R. ab Bund für die Ärmelkugel beidseitig in jeder 2. R. 1mal 4 M., 1mal 3 M., 1mal 2 M. und 1mal 1 M. abk. = 61 M. Nach 20 cm = 60 R. Kugelhöhe alle M. abk.

Ausarbeiten: Teile spannen, anfeuchten und trocknen lassen. Nähte schließen. Aus dem Halsrand 117 M. auffassen, einschließlich der M. auf den Sicherheitsnadeln, und für die Halsblende 9 R. Rippen str., dabei das letzte Knopfloch wie beschrieben arbeiten, dann die M. abk., wie sie erscheinen. Vorderteile und Halsblende besticken. An den Ärmelkugeln die Fältchen x auf o legen und die Ärmel einsetzen. Knöpfe annähen.

49 Pullover und Rock mit Ajourmuster für Größe 42

Geeignet zum Stricken auf Handstrickapparaten, z. B. Brother, Empisal, Knittax, Passap, Singer.

Material: Ca. 900 g mittelstarke Rödel Wolle „Leacril"; Perl-INOX-Tric-Schnellstricknadeln Nr. 2½ und 3, eine 50 cm lange Perl-INOX-Rundstricknadel Nr. 2½, Gummiband, 3 cm breit.

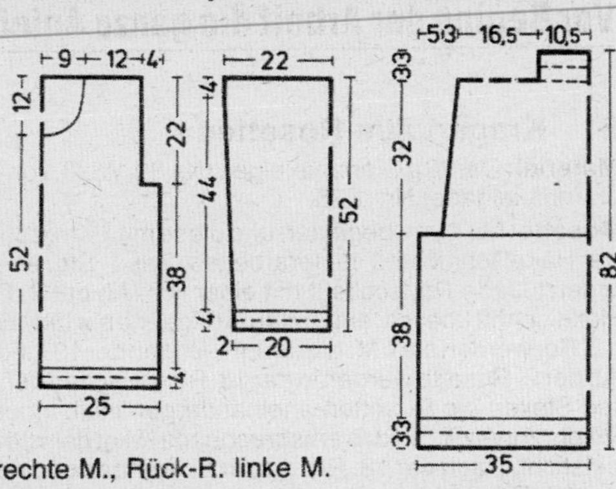

Glatt rechts: Hin-R. rechte M., Rück-R. linke M.

Ajourmuster, Maschenzahl teilbar durch 24 + 3 M. extra: Nach der Strickschrift arbeiten. In der Breite mit den M. vor dem 1. Pfeil beginnen, den Mustersatz zwischen den Pfeilen stets wdh., enden mit den M. nach dem 2. Pfeil. Die Zahlen rechts außen bezeichnen die Hin-R. In allen nicht gezeichneten Rück-R. die Maschen und Umschläge links str. In der Höhe die **1.–56. R.** stets wdh.

Maschenprobe: 28 M. und 38 R. = 10 x 10 cm, glatt rechts. – 24 M. und 44 R. = 10 x 10 cm, Ajourmuster.

PULLOVER, Rückenteil: Mit 123 M. Anschlag auf Nadeln Nr. 2½ für den Saum 4 cm glatt rechts str. Anschließend im Ajourmuster weiterarbeiten. Für die Armausschnitte nach 38 cm = 166 R. ab Saum beidseitig 9 M. abk. = 105 M. Nach 22 cm = 100 R. Armausschnitthöhe die M. abk. Die mittleren 41 M. bilden den Halsrand, die äußeren je 32 M. die Schultern.

Vorderteil wie das Rückenteil str., jedoch nach 3 cm ab Anschlag die mittleren 3 M. markieren und für den Kordeldurchzug vor den markierten M. 2 M. überzogen zusammenstr., 1 U. auf die Nadel nehmen, die markierten M. str., 1 U. auf die Nadel nehmen und die beiden folgenden M. rechts zusammenstr. Bereits nach 10 cm = 44 R. Armausschnitthöhe für den Halsausschnitt die mittleren 13 M. abk. und beide Seiten getrennt beenden. Für die Ausschnittrundung am inneren Rand in jeder 2. R. noch 1mal 4 M., 1mal 3 M., 2mal 2 M. und 3mal 1 M. abk. Die M. für die Schultern in gleicher Höhe wie am Rückenteil abk.

Ärmel: Mit 99 M. Anschlag auf Nadeln Nr. 2½ für den Saum glatt rechts str. Nach 3 cm ab Anschlag die Löcher für den Kordeldurchzug wie am Vorderteil ausführen. Nach 4 cm ab Anschlag im Ajourmuster weiterarbeiten. Für die Schrägung beidseitig 5mal in jeder 38. R. 1 M. zunehmen = 109 M. Nach 48 cm = 210 R. ab Saum die M. abk.

Ausarbeiten: Teile spannen, anfeuchten und trocknen lassen. Schulternähte schließen, Ärmel einsetzen, Seiten- und Ärmelnähte schließen. Aus dem Halsrand mit der Rundstricknadel 159 M. auffassen und in Runden rechte M. str. Nach 1 cm Blendenbreite in der vorderen Mitte 2 Löcher für den Kordeldurchzug arbeiten. Nach 4 cm Blendenbreite die M. abk. Die Ausschnittblende, den unteren Rand und die Ärmelränder 2 cm nach innen säumen. Mit einer Strickmühle für den unteren Saum eine 150 cm lange Schnur, für die Ärmel zwei 60 cm lange Schnüre und für den Halsausschnitt eine 100 cm lange Schnur anfertigen oder entsprechend dicke Kordeln drehen und einziehen. Die Schnurenden verknoten.

ROCK: Vier gleiche Teile arbeiten. Mit 195 M. Anschlag auf Nadeln Nr. 3 für den Saum 6 cm = 24 R. glatt rechts str., dabei in der letzten R. gleichmäßig verteilt 24mal je 2 M. zusammenstr. = 171 M. Anschließend mit Nadeln Nr. 2½ im Ajourmuster weiterarbeiten. Nach 38 cm = 168 R. ab Saum mit Nadeln Nr. 3 glatt rechts weiterstr. Für die Schrägung ab Ajourmuster beidseitig 9mal in jeder 12. R. 1 M. abnehmen = 153 M. Nach 32 cm = 122 R. ab Ajourmuster für das Taillenabnehmen 1 M. str., 16mal 2 M., 29mal 3 M. und 16mal 2 M. zusammenstr. und die letzte M. str. = 63 M. Für den Taillenbund noch 6 cm = 23 R. glatt rechts str. und die M. abk.

Ausarbeiten: Teile spannen, anfeuchten und trocknen lassen. Nähte schließen. Den Saum und den Taillenbund 3 cm nach innen säumen, dabei am Taillenbund zum Einziehen des Gummibandes eine Öffnung lassen. Gummiband einziehen.

Zeichenerklärung und Strickschrift:

+ = Rand-M. ○ = 1 Umschlag ■ = 1 M. rechts

◢ = 2 M. rechts zusammenstr.

◣ = 2 M. überzogen zusammenstr.: 1 M. wie zum Rechtsstr. abheben, die folgende M. rechts str. und die abgehobene M. darüberziehen.

⋒ = 3 M. überzogen zusammenstr.: 2 M. zusammen wie zum Rechtsstr. abheben, die folgende M. rechts str. und die beiden abgehobenen M. darüberziehen.

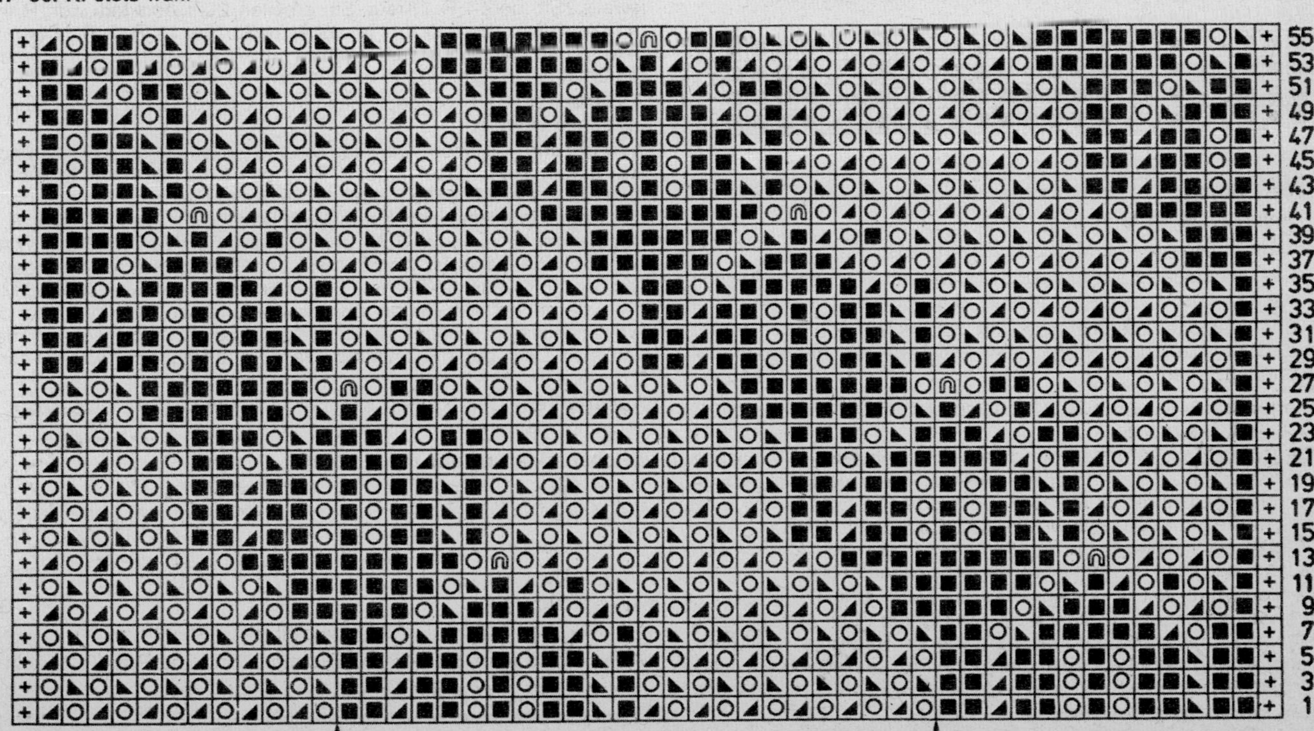

50 Jacke und Rock mit Ajourmuster für Größe 38–40

Geeignet zum Stricken auf Handstrickapparaten, z. B. Brother, Empisal, Knittax, Passap, Singer.

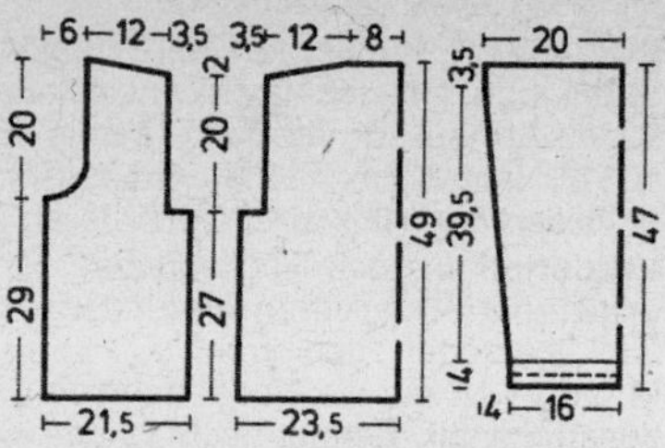

Material: Ca. 500 g feinere Schachenmayr Wolle „Nomotta Show"; JMRA-flex-Schnellstricknadeln Nr. 2½ und 3, eine Perl-INOX-Rundstricknadel Nr. 2½, Gummiband 3 cm breit.

Glatt rechts: Hin-R. rechte M., Rück-R. linke M.

Ajourmuster, Maschenzahl teilbar durch 12 + 3 M. extra: Nach den Strickschriften **A** und **B** str. In der Breite mit den M. vor dem 1. Pfeil beginnen, den Mustersatz zwischen den Pfeilen stets wdh., enden mit den M. nach dem 2. Pfeil. Die Zahlen rechts außen bezeichnen die Hin-R. In allen nicht gezeichneten Rück-R. die Maschen und Umschläge links str. Die Mustereinteilung in der Höhe ist in der Arbeitsanleitung beschrieben.

Strickschriften

Zeichenerklärung:

+ = Rand-M. ■ = 1 M. rechts

○ = 1 Umschlag ◢ = 2 M. rechts zusammenstr.

◣ = 2 M. überzogen zusammenstr.: 1 M. wie zum Rechtsstr. abheben, die folgende M. rechts str. und die abgehobene M. darüberziehen

⋒ = 3 M. überzogen zusammenstr.: 2 M. zusammen wie zum Rechtsstr. abheben, die folgende M. rechts str. und die beiden abgehobenen M. darüberziehen.

Maschenprobe: 24 M. und 36 R. = 10 x 10 cm glatt rechts. – 23 M. und 40 R. = 10 x 10 cm Ajourmuster.

JACKE, Rückenteil: Mit 111 M. Anschlag auf Nadeln Nr. 2½ in folgender Mustereinteilung str.: 2 R. glatt rechts, 3mal die 1.–58. R. der Strickschrift **A**, danach das Teil glatt rechts beenden. Bereits nach 27 cm = 108 R. ab Anschlag für die Armausschnitte beidseitig 8 M. abk. = 95 M. Nach 20 cm = 80 R. Armausschnitthöhe für die Schultern beidseitig in jeder 2. R. 3mal 10 M. abk. Die restlichen 35 M. für den Halsrand gerade abk.

Linkes Vorderteil: Mit 51 M. Anschlag auf Nadeln Nr. 2½ in gleicher Mustereinteilung wie am Rückenteil str. Am rechten Rand Armausschnitt und Schulterschrägung in gleicher Höhe wie am Rückenteil ausführen. Bereits nach 10 R. Armausschnitthöhe für den Halsausschnitt am linken Rand in jeder 2. R. 1mal 5 M., 1mal 3 M., 1mal 2 M. und 3mal 1 M. abk.

Rechtes Vorderteil gegengleich str.

Ärmel: Mit 75 M. Anschlag auf Nadeln Nr. 2½ für den Saum 4 cm glatt rechts str. Anschließend 3mal die 1.–58. R. der Strickschrift **A** arbeiten. Für die Schrägung ab Saum beidseitig 9mal in jeder 16. R. 1 M. zunehmen = 93 M. Nach 43 cm = 174 R. ab Saum die M. abk.

Ausarbeiten: Teile spannen, anfeuchten und trocknen lassen. Schulternähte schließen, Ärmel ansetzen, Seiten- und Ärmelnähte schließen. Aus dem unteren Rand, den vorderen Rändern und dem Halsausschnitt mit der Rundstricknadel Maschen auffassen, und zwar ca. 26 M. auf eine Strecke von 10 cm. Für die Blende rechte M. in Rd. str., dabei an jeder Ecke 2 M. markieren. In jeder 2. Rd. vor und nach den markierten M. jeweils 1 M. verschränkt aus dem Querfaden herausstr. Nach 2 cm Blendenbreite vor und nach den markierten M. jeweils 2 M. zusammenstr. Nach 4 cm Blendenbreite die M. abk. Die unteren Ärmelränder und die Blende 2 cm nach innen säumen. Mit einer Strickmühle eine 140 cm lange Schnur anfertigen oder eine entsprechend dicke Kordel drehen und am Halsrand in die Blende ziehen.

ROCK, 3 gleiche Teile str.: Mit 171 M. Anschlag auf Nadeln Nr. 3 für den Saum 2 cm glatt rechts str. Anschließend mit Nadeln Nr. 2½ in folgender Mustereinteilung weiterarbeiten: 3mal die 1.–58. R. der Strickschrift **A** und 1mal die 1.–8. R. der Strickschrift **B** ausführen, danach das Teil mit Nadeln Nr. 3 glatt rechts beenden. Nach 25 cm = 90 R. ab Ajourmuster das Taillenabnehmen wie folgt ausführen: 1 Naht-M. abk., 1mal 2 M. und 2mal je 3 M. zusammenstr.; ab * stets wdh., enden: 1mal 2 M. zusammenstr. und 1 Naht-M. abk. Die restlichen 64 M. auf eine Hilfsnadel legen.

Ausarbeiten: Teile spannen, anfeuchten und trocknen lassen. Nähte schließen. Über die M. der Hilfsnadel für den Taillenbund mit der Rundstricknadel 6 cm glatt rechts str. und die M. abk. Den Bund 3 cm, den unteren Rand 2 cm nach innen säumen. In den Taillenbund Gummiband einziehen.

Vor Beginn der Arbeit die ganze Anleitung durchlesen

51 Kragen aus Rosetten

Material: Ca. 20 g Glanzhäkelgarn Nr. 30, Weiß, von MEZ; 1 JMRA-Record-Garnhäkelnadel Nr. 1,25.

Rosette: Mit 4 Lm. beginnen und diese mit 1 Km. zum Ring schließen. Nach der Häkelschrift bei **1** weiterarbeiten. Das 1. Stb. einer Rd. wird durch 3 Lm. ersetzt. Jede Rd. schließt mit einer Km. Ab der 3. Rd. werden gemäß der Häkelschrift über ca. ein Drittel der Rosette nur Lm.-Bögen gearbeitet. In der 12. Rd. werden die f. M. auf die Lm.-Bögen der 10. und 11. Rd. eingestochen. Ab der 2. Rosette werden in der 13. Rd. zwischen den mit * gekennzeichneten Stellen die Rosetten aneinandergehäkelt, indem man die 2. Lm. des Pikots zusätzlich in das entsprechende Pikot der vorher gehäkelten Rosette einsticht. Nach der 13. Rd. die Arbeit wenden und nur über den Lm.-Bögen die 14. Rd. arbeiten. Eine Rosette hat, über den gemusterten Teil gemessen, ca. 13,5 cm Durchmesser.

Ausführung: 5 Rosetten laut Häkelschrift arbeiten und miteinander verbinden (es ergibt sich die Form eines fast geschlossenen Kreises). Anschließend die jeweils 14. R. der 5 Rosetten im Zusammenhang wie folgt umhäkeln: **1. R.:** Am äußersten Stb. der 14. R. mit 4 Lm. beginnen. * Über jeweils 2 Stb. der 14. R. 1 Kreuz-Stb. arbeiten, 2 Lm. Ab * fortl. wdh. R. endet mit Kreuz-Stb., 4 Lm., 1 Km. in das letzte Stb. der 14. R. **2. R.:** 1 Lm., * 1 Pikot, 1 f. M. über jeden Lm.-Bogen der Vor-R. arbeiten (an den Schmalseiten 2mal in den Lm.-Bogen einstechen). Ab * fortl. wdh.

Ausarbeiten: Den Kragen spannen, mit Sprühstärke anfeuchten und vorsichtig dämpfen.

Ausführung: Mit einem Anschlag von 118 Lm. beginnen und im Grundmuster weiterhäkeln, dabei in der 2. R. in jede 5. M. der Vor-R. 2 halbe Stb. arbeiten (= 140 halbe Stb.). Nach 4 R. mit Kett-M. bis zur 5. M. vorgehen und den Bogen laut Häkelschrift anhäkeln. Dabei die letzte Lm. der 1. R. des Bogens mit 1 Km. in die 5. M. des Grundmusters zurückhäkeln. Wenn 1 Bogen fertiggehäkelt ist, werden 16 M. des Grundmusters übergangen und von der 17. M. aus der nächste Bogen gearbeitet (entweder die 16 M. mit Km. übergehen oder Faden abschneiden und neu ansetzen). Auf diese Weise insgesamt 9 Bögen häkeln. Beim 1. und letzten Bogen ragen das 1. und letzte Dstb. der 4. R. über den Kragenrand hinaus und werden durch 3 Lm. ersetzt.

Ausarbeiten: Den Kragen spannen, mit Sprühstärke anfeuchten und vorsichtig dämpfen.

Zeichenerklärung zur Häkelschrift:

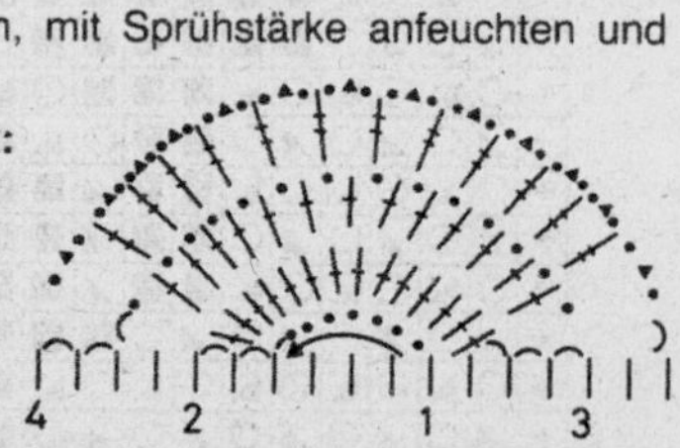

• = Lm.

⌒ = Km.

| = h. Stb.

ǂ = Stb.

‡ = Dstb.

▲ = Pikot (= 3 Lm., 1 f. M. zurück in die 1. der 3 Lm.)

⌒ = Anfang und Häkelrichtung, dann in Hin- und Rück-R. häkeln

V = 2 Stb. in eine Einstichstelle

Λ = 2 zusammen abgemaschte Stb.

52 3teiliger Kragen

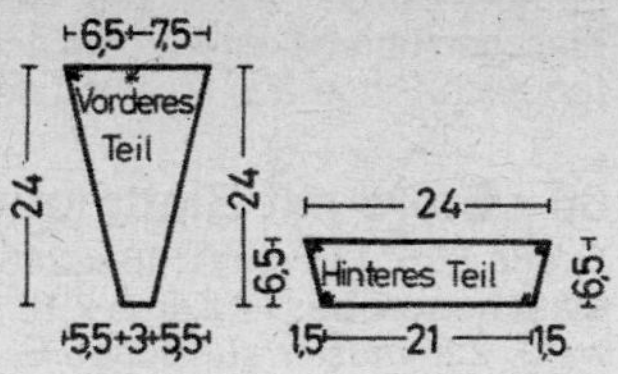

Material: Ca. 40 g Glanzhäkelgarn Nr. 30, Weiß, von MEZ; 1 JMRA-Record-Garnhäkelnadel Nr. 1,25.

Grundmuster: Nach der Häkelschrift A arbeiten. Das 1. h. Stb. einer R. wird durch 2 Lm., das 1. Stb. durch 3 Lm., das 1. Dstb. durch 4 Lm. ersetzt. Die 2.–5. R. fortl. wdh. Die Verbreiterung der Teile ergibt sich automatisch aus dem Grundmuster.

Rüsche: Nach der Häkelschrift B arbeiten. Den Mustersatz zwischen den Pfeilen fortl. wdh. In der 1. R. an den oberen und unteren Kanten in jede M. 1 Stb. arbeiten, an den seitlichen Rändern in jede Dstb.-R. 4 Stb, in jede Stb.-R. und jede H.-Stb.-R. je 2 Stb. arbeiten. Zur Abrundung der Ecken in der 1. R. dort jeweils 3 Stb. in eine Einstichstelle arbeiten. Die 1. f. M. einer R. wird durch 2 Lm., das 1. Stb. durch 3 Lm. ersetzt.

Häkelprobe im Grundmuster: 27 Stb. und 10 R. = 5 x 5 cm.

Vorderes Teil: Mit einem Anschlag von 6 Lm. und 3 Wende-Lm. beginnen und im Grundmuster 48 R. = 24 cm weiterarbeiten. Danach das gesamte Teil in Runden umhäkeln mit der 1. und 2. Rd. der Rüsche. Jede Rd. schließt mit Km. Anschließend in Reihen über 1 Breitseite und die obere Kante die 3.–5. R. der Rüsche weiterarbeiten.
Dieses Teil 2mal arbeiten.

Hinteres Teil: Mit einem Anschlag von 112 Lm. und 2 Wende-Lm. beginnen und 1 R. f. M. darüberhäkeln. Dann im Grundmuster weiterarbeiten, dabei den Mustersatz zwischen den Pfeilen fortl. wdh. Nach der 12. R. im Grundmuster wird sofort über die 12. R. die Rüsche weitergehäkelt (in jedes h. Stb. des Grundmusters 1 Stb. der 1. R. der Rüsche arbeiten).

Ausarbeiten: Teile spannen, mit Sprühstärke anfeuchten und vorsichtig dämpfen. Dabei darauf achten, daß die Rüsche wellig wird. Teile zwischen den mit * gekennzeichneten Punkten so aneinandernähen, daß die Rüsche außen liegt.

Zeichenerklärung zur Häkelschrift:

- • = Lm.
- ı = f. M.
- | = h. Stb.
- ┼ = Stb.
- ╪ = Dstb.

53 Jabot

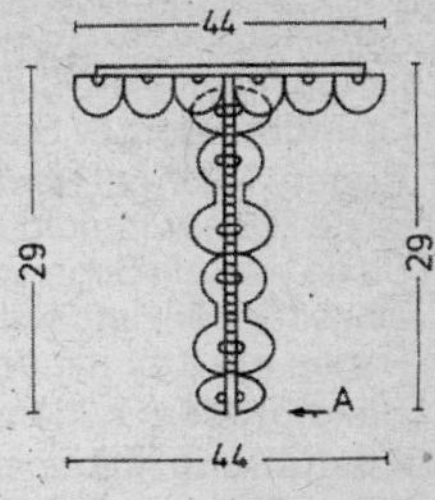

Material: Ca. 30 g Glanzhäkelgarn Nr. 40, Weiß, von MEZ; 1 JMRA-Record-Garnhäkelnadel Nr. 1,00.

Grundmuster: Die 1.–8. R. nach der Häkelschrift arbeiten. Die 1. f. M. einer R. wird durch 2 Lm., das 1. Stb. durch 3 Lm., das 1. Dstb. durch 4 Lm. ersetzt (Ausnahme: In der 1. R. wird das 1. Stb. durch 1 Lm. ersetzt, um das Ende etwas abzuflachen.) Um die Häkelschrift übersichtlicher zu machen, wurden in der 7. und 8. R. teilweise die Lm.-Bögen durch einen gezeichneten Bogen ersetzt; für diesen Bogen sind 6 Lm. zu häkeln.

Vorderteil: Mit einem Anschlag von 171 Lm. + 1 Wende-Lm. bei A beginnen und nach der Häkelschrift weiterarbeiten. Dabei in den Hin-R. jeweils an der mit A gekennzeichneten Stelle beginnen, bis zum linken Pfeil weiterhäkeln und dann den Mustersatz zwischen den Pfeilen noch 2mal wdh. In den Rück-R. (nach der 2. Wdh.) an der mit A gekennzeichneten Stelle wenden. Nach der 8. R. werden noch insgesamt 7 R. Lm.-Bögen gearbeitet (wie 8. R.). Danach alle M. unbehäkelt stehen lassen. Ein zweites Teil wie folgt arbeiten: Ab der 2. R. nach der Häkelschrift gegengleich zum 1. Teil arbeiten. (Anschlag und 1. R. werden ersatzlos weggelassen), dabei die 2. R. in den Lm.-Anschlag des 1. Teils arbeiten (es entsteht also ein beidseitig des Anschlags gebogenes Teil). Die Schemazeichnung zeigt die Anordnung der Bögen.

Kragenteil: Mit einem Anschlag von 231 Lm. und 1 Wende-Lm. beginnen und das große Bogenmuster (in der Häkelschrift zwischen den Sternchen) häkeln. Dabei in den Hin-R. jeweils an der mit B gekennzeichneten Stelle beginnen, bis zum linken Sternchen weiterhäkeln und dann den Mustersatz zwischen den Sternchen 6mal wdh. In den Rück-R. an der mit B gekennzeichneten Stelle enden. Nach der 8. R. werden noch insgesamt 4 R. Lm.-Bögen gearbeitet (wie 8. R.). Danach alle M. unbehäkelt stehen lassen.

Ausarbeiten: Das Kragenteil so auf das Vorderteil auflegen, daß beidseitig der vorderen Mitte 3 Bögen sind. Die Anschlag-R. des Kragenteils an die seitlichen oberen Kanten des Vorderteils annähen. Die unteren seitlichen Kanten des Vorderteils zusammennähen. Das Jabot mit Sprühstärke anfeuchten und vorsichtig dämpfen. Dabei von Hand so ziehen, daß sich eine wellige Form ergibt.

Zeichenerklärung zur Häkelschrift 53

• = Lm. ı = f. M. ┼ = Stb. ╪ = Dstb. ⌒ = Bogen aus 6 Lm.
⋔ = 3 zusammen abgemaschte Dstb.

Häkelschrift 51

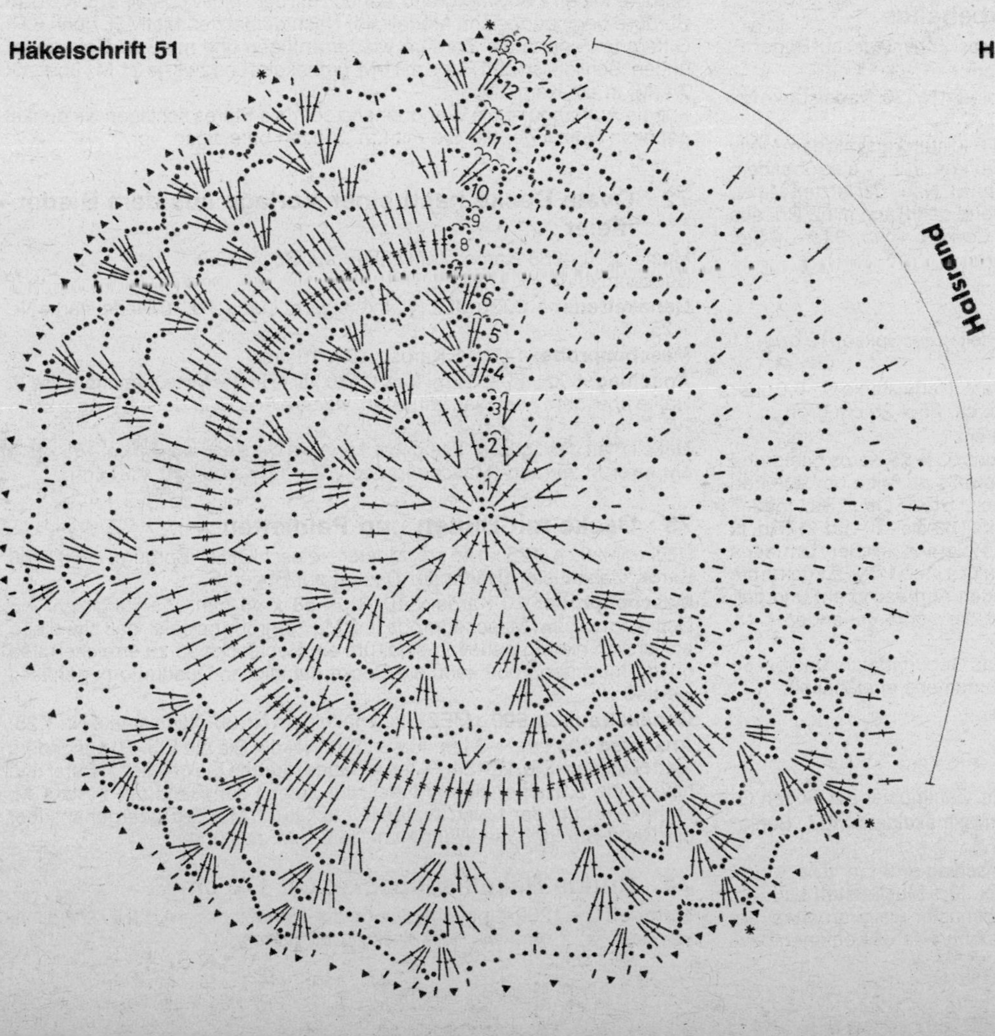

Häkelschrift 53

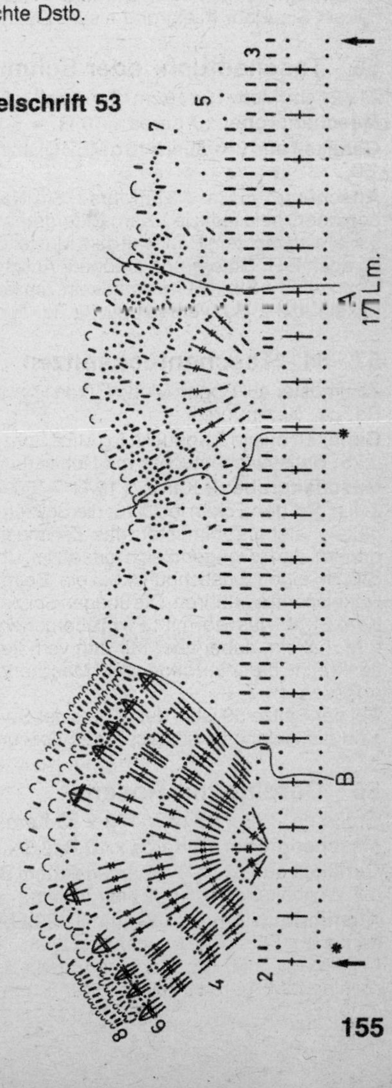

54 Häkelkragen mit Rundbögen

Material: Ca. 50 g Baumwollgarn „Rot-Tulpe" von MEZ, Weiß 50; 1 INOX-Garnhäkelnadel Nr. 2,5.

Grundmuster: h. Stb. Das 1. h. Stb. einer R. wird durch 2 Lm. ersetzt.

Bogen: Nach der Häkelschrift arbeiten. Zur besseren Übersicht ist noch die letzte R. des Grundmusters eingezeichnet. An der mit 1 gekennzeichneten Stelle wird ein Bogen begonnen. Pfeil = Häkelrichtung. Die Bögen werden einzeln in Hin- und Rück-R. (halbrund) gehäkelt. Am Ende einer R. wird der Bogen mit Km. mit dem Grundmuster verbunden.

Häkelprobe (Grundmuster): 28 h. Stb. und 21 R. = 10 x 10 cm.

Ausführung: Mit einem Anschlag von 118 Lm. beginnen und im Grundmuster weiterhäkeln, dabei in der 2. R. in jede 5. M. der Vor-R. 2 h. Stb. arbeiten (= 140 h. Stb.). Nach 4 R. mit Km. bis zur 5. M. vorgehen und den Bogen laut Häkelschrift anhäkeln. Dabei die letzte Lm. der 1. R. des Bogens mit 1 Km. in die 5. M. des Grundmusters zurückhäkeln. Wenn 1 Bogen fertiggehäkelt ist, werden 16 M. des Grundmusters übergangen und von der 17. M. aus der nächste Bogen gearbeitet (entweder die 16 M. mit Km. übergehen oder Faden abschneiden und neu ansetzen). Auf diese Weise insgesamt 9 Bögen häkeln. Beim 1. und letzten Bogen ragen das 1. und letzte Dstb. der 4. R. über den Kragenrand hinaus und werden durch 3 Lm. ersetzt.

Ausarbeiten: Den Kragen spannen, mit Sprühstärke anfeuchten und vorsichtig dämpfen.

Zeichenerklärung zur Häkelschrift:

- • = Lm.
- ⌒ = Km.
- | = h. Stb.
- † = Stb.
- ‡ = Dstb.

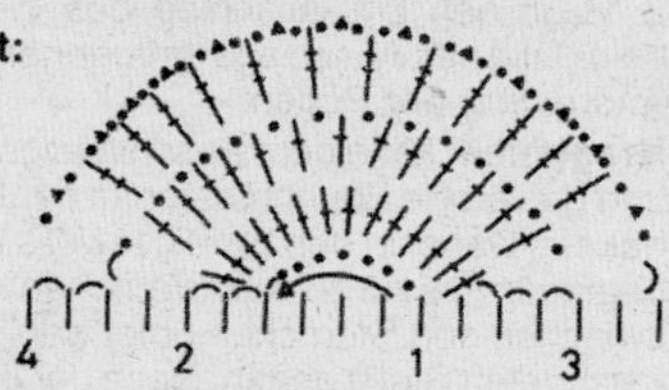

- ▲ = Pikot (= 3 Lm., 1 f. M. zurück in die 1. der 3 Lm.)
- ↶ = Anfang und Häkelrichtung, dann in Hin- und Rück-R. häkeln

55 Motiv mit Blumenkorb

17 x 17 cm / 43 x 43 Karos; Zählmuster auf Bogen F

Maschenprobe: 10 Karos x 10 R. = 4 x 4 cm.

Gehäkelt aus 2 Knäuel MEZ Glanzhäkelgarn Nr. 30, à Knäuel 10 g; Nadelstärke Nr. 0,75.

Anschlag: 129 Lm. + 3 Lm. fürs 1. Stb. Soll das Motiv größer werden, häkeln Sie mehr Filetgrund als im Zählmuster vorgeschrieben.

56 Taschentuch- oder Schmuckbehälter

21 x 21 cm, Motiv 19 x 19 cm / Schwan 33 : 32 Karos, Zählmuster auf Bogen F

Maschenprobe: 10 Karos x 10 R. = 5 x 5 cm.

Gehäkelt aus 2 Knäuel à 10 g MEZ Glanzhäkelgarn Nr. 30, Nadelstärke Nr. 1,0.

Anschlag: 105 Lm. + 3 Lm. fürs 1. Stb. Nach 1 R. Gittergrund mit dem Motiv beginnen, beidseitig je 1 Karo Gittergrund ausführen, in 2. R. also über dem 5. Karo ab rechtem Rand mit dem Muster beginnen. Nach der letzten Motiv-R. noch 2 R. Gittergrund anfügen. Anschließend den Rand mit 2 Rd. aus wechselnd 4 Stb., 2 Lm. umhäkeln, um jedes Eckkaro 4 Stb., 3 Lm., 4 Stb. häkeln, die 2 Rd. versetzt zur 1. Rd. ausführen.

57–64 Taschentuchspitzen

Zählmuster auf Bogen C und F (von Pfeil bis Pfeil ¼ der Spitze). 10 bzw. 11 Rd. ca. 30 mm breit.

Gehäkelt aus je 2 Knäuel à 5 g MEZ Spitzengarn; Nadelstärke Nr. 0,6 oder 0,75; Batisttaschentücher mit Hohlsaumrand, ca. 25 x 25 cm groß.

Maschenprobe: 9 Karos x 10 R. = 30 x 30 cm.

Zwischen den Ecken je 73, für die Spitzen 59 und 63 je 75 Karos Filetgrund häkeln, siehe Zählmuster; das Zählmuster jeweils ab Mitte um 90 Grad drehen, die Rd. gegengleich fortsetzen. Übereck 1 Stb., 5 Lm., 1 Stb. (oder 7 Stb.) in einen Einstichpunkt häkeln. Beim Modell 63 die 10. und 11. Rd. lt. Häkelschrift ausführen. Die übrigen Spitzen wie folgt abschließen: Um jedes Karo 2 f. M., das Stb. mit 1 Pikot übergehen – dafür 4 Lm., 1 f. M. zurück in die f. M. häkeln, dabei aber nur den vorn liegenden Abmaschdraht und den senkrecht darunter liegenden Maschendraht der vorhergehenden f. M. erfassen.

Bei der Spitze 59 ist in der Mitte einer Seite das Geburtsdatum und bei 58 sind die Anfangsbuchstaben des Vor- und Zunamens eingehäkelt.

65 Gardine mit Rosen

Größe ca. 138 x 80 cm / 173 x 83 Karos

Maschenprobe: 10 Karos x 10 R./9,5 x 8 cm. Zählmuster auf Bogen G.

Gehäkelt aus ca. 400 g mercerisiertem Baumwollhäkelgarn MEZ „Sonja" mit Wollhäkelnadel Nr. 2 (fest häkeln).

Ausführung: An einer Seite mit 189 LM. Anschlag + 3 Lm. fürs 1. Stb. beginnen. Fürs Gitter wechselnd 2 Lm., 1 Stb., fürs Muster statt Lm. Stb. häkeln. Mit 1 R. Stb. beginnen, dann lt. Zählmuster weiterarbeiten, am rechten bzw. geraden Rand jeder R. mit 2 offenen Karos beginnen bzw. enden. Anschließend den Bogenrand mit f. M. umhäkeln. Am geraden Rand in regelmäßigen Abständen Schlaufen aus Luftmaschen, die mit festen Maschen überhäkelt werden, anbringen. Natürlich kann man statt Schlaufen auch Ringe aus Messing oder Holz annähen.

66 Store mit Blattmotiven

Größe 86 x 136 cm / 146 x 245 Karos, Musterhöhe 78 Karos = 43 cm

Maschenprobe: 17 Karos x 18 R. / 10 x 10 cm (wenn sehr fest gehäkelt wird). Zählmuster auf Bogen E

Gehäkelt aus 450 g MEZ Filethäkelgarn „Liana" Nr. 10 mit Garnhäkelnadel Nr. 1,25.

Ausführung: Am oberen Rand mit einem Anschlag aus 438 Lm. + 3 Lm. fürs 1. Stb. beginnen. Für den Gittergrund wechselnd 2 Lm., 1 Stb., fürs Muster statt Lm. Stb. häkeln. Nach 167 R. Gittergrund = ca. 93 cm mit dem Muster beginnen (das Zählmuster auf den Kopf stellen). Jeden Bogen für sich lt. Zählmuster beenden. Am Reihenanfang die Stb. jeweils mit Kettmaschen überhäkeln.

67–70 Motive „Vier Jahreszeiten"

Größe 66 x 80 cm / 93 x 127 Karos. Motiv 63 x 77 cm / 89 x 123 Karos.

Maschenprobe: 14 Karos x 16 Reihen messen etwa 10 x 10 cm. Zählmuster auf Bogen C.

Gehäkelt aus je 225 g MEZ Filethäkelgarn „Liana" Nr. 10 mit einer Garnhäkelnadel Nr. 1,5.

Ausführung: Anschlag 279 Lm. + 3 Lm. fürs 1. Stb. Für den Gittergrund wechselnd 2 Lm., 1 Stb., fürs Muster statt Lm. Stb. häkeln. Lt. Modellbild sind die Motive ringsum mit 2 offenen Karos eingefaßt. Als Abschluß den Rand mit f. M. umhäkeln, und zwar über jedem Karo 3 f. M., über den Ecken je 3 f. M. in eine Einstichstelle häkeln, soll der Rand breiter werden, häkelt man Stb., über den Ecken je 5.

71 Wandbehang „Frühling"

Motiv 253 x 172 Karos; Zählmuster A (Bordüre) und B auf Bogen F. Mit Bordüre 273 x 194 Karos / 208 x 135 cm.

Gehäkelt aus 1300 g mittelstarkem Cablégarn, z. B. COTON 5 von Heisler (100% Baumwolle, 50 g/215 m); Nadelstärke Nr. 2 oder 2,5.

Maschenprobe: 13 Karos x 13 R. / 10 x 9 cm.

Anschlag – einschließlich Bordüre – 819 Lm. + 3 Lm. fürs 1. Stb. Nach 2 R. Gittergrund in der 3. R. über dem 3. Karo mit der Bordüre beginnen; innerhalb der Ecken 50 Mustersätze von Pfeil bis Pfeil häkeln. Auf die Bordüre folgen 2 R. Gittergrund, danach mit dem Motiv über dem 5. Karo ab Bordüre beginnen, siehe Modellbild! Nach der letzten Motiv-R. noch 6 R. Gittergrund, dann die Bordüre wieder anfügen und mit 2 R. Gittergrund enden. Schließlich den Rand mit f. M. umhäkeln, und zwar je 2 f. M., übereck 7 f. M. in ein Karo.

Für die Aufhängung als Wandbehang oder als Stores schlagen wir dunkel gebeizte Holzringe, die Sie mit Lm.-Stegen befestigen, vor.

72 Ovale Decke nach einer Vorlage aus dem Biedermeier

Muster 200 : 258 Karos; Zählmuster auf Bogen G.
Deckenmaß 143 x 172 cm.

Gehäkelt aus ca. 600 g MEZ Filethäkelgarn „Liana" Nr. 10, Nadelstärke Nr. 1,25.

Maschenprobe: 14 x 15 Karos / 10 x 10 cm.

Anschlag: 600 Lm. + 3 Lm. fürs 1. Stb., also in der Mitte beginnen. Die 2. Hälfte über dem Anschlag anhäkeln. Nähere Angaben siehe Beilage, Seite IV.

Häkelt man das „große" Filetgitter, kann ein Deckenmaß von ca. 165 x 215 cm erreicht werden (Maschenprobe: 12 x 12 Karos / 10 x 10 cm).

73 Decke mit Blüten und Palmetten

Deckenmaß ca. 125 x 155 cm, Muster – einschließlich Bordüre – 268 : 268 Karos. Zählmuster (Hälfte der Decke) auf Bogen F.

Maschenprobe: 10 Karos x 10 R. = 58 x 45 mm. Ein Vergleich von Deckenmaß bzw. Maschenprobe und Mustergröße beweist, daß hier die R. absichtlich niedrig gehalten sind, um ein Rechteckmaß zu erreichen. Bei quadr. Maschenprobe kann die Decke natürlich in Quadratform gehäkelt werden.

Gehäkelt aus ca. 600 g MEZ Glanzhäkelgarn Nr. 30, Nadelstärke Nr. 1,25.

Anschlag 804 Lm. + 3 Lm. fürs 1. Stb. Häkeln Sie die Stb.-R. besonders fest! Nachdem Sie die 134. R. fertig haben, drehen Sie das Zählmuster und häkeln die 2. Hälfte, siehe Modellbild. Zuletzt den Rand mit 1 Rd. f. M. umhäkeln, über der 1. und letzten R. nach je 3 f. M. 1 Stb. übergehen, über die Rand-Stb. und die Wende-Lm. je 2 f. M. ausführen.

74 Runde Häkeltischdecke, ca. 170 cm ∅

Material: Ca. 1200 g mittelfeines Phildar-Handstrickgarn, 1 INOX-Wollhäkelnadel Nr. 2 oder 2½. Häkelschrift auf Bogen C.

Grundmuster: Stäbchen in Runden häkeln, das 1. Stb. der Rd. stets durch 3 Lm. ersetzen, jede Rd. mit 1 Km. schließen.

Maschenprobe: 26 Maschen x 15 Rd. = ca. 10 x 12 cm.

Durchbruchmuster: Maschenzahl teilbar durch 6. Über dem Grundmuster nach Runde 1–4 der Häkelschrift auf Musterbogen B arbeiten, den Mustersatz zwischen den Pfeilen fortl. wdh. Die Häkelschrift zeigt bei Pfeil A den Rundenanfang bzw. das -ende.

Höhe des Durchbruchmusters: 4 Rd. = 4,5 cm.

Tip: Wichtig ist, daß Sie zwischendurch die Arbeit zur Kontrolle immer wieder flach auflegen, um festzustellen, ob der Rand „glatt" ist, d. h. ob er sich weder hochstellt noch in Wellen legt. Ist ersteres der Fall, müßten Sie mehr zunehmen oder mit einer stärkeren Nadel weiterhäkeln. Bei „Wellenschlag" sind zuviel Maschen vorhanden, also weniger zunehmen bzw. mit einer dünneren Nadel häkeln. Achten Sie stets darauf, daß vor Beginn einer Durchbruchborte lt. Häkelschrift die Maschenzahl durch 6 teilbar ist.

Anleitung: 6 Lm. mit 1 Km. zum Ring schließen, in 1. Rd. in diesen Ring 14 Stb. häkeln. In 2. Rd. in jedes Stb. 2 Stb., in 3. Rd. in jedes 2. folg. Stb. 2 Stb., in 4. Rd. in jedes 3. folg., in 5. Rd. in jedes 4. folg. Stb. 2 Stb. häkeln. Bis zur 14. Rd. gleichmäßig verteilt zunehmen, und zwar

in 6. Rd. 14 Stb.,	in 9. Rd. 10 Stb.,	in 12. Rd. 14 Stb.,
in 7. Rd. 12 Stb.,	in 10. Rd. 10 Stb.,	in 13. Rd. 16 Stb.,
in 8. Rd. 10 Stb.,	in 11. Rd. 8 Stb.,	in 14. Rd. 12 Stb.

In 15. bis 17. Rd. je 8 Stb. zunehmen = 200 Stb. In den Rd., die nachfolgend nicht aufgezählt sind, wird nicht zugenommen.

In 19., 21. und 23. Rd. je 26 Stb., in 25., 27. und 29. Rd. 24 Stb. zunehmen = 350 Stb., in 31. und 33. Rd. je 35 Stb., in 35., 37., 39., 41., 43., 45. Rd. je 30 Stb. = 600 Stb. in 45. Rd. Die 46. bis 49. Rd. lt. Rd. 1 bis 4 der Häkelschrift arbeiten = 100 Mustersätze. 50. Rd.: Stb. lt. Rd. a häkeln, über jedem 5. Mustersatz 2 Stb. um die Lm. = 620 Stb. In 51. und 11mal in 2. folg. Rd. je 32 Stb., in 75. Rd. 16 Stb. zunehmen = 1020 Stb. in 75. Rd. In 77. bis 80. Rd. lt. Häkelschrift 170 Mustersätze ausführen. Die 81. wie die 50. Rd. häkeln (= 1054 Stb.), in 82. und 83. Rd. je 25 Stb. zunehmen = 1104 Stb. Es folgen wieder 4 Rd. lt. Häkelschrift = 184 Mustersätze. In den folg. 3 Stb.-Rd. je 52 Stb. zunehmen = 1260 Stb.; diese in 91. bis 94. Rd. mit 210 Mustersätzen lt. Häkelschrift überhäkeln. In den letzten 3 Stb.-Rd. je 40 Stb. zunehmen = 1380 Stb. in 97. Rd. Als Abschluß in 98. Rd. wechselnd 4 Lm., 1 f. M. ins 3. folg. Stb. und in 99. Rd. um jeden Lm.-Bogen 2 f. M., 3 Lm., 2 f. M. ausführen.

Ausarbeiten: Die Decke spannen, anfeuchten und trocknen lassen.

75 Mittelgroße Decke

Größe 75 x 50 cm, Häkelschrift auf Bogen C.
Aus Garn Nr. 40 gehäkelt, beträgt die Ausmessung ca. 75 x 50 cm. Verwendet man dünneres oder dickeres Garn und natürlich eine entsprechende Häkelnadel, kann die Größe verändert werden. Wer im Häkeln Erfahrung hat, kann die Decke für einen großen Tisch passend arbeiten, indem die Runden aus Lm.-Bogen und die Rd. aus den blütenförmigen Stb.-Gruppen öfter wdh. werden.

Material: Für 75 x 50 cm 70 g weißes Schürer-Glanzhäkelgarn Nr. 40, 1 JMRA-Record-Garnhäkelnadel Nr. 1,0 (wer locker häkelt, nimmt besser Nr. 0,75).

Ausführung: Man beginnt in der Mitte mit 1 Ring aus 9 Lm., um den lt. Häkelschrift in 1. Rd. 8mal wechselnd 1 Gruppe aus 3 zus. abgem. Dstb. und 7 Lm. zu häkeln sind. Bis zur 10. Rd. werden Stb.-Gruppen nur über dem 1. und 5. Lm.-Bogen ausgeführt, dazwischen liegen Bogen aus 7 Lm. und 1 f. M. um den Bogen der Vor-Rd. Der letzte Bogen jeder Rd. besteht aus 3 Lm. und 1 Dstb. Die Häkelschrift zeigt bis zur 14. Rd. reichlich die Hälfte, in 15. bis 23. Rd. etwa 1 Viertel des Modells, 24. bis 47. Rd. mustergemäß ergänzen. In 15. Rd. ist zu beachten, daß über den Längsseiten des Ovals 4mal (beiderseits der Mitte 2mal) die Lm.-Bogen wegzulassen sind (siehe Pfeile). Genauso ist in 24. und 35. Rd. abzunehmen, und zwar 7mal in 24. Rd. und 8mal in 35. Rd. In 46. Rd. werden über den Rundungen – beiderseits der Mitte – je 3mal 2 Lm.-Bogen mit 2 zus. abgemaschten Stb. zus.-gefaßt, siehe Pfeile in der Häkelschrift.
Beim Spannen jeden Lm.-Bogen mit einer Stecknadel erfassen. Die Decke mit Hoffmann's Sprühstärke leicht steifen.

76 Häkeldeckchen, 32 cm ∅

Häkelschrift siehe Musterbogen F.

Material: 50 g feines Baumwollhäkelgarn mit Glanz z. B. „JSA fein" von Schürer, 1 JMRA-Record-Garnhäkelnadel Nr. 1,25.

Ausführung: Mit einem Ring aus 20 Lm. beginnen und um diesen 48 Stb. häkeln, dabei das Fadenende 2mal um den Lm.-Ring legen und mit den Stb. überhäkeln. Dann die Arbeit lt. Häkelschrift fortsetzen. Die 2. Rd. zeigt 4 von 12 Dstb.-Gruppen; die 3. bis 19. Rd. lt. Modellbild ergänzen, 1 Rd. zählt 12 Mustersätze. Zum Anfang der folg. Rd. jeweils mit Km. vorgehen. Die 1. M. jeder Rd. durch Lm. ersetzen, siehe Häkelschrift (am rechten Rand ist jeweils die letzte Km. der Rd. sowie der Übergang zur folg. Rd. eingezeichnet). Das fertige Deckchen spannen; jedes Pikot mit 1 Stecknadel erfassen. Die Häkelschrift zeigt am rechten Rand den Rundenschluß und den Übergang zur folg. Rd. Zum Anfang der 4. Rd. die f. M. der 3. Rd. mit Km. übergehen. Ebenso die Stb. und Lm. der 17. Rd. bis zum Beginn der 18. Rd. mit Km. überhäkeln.

77 Achteckige Decke in Motivhäkelei, 155 cm ∅

Häkelschriften auf Musterbogen G.
Große Motive: 10 cm Durchmesser.
Kleine Motive: 3,5 cm Durchmesser.
Die Deckengröße kann durch die Motivzahl nach Wunsch variiert werden.

Material: 850 g (17 Knäuel) feines Baumwollgarn, z. B. ekrü MEZ Filethäkelgarn „Liana" Nr. 5. 1 JMRA-Record-Garnhäkelnadel Nr. 1,25 oder 1,5. Das 1. Stb. einer Rd. durch 3, das 1. Dstb. durch 4 und die 1. f. M. durch 1 Lm. ersetzen, siehe Häkelschrift.

Kleine Motive: Lt. Häkelschrift in 1. Rd. in einen Ring aus 10 Lm. 16 f. M., in 2. Rd. wechselnd 1 f. M. bzw. 1 Stb., mit 3 Lm. 1 f. M. übergehen = 8 Lm.-Bogen. In 3. Rd. um jeden Lm.-Bogen 5 Stb. arbeiten.

Große Motive: Wie ein kleines Motiv beginnen: in **2. Rd.** wechselnd 1 f. M., 4 Lm., in **3. Rd.** um jeden Lm.-Bogen 5 Dstb. häkeln. In **4. Rd.** die f. M. zwischen die Gruppen aus je 5 Dstb. häkeln, diese mit 10 Lm. übergehen; den 8. Bogen durch 5 Lm. und 1 Dstb. ersetzen. In **5. Rd.** jeden Bogen mit 12 f. M. umhäkeln. **6. Rd.** In die 1. bis 3., 5. und 6., 8. und 9. sowie 11. und 12. M. je 1 f. M. (nur ins rückwärtige Abmaschglied einstechen), dazwischen je 1 Pikot einfügen, siehe Häkelschrift. **7. Rd.:** Wechselnd 1 Stb., 7 Lm., 1 Stb., 9 Lm. ausführen, die Stb. in die f. M. vor und nach dem Pikot häkeln. **8. Rd.:** Die Lm.-Bogen wechselnd mit 8 und mit 10 f. M. umhäkeln.
Das 2. und jedes folg. Motiv innerhalb der letzten Rd. lt. Häkelschrift durch 1 f. M. bzw. 1 Stb. mit dem angrenzenden Motiv und den dazwischenliegenden kleinen Motiven verbinden, siehe auch Musterausschnitt!

Ausführung: Für das angegebene Deckenmaß zunächst 145 kleine und dann erst 156 große Motive ausführen und diese innerhalb der letzten Rd. mit f. M. und Stb., siehe Häkelschrift, untereinander lt. Schema verbinden. Am Rand die Lücken bei den kleinen Motiven (siehe Pfeile im Schema) lt. Häkelschrift schließen (der Anfang ist mit einem Doppelpfeil gekennzeichnet). Schließlich den Deckenrand noch mit 1 Rd. f. M. und Pikots lt. Häkelschrift umhäkeln. Die fertige Decke spannen.

78 Spitzendecke, 114 x 114 cm

Motivgröße 7 cm ∅. Die Decke ist im Ausmaß beliebig abzuändern. Häkelschrift auf Bogen A.

Material: 180 g MEZ Glanzhäkelgarn Nr. 30, 1 JMRA-Record-Garnhäkelnadel Nr. 0,75 oder 1,00.

Ausführung: Für die angegebene Größe sind 16 x 16 = 256 Motive erforderlich. In 1 Runde aus 7 Lm. (mit 1 Km. zum Ring schließen, auch alle folgenden Rd. mit 1 Km. schließen, diese in der Regel in die oberste Wende- bzw. Übergangs-Lm. häkeln) in 1. Rd. 20 Dstb. häkeln, siehe Häkelschrift auf Bogen C. Das 1. Dstb. der Rd. durch 4, das 1. dreifache Stb. durch 5 Lm. und die 1. f. M. durch 2 Lm. ersetzen. In der 2. Rd. lt. Häkelschrift 20mal wechselnd 1 dreifaches Stb., 3 Lm., immer nur das rückwärts liegende Abmaschglied erfassen. In 3. Rd. sind 20mal 2 zus. abgemaschte dreifache Stb. (dafür jedes Stb. nur 3mal paarweise abmaschen und zum Schluß mit 1 U. alle auf der Nadel liegenden Schlingen abmaschen) mit 6 Lm. im Wechsel zu häkeln. Zum Anfang der 4. Rd. mit 3 Km. vorgehen und wechselnd 1 f. M., 8 Lm. häkeln, die f. M. um die Lm.-Bogen der Vor-Rd. Den letzten Lm.-Bogen durch 4 Lm. und 1 Dstb. ersetzen. Die 5. Rd. genauso, statt 8 aber 9 Lm. ausführen.

Ab 2. Motiv sind alle folgenden Motive auch mit dem vorhergehenden zu verbinden, siehe Pfeile in der Häkelschrift.
An diesen Verbindungsstellen wird statt der 5. von den 9 Lm. 1 Km. oder 1 f. M. um den betreffenden Lm.-Bogen des vorhergehenden Motives gehäkelt. Sind 16 Motive fertig, sind die Motive der folgenden Reihe auch mit denen der 1. bzw. vorhergehenden Motivreihe zu verbinden, siehe Pfeile in der Häkelschrift. Zwischen den Verbindungsstellen liegen je 2 „freie" Lm.-Bogen. In den Ecken bleiben 12 Bogen frei und in den übrigen Motiven am Rand 7 Lm.-Bogen. Sind auch die Motive der 16. R. angeschlossen, sind die Lücken mit kleinen Spinnen zu schließen, siehe Häkelschrift: An einem freien Lm.-Bogen anschlingen, das 1. dreifache Stb. durch 5 Lm. ersetzen, um denselben Lm.-Bogen noch 1 dreifaches Stb. häkeln, dann noch 7mal 2 zus. abgemaschte dreifache Stb. jeweils um einen freien Lm.-Bogen häkeln. Je 3 Lm. lt. Häkelschrift einfügen. Diese 4 Lm.-Verbindungen mit f. M. überhäkeln, siehe Häkelschrift. Fadenanfang und -ende jeweils vernähen.
Abschließend den Außenrand mit 3 Rd. Lm.-Bogen und 1 Rd. f. M. umhäkeln, siehe Häkelschrift (durch eine gestrichelte Linie abgetrennt). Den letzten Lm.-Bogen einer Rd. zur Hälfte jeweils durch ein dreifaches Stb. ersetzen (siehe auch 4. Rd. des Motives). Die fertige Decke sorgfältig spannen; am besten geht's auf einem Teppichfußboden (natürlich ein sauberes Tuch unterlegen). Evtl. mit Sprühstärke leicht steifen, nach dem Trocknen aus der Spannung lösen.

79 Decke in Motivhäkelei

Deckenmaß ca. 135 x 170 cm.
Ein Kreis mit 8 Rondellen mißt ca. 14 cm ∅. Häkelschrift Bogen A. Die Rondelle sind als Kreise gezeichnet.

Material: Lt. Modellbild ca. 1150 g feines mercerisiertes Baumwollgarn (Lang „Marisa", 100% Baumwolle); INOX-Wollhäkelnadel Nr. 2.

Ausführung: Fürs 1. Motiv 8 Rondelle, für die folg. Motive am Rand je 6 Rondelle anfügen, siehe Modellbild. Die Rondelle in Rd. häkeln, jede Rd. mit

1 Km. schließen; das 1. Stb. durch 3 Lm. ersetzen, die 1. f. M. in die 1. M. der Vor-Rd. häkeln.
Für ein Rondell in einen doppelten Fadenring 16 Stb., in 2. Rd. in jedes Stb. 2 f. M., in 3. und 4. Rd. je 32 f. M. häkeln. In der 5. Rd. wechselnd 2 f. M., 3 Lm. ausführen. Das 2. und jedes folg. Rondell an 2 Lm.-Bogen des angrenzenden Rondelles anschlingen, indem statt der 2. Lm. 1 Km. in den betreffenden Lm.-Bogen des angrenzenden Motives gehäkelt wird, siehe Schema! Das 8. auch mit dem 1. Rondell verbinden. Die Rondelle für die übrigen Motive lt. Bildausschnitt bis zur gewünschten Deckengröße ergänzen. Die Pfeile in der Häkelschrift zeigen auf die Verbindungsstellen.
Die Mitte wie folgt schließen: 4 Lm. mit 1 Km. zum Ring schließen, in diesen 8mal 3 zus. abgem. 3fache Stb. häkeln, zwischen diesen 9 Lm., 1 Km. in den Lm.-Bg. eines Rondells, 3 Lm., 1 Km. in den Lm.-Bogen des folg. Rondells, 4 Lm., 1 f. M. in die 5. der 9 Lm., 4 Lm. häkeln. Zwischen den Verbindungsstellen bleiben 2 Lm.-Bogen „frei". Nach der 8. Wiederholung das Fadenende in den 3fachen Stb. sorgfältig vernähen. Die fertige Decke rechtwinkelig spannen, anfeuchten und trocknen lassen, evtl. mit Hoffmann's Stärke steifen.

80 Decke aus Stoff- und Häkelquadraten

Deckenmaß aus 5 x 5 Feldern 150 x 150 cm. Die Einzelfelder messen 29 x 29 cm, der gehäkelte Abschluß ist ca. 2 cm breit; die einzelnen Häkelmotive haben eine Seitenlänge von ca. 14,5 cm. Das Deckenmaß ist vielseitig zu variieren. Häkelschrift auf Bogen G.

Material: 1,20 m Effektgewebe, 140 cm breit, z. B. Zweigart-Art. 3711 „Areosa" (in vielen Farben erhältlich), zum Häkeln 11 Knäuel MEZ Rot-Tulpe, lt. Modell Grün, Fb. 86, 1 INOX-Häkelnadel Nr. 2.

Motive: Lt. Häkelschrift ausführen. Demnach mit einem Ring aus 10 Lm. beginnen. Jede Rd. mit 1 Km. schließen. Das 1. Stb. einer Rd. durch 3, das 1. Dstb. durch 4 Lm., die 1. f. M. durch 1 oder 2 Lm. ersetzen, siehe Häkelschrift. In **1. Rd.** in den Ring 32 Stb. häkeln, in **2. Rd.** 4mal wechselnd 5 Lm., 3 Dstb., 4 Lm., 3 Dstb., zwischen den Dstb.-Gruppen 1 Stb. der 1. Rd. übergehen. In **3 Rd.** um die Bogen aus 5 Lm. 2 f. M., 4 Lm., 2 f. M. häkeln. **Dann wenden** und in Pfeilrichtung die Basis des Bogens häkeln, also 4 Lm., 1 Dstb., 4 Lm., 1 dreifaches Stb., 4 Lm., 1 Dstb., 4 Lm., an der f. M. anschlingen (Abb. 1), wieder **wenden** und insgesamt 38 Stb. um Lm.-Bogen und in Dstb. und dreifaches Stb. häkeln. Mit 1 Km. am 2. Dstb. einer Gruppe der 2. Rd. anschlingen, **wenden,** in jedes Stb. 1 f. M. häkeln, an der Gegenseite anschlingen, wieder **wenden,** die ersten 2 f. M. mit Lm. übergehen und bis zur vorletzten f. M. wieder f. M. häkeln, 1 Lm. Jetzt um den folg. Bogen aus 4 Lm. (2. Rd.) 2 f. M., 1 Pikot und 2 f. M. häkeln, die folg. 3 Dstb. mit Km. übergehen, und alles beginnt wieder von vorn – bis schließlich auch über der 4. Ecke der Bogen angehäkelt ist.
Zum Anfang der 4. Rd. mit Km. vorgehen, siehe Pfeil in der Häkelschrift und Abb. 4; 15mal wechselnd 1 Stb., 3 Lm. lt. Häkelschrift arbeiten. Das letzte Stb. zus. mit dem Stb. des folg. Bogens abm. In der 5. Rd. um die Lm. je 1 feste Masche, 1 Pikot und 1 feste Masche häkeln.

Das 2. bis 4. Motiv an den mit Pfeilen bezeichneten Stellen mit dem angrenzenden Motiv verbinden, indem in den betreffenden Pikots anstelle der 2. Lm. 1 Km. ins Pikot des angrenzenden Motives gehäkelt wird. Das 4. Motiv auch ans 1. Motiv anschlingen. Lt. Modellbild 12mal je 4 Motive verbinden.
Die 13 Stoffelder exakt 29,5 x 29,5 cm groß zuschneiden, 4 mm breit nach links umbiegen und mit f. M. dicht umhäkeln, 12 bis 13 f. M. auf 3 cm. In den Ecken 3 f. M. in einen Einstichpunkt, dabei innerhalb des umgelegten Stoffrandes einstechen, um ihn zu überhäkeln.

Fertigstellen: Man kann die gespannten Häkelquadrate beim Umhäkeln der Stoffelder gleich mit Km. anfügen. Einfacher ist es jedoch, sie an je 3 Pikots mit einigen Stichen am Feste-Maschen-Rand der Stoffelder anzunähen (innerhalb der M. zum nächsten Pikot weiterstechen, Faden jeweils sorgfältig vernähen). Nun sind die Häkelfelder am Deckenrand mit Lm. und f. M. lt. Häkelschrift, siehe a, zu begradigen. Den Fadenanfang an der Ecke des Stoffeldes anschlingen und nach der letzten Lm. an der gegenüberliegenden Seite wieder mit 1 Km. befestigen. Fadenanfang und -ende vernähen.
Jetzt kann der Rand in 3 Rd. lt. Häkelschrift umrandet werden. In den Ecken 5 Stb. in 1 Einstichpunkt häkeln, 2. Rd. über den Ecken 3mal **keine** Stb. der 1. Rd. übergehen.

81 Lampenschirm, gehäkelt

Lampenhöhe 70 cm, Schirmhöhe 33 cm, Durchmesser unten 35 cm, oben 30 cm.
Musterzeichnung auf Bogen E.

Material: 200 g mittelfeines Garn, z. B. Schoeller „Euro Sport" (100% Synthetik); 1 INOX-Wollhäkelnadel Nr. 3 und 3½, ca. 3,75 m dünne Seidenkordel, 40 cm Futterseide, 140 cm breit; 1 Lampenschirmgestell (Falag-Art. 96219).

Häkelmuster: Um die Differenz zwischen unterem und oberem Schirmumfang auszugleichen, wird jede 8. Musterreihe über ca. 20 M. und jede 14. Musterreihe über ca. 40 M. mit Nadel Nr. 3½ gehäkelt, alles übrige mit Nadel Nr. 3 ausführen.
68 Lm. anschlagen, nach der Häkelschrift weiterarbeiten. Die R. beginnen mit den M. vor dem 1. Pfeil, danach die 2 Mustersätze von Pfeil bis Pfeil fortlaufend wiederholen, am Ende der R. noch die M. nach dem 2. Pfeil häkeln. Nach der 14. R. wird der Mustersatz von der 2. bis zur 14. R. noch 6mal wiederholt, danach von der 2. bis zur 13. R. häkeln.
Die Stäbchen in der 2., 7. bis 9. sowie der 11., 13. und 14. Reihe sind in die Maschen der Vorreihe zu häkeln, die Büschelmaschen in 3. bis 6. Reihe in die Einstichstelle der festen Masche!

Maschenprobe: Ein Mustersatz, das sind 14 Reihen, mit Nadel Nr. 3 ist ca. 12 cm hoch.

Häkelborten: 241 Lm. anschlagen, 1 R. Stb. häkeln (das 1. Stb. in die 4. Lm. ab Nadel). **2. Reihe:** Mit 3 Lm. wenden, in das folgende Stb. 1 Büschelmasche (= Bm., 3mal mit je 1 Umschlag 1 Schlinge durchholen, mit 1 Umschlag alle Schlingen abmaschen, die Bm. mit 1 Lm. schließen), * 2 Lm., in das 3. folg. Stb. 1 Bm.; ab * stets wiederholen. **3. Reihe:** Mit 2 Lm. wenden, in jede Bm. und um jede Lm. 1 f. M. häkeln. **4. Reihe:** Mit 2 Lm. wenden, in die 1. f. M. 1 f. M., * in die 3. folg. f. M. (über 1 Bm.) 1 Musche aus 1 halben Stb., 2 Stb., 2 Dstb., 2 Stb. und 1 halben Stb., in die 3. folg. f. M. 1 f. M. Ab * stets wiederholen.
Für die Borte am oberen Rand 220 Lm. anschlagen, wie voher beschrieben häkeln, jedoch an Stelle der Stb. in der 1. Reihe f. M. ausführen (die 1. f. M. in die 3. Lm. ab Nadel).

Konfektionieren: Zuerst schneiden Sie das Futter mit je 1,5 cm Nahtzugabe zu, nähen die Schmalseiten zusammen, säumen es oben und unten über die Ringe des Gestells. Der Häkelbezug wird ebenfalls an den Schmalseiten zusammengenäht, über das Gestell gestülpt und oben und unten angenäht. Die Streifen mit den Büschelmaschen sollen immer über den Stäben des Gestells liegen. Seidenkordel einziehen, Häkelborten am unteren und oberen Rand aufnähen.

82 Lampenschirmbezug aus Häkelborten

Höhe des Schirmgestelles ca. 33 cm, mit Fuß 70 cm; Durchmesser 35 bzw. 30 cm; Häkelschrift siehe Bogen D.

Material: Von mittelfeinem Handstrickgarn ca. 150 g (z. B. Schoeller „Fleur", 100% Synthetik), 1 INOX-Wollhäkelnadel Nr. 3 oder Nr. 3½; 0,45 m Futterseide, 140 cm breit; Lampenfuß und Schirmgestell sind in Bastelzubehörläden erhältlich (FALAG-Art. 96219, Maße siehe oben).

Häkelbordüren: Die 4 Motive in 3 Rd. lt. Häkelschrift ausführen. Lm.-Ring und 1. Rd. mit je 1 Km. schließen, den letzten Lm.-Bogen der 2. Rd. durch 2 Lm. und 1 Stb. ersetzen. Die Bm. in 1. Rd. **in** die Lm. des Ringes häkeln. Das 2. bis 4. Motiv jeweils an 3 Lm.-Bogen des vorhergehenden Motives anschlingen, siehe Pfeile in der Häkelschrift. Den Streifen lt. Häkelschrift ringsum mit f. M. umhäkeln, dabei die Fadenenden von den Motiven „einhäkeln".

Ausführung: Für die genannte Ausmessung sind 8 Motivstreifen erforderlich. Zunächst 4 Streifen zu beiden Seiten mit 3 R. aus Lm.-Bogen überhäkeln, siehe Häkelschrift. Dann jeden folg. Streifen mit den angrenzenden Streifen verbinden, siehe Pfeile in der Häkelschrift – den 2. also mit dem 1. und 3. Streifen, den 4. mit dem 3. und 5., den 6. mit dem 5. und 7., schließlich den 8. mit dem 7. und 1. Streifen.

Die Borten wie folgt häkeln: Für die untere Borte über eine Kette aus 236 Lm. in 1. R. h. Stb., mit 6 Lm. wenden. In 2. R. in die 4. M. 1 f. M., * 6 Lm., 1 f. M. in die 4. folg. M., ab * stets wdh. 3. R.: Um jeden Lm.-Bogen 2 f. M., 1 Bm. in die 3. Lm. des Bogens, 2 Lm., 2 f. M. um den Lm.-Bogen.
Für die obere Borte 210 Lm. anschlagen, in 1. R. f. M. häkeln. 2. R.: * 5 Lm., 1 f. M. in die 3. folg. M., ab * stets wdh. 3. R.: 1 f. M. um den Lm.-Bogen. 1 Bm. in die 3. Lm. des Bogens, 2 Lm., 1 f. M. um den Lm.-Bogen.

Fertigstellen: Das Schirmgestell abfüttern. Den Häkelbezug darüberstülpen, oben und unten am Futter anheften und zuletzt die Borten aufnähen, siehe Modellbild.

83 Gehäkelte Hängelampe

Häkelschrift auf Bogen D.

Material: 1 Lampengestell, 23 cm hoch, ∅ in der Mitte = 30 cm (Falag-Art. 96208), 3 Knäuel à 50 g weißes Lang-Baumwollgarn „Marisa", 1 INOX-Wollhäkelnadel Nr. 2½.

Grundmuster: Lm.-Anschlag teilbar durch 10. In Runden nach der Häkelschrift auf Musterbogen D arbeiten, das 1. Stb. jeder Rd. stets durch 3 Lm. ersetzen, jede Rd. mit 1 Km. schließen. Den Mustersatz zwischen den Pfeilen und die 2.–5. Rd. stets wdh.

Anleitung: Am oberen Rand beginnen. 120 Lm. anschlagen, mit 1 Km. zum Ring schließen, 3 Rd. f. M. häkeln, dann nach der Häkelschrift das Spitzenmuster weiterarbeiten. Die Zunahmen erfolgen über den Stb. zwischen den Durchbruchstreifen, siehe Doppelpfeile in der Häkelschrift. Bereits in der 4. Rd. ab Beginn des Spitzenmusters in die Stb. zwischen den Durchbruchstreifen je 2 Stb. häkeln = 9 Stb. Nach 27 Rd. ab Beginn des = 5 Stb. In 12. und 14. Rd. jeweils in das 1. und letzte Stb. zwischen den Durchbruchstreifen je 2. Stb. häkeln = 9 Stb. Nach 27 Rd. ab Beginn des Spitzenmusters beidseitig in den Stb.-Streifen je 1 Stb. abnehmen = 7 Stb. zwischen den Durchbruchstreifen. Nach 36 Rd. ab Beginn des Spitzenmusters die Bogenkante wie folgt arbeiten: auf jedes Stb. der Stb.-Streifen je 1 f. M. = 7 f. M., um jede Lm. und in jede f. M. des Durchbruchstreifens 1 Stb. In 38. Rd. auf jedes Stb. der 37. Rd. 1 Stb., auf die 1., 2., 6. und 7. f. M. je 1 Stb., auf die 3. und 5. f. M. 1 h. Stb. und auf die 4. f. M. 1 f. M. Zum Schluß 1 Rd.

Krebsmaschen häkeln. Faden abschneiden und vernähen und das Häkelteil über die Lampe ziehen, dabei darauf achten, daß die Stäbchen-Streifen zwischen den Durchbruchstreifen über die Stäbe des Lampengestells zu liegen kommen.

84 Weiße Tischlampe

Material: 1 Lampengestell, 23 cm hoch, 25 cm Ø (Falag-Art. 96220), 2 m Baumwollspitze – 10 cm breit, 5 Knäuel weißes Schürer-Baumwollhäkelgarn Schulgarn, Art. Nr. 2060, 1,70 m weiße Baumwollschrägstreifen, 4 cm breit, 2 m Gummiband, 0,5 cm breit, 1 Porzellanvase.

Verarbeitung: 2 m Spitze in 6 Stücke teilen (je 33 cm lang) und die Bahnen an einer Längsseite wie folgt behäkeln: Faden über dem 1. Karo der Webekante der Spitze anschlingen, 3 Lm. = 1. Stb., * 1 Lm., 1 Stb. über das folg. Karo. Ab * wdh. In 2.–4. Reihe auf jedes Stb. der Vorreihe 1 Stb., getrennt durch 1 Lm., häkeln. Das 1. Stb. jeder R. stets durch 3 Lm. ersetzen. Nun die Abmaschglieder der letzten Häkelreihe jeweils auf die unbehäkelte Webekante des folg. Streifens nähen. Den Schrägstreifen an die obere und untere Kante rechts auf rechts liegend ansteppen, die Schrägstreifenenden so einschlagen, daß die Kanten aneinanderstoßen. Den Schrägstreifen nach innen umheften, 0,5 cm eingeschlagen der Ansatznaht ansteppen. An oberer und unterer Kante Gummi einziehen. Den Bezug auf das Schirmgestell spannen. Die Gummienden so zusammenziehen, daß der Bezug stramm sitzt. Die Gummienden zusammennähen, die offene Nahtstelle von Hand zunähen. Für die Fransenborte eine Lm-Kette dem Umfang entsprechend anschlagen und zur Runde schließen und mit 3 Rd. f. M. überhäkeln. Für die Fransen ca. 12 cm lange Fäden schneiden, je 2 Fäden als Franse in jede f. M. der letzten Reihe einknüpfen. Fransen auf gleichmäßige Länge beschneiden und die Borte lt. Modellbild am unteren Rand annähen.

85 Einsatz „Gute Nacht" für Kissen

Zählmuster auf Bogen F; allgemeine Angaben siehe 88.
Werden zu beiden Seiten des Textes 3 Karos gehäkelt, sind 81 Lm. + 3 Lm. fürs 1. Stb. anzuschlagen. Mit einigen R. Gittergrund beginnen und enden. Den gespannten Einsatz bzw. das Motiv mit kurzen Vorstichen aufheften. Den ausfallenden Stoff mit 5 mm Zugabe ausschneiden. Über den Ecken diese Zugabe abschrägen bzw. schräg einschneiden und dann umbügeln. Mit Vierfach-Stickgarn Nr. 20 oder 25 auf der Oberseite Langettenstich sticken, dabei den doppelten Stoffrand erfassen. Sehr dick sticken, überstehenden Rand der Zugabe mit spitzer Schere zuletzt sorgfältig abschneiden.

86 Einsatz mit stilisierten Blütenmotiven

Einsatzbreite 23 Karos / 11,5 cm Mustersatzlänge. 18 R. / 9 cm. Allgemeine Angaben siehe 88.
Anschlag 69 Lm + 3 Lm. fürs 1. Stb. Die Mitte der Blüten im „Tüllgrund" häkeln, siehe Zählmuster auf Bogen D.

87 Roseneinsatz

Einsatzbreite 21 Karos / 10,5 cm, Mustersatzlänge 20 cm / 40 Reihen. Allgemeine Angaben siehe 88. Anschlag 63 Lm. + 3 Lm. fürs 1. Stäbchen.

88 Einsatz mit stilisierten Blütenmotiven

Einsatzbreite 13 cm / 26 Karos, Mustersatzlänge 14 cm / 28 Reihen. Zählmuster auf Bogen F.

Maschenprobe: 10 Karos x 10 Reihen messen etwa 5 x 5 cm.

Gehäkelt aus MEZ Glanzhäkelgarn Nr. 30 mit Garnhäkelnadel Nr. 0,75. Dieselbe Ausmessung ist zu erreichen, wenn mit Garn Nr. 60 wechselnd 3 Lm. und 1 Dstb. ausgeführt werden, siehe 89.

Ausführung: Für den Gittergrund wechselnd 2 Lm., 1 Stb., fürs Muster statt Lm. Stb. häkeln. Anschlag 78 Lm. + 3 Lm. fürs 1. Stb. Lt. Zählmuster häkeln, den Mustersatz bis zur gewünschten Länge wdh. Den Außenrand mit festen Maschen umhäkeln.

89 Dreieckeinsätze

Größe 26 x 26 cm, 57 x 57 Karos.

Maschenprobe: 11 Karos / 5 cm. Zählmuster und Häkelschrift Bogen F.

Gehäkelt aus 20 g MEZ Glanzhäkelgarn Nr. 60 mit Nadel Nr. 0,75.

Ausführung: Anschlag 228 Lm. + 4 Lm. fürs 1. Dstb. Für den Gittergrund wechselnd 3 Lm., 1 Dstb., fürs Muster statt Lm. Dstb. häkeln. Am linken schrägen Rand die R. lt. Häkelschrift beenden bzw. beginnen. Die Motive mit f. M. umhäkeln, über den spitzen Ecken je 4, über der rechtwinkeligen Ecke 3 f. M. in 1 Einstichpunkt ausführen.

90 Zwei quadratische Kissenmotive

Die Angaben fürs größere Kissen stehen in Klammern. Größe 34 x 34 (35 x 35) cm/29 mal 29 (30 x 30) Karos

Zählmuster siehe 93

Maschenprobe: 6 Karos x 6 Reihen/7 x 7 cm

Gehäkelt aus je 50 g mercerisiertem Baumwollgarn MEZ „Sonja" mit Häkelnadel Nr. 2,5.

Ausführung: Anschlag 108 (112) Lm. + 4 Lm. fürs 1. Dstb. Filethäkelei siehe Decke! Jedes Motiv ringsum mit 3 R. bzw. 3 Karos Gittergrund begrenzen. Den Rand mit 1 Rd. Dstb. umhäkeln (über jedes Karo 4 Dstb., über den Ecken 11 Dstb.).

91 und 92 Zwei Behänge mit mittelalterlichen Burgen

Größe 59,5 x 52 cm/83 x 83 Karos

Maschenprobe: 14 Karos x 16 R./10 x 10 cm. Zählmuster sh. Bogen D

Gehäkelt aus je 130 g MEZ Filethäkelgarn „Liana" Nr. 10 mit Garnhäkelnadel Nr. 1,25.

Ausführung: Anschlag je 249 Lm. + 3 Lm. fürs 1. Stb. Für den Gittergrund wechselnd 2 Lm., 1 Stb., fürs Muster statt Lm. Stb. häkeln. Ringsum mit 1 Karo Gittergrund ergänzen.

93 Tagesdecke aus Motiven

Größe aus 6 Motiven 135 x 225 cm
Motive 22,5 x 22,5 cm/21 x 21 Karos

Maschenprobe: 7 Karos x 7 Reihen messen 7,5 x 7,5 cm. Zählmuster auf Bogen D

Gehäkelt aus 1400 g MEZ Filethäkelgarn „Liana" Nr. 5 mit Garnhäkelnadel Nr. 1,75.

Ausführung: Anschlag für ein Motiv 84 Lm. + 4 Lm. fürs 1 Dstb. Für den Gittergrund wechselnd 3 Lm., 1 Dstb., fürs Muster statt Lm. Dstb. häkeln. Für die Decke sind insgesamt 60 Motive auszuführen. Nachdem die Motive gespannt sind, werden sie mit überwendlichen Stichen zus.-genäht. Die Decke mit 1 Rd. f. M. umhäkeln (4 f. M. über je 1 Karo, über den Ecken 10 feste Maschen).

94 Rechteckige Decke, Größe ca. 150 x 250 cm

Schema auf Bogen E

Material: Ca. 1400 g braunes und 1100 g elfenbeinweißes mittelfeines Handstrickgarn, z. B. Britanica „Tivoli" (100% Synthetik); 1 INOX-Häkelnadel Nr. 3½.

Stäbchen: In Hin- und Rückreihen mit doppeltem Faden häkeln. In der 1. R. das 1. Stb. in die 4. Lm. ab Nadel häkeln. In allen folg. R. das 1. Stb. durch 3 Lm. ersetzen, das letzte Stb. in die 3. dieser Lm. häkeln. Beim Farbwechsel den Faden abschneiden und vernähen. Fadenanfang stets einhäkeln.

Maschenprobe: 20 Stb. x 11 R. messen etwa 10 x 10 cm.

Ausführung: Die Decke besteht aus 6 Bahnen. Für jede Bahn 49 Lm. anschlagen; vom Schema ist der Wechsel der Farben abzulesen. Für die schmalen Streifen sind je 3 R., für die Felder je 18 R. Stäbchen zu häkeln.

Fertigstellung: Die Bahnen lt. Schema mit überwendlichen Stichen zus.-nähen, darauf achten, daß Reihe an Reihe trifft.
Den Rand mit 9 Rd. Stb. in Braun umhäkeln (über jede R. 2 Stb. häkeln). Über den Ecken jeweils 5 Stb. in einen Einstichpunkt ausführen. Die fertige Decke exakt rechtwinklig spannen (am besten auf dem Teppichfußboden, ein sauberes Tuch unterlegen), anfeuchten und nach dem Trocknen aus der Spannung lösen.

95–97 Drei Kissen, Kissengröße ca. 38 x 38 cm

Schema auf Bogen E

Material: Mittelfeines Handstrickgarn, z. B. Britanica „Tivoli" (100% Synthetik), und zwar je 100 g Braun und Elfenbein für jedes Kissen, ausreichend für Vorder- und Rückseite; 1 Häkelnadel Nr. 3½.

Grundmuster: Mit doppeltem Faden in Rd. lt. Häkelschrift auf Bogen D ausführen. Fadenanfang stets einhäkeln. Das 1. Stb. jeder Rd. durch 3 Lm. ersetzen. Jede Rd. mit 1 Km. schließen. Danach mit Km. bis zum Anfang der folg. Rd. vorgehen, die 3. Km. um die nächste Lm. häkeln, siehe Häkelschrift.
Mit einem Ring aus 6 Lm. beginnen, diese mit 1 Km. zur Rd. schließen. Die 1. bis 4. Rd. lt. Häkelschrift ausführen und in dieser Weise auch in 5. bis 20. Rd. über den Ecken zunehmen. Beim Farbwechsel die letzte M. der einen Farbe mit der folg. Farbe abmaschen.

Maschenprobe: Nach der 3. Rd. mißt das Quadrat ca. 6,5 x 6,5 cm.

1. Kissen: Abwechselnd je 1 Rd. elfenbein und braun häkeln. Den 2. Faden auf der Rückseite weiterführen. Für die Kissenrückseite ein 2. Teil genauso häkeln.

* Beim 2. Teil nach der 20. Rd. den Faden nicht abschneiden, sondern damit beide Teile wie folgt zusammenhäkeln: Die exakt quadratisch gespannten Teile – linke auf linke Seite treffend – übereinanderlegen. Um die Lm. beider Teile einstechen, 3 f. M. häkeln, die Stb. mit 1 Lm. übergehen. Über den Ecken um die 3 Lm. stets 6 f. M. ausführen. An der 4. Seite nur die Kissenoberseite umhäkeln Nachdem die Kissenfüllung eingeschoben worden ist, diese Öffnung mit Handstichen schließen.

2. Kissen: Je ein Quadrat aus braunem und elfenbeinfarbenem Garn häkeln. Fadenende beim braunen Quadrat nach der 20. Rd. hängenlassen. Fertigstellen siehe 1. Kissen ab *.

3. Kissen: Für die Kissenoberseite die 1. bis 5. Rd., 9. bis 11. Rd. und 15. bis 20. Rd. elfenbein, die übrigen Rd. braun häkeln. Die Kissenunterseite genauso häkeln (man braucht dann allerdings 150 g Elfenbein) oder die Farben austauschen. Fertigstellen siehe 1. Kissen ab. *.

98 Bastmatte, gehäkelt, ca. 95 cm ∅

Material: Die Matte entweder aus doppeltem Bast häkeln, ca. 700 g sind erforderlich (z. B. Glockenbast, matt oder glänzend, von FALAG) oder aus dickem synth. Handstrickgarn, z. B. „Los Angeles Sport" von Bon Pasteur, 1 INOX-Wollhäkelnadel Nr. 4 oder 4½.

Ausführung: Die Matte mit doppeltem Bast in Rd. arbeiten (Synthetikgarn nur einfach verwenden), sehr fest häkeln. Jede Rd. mit 1 Km. schließen; das 1. Stb. einer Rd. durch 3 Lm., die 1. f. M. durch 1 Lm. ersetzen. Die Farben entweder lt. Modellbild oder ganz nach Belieben anordnen. Mit 1 Ring aus 4 Lm. beginnen. In **1. Rd.** in diesen 10mal wechselnd 1 Stb., 1 Lm., in **2. Rd.** um die Lm. 1 f. M., dazwischen 2 Lm. häkeln, in **3. Rd.** um jeden Lm.-Bogen Gruppen aus 3 Stb., 1 Lm. häkeln. **4. Rd.:** Zwischen die Gruppen 1 f. M., 2 Lm., in das 2. Stb. jeder Gruppe 1 f. M., 2 Lm. häkeln. **5. Rd.:** Wie die 3. Rd. arbeiten. **6. Rd.:** Zwischen die Gruppen 1 f. M., 3 Lm., **7. Rd.:** Um die Lm.-Bogen Gruppen aus je 4 Stb., 1. Lm. und in **8. Rd.** zwischen die Gruppen je 1 f. M., getrennt durch 4 Lm. In **9. Rd.** um die Lm.-Bogen Gruppen aus je 5 Stb., nach jeder Gruppe 1 Lm. einfügen. **10. Rd.:** Um die Lm. je 1 f. M., 3 Lm., in das 3. Stb. wieder Gruppe 1 f. M., 3 Lm. **11. Rd.:** Um jeden Lm.-Bogen Gruppen aus 3 Stb., 1 Lm. = 40 Gruppen. **12. Rd.** siehe 6. Rd. **13. Rd.** siehe 7. Rd., die **14. und 15.** sowie **16. und 17. Rd.** wie die 12. und 13. Rd. häkeln. Die **18. Rd.** wie die 8. Rd., die **19. Rd.** wie die 9. Rd., die **20. Rd.** wie die 10. Rd. und die **21. Rd.** wie die 11. Rd. ausführen = 80 Gruppen. Die **22. Rd.** wie die 2. Rd., die **23. Rd.** wie die 3. Rd., die **24. und 25. Rd.** sowie die **26. und 27.** Rd. wie die 6. und 7. Rd., die **28. und 29. Rd.** wie die 8. und 9. Rd. häkeln. In der **30. Rd.** wieder wie in 10. Rd. und in **31. Rd.** wie in 11. Rd. häkeln = 160 Gruppen. Die **32. bis 39. Rd.** wie die 22. bis 29. Rd. ausführen. In der **40. Rd.** um jede Lm. 1 f. M., 4 Lm. In **41. Rd.** um jeden Lm.-Bogen 1 f. M., 4 Stb., 1 f. M. häkeln. Die Matte spannen, anfeuchten und trocknen lassen.

99 Gehäkelter Läufer aus Wollresten in beliebigen Farben

Material: Wollreste, möglichst in einer Stärke. Falls auch feine Wolle verwendet wird, diese zwei- oder dreifach verhäkeln. Die Stärke der Häkelnadel richtet sich nach der Dicke der verwendeten Wolle.

Ausführung: Einen Lm.-Anschlag von 80 cm Länge (Läuferbreite) ausführen und f. M. häkeln. Nach jeder R. mit 1 Lm. zusätzlich wenden. Die Streifenfolge richtet sich nach dem vorhandenen Material, ebenfalls die Länge, am Modell ca. 110–120 cm. Als Abschluß noch 2–3 Rd. f. M. um den ganzen Läufer häkeln, an den Ecken 3 M. in eine Einstichstelle.

100 Decke mit Sommersträußen, 137 cm ∅

Originalgroße Musterzeichnung siehe Bogen A

Material: 1,40 m Zählstoff, 140 cm breit (auch in 170 cm breit erhältlich), 10 Gewebefäden/ca. 1 cm (z. B. „Jobelan"); 8,75 m Paspelband; MEZ-Sticktwist in folgenden Farben:

3 Strg. Weiß 402	1 Strg. Kirschrot, dunkel 20
1 Strg. Ginstergelb 297	4 Strg. Gletscherblau, hell 145
2 Strg. Orange, dunkel 316	4 Strg. Grasgrün 254
4 Strg. Mohnrot 333	4 Strg. Grasgrün, hell 243
3 Strg. Leuchtend Rot 46	1 Strg. Schwarz 403

Ausführung: Auf dem Stoff einen Kreis mit 140 cm ∅ markieren, über der Kreiskontur Zickzackstich steppen, überstehenden Stoff abschneiden. Den Stoff ab Mitte in beiden Richtungen fadengerade und einmal in der Diagonalen falten, so daß 8 Markierungen leicht eingebügelt werden. Die Musterzeichnung 8mal mit 3,5 cm Abstand zum Stoffrand aufzeichnen (siehe Modellbild). Die Stickerei mit 4fädigem Twist wie folgt ausführen: Stiele in Stielstich, Blätter, hellblaue, dunkelrote und kleine weiße Blüten, Gelb und Schwarz in den Blütenmitten, Blütenkelch in Plattstich; große, weiße Blüte und beide roten Blüten in Nadelmalerei (Farbabstufungen siehe Modellbild). Spannstiche für die gelben Staubgefäße mit je einem Knötchenstich sticken. Fertige Stickerei bügeln, den Stoff ringsum 1,5 cm breit umheften, Paspelband knapp am Rand und nochmals mit ca. 5 mm Abstand aufsteppen.

101 Tischläufer in Buntstickerei, 45 x 80 cm

Originalgroße Vorzeichnungen 1–6 auf Bogen B
Motivgröße jeweils ca. 7 x 7 cm

Material: 0,50 m Bielefelder Leinen, 160 cm breit, 20 Gewebefäden/ca. 1 cm; für den Holsaum 2 Strg. MEZ Vierfach-Stickgarn Nr. 30, Weiß 402; zum Sticken je 1 Strg. MEZ Perlgarn Nr. 5, Farben siehe Decke 471/14, von den Farben 146, 46 und 256 je 2 Strg.

Ausführung: Stoffzuschnitt 49 x 83 cm. 3 cm ab Stoffrand ringsum 10 Gewebefäden (= 0,5 cm) für den äußeren Hohlsaum ausziehen, an den Ecken nur bis zu den Kreuzungspunkten. 8 cm innerhalb noch einmal in gleicher Weise Gewebefäden ausziehen. Für die Karoaufteilung innerhalb des so entstandenen Rechtecks jeweils nach 8 cm in Länge und Breite 10 Gewebefäden bis an die umgrenzende Fadenrinne ausziehen (Schmalseite = 3 Karos, Längsseite = 7 Karos). Die an den Kreuzungspunkten überstehenden Gewebefäden mit dichten Langettenstichen sichern, Gewebefäden abschneiden. Stoffränder für einen 1 cm breiten, doppelten Saum bis an die äußere Fadenrinne einlegen, heften und mit einfachem Hohlnahtstich befestigen, je 6 Gewebefäden bündeln. An der Gegenseite der Fadenrinne jeweils dieselben Fadenbündel mit Hohlnahtstich sichern. Auf diese Weise alle Fadenrinnen umsticken, dabei die leeren Kreuzungskaros mit einer Fadenspinne (siehe Abb.) füllen. Stickereimotiv in der Reihenfolge 1–6 abbildungsgemäß auf die Stoffquadrate im Mittelstück übertragen. Blüten und Blätter werden in Plattstich, Stiele im Stielstich gestickt. Farbverteilung siehe Detailaufnahme.

102 Tischdecke in Buntstickerei, 135 x 230 cm

Originalgroße Vorzeichnung A auf Bogen B; B auf Bogen A, Randbogen und kleine Blüten auf Bogen H. Stickereigröße 42 x 140 cm

Material: 2,35 m Bielefelder Leinen, 160 cm breit, 20 Gewebefäden ca. 1 cm; MEZ Perlgarn 5 lt. Tabelle:

1	=	4 Strg. Perlrosa 75
2	=	2 Strg. Erikarot 77
3	=	1 Strg. Lachsrosa, hellstes 6
4	=	2 Strg. Geranienrot 11
5	=	1 Strg. Karminrot, mittel 42
6	=	1 Strg. Karminrot, dunkel 43
7	=	4 Strg. Leuchtend Rot 46
8	=	2 Strg. Violett, mittel 99
9	=	2 Strg. Lila, hellstes 108
10	=	1 Strg. Maisgelb, hell 301
11	=	2 Strg. Maisgelb, dunkelstes 304
12	=	3 Strg. Türkis, hell 168
13	=	1 Strg. Kanariengelb, hell 288
14	=	3 Strg. Grasgrün, dunkel 246
15	=	3 Strg. Birkengrün 256
16	=	1 Strg. Gletscherblau 146
17	=	1 Strg. Kobaltblau 133
18	=	15 Strg. Weiß 402 (für die Randbogen)

Ausführung: Stoffzuschnitt 140 x 235 cm. In Deckenmitte mit fadengeraden Vorstichen ein Rechteck in Stickereigröße (42 x 140 cm) markieren. Innerhalb dieser Umgrenzung die Vorzeichnung (Eck- und ein Teil des Mittelmotivs) abbildungsgemäß auf den Stoff übertragen (siehe Allgem. Hinweise). Blüten und Blätter im Plattstich, Stiele im Stielstich sticken. Farbverteilung lt. Zahlen in Tabelle und Vorzeichnung. Danach 2,5 cm ab Stoffrand die Randbogen lt. Vorzeichnung (sie zeigt 1 großen Bogen und ½ Ecke) auf den Stoff übertragen. Die Schmalseite besteht aus 5, die Längsseite aus 10 Bogen und jeweils den beiden Ecken. An der Originaldecke sind die Bogen verschieden lang und tief ausgeführt. Wir haben den Rand vereinfacht. In die Mitte jedes großen Bogens, ca. 6 cm ab Bogenrand eine kleine Blüte anordnen, fortlaufend Motiv 1–8. Sticken und Farbverteilung wie beim Mittelmotiv. Zum Schluß den Bogenrand mit dichtem Langettenstich befestigen, überstehenden Stoff mit spitzer, scharfer Schere dicht an der Stickerei abschneiden.

103 Decke mit Blütenkreis, ca. 180 cm ∅

Originalgroße Vorzeichnung siehe Bogen B
Motivgröße 10 x 28 cm

Material: 1,80 m Effektstoff, 180 cm breit, 7 Gewebefäden/ca. 1 cm (z. B. Zweigart Art. 3711 „Ariosa"); 5,70 m Baumwollspitze, 1,5 cm breit (Linne); Schürer Perlgarn 5 in folgenden oder ähnlichen Farben:

1	=	5 Strg. Lindgrün, hell 2023
2	=	4 Strg. Lindgrün 2024
3	=	2 Strg. Lachsrosa, hell 2603
4	=	2 Strg. Geranienrot, hell 2605
5	=	2 Strg. Kaffeebraun, mittel 2309
6	=	1 Strg. Feuerrot, dunkel 2194
7	=	1 Strg. Karminrot, dunkel 2229
8	=	1 Strg. Himmelblau 2403
9	=	1 Strg. Kobaltblau, hell 2405
10	=	1 Strg. Orange, hell 2549
11	=	1 Strg. Gold 2164
12	=	1 Strg. Goldgelb, hell 2013
13	=	1 Strg. Orange 2550
14	=	1 Strg. Maisgelb, dunkel 2548
15	=	1 Strg. Violett, hell 2323
16	=	1 Strg. Zartviolett 2322

Ausführung: Auf dem Stoff zwei Kreise mit 180 und 122 cm ∅ markieren. Innerhalb des kleineren Kreises 12 Motive mit gleichmäßigem Abstand voneinander anordnen (die gelben Blüten zeigen zur Mitte) und auf den Stoff übertragen. Stickerei in Stiel- und Plattstich ausführen. Fertige Stickerei von links unter feuchtem Tuch abbügeln. Stoff der äußeren Kreiskontur entlang ausschneiden, Kante mit Zickzackstich versäubern, Spitze aufsteppen.

104 Folkloremotiv, ca. 12 x 13 cm

Originalgroße Vorzeichnung siehe Bogen B

Material: 25 x 25 cm feinfädiger Baumwollstoff in Grün; Reste von MEZ Sticktwist in folgenden oder ähnlichen Farben:

1 = Ginstergelb, dunkel 298	10 = Karminrot, hell 41
2 = Orange, dunkelstes 925	11 = Perlrosa, hell 74
3 = Elfenbein 386	12 = Perlrosa, hellstes 73
4 = Violett, hell 98	13 = Violett, dunkel 101
5 = Ginstergelb, hellstes 293	14 = Smaragdgrün, dunkel 229
6 = Weiß 402	15 = Grasgrün, mittel 244
7 = Porzellanblau 147	16 = Maisgrün 242
8 = Eisblau 161	17 = Maisgrün, mittel 241
9 = Eisblau, allerhellstes 158	18 = Maisgrün, hell 240

Ausführung: Vorzeichnung auf den Stoff übertragen. Sticktwist 3-fädig verwenden. Stiele in Stielstich, Punkte im unterlegten Plattstich, Blätter und Blüten in Plattstich sticken. Farbverteilung siehe Vorzeichnung.

105 Folkloremotiv, ca. 19,5 x 21,5 cm

Originalgroße Vorzeichnung siehe Bogen H

Material: 30 x 30 cm Leinenimitat (z. B. esbi); je 1 Str. oder Reste von MEZ Sticktwist in folgenden oder ähnlichen Farben:

1 = Rosenrosa, hellstes 23	11 = Rosenrot, hell 28
2 = Rosenrosa 25	12 = Leuchtend Rot 46
3 = Rosenrosa, dunkel 26	13 = Kirschrot 19
4 = Rosenrot, hellstes 27	14 = Kirschrot, dunkelstes 22
5 = Goldgelb, hell 305	15 = Gletscherblau, hell 145
6 = Goldgelb 306	16 = Porzellanblau 147
7 = Goldgelb, dunkel 307	17 = Lindgrün, hellstes 259
8 = Goldgelb, dunkelstes 308	18 = Heidegrün 931
9 = Weiß 402	19 = Heidegrün, dunkel 932
10 = Schwarz 403	20 = Tannengrün, dunkel 218

Ausführung: Motiv in Stoffmitte übertragen. Sticktwist 2-fädig verwenden. Blütenblätter, -kelche und Blätter in Plattstich, Stiele in Stielstich sticken, Rosenmitte mit schwarzem Twist in Knötchenstich füllen. Zahlen in der Vorzeichnung geben die Farben an. Fertige Stickerei vorsichtig unter feuchtem Tuch von links bügeln.

106–111 Blumensträuße, ca. 18 x 18 cm

Originalgroße Vorzeichnungen 106 siehe Bogen C, 107, 108, 109 + 111 siehe Bogen B und 110 siehe Bogen A oder zu sticken nach burda Bügelmuster Nr. 826/008, DM 8,– Bezugsbedingungen siehe Seite 168

Material: Für 106–108 ca. 30 x 30 cm feiner Baumwollstoff in Gelb, für 109–111 ca. 30 x 30 cm in Zartgrün; ein ca. 21 x 21 cm großes Stück fester Karton oder eine dünne Sperrholzplatte; für ein Motiv je 1 Str. MEZ Sticktwist in folgenden Farben:

	106	107	108	109	110	111
1 = Birkengrün, hellstes 254	x	x	x		x	x
2 = Birkengrün, dunkel 257	x	x	x	x	x	x
3 = Tannengrün, dunkel 218			x			x
4 = Grasgrün, mittel 244	x	x	x	x	x	x
5 = Maigrün, hell 240			x	x		x
6 = Grasgrün, dunkel 246		x		x		
7 = Jadegrün, hellstes 185				x	x	
8 = Maisgelb, hellstes 300	x			x		x
9 = Maisgelb, dunkel 303	x	x	x	x	x	x
10 = Maisgelb, 302	x				x	
11 = Lila 111	x			x	x	x
12 = Lila, hellstes 108				x	x	x
13 = Gletscherblau, hell 145			x		x	
14 = Graublau, allerhellst. 937			x			
15 = Kobaltblau, dunkel 135			x			
16 = Weiß 402		x	x			x
18 = Lachsrosa 9						x
19 = Geranienrot, 11	x					x
20 = Leuchtendrot 46	x			x	x	
21 = Perlrosa, hell 74	x			x		x
22 = Erikarot, dunkel 78	x			x		x
23 = Zimtbraun 369	x		x	x		
24 = Orange, hell 313						x
25 = Grau, mittel 399			x			

Ausführung: Motiv auf den Stoff übertragen, Sticktwist 4-fädig verwenden. Dünne Stiele und Blattadern in Stielstich, Blüten und Blätter in Plattstich bzw. Nadelmalerei ausführen. Blütenmitten und kleine orangefarbene Blüten mit Knötchenstichen ausfüllen. Farbverteilung siehe Nummern auf der Vorzeichnung bzw. lt. Modellbild. Fertige Stickerei von links feucht bügeln, über den Karton spannen.

112 Deckchen mit Rosen, ca. 48 cm ∅

Originalgroße Vorzeichnung siehe Bogen A

Material: 50 x 50 cm Dekostoff (z. B. esbi „shantusin"); MEZ Sticktwist in folgenden oder ähnlichen Farben:

1 = 1 Str. Grasgrün 244	5 = 2 Str. Erikarot, hell 76
2 = 2 Str. Maigrün 242	6 = 1 Str. Perlrosa, hell 74
3 = 1 Str. Maigrün, hell 240	7 = 1 Str. Perlrosa, hellstes 73
4 = 1 Str. Erikarot 77	8 = 1 Str. Brombeerrot 70

Ausführung: Auf den Stoff zwei Kreise mit 35 und 50 cm ∅ markieren, Stoffrand versäubern, für einen schmalen Saum umlegen und absteppen. Die Musterzeichnung (= ½) auf Transparentpapier übertragen. Innerhalb des kleineren Kreises die Musterzeichnung mittels Kopierpapier auf den Stoff übertragen. Mit geteiltem Twist wie folgt sticken: Stiele und Linien (Brombeerrot) in Stielstich, Blätter und Blüten in Plattstich. Die Zahlen innerhalb der Musterzeichnung erläutern die Farbaufteilung. Fertiges Deckchen auf der Rückseite unter feuchtem Tuch bügeln.

113 Decke mit aufgesteppter Spitze, ca. 130 x 130 cm

Originalgroße Vorzeichnung siehe Bogen B
Motivgröße 9,5 x 9,5 cm

Material: 1,40 m Stickbatist, 140 cm breit (z. B. Leibfried Art. 3027) 12,50 m Baumwollspitze, ca. 2 cm breit (z. B. von H. A. Schmitz). MEZ Sticktwist in folgenden oder ähnlichen Farben:

1 = 3 Str. Perlrosa 75
2 = 2 Str. Himmelblau, hellstes 128
3 = 1 Str. Maisgelb, hell 301
4 = 2 Str. Tannengrün, hellstes 214

Ausführung: Stoffkanten versäubern. In beide Richtungen die Stoffmitte markieren, den Stoff nach beiden Seiten in zwei 30 cm breite Streifen einteilen. Von der Spitze sechs 1,22 m lange Stücke abschneiden und fadengerade auf die markierten Linien aufsteppen (Spitzenmitte liegt auf der markierten Linie). Mit 9 cm Abstand zu den Stoffkanten ringsum die restliche Spitze aufsteppen, an den Ecken Falten einlegen. In die Mitte der so entstandenen 16 Quadrate in diagonaler Richtung ein Motiv übertragen, in jedem Quadrat die Richtung des Motivs abwechseln (siehe Abbildung). Sticktwist 3-fädig verwenden. Stiele in Stielstich, Blättchen und Blütenblätter der blauen Streublümchen in Margeritenstich, Blütenmitten in Knötchenstich sticken. Die gestrichelt gezeichneten Blütenblätter der rosa Blüten in Steppstich umranden, restliche Flächen in Plattstich ausführen. Ecken für einen 4 cm breiten einfachen Saum abschrägen. Saum entlang der Spitze feststeppen.

114 Mitteldecke, ca. 80 x 80 cm

Originalgroße Musterzeichnung siehe Bogen A
Motivgröße 18 x 36 cm

Material: 1 weißes, 80 x 80 cm großes Deckchen aus Strukturgewebe (z. B. AMC 133/52 mit Dreherbordüre) oder 90 x 90 cm Siebleinen, 10 Gewebefäden/1 cm (z. B. Zweigart Art. 3604 „Dublin"); MEZ Sticktwist in folgenden oder ähnlichen Farben:

1 = 2 Str. Maisgelb, hellstes 300
2 = 2 Str. Maisgelb 302
3 = 1 Str. Antikrosa, hellstes 892
4 = 2 Str. Himbeerrosa, hell 36
5 = 2 Str. Himbeerrot, hell 38
6 = 2 Str. Karminrot, mittel 42
7 = 1 Str. Himmelblau, dunkel 131
8 = 4 Str. Birkengrün, dunkel 257
9 = 1 Str. Kaffeebraun 944

Dieses Deckchen ist auch als Fixpackung im Fachhandel erhältlich: AMC-Dessin 6778.

Ausführung: Jeweils in Seitenmitte, ca. 5 cm ab Drehbordüre (ca. 20 cm ab Stoffkante) das Motiv auf den Stoff übertragen, Blümchen ab Pfeil (= Motivmitte) gegengleich ergänzen. Stiele, Grashalme und Baumrinde in Stielstich, Blütenblätter in Margeritenstich, Blütenmitten in Knötchenstich, Baumstamm in waagerechtem Plattstich, blaue Blüten in Spannstichen ausführen. Farbverteilung siehe Nummern in der Zeichnung. Stickerei vorsichtig unter feuchtem Tuch von links bügeln. Bei Siebleinen Stoff außerhalb der Stickerei auf gleiche Breite beschneiden. Ecken für einen 1 cm breiten doppelten Saum abschrägen. Saum einlegen, heften und steppen.

115–118 Bildchen in Buntstickerei

Originalgroße Vorzeichnungen auf Bogen B und C oder burda-Bügelmuster 776/003, DM 4,–, (die Packung enthält 2mal 12 Motive). Bezugsbedingungen siehe Seite 168.

Material: Für 1 Bild 15 x 15 cm Halbleinen, 20 Gewebefäden/ca. 1 cm (z. B. Zweigart Art. 3894 „Toscana"); je 1 Strg. bzw. Reste von MEZ Sticktwist in den Farben lt. Tabelle:

115 Johannisbeere,	**117 Brombeere,**
ca. 6,5 x 7 cm	ca. 6,5 x 6,5 cm
Grasgrün 245	Lindgrün, dunkelstes 263
Birkengrün, hell 255	Gelbgrün, hell 279
Leuchtend Rot 46	Violett, hell 98
Rot 47	Violett 100
116 Hagebutte,	**118 Heidelbeere,**
ca. 6,5 x 7,5 cm	ca. 7 x 7 cm
Mohnrot, hell 332	Grasgrün 245
Mohnrot 333	Birkengrün 256
Birkengrün 256	Porzellanblau, mittel 148
Birkengrün, dunkelstes 258	Türkis, hell 168
Gelbgrün, hellstes 278	
Braun, hell 358	
Torfbraun 382	

Ausführung: Motive jeweils in Stoffmitte übertragen. Mit geteiltem Twist wie folgt sticken: Stiele und Blattadern in Stielstich, die Blätter der Johannisbeeren in Nadelmalerei ausführen, Brombeeren in Knötchenstich. Alles Übrige in Plattstich. Farbverteilung siehe Modellbild. Fertige Stickerei von links unter feuchtem Tuch sorgfältig bügeln und in einen Rahmen einspannen.

119 Mitteldecke in Buntstickerei, ca. 75 x 75 cm

Originalgroße Vorzeichnung (¼ des Musters) auf Bogen A
Stickereigröße 58 x 58 cm

Material: 0,80 m Halbleinen, 80 cm breit (z. B. Leibfried Art. 117/09); Schürer Mouliné (Twist) in folgenden Farben:

3 Strg. Maisgelb, hell 2546	2 Strg. Seegrün, dunkel 5084
1 Strg. Kupfer 2722	1 Strg. Himbeerrot 2825
1 Strg. Schilfgrün, hell 5143	3 Strg. Himberrosa 2823
3 Strg. Maisgelb, blaß 2544	2 Strg. Himbeerrosa, hell 2822
2 Strg. Himmelblau 2403	1 Strg. Lindgrün, hell 2023

(Die Decke ist über den Handarbeitsfachhandel auch vorgezeichnet und mit eingewebter Randborte erhältlich; AMC-Dessin 06656).

Ausführung: In Stoffmitte mit Vorstichen ein Quadrat in Stickereigröße markieren. Innerhalb dieser Umgrenzung die Vorzeichnung lt. Modellbild auf den Stoff übertragen. Twist ganzfädig verwenden. Stiele in Stielstich, Blätter und Blütenmitte der großen Blüten in Plattstich, Blütenblätter in Nadelmalerei sticken. Für die kleinen Blätter und Blüten Margeritenstich, für die gelben Rispen und die Mitte der Margeritenstichblüten Knötchenstich verwenden. Farbverteilung siehe Modellbild. Stoffränder 1 cm breit umlegen, heften und säumen.

120 Glückwunschkarte „Blumenkorb", ca. 14 x 22 cm

Originalgroße Musterzeichnung auf Bogen B
Motivgröße ca. 10,5 x 13 cm

Material: 1 Stück hellblauer, feiner Stoff, ca. 15 x 20 cm; ca. 60 cm schmales gelbes Paspelband; 1 Bogen hellgelber Zeichenkarton (Reklamekarton); je 1 Strg. Schürer Mouliné (Sticktwist) in folgenden oder ähnlichen Farben:

Weiß 0010	Himbeerrot, hell 2824
Kanariengelb 2482	Birkengrün, hellstes 2121
Ockergelb, hell 2163	Birkengrün, dunkel 2123
Orange 2550	Kobaltblau, hell 2405

Ausführung: Motiv auf die Stoffmitte übertragen. Mit geteiltem Faden sticken. Korb, Blätter und kleine Blüten im Plattstich, Stiele im Stielstich, Blüten in Schlingstich, Blütenstempel im Flechtstich bzw. im Knötchenstich sticken. Farbverteilung siehe Abbildung. Aus dem Zeichenkarton zwei 22 x 28 cm große Rechtecke zuschneiden. Aus der rechten Hälfte eines Kartons im Abstand von ca. 2 cm zur oberen und je 1 cm zur Mitte bzw. zur rechten Kante ein 12,5 x 15,5 cm großes Fenster schneiden. Stickerei hinter das Fenster kleben, mit dem zweiten Karton kaschieren. Am Rand des Fensters entlang die Paspel aufkleben. Karte in der Mitte falten.

121 Glückwunschkarte „Blumenranke", ca. 12,5 x 22 cm

Originalgroße Musterzeichnung auf Bogen D
Motivgröße ca. 8,5 x 12 cm

Material: 1 Stück weißer, feiner Stoff, ca. 15 x 20 cm; ca. 55 cm Paspelband in Rosa, 0,5 cm breit; 1 Bogen Zeichenkarton (Reklamekarton); je 1 Strg. Schürer Mouliné (Sticktwist) in folgenden Farben:

Weiß 0010	Himbeerrosa, hell 2822
Gelbgrün, hellstes 2580	Himbeerrot, hell 2824
Ockergelb, hell 2163	Himmelblau, hellstes 2402
Birkengrün, hellstes 2121	Gletscherblau 2084
Birkengrün, dunkel 2123	Flieder 2783

Ausführung: Motiv auf den Stoff übertragen. Mit geteiltem Faden in Nadelmalerei, Platt-, Stielstich und einzelne Spannstiche sticken. Farbverteilung und Ausführung der Stickerei siehe Abb. Aus dem Zeichenkarton zwei 22 x 25 cm große Rechtecke zuschneiden. Aus der rechten Hälfte eines Kartons im Abstand von ca. 2 cm zum oberen Rand und je 1 cm zur Mitte bzw. zur rechten Kante ein 10,5 x 14 cm großes Fenster ausschneiden. Weiteres siehe 120.

122 Glückwunschkarte „Blumenstrauß", ca. 15 x 22 cm

Originalgroße Musterzeichnung auf Bogen B
Motivgröße ca. 12,5 x 13 cm

Material: 1 Stück feiner Stoff in Beige, ca. 15 x 20 cm; ca. 55 cm schmale Litze in Lila; 1 Bogen Zeichenkarton (Reklamekarton); je 1 Strg. Schürer Mouliné (Sticktwist) in folgenden Farben:

Weiß 0010	Himbeerrot, hell 2824
Gelbgrün, hellstes 2580	Himmelblau, hellstes 2402
Ockergelb, hell 2163	Himmelblau, dunkel 2404
Orange 2550	Kobaltblau, hell 2405
Birkengrün, hellstes 2121	Flieder 2783
Birkengrün, dunkel 2123	Zartviolett 2322
Himbeerrosa, hell 2822	

Ausführung: Motiv auf den Stoff übertragen, mit geteiltem Twist in Nadelmalerei, Platt-, Stiel- und einigen Spannstichen sticken. Farbverteilung siehe Abb. Aus dem Zeichenkarton zwei 15 x 44 cm große Rechtecke zuschneiden. Aus der rechten Hälfte eines Kartons im Abstand von je ca. 1 cm zur Mitte, zur oberen und rechten Kante ein 13 x 14 cm großes Fenster ausschneiden. Weiteres siehe 120.

123 Kinderbettwäsche Bezug ca. 48 x 65 cm, Kissen ca. 43 x 35 cm

Originalgroße Musterzeichnungen A und B siehe Bogen B
Motiv A ca. 4,5 x 16,5 cm, Motiv B 2 x 7 cm

Material: 1,50 m Wäschebatist, 90 cm breit (z. B. Dierik Art. „Marena"); 7 Wäscheknöpfe; je 1 Str. DMC Perlgarn 5 in folgenden oder ähnlichen Farben:

Erikarot, dunkel 601	Erikarot, hellstes 604
Erikarot 602	Erikarot, allerhellstes 605
Erikarot, hell 603	Schwarz 310

Ausführung Kissen: Stoffzuschnitt 45 x 80 cm. Stoff an den Schmalseiten 2mal 2 cm breit umbügeln und steppen. Den Stoff so falten, daß die 2 Säume mit ca. 2 cm Abstand zur Kante übereinanderliegen. Stoffbrüche einbügeln. Motiv A in die Mitte der Vorderseite übertragen, wie folgt sticken: Für Schwanz und Körper 2 Reihen, für das Ohr 1 Reihe Stielstiche ausführen. Auge im Platt-, Beine im Knötchenstich sticken. Kissennähte schließen. 3 Knopflöcher mit gl. Abständen einnähen, Knöpfe annähen.

Bezug: Stoffzuschnitt 50 x 67 cm, 50 x 62 cm, 50 x 15 cm und für den Volant drei 6 cm breite Streifen à 1,50 m. Auf dem 50 x 67 cm großen Teil lt. Vorzeichnung B 13 Reihen à 5 Mäuse übertragen, der Abstand zwischen den Reihen beträgt 2 cm. Alle Linien im Stielstich, Beine und Augen im Knötchenstich sticken. Farbverteilung lt. Abbildung. An den zwei übrigen Stoffteilen an je einer 50 cm langen Kante einen 2 cm breiten doppelten Saum steppen. Säume übereinanderheften. Volantstreifen zusammennähen, Außenkante langettieren. Die 2 Bezugsteile rechts auf rechts legen, Volant einkräuseln und zwischenreihen, Nähte steppen. 4 Knopflöcher mit gleichen Abständen einnähen, Knöpfe annähen.

124 Kinderbettwäsche Laken ca. 100 x 150 cm, Kissen ca. 40 x 60 cm

Originalgroße Vorzeichnung siehe Bogen B
Motiv ca. 6 x 7,5 cm

Material: 1,50 m Wäscheleinen, 1,60 m breit (z. B. von KBC Art. „Emily"); 3 Wäscheknöpfe; je 1 Str. DMC Mouliné (Sticktwist) in folgenden oder ähnlichen Farben: (* = 2 Str.):

Himmelblau, dunkel 798	Himmelblau, hell 800*
Kobaltblau 796	Lachsrosa, hellstes 754
Orange 608	

Ausführung Laken: Stoffzuschnitt 103 x 160 cm. An einer Schmalseite [illegible]off für einen 5 cm breiten doppelten Saum nach rechts umlegen und cm[illegible] steppen, die übrigen Seiten schmal säumen. Motive lt. Abb. mit ca. 5 Kontur[illegible] zum Saum übertragen. Mit ganzfädigem Twist wie folgt sticken: zuschnitt 4[illegible]elstich, Flügelspitzen in Plattstich ausführen. **Kissen:** Stoffzuschnitt. Stickmotivs sie[illegible] cm. Verarbeitung siehe Kissen 123, Ausführung des [illegible]en.

125 Runde Schmette[illegible]decke, ∅ ca. 170 cm

Zählmuster A + C auf Bogen D, B[illegible]auf Bogen E
Motivgröße:
A: Kleiner Schmetterling 24 x 24 Stiche/ca. [illegible]
B: Mittlerer Schmetterling 29 x 31 Stiche/ca. 1[illegible] cm
C: Großer Schmetterling 36 x 40 Stiche/ca. 13,7 x [illegible] cm
D: Größter Schmetterling 58 x 58 Stiche/ca. 21 x 21 cm

Material: 1,70 m Leinenstoff, 170 cm breit, 10 Gewebefäden/ca. [illegible]m (z. B. Zweigart Art. 3918 „Shannon"); je 2 Strg. MEZ Perlgarn 5 in folgende[illegible]der ähnlichen Farben:

1	×	= Goldgelb 306	2 ●	= Goldgelb, dunkelstes 308
		= Zartviolett 96		= Violett, dunkel 99
		= Himmelblau, hell 129		= Kobaltblau 133
		= Birkengrün, hell 255		= Birkengrün, dunkelstes 258
3	■	= Braun, hell 358		

Die Schmetterlinge sind abwechselnd in 2 Farbtönen in hell und dunkel gestickt. Jeweils ein Zeichen gilt für den hellen und ein Zeichen für den dunklen Farbton.

Ausführung: Über die Stoffmitte vier Kreise von 170 cm, 110 cm, 63 cm und 25 cm ∅ markieren. Innerhalb des kleinsten Kreises 4 kleine Schmetterlinge (A), innerhalb des zweiten Kreises 8 mittlere (B), innerhalb des großen Kreises je 4 große (C) und größte Schmetterlinge (D) im Wechsel anordnen. Nach Zählmuster sticken, jeden Schmetterling mit braunem Körper und braunen Fühlern. Ein Kreuzstich greift über 4 x 4 Gewebefäden. Stoff versäubern und schmal umheften. Mit doppeltem Perlgarnfaden (Braun) mit Langettenstich umstechen.

4 Servietten, ca. 38 x 38 cm.

Material: 0,80 m Leinenstoff, 140 cm breit; siehe Decke.

Ausführung: 4 Stoffquadrate 40 x 40 cm zuschneiden und versäubern. Kanten knapp einschlagen und mit Langettenstichen (doppelten Perlgarnfaden) umstechen. In eine Ecke jeweils einen Schmetterling (A) sticken.

126 + 127 Blumenbilder in Kreuzstich

Material: 35 x 45 cm Siebleinen, 10 Gewebefäden/ca. 1 cm (z. B. Zweigart Art. 3604/51 Dublin); MEZ Sticktwist s. Tabelle beim Zählmuster auf S. 164/165.

Ausführung: Lt. Zählmuster mit 3fädigem Twist sticken, der Kreuzstich greift über 2 x 2 Gewebefäden. Die Spannstiche bei den Kornähren (August) entsprechen der Größe im Zählmuster. Fertige Stickerei exakt rechtwinklig spannen und von links unter feuchtem Tuch bügeln.

128–131 Vier Wandbilder bzw. -behänge

Zählmuster siehe Bogen D + H oder zu sticken nach burda-Zählmuster 614/006 „Frühling/Sommer" und 615/006 „Herbst/Winter"; Bezugsbedingungen siehe Seite 168.

Motiv „Frühling", Stichzahl 88 x 212:
9 Stiche/ca. 2 cm = 19,5 x 47 cm (Cordova)
7 Stiche/ca. 4 cm = 50 x 120 cm (Davosa)
Diese Maße gelten annähernd auch für die übrigen Motive, denn die Stichzahl weicht nur geringfügig ab.

Material für die Wandbilder:
Für ein Motiv ca. 0,40 m Zählstoff, 140 cm breit, 9 Gewebefäden/ca. 1 cm (z. B. Zweigart-Art. 3916/270 „Cordova"); MEZ Sticktwist in den Farben lt. Tabelle, es genügen jeweils einige Fäden, nur beim „Herbst" 2 Strg. Nußbraun (Farbe 55) und beim „Winter" 3 Strg. Weiß (Farbe 67), 5 Strg. Antikblau, mittel (Farbe 26). Die Farbnummern für Sticktwist stehen nach dem Schrägstich.

Ausführung: Den Kreuzstich mit geteiltem Twist über 2 x 2 Gewebefäden sticken. Die gespannte Stickerei in der gewünschten Bildgröße mit Vlieseline unterlegen, den überstehenden Stoff auf gleichmäßige Breite beschneiden, nach links umlegen und über der Einlage anhexen. Die Rückseite evtl. abfüttern (siehe Allgemeine Hinweise).

Material für die Wandbehänge
Für einen Behang ca. 0,80 m Zählstoff, 140 cm breit, 7 Gewebefäden/ca. 1 cm (z. B. Zweigart-Art. 3770 „Davosa"); Springer Kelimwolle Ysana in den Farben lt. Tabelle, die Farbnummern stehen vor dem Schrägstrich (alle Zahlen beginnen mit einer 3). Die Anzahl der Strängchen bezieht sich ausschließlich auf Kelimwolle; über den Fachhandel sind Wollsortimente erhältlich. Bezugsquellen können wir nennen.

Ausführung: Den Kreuzstich mit Kelimwolle über 4 x 4 Gewebefäden sticken. Die fertige Stickerei auf weicher Unterlage unter feuchtem Tuch sorgfältig dämpfen. Den überstehenden Stoff auf gleichmäßige Breite beschneiden, fadengerade nach links umheften, hohl annähen. Am oberen Rand evtl. einen Zugsaum zum Durchschieben einer Stange einarbeiten, siehe auch „Allgemeine Hinweise". Nach dem Zählmuster kann auch Gobelin mit Twist oder Kelimwolle gestickt werden, in diesem Fall muß selbstverständlich auch der Fond ausgefüllt werden.

128 „Frühling"

Nr.	Menge	Garn	Farbe
1	1	Strg. 3642/240	Maigrün, hell
2	1	Strg. 3643/242	Maigrün
3	1	Strg. 3644/244	Grasgrün, mittel
4	1	Strg. 3224/255	Birkengrün, hell
5	1	Strg. 3225/256	Birkengrün
[illegible]	1	Strg. 3227/842	Oliv, hell
7	½	Strg. 3228/844	Oliv
8	½	Strg. 3229/845	Oliv, dunkel
9	½	Strg. 3230/846	Oliv, dunkelstes
10	1	Strg. 3141/278	Gelbgrün, hellstes
29	1	Strg. 3259/288	Kanariengelb, hell
30	1½	Strg. 3146/293	Ginstergelb, hellstes
31	½	Strg. 3148/297	Ginstergelb
32	½	Strg. 3149/303	Maisgelb, dunkel
35	1	Strg. 3152/130	Himmelblau
36	1	Strg. 3153/131	Himmelblau, dunkel
37	1	Strg. 3154/132	Kobaltblau, hell
38	½	Strg. 3133/46	Leuchtend Rot
39	1	Strg. 3134/47	Rot
40	1	Strg. 3530/20	Kirschrot, dunkel
52	½	Strg. 3250/883	Kupferrot
53	½	Strg. 3470/306	Goldgelb
54	½	Strg. 3472/309	Goldbraun
58	1	Strg. 3164/338	Terracotta, hell
59	1	Strg. 3481/340	Terracotta, dkl.
61	1	Strg. 3195/50	Rosa
62	½	Strg. 3196/53	Pink
63	½	Strg. 3157/109	Lila, hell
64	½	Strg. 3158/110	Lila, mittel
65	½	Strg. 3159/112	Lila, dunkel
67	½	Strg. 3500/402	Weiß
68	½	Strg. 3543/390	Beige, hell

129 „Sommer"

Nr.	Menge	Garn	Farbe
1	½	Strg. 3642/240	Maigrün, hell
2	½	Strg. 3643/242	Maigrün
3	½	Strg. 3644/244	Grasgrün, mittel
6	½	Strg. 3227/842	Oliv, hell
7	½	Strg. 3228/844	Oliv
8	½	Strg. 3229/845	Oliv, dunkel
9	½	Strg. 3230/846	Oliv, dunkelstes
11	½	Strg. 3106/858	Patinagrün, hell
12	½	Strg. 3108/860	Patinagrün
13	½	Strg. 3109/861	Patinagrün, dkl.
14	½	Strg. 3110/862	Patinagrün, dunkelstes
16	½	Strg. 3272/875	Seegrün, hellstes
17	1	Strg. 3273/876	Seegrün, hell
18	1	Strg. 3275/878	Seegrün, dunkel
19	½	Strg. 3567/259	Lindgrün, hellstes
20	½	Strg. 3569/261	Lindgrün
21	½	Strg. 3570/262	Lindgrün, dunkel
30	½	Strg. 3146/293	Ginstergelb, hellstes
31	1	Strg. 3148/297	Ginstergelb
32	1	Strg. 3149/303	Maisgelb, dunkel
36	1	Strg. 3153/131	Himmelblau, dkl.
37	½	Strg. 3154/132	Kobaltblau, hell
38	½	Strg. 3133/46	Leuchtend Rot
39	1	Strg. 3134/47	Rot
40	1	Strg. 3530/20	Kirschrot, dunkel
41	½	Strg. 3580/968	Altrosa, hell
42	½	Strg. 3582/68	Brombeerrot, hell
44	½	Strg. 3584/972	Altrosa, dunkel
46	1	Strg. 3612/305	Goldgelb, hell
49	1½	Strg. 3220/302	Maisgelb
50	½	Strg. 3656/881	Kupferrot, hellstes
51	½	Strg. 3411/882	Kupferrot, hell
53	1	Strg. 3471/307	Goldgelb, dunkel
56	½	Strg. 3176/360	Braun, dunkel
58	½	Strg. 3164/338	Terracotta, hell
60	½	Strg. 3184/341	Terracotta, dunkelstes
63	½	Strg. 3157/109	Lila, hell
65	½	Strg. 3159/112	Lila, dunkel
66	½	Strg. 3501/403	Schwarz
67	1	Strg. 3500/402	Weiß

126

Rahmen 117 × 149 Stiche, Motiv 95 × 112 Stiche, ca. 23 × 30 cm bzw. ca. 19 × 22 cm (5 Stiche/1 cm).

Material: Je 1 Str. – von den meisten Farben genügen einige Fäden – MEZ Sticktwist lt. Tabelle oder in ähnlichen Farben:

1 ⊤ = Silbergrau 397
2 ⌐ = Grau, hell 398
3 ▾ = Grau, dunkel 400
4 ⋱ = Lindgrün, hell 260
5 ↗ = Lindgrün 261
6 – = Lindgrün, dunkel 262
7 • = Lindgrün, dunkelstes 263
8 ⊖ = Gelbgrün 280
9 ᵀ = Hummerrot, dunkel 330
10 ✓ = Mohnrot 333
11 / = Rosenrot, hellstes 27
12 ○ = Rosenrot, hell 28
13 ⤚ = Karminrot, mittel 42
14 ጰ = Karminrot, dunkel 43
15 ◑ = Leuchtendrot 46
16 ▼ = Rot 47
17 · = Weiß 402
18 ⫽ = Porzellanblau, dunkel 149
19 ◣ = Schwarz 403

Ausführung und Stoffangabe
siehe Seite 163

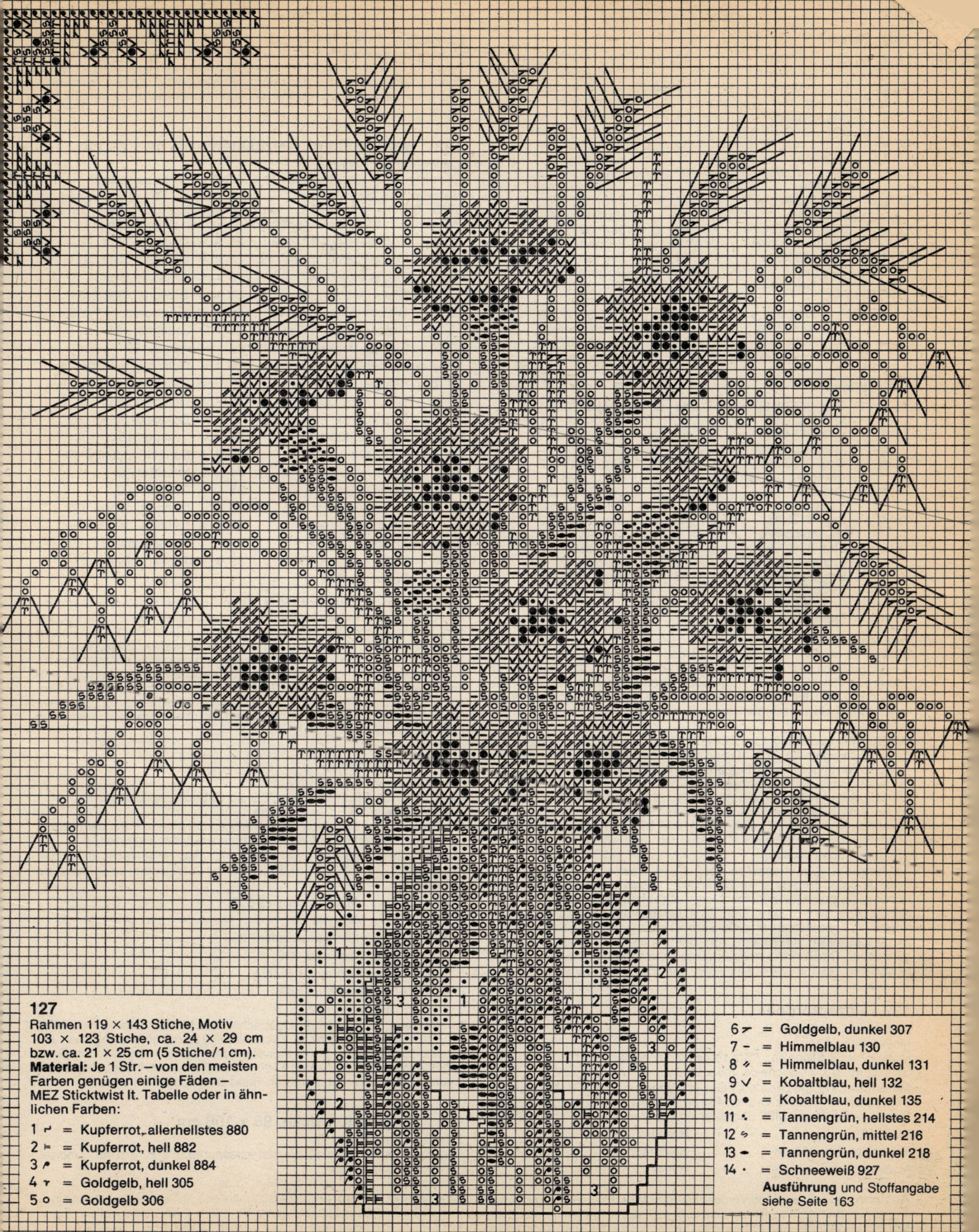

127

Rahmen 119 × 143 Stiche, Motiv 103 × 123 Stiche, ca. 24 × 29 cm bzw. ca. 21 × 25 cm (5 Stiche/1 cm).

Material: Je 1 Str. – von den meisten Farben genügen einige Fäden – MEZ Sticktwist lt. Tabelle oder in ähnlichen Farben:

1 ⌐ = Kupferrot, allerhellstes 880
2 ⊨ = Kupferrot, hell 882
3 ↗ = Kupferrot, dunkel 884
4 ↑ = Goldgelb, hell 305
5 ○ = Goldgelb 306
6 ≻ = Goldgelb, dunkel 307
7 – = Himmelblau 130
8 ⁄⁄ = Himmelblau, dunkel 131
9 ✓ = Kobaltblau, hell 132
10 ● = Kobaltblau, dunkel 135
11 ⸪ = Tannengrün, hellstes 214
12 ⟟ = Tannengrün, mittel 216
13 ━ = Tannengrün, dunkel 218
14 · = Schneeweiß 927

Ausführung und Stoffangabe siehe Seite 163

130 „Herbst"

11	1½	Strg. 3106/858 Patinagrün, hell	30	½	Strg. 3146/293 Ginstergelb, hellstes
12	1	Strg. 3108/860 Patinagrün	31	½	Strg. 3148/297 Ginstergelb
13	½	Strg. 3109/861 Patinagrün, dunkel	34	1	Strg. 3151/159 Eisblau, hellstes
14	1	Strg. 3110/862 Patinagrün, dunkelstes	35	½	Strg. 3152/130 Himmelblau
15	1½	Strg. 3115/850 Antikblau	37	½	Strg. 3154/132 Kobaltblau, hell
20	1	Strg. 3569/261 Lindgrün	47	½	Strg. 3207/300 Maisgelb, hellstes
21	½	Strg. 3570/262 Lindgrün, dunkel	48	1	Strg. 3277/887 Holzfarben
22	½	Strg. 3490/843 Oliv, mittel	54	½	Strg. 3472/309 Goldbraun
23	1½	Strg. 3491/844 Oliv	55	½	Strg. 3279/375 Nußbraun
24	½	Strg. 3492/846 Oliv, dunkelstes	56	½	Strg. 3176/360 Braun, dunkel
28	½	Strg. 3142/254 Birkengrün, hellstes	57	1	Strg. 3281/358 Braun, hell

131 „Winter"

25	½	Strg. 3553/848 Antikblau, hell	55	1	Strg. 3279/375 Nußbraun
26	1	Strg. 3554/849 Antikblau, mittel	56	1	Strg. 3176/360 Braun, dunkel
27	½	Strg. 3556/851 Antikblau, dunkel	57	1	Strg. 3281/358 Braun, hell
33	½	Strg. 3581/969 Altrosa	58	½	Strg. 3164/338 Terracotta, hell
38	½	Strg. 3133/46 Leuchtend Rot	66	½	Strg. 3501/403 Schwarz
42	½	Strg. 3582/68 Brombeerrot, hell	67	1	Strg. 3500/402 Weiß
43	½	Strg. 3583/78 Erikarot, dunkel	68	½	Strg. 3543/390 Beige, hell
45	½	Strg. 3585/70 Brombeerrot			

Paravent
Motivgröße ca. 50 x 120 cm (7 Stiche/ca. 4 cm).
Gesamtgröße ca. 320 x 175 cm, Breite der Leisten 7,5 cm, Ausschnitt für die Stickerei je 65 x 150 cm (beim Schreiner anfertigen lassen). Man kann die Ausschnitte selbstverständlich kleiner wählen, siehe Motivgröße. Bei der angegebenen Stichgröße genügt es, wenn die einzelnen Felder ca. 55 x 125 cm messen.
Material: Für ein Motiv 0,75 m Zählstoff, 140 cm breit, 7 Gewebefäden/ca. 1 cm (z. B. Zweigart-Art. 3770 „Davosa"). Zur Stickerei Springer Kelimwolle Ysana in den angegebenen Farben. Über den Fachhandel sind Sortimente für jedes Motiv einzeln erhältlich (bei der Bestellung angeben, ob für Frühling, Sommer, Herbst oder Winter). Zum Abfüttern 1,70 m Futterstoff, 80 cm breit. Man kann die Stickerei auch auf Sudanstramin ausführen (21 Fadenkaros/ca. 10 cm, Zweigart-Art. 1201/210), muß dann allerdings den Fond schwarz oder rohweiß ausfüllen, den Kreuzstich evtl. über vorgespannten Faden sticken.
Ausführung: Den Kreuzstich über 4 x 4 Gewebefäden sticken. Die Verteilung der Farben ist im Zählmuster erläutert. Die fertige Stickerei rechtwinklig spannen, unter feuchtem Tuch sorgfältig bügeln (rechte Seite der Stickerei liegt unten). Den Stoff fadengerade auf die Größe des Paravents beschneiden, an allen Seiten 3 cm zugeben. Die Schnittkanten mit Zickzackstich versäubern, von links ein ca. 2 cm breites Nahtband aufsteppen. Die Stickerei in regelmäßigen Abständen von ca. 10 cm auf den Holzleisten des Paravents befestigen, den Futterstoff darüberspannen.

132 Rezeptordner

Zählmuster auf Bogen H.
Motive siehe 134
Motiv 27 x 58 Stiche/ca. 7,5 x 16 cm (7 Stiche/ca. 2 cm).
Schriftzug 19 x 71 Stiche/ca. 5,5 x 20 cm.
Material: 45 x 80 cm Zählstoff, 7 Gewebefäden/ca. 1 cm (z. B. Zweigart-Art. 3770 „Davosa"); 1 Leitz-Ordner; 45 x 80 cm Vliesofix; 30 x 60 cm d-c-fix; je 1 Strg. bzw. Reste von MEZ Sticktwist in folgenden oder ähnlichen Farben:

Weiß 402	Rosenrot 29
Terracotta, hell 338	Goldbraun 309
Maisgelb, dunkelstes 304	Rot 47

Ausführung: Auf dem Stoff Vorder- und Rückseite markieren, dazwischen Ordnerrücken nicht vergessen. Stickerei wie folgt anordnen: Abstand der Motive zum unteren und rechten Rand der Markierung je 3 cm, Abstand der Schrift zum linken und oberen Rand je 4 cm. Lt. Zählmuster 134 mit ganzfädigem Twist 3 Gläser (s. Abb.) mit 2 Gewebefäden Zwischenraum sticken. Ein Kreuzstich greift über 2 x 2 Gewebefäden. Fertige Stickerei sorgfältig bügeln. Über der Rückseite Vlieseline aufbügeln. Den überstehenden Stoffrand auf 4 cm fadengerade beschneiden, Kanten versäubern und Ecken abschrägen. Ordner einlegen, Innenflächen mit d-c-fix verkleiden.

133 Wandbehang „Setzkasten", ca. 40 x 60 cm

Zählmuster auf Bogen E.
Stickerei 121 x 171 Stiche/ca. 34 x 48 cm (7 Stiche/ca. 2 cm).
Material: 50 x 70 cm Zählstoff, 7 Gewebefäden/ca. 1 cm (z. B. Zweigart-Art. 3770 „Davosa"); 40 x 55 cm Vliesofix; je 1 Strg. bzw. Reste von MEZ Perlgarn 5 in folgenden oder ähnlichen Farben (* = 2 Strg.):

1 ■ = Porzellanblau, dkl. 149	21 s = Lindgrün, dklst. 263
2 ◆ = Porzellanblau, mittel 148	22 ■ = Gelbgrün, dklst. 924
3 ▼ = Porzellanblau 147	23 ⊥ = Grasgrün 245
4 ◣ = Gletscherblau 146	24 ✦ = Grasgrün, hell 243
5 △ = Gletscherblau, hell 145	25 ⌀ = Birkengrün, hell 255
6 ✗ = Gletscherblau, hellst. 144	26 ∸ = Jadegrün 188
7 ∻ = Eisblau, dunkel 162	27 \ = Türkis 169
8 ◣ = Kobaltblau 133	28 = = Goldgelb, hell 305
9 z = Blaugrau, hell 920	29 – = Maisgelb, hell 301
10 + = Grau, mittel 399	30 < = Goldgelb 306
11 □ = Grau, dunkel 400	31 / = Goldgelb, dunkel 307
12 ◣ = Schwarz 403	32 ⁘ = Orange 315
13 • = Weiß 402	33 ✖ = Karminrot, dunkel 43
14 ◢ = Braun, dunkel 360	34 = Kirschrot 19
15 ● = Braun 359 *	35 = Rosenrot 29
16 ◫ = Zimtbraun, dklst. 371	36 ◒ = Mohnrot, dunkel 335
17 = Goldbraun 309	37 ⊙ = Mohnrot, hell 332
18 × = Zimtbraun 369 *	38 ◆ = Himbeerrosa 37
19 o = Zimtbraun, hell 368 *	39 ◇ = Türkis, hellstes 167
20 = Terracotta 339	

Ausführung: Stoffzuschnitt 50 x 70 cm, den Setzkasten in Stoffmitte anordnen. Lt. Zählmuster sticken. Ein Kreuzstich greift über 2 x 2 Gewebefäden, ein Linienstich über 2 Gewebefäden bzw. 2 Fadenkreuze. Die Farben der Linienstiche lt. Modellbild oder nach Belieben wählen. Stickerei sorgfältig bügeln. Rückseite 3 cm über die Stickerei hinaus mit Vliesofix verstärken. Am unteren Rand 3 cm ab Stickerei 2 Gewebefäden ausziehen und eine einfache Hohlnaht ausführen, je 2 Fd. erfassen. Stoff oben und seitlich 3 cm ab Stickerei nach links umlegen und über der Rückseite anhexen. Aus dem Stoffrest drei 2 cm breite Schlaufen nähen, am oberen Rand annähen, Stoff unten ausfransen.

134 Küchenrollo

Zählmuster auf Bogen E.
Motiv 67 x 181 Stiche/ca. 27 x 72,5 cm (5 Stiche/ca. 2 cm).
Bordüren-Breite 15 Stiche/ca. 6 cm.
Die Größe richtet sich nach dem jeweiligen Fenstermaß. Bei der Berechnung des Stoffverbrauchs die Saumzugaben nicht vergessen.
Material: Grob-Siebleinen, 140 cm breit, 75 Gewebefäden/ca. 10 cm (z. B. Zweigart-Art. 3613 „Cork"); MEZ Sticktwist in folgenden oder ähnlichen Farben:

1 v = 4 Strg. Maisgelb, hellstes 300
2 s = 2 Strg. Maisgelb 302
3 × = 2 Strg. Hummerrot, dunkel 330
4 e = 4 Strg. Terracotta 339
5 / = 11 Strg. Erdbraun, hell 934
6 ● = 7 Strg. Torfbraun 380
7 • = 7 Strg. Weiß 402

Ausführung: Stoff fadengerade zuschneiden. Mit dem Sticken in der Mitte (= Pfeil im Zählmuster) mit ca. 25 cm Abstand zum Stoffrand beginnen. Ein Kreuzstich greift über 3 x 3 Gewebefäden. Die Bordüre bis zum Rand fortlaufend sticken. An beiden Seiten einen 5 cm breiten, doppelten Saum arbeiten, am oberen und unteren Rand einen Zugsaum steppen.

135 Gestrickte Decke, 96 x 156 cm

Zählmuster auf Bogen G.
Geeignet zum Stricken auf Handstrickapparaten, z. B. Brother, Empisal, Knittax, Passap, Singer.
Mustersatz 53 x 83 Stiche/ca. 48 x 78 cm.
Material: Ca. 600 g mittelstarke Schurwolle (z. B. Patons Double Knitting); Perl-INOX-Tric-Schnellstricknadeln Nr. 3,5; je 1 Knl. Strickwolle in Terracotta = und Schwarz = ; 1 Häkelnadel Nr. 3.
Maschenprobe: 22 M. und 32 R. = 10 x 10 cm.

Ausführung: Die Decke wird aus 2 Teilen an einer Längsseite zusammengesetzt. Für eine Hälfte 112 M. anschlagen und 506 R. glatt rechts (d. h. Hinreihe = rechte Maschen, Rückreihe = linke Maschen) stricken. Decke im Maschenstich zusammennähen und besticken. Ein Kreuzstich bzw. ein Steppstich greifen jeweils über 2 M. x 3 R., bzw. 2 M. oder 3 R. 4 R. vom unteren und 2 M. von der Mittelnaht entfernt mit der Stickerei lt. Zählmuster beginnen. Ab Doppelpfeil (= Mitte) gegengleich arbeiten. Die Decke zum Abschluß mit Krebsmaschen umhäkeln.

136 Tischläufer in Assisistickerei, ca. 46,5 x 94 cm

Zählmuster auf Bogen D.
Stickerei 154 x 324 Stiche / 43,5 x 91 cm (7 Stiche/ca. 2 cm).
Ein Mustersatz 28 x 37 Stiche / 7,8 x 10,4 cm.

Material: 0,55 m Zählstoff, 140 cm breit, 7 Gewebefäden/ca. 1 cm (z. B. Zweigart Art. 3770 „Davosa"); MEZ Sticktwist in folgenden Farben:

1 = 12 Strg. Kirschrot, dunkel 20
14 Strg. Schwarz 403

Ausführung: Den Stoff 55 x 100 cm fadengerade zuschneiden. In einer Ecke ca. 5 cm von den Kanten entfernt, nach Zählmuster mit der Stickerei beginnen. Ein Kreuzstich greift über 2 x 2 Gewebefäden, Sticktwist 4fädig verwenden. An den Längsseiten den Mustersatz (von Pfeil bis Pfeil im Zählmuster) jeweils 9mal, an den Schmalseiten jeweils 3mal ausführen. Zum Schluß den Linienstich über 2 Gewebefäden mit 4fädigem schwarzem Sticktwist ausführen. Den Stoff auf 4,5 cm von der Kante entfernt beschneiden. Ecken für einen 1,5 cm breiten, doppelten Saum abschrägen, heften und von Hand säumen.

137 Decke mit Assisistickerei, 138 cm ∅

Zählmuster auf Bogen C.
Stickerei 184 Stiche / ca. 52 cm (7 Stiche / ca. 2 cm).

Material: 1,40 m Zählstoff, 140 cm breit, 7 Gewebefäden / ca. 1 cm (z. B. Zweigart Art. 3770 „Davosa"); MEZ Perlgarn 5 in folgenden Farben:

• = 4 Strg. Gold 307
– = 2 Strg. Braun 358

Ausführung: Über die Stoffmitte zwei Kreise mit 52 cm und 140 cm ∅ markieren. Innerhalb des kleinen Kreises mit der Stickerei lt. Zählmuster (= ¼ der Stickerei) beginnen. Ein Kreuzstich greift über 2 x 2 Gewebefäden. Ab Mitte (= Pfeil) das Zählmuster um 90° drehen und weitersticken. Decke zuschneiden, mit Zickzackstich versäubern und einen 1 cm breiten Saum steppen.

138 Tischdecke, ca. 130 x 170 cm

Zählmuster auf Bogen E.
Stickerei 83 x 579 Stiche / 22 x 154,5 cm (7 Stiche / ca. 2 cm).
1 Mustersatz Mittelstreifen 38 x 51 Stiche / 10 x 13,5 cm.
1 Mustersatz Randmotiv 27 x 16 Stiche / 7 x 4 cm.

Material: 1,90 m Effektstoff, 140 cm breit, 7 Gewebefäden / ca. 1 cm (z. B. Zweigart Art. 3711 „Ariosa"); 13 Strg. MEZ Perlgarn 5, Altrosa, hell 968.

Ausführung: In Längsrichtung die Mitte markieren. Die Bordüre über die Mitte nach Zählmuster sticken. An einer Schmalseite, 18 cm vom Rand entfernt, beginnen. Ein Kreuzstich greift über 2 x 2 Gewebefäden. Den Mustersatz des Mittelstreifens von Pfeil bis Pfeil 13mal, das Randmotiv von Doppelpfeil bis Doppelpfeil 19mal wiederholen. Die Bordüre gegengleich beenden. Stoff an den Schmalseiten außerhalb der Stickerei auf 16 cm fadengerade beschneiden.
Für den Hohlsaum im Abstand von 9 cm zum Stoffrand 1 Gewebefaden ausziehen, an den Ecken nur bis zu den Kreuzungspunkten. Ecken für einen 3 cm breiten, doppelten Saum abschrägen, Saum einlegen, heften und mit einfachen Hohlnahtstichen befestigen, 2 Gewebefäden bündeln.

139 + 140 Mitteldecke, 64 x 64 cm, Tischläufer, 29 x 64 cm

Zählmuster 139 auf Bogen H.
Zählmuster 140 auf Bogen C.
1 Mustersatz 41 x 105 Stiche / 11,5 x 29,5 cm (7 Stiche / ca. 2 cm).

Material für Mitteldecke und Tischläufer: 0,70 m Zählstoff, 140 cm breit, 7 Fäden / ca. 1 cm (z. B. Zweigart Art. 3770 „Davosa"); 12 Strg. MEZ Perlgarn 5, Weiß 402.

Ausführung:

Mitteldecke: Stoffzuschnitt 70 x 70 cm. Nach beiden Seiten die Mitte markieren. Nach Zählmuster (= ¼ der Stickerei), an einer Mittellinie ca. 22 cm vom Rand entfernt beim Pfeil beginnen, Muster gegengleich ergänzen. Ein Kreuzstich greift über 2 x 2 Gewebefäden, 1 Steppstich über 2 Gewebefäden. Im Abstand von 4,5 cm zum Stoffrand 2 Gewebefäden ausziehen, an den Ecken nur bis zu den Kreuzungspunkten. Ecken für einen 1,5 cm breiten, doppelten Saum abschrägen und mit einfachen Hohlnahtstichen befestigen, 2 Gewebefäden bündeln.

Tischläufer: Stoffzuschnitt 0,35 x 0,70 m, die Mitte markieren. Nach Zählmuster B (= ½ Mustersatz) sticken. Ein Kreuzstich greift über 2 x 2 Gewebefäden, ein Steppstich über 2 Gewebefäden. Ab Pfeil (= Mitte) die Stickerei gegengleich beenden. Im Abstand von 4,5 cm zum Stoffrand 2 Gewebefäden ausziehen, Fertigstellung s. Mitteldecke.

141 Kissen, 48,5 x 48,5 cm

Zählmuster siehe Bogen E.
Stickerei 177 x 177 Stiche / ca. 39,5 x 39,5 cm (9 Stiche / ca. 2 cm).

Material: 0,50 m Zählstoff, 140 cm breit, 9 Gewebefäden / ca. 1 cm (z. B. Zweigart Art. 3916 „Cordova"); 2 rote Stoffstreifen in Stickgarnfarbe je 7 cm breit und 98 cm lang; MEZ Perlgarn 5 in folgenden Farben:

1 × ▟ = Schwarz 403
2 o .: = Rot 47

Ausführung: Stoffzuschnitt 45 x 98 cm. Die Mitte der Kissenvorderseite markieren, ab Mitte mit dem Sticken lt. Zählmuster beginnen, es zeigt ¼ der Stickerei. Der Kreuzstich greift über 2 x 2 Gewebefäden, der Linienstich über 2 Gewebefäden bzw. 2 Fadenkreuzungen. Ab Pfeil im Zählmuster die Stickerei jeweils gegengleich beenden. Fertige Stickerei von links unter feuchtem Tuch bügeln. An die seitlichen Stoffränder ca. 1,5 cm ab Stickerei die roten Randstreifen steppen. Kissennähte schließen, an der unteren Naht ein Stück zum Einschieben der Füllung offen lassen.

142 Läufer, ca. 48 x 104 cm (mit Spitze)

Zählmuster und Häkelschrift siehe Bogen G.
Stickerei 159 x 367 Stiche / ca. 42 x 98 cm (15 Stiche / ca. 4 cm).
Spitzenbreite 2,5 cm.

Material: 0,55 m Zählstoff, 140 cm breit, 15 Gewebefäden / ca. 2 cm (z. B. Zweigart Art. 3613 „Cork"); mercerisiertes Baumwollgarn (z. B. MEZ Rot Tulpe); 1 INOX-Wollhäkelnadel Nr. 2; MEZ Perlgarn 5 Rot 47.

Ausführung: Ca. 5 cm ab Stoffrand, in der linken, unteren Ecke einer Schmalseite lt. Zählmuster mit Bordüre A beginnen. Den Kreuzstich über 2 x 2 Gewebefäden sticken. Ab Mittelpfeil im Zählmuster gegengleich fortfahren. Die Bordüren B, C, D, E lt. Zählmuster senkrecht über der Bordüre A anordnen. Die mit Pfeilen gekennzeichneten Mustersätze jeweils fortlaufend wdh.: für B 16mal, für C 4mal, für D 19mal, für E 5mal. Dabei jeweils gegengleich enden. Ab der Mittelbordüre E die Muster D, C und B noch einmal gegengleich anordnen. An der 2. Schmalseite nochmals Bordüre A gegengleich sticken. Nach Abschluß der Stickerei an den Schmalseiten mit 2 Gewebefäden Abstand und an den Längsseiten dicht an der Stickerei je 1 Gewebefaden bis zu den Kreuzungspunkten ausziehen. Ringsum den Stoff auf 2,5 cm beschneiden. Ecken für einen 1 cm breiten Saum abschrägen, Stoff umlegen und mit einfachen Hohlnahtstichen längs der Fadenrinne befestigen, dabei je 2 Gewebefäden bündeln. Die Spitze lt. Häkelschrift anhäkeln. Zwischen den Stb. liegen je 2 Gewebefäden. Den Mustersatz (von Pfeil bis Pfeil) fortlaufend wdh.

143 Mitteldecke mit Hirschen, ca. 80 x 80 cm

Zählmuster siehe Bogen D.
Stickerei 319 x 319 Stiche / ca. 71 x 71 cm (9 Stiche / ca. 2 cm).

Material: 0,90 m Zählstoff, 140 cm breit, 9 Gewebefäden / ca. 1 cm (z. B. Zweigart Art. 3916 „Cordova"); MEZ Sticktwist Terracotta, dunkel 340.

Ausführung: Stoffzuschnitt 90 x 90 cm, Stoffränder mit Zickzackstich versäubern, Stoffmitte markieren. Ab Mitte mit dem Sticken des Mittelmotivs lt. Zählmuster beginnen (Mittelmotiv = ¼), ab Pfeil gegengleich ausführen. Den Kreuzstich über 2 x 2 Gewebefäden sticken, Sticktwist 3-fädig verwenden. Das restliche Zählmuster zeigt zwei Bordüren und eine Ecke der Randbordüre. Das Zählmuster jeweils um 90° drehen oder die Hirsche lt. Modellbild gegengleich ausführen. Für die schmale Zackenborte den durch Pfeile markierten Mustersatz zwischen den Ecken jeweils 19mal ausführen. 9 Gewebefäden außerhalb der Stickerei 9 Gewebefäden ausziehen, an den Ecken nur bis zu den Kreuzungspunkten. Stoff außerhalb der Fadenrinne auf 7,5 cm beschneiden. Ecken für einen 2,5 cm breiten doppelten Saum abschrägen, Saum doppelt umlegen, heften und mit Hohlnahtstichen befestigen, stets 3 Gewebefäden bündeln. Für den Durchbruch je 2 x 3 Gewebefäden umstopfen. Die Ecke mit einer 4-beinigen „Spinne" füllen, dafür jeweils von einer Ecke zur gegenüberliegenden einen doppelten Sticktwistfaden spannen, die Fadenkreuzung umwickeln.

144 Mustertuch mit Alphabet, 41 x 51 cm

Zählmuster auf Seite 168.
Motivgröße 117 x 153 Stiche / ca. 33 x 43 cm (7 Stiche / ca. 3 cm).

Material: 0,50 m Zählstoff, 85 cm breit, 10 Fäden / ca. 1 cm (z. B. Zweigart Art. 1235 „Linda"); 10 Strg. MEZ Sticktwist, Leuchtend Rot 46.

Ausführung: In einer Ecke, ca. 7 cm vom Rand entfernt, beginnen, nach Zählmuster sticken. Ein Kreuz greift über 3 x 3 Gewebefäden. Die untere, breite Bordüre ab Pfeil gegengleich sticken, das Randbörtchen lt. Abb. ergänzen. Den Stoff ringsum auf 7 cm beschneiden, einen 3 cm breiten Saum legen und unsichtbar festnähen.

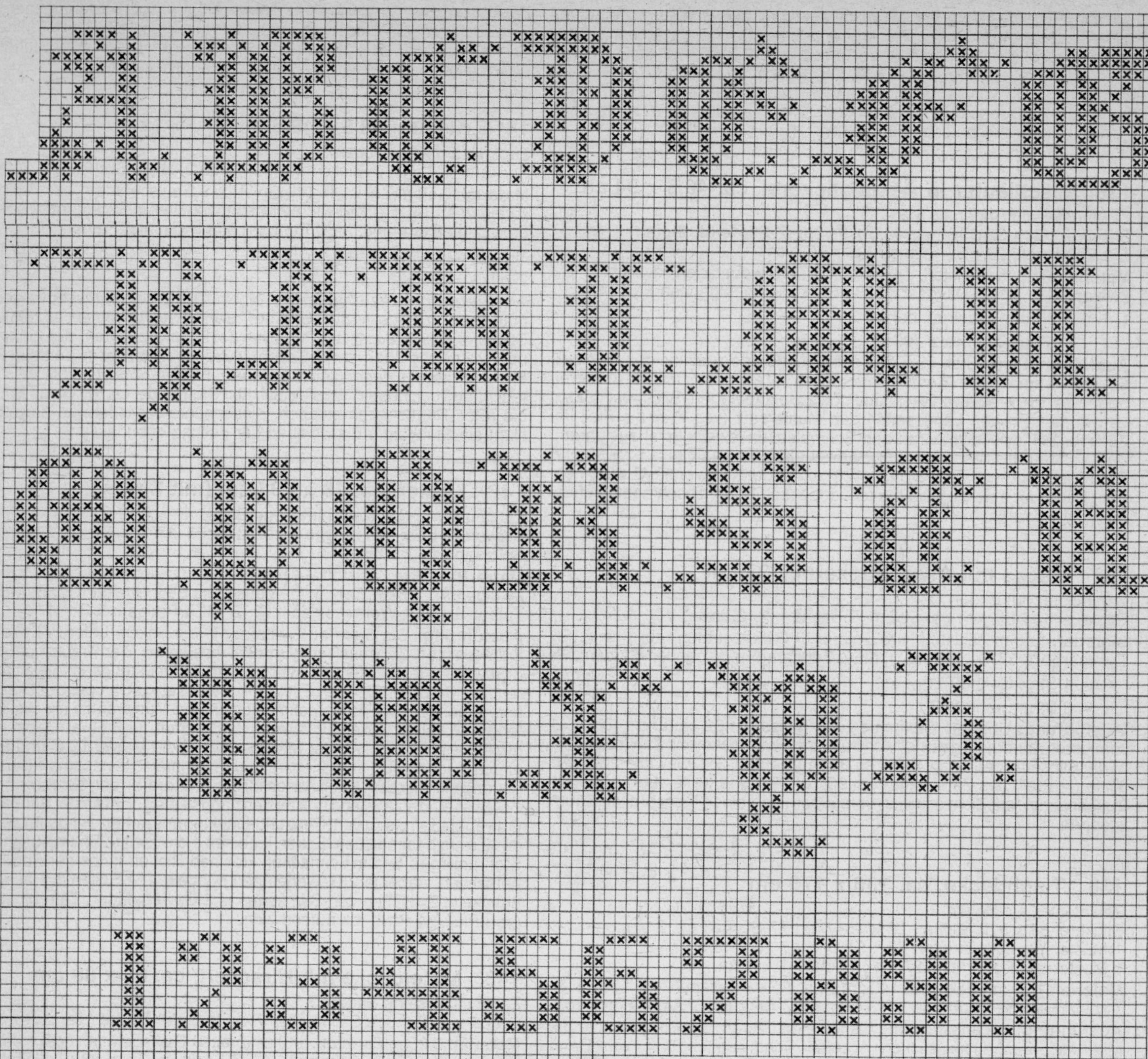

144

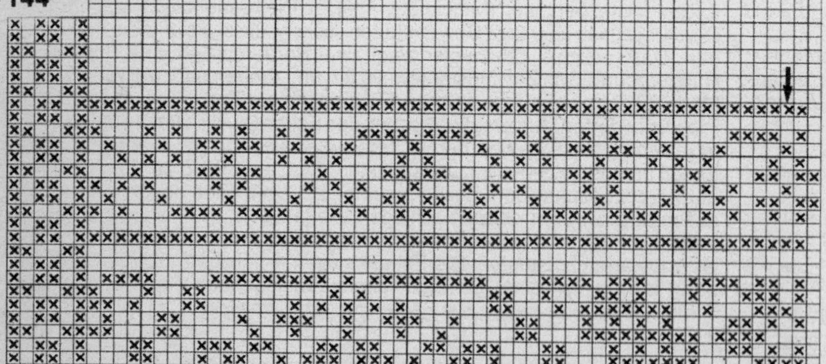

Bezugsquellennachweis

Anny Blatt Wolle
Laines anny blatt Deutschland GmbH
Talstr. 22–24
4000 Düsseldorf

Appli-Fix über Mono-Quick

Austermann Wolle
Austermann GmbH & Co.
Postfach 10 01 09
5600 Wuppertal 1

Britanica Wolle
Seiden + Garn
Hochdorf, Abrichstr. 4
7800 Freiburg

Canel & Sohn
Zippelhaus 2
2000 Hamburg 11

Dacron-Watte
P. Hartmann AG
Werk Ziegler
Postfach 15 20
7590 Achern

esbi-Stoffe
Süddeutsche Baumwollindustrie AG
Postfach 11 70
7343 Kuchen

Esslinger Wolle
Schoeller AG
Postfach 1 40
5208 Eitorf/Sieg

FALAG-Bastelkontor GmbH
Postfach 55 23
8700 Würzburg 1

Galerie Helga Exler
Textilkunst
Hansa-Allee 17
6000 Frankfurt/M.

Gebrasa Wolle
Gebr. Rath
Postfach 11 80
4414 Sassenberg/Westf.

Heisler Wolle
Heisler GmbH & Co.
Postfach 1 85
4018 Langenfeld

Hübner Wolle
Kammgarnspinnerei Wilhelmshaven
Postfach 7 69
2940 Wilhelmshaven

Hobby-Tiss-Gerät
von Ernst Stuker
Gsteig 4
CH-4914 Roggwill
Auslieferung für Deutschland:
Karin Koch
Postfach 1 44
7218 Trossingen

INOX-Handarbeitshilfe
Johann Moritz Rump
Postfach 1 17
5990 Altena

Jaeger Wolle
Seiden + Garn
Postfach 11 60
7800 Freiburg

Junghans Wolle
Junghans Wollversand
Gut-Dämme-Str. 4
5100 Aachen

Kircher-Webstühle
Walter Kircher KG
Postfach 16 08
3550 Marburg/Lahn

Knorr, Friedrich GmbH & Co.
Postfach 12 40
8620 Lichtenfels

Kromwell-Pelart GmbH
Postfach 30 47
8500 Nürnberg 1

Lana Grossa Wolle
Lana Grossa GmbH
Postfach 29 69
8070 Ingolstadt

Lang Wolle
Rudi Merz
Postfach 11 64
4044 Kaarst 2

Lervard-Webstühle
Vertrieb:
in diversen Webzentren,
u. a. auch bei
Trex Textil Hobby
Postfach 10 46
4440 Rheine

Melchior Wolle
Otto-Textilwerke
Postfach 16 69
7440 Nürtingen

MEZ AG
Postfach 10 80
7800 Freiburg

Mono-Quick
Postfach 7 82
6450 Hanau 1

Patons Wolle
Seiden + Garn
Postfach 11 60
7800 Freiburg

G. Picaud-Wolle
Carl Schewe
Essenstr. 91
2000 Hamburg 62

Rauma-Finullgarn
Rauma Reyer
Rauma Spälsau-Garn:
Vertrieb:
Firma Ricon
Hobby & Basteln GmbH & Co. KG
Arminhauser Str. 17
4950 Minden

Rödel Wolle
Rödel Wolle AG
Postfach 5
7141 Freiberg-Heutingsheim

Rume Wolle
Rudi Merz
Postfach 11 64
4044 Kaarst 2

Sandness Wolle
Rudi Merz
Postfach 11 64
4044 Kaarst 2

Schachenmayr Wolle
Schachenmayr, Mann & Cie.
Postfach 11 60
7335 Salach/Wttbg.

Schaffhauser Wolle
Tip Top Tapis:
Schoeller Albers AG
CH-8201 Schaffhausen
Vertrieb in Deutschland:
Wollana GmbH
Friedrichstr. 36
7200 Tuttlingen

Schoeller-Knüpfspaß
Schoeller Eitorf AG
Postfach 1 40
5208 Eitorf/Sieg

sheepjeswool
Königl. Sheepjes-Wollfabriken
P. O. Box 14
NL-Veenendaal

Simex-Spielwaren
Richard Simon & Söhne GmbH & Co.
Postfach 55 49
7500 Karlsruhe 21

Staufen Wolle
D. Finckh KG
Postfach 13 69
7334 Süssen/Wttbg.

Steckenpferd Bastel Verlag
Alfred Prandell GmbH & Co. KG
Postfach 14 40
8620 Lichtenfels

Textilkunst & Webbedarf
Wehmer & Filiâtre
Herrenstr. 32
7800 Freiburg
Fleur de Paris-Wolle
Kühlmann / Leclerc-Webstühle
Norsk-Kunstvevgarn
Plassard / WDC

Vliesofix von Carl Freudenberg
Postfach 18 09
6940 Weinheim

WIHEDÜ
Willy Heckmann GmbH & Co.
Postfach 41 29
4000 Düsseldorf

Zweigart & Sawitzki
Postfach 1 20
7032 Sindelfingen

Wie bestellen Sie burda-Hefte, burda-Bücher, burda-Fertigschnitte, burda-Zählmuster und -Bügelmuster?

Per Vorauszahlung: Schicken Sie den Betrag zuzüglich Versandspesen – für Muster und Fertigschnitte 1,20 DM, für Hefte 1,50 DM, für Bücher 2,20 DM – entweder per Scheck, Zahlkarte oder Banküberweisung an Verlag Aenne Burda, Abt. Hobby-Service, Postfach 11 60, 7600 Offenburg, auf eines der beiden Konten: Dresdner Bank, Filiale Offenburg, Nr. 720 8996 (BLZ 680 800 30), oder Postscheckamt Karlsruhe Nr. 1499 01-757.
Wichtig: Schreiben Sie Ihre Bestellung direkt auf den Scheck, die Überweisung oder auf die Rückseite des linken Zahlkartenabschnittes. Bitte keine separate Bestellung einsenden!

Per Nachnahme: Wenn Sie per Nachnahme bestellen, erhebt die Post für Versand und Nachnahme eine Gebühr von 3,60 DM zuzügl. einer Nachnahme-Einzugsgebühr, die je nach Wert der Sendung zwischen 0,90 DM und 1,50 DM schwankt. Durch Vorauszahlung können Sie diese hohen Unkosten vermeiden.

Lieferung ins Ausland können wir **nur gegen Vorauszahlung** vornehmen. Bitte überweisen Sie das Geld auf eines der angegebenen Konten. Versandspesen für das Ausland: 1,- DM (nach Übersee per Schiffspost).

IDEEN UND ANREGUNGEN ZUM KOCHEN, BASTELN, HANDARBEITEN, STRICKEN, UND VIELEM MEHR:

Großes Bastelbuch 2. Folge
Best.-Nr. K 604 DM 15,90

Großes buntes Handarbeitsbuch
Best.-Nr. K 606 DM 15,90

Stick-Lehrbuch
Best.-Nr. K 605 DM 13,90

Strick-Lehrbuch
Best.-Nr. K 603 DM 15,90

Häkel-Lehrbuch
Best.-Nr. K 602 DM 16,90

Für die aktive Frau: Bücher aus dem Verlag Aenne Burda

Zu beziehen im Zeitschriftenhandel. Falls vergriffen – bitte dort nachbestellen. Es ist auch eine Direktbestellung möglich: Überweisen Sie den jeweiligen Buchbetrag zuzüglich DM 2,20 Versandspesen (unabhängig, wie viele Bücher bestellt werden) unter Angabe der Bestellnummer auf das Postscheckkonto Karlsruhe Nr. 149901-757 des Verlags Aenne Burda.

Schnelle Küche
Best.-Nr. K 203 DM 15,90

Das neue Kräuterkochbuch
Best.-Nr. K 200 DM 15,90

Das große Kochbuch
Best.-Nr. K 400 DM 19,80

Was köstlich schmeckt
Best.-Nr. K 204 DM 15,90

Feiner kochen
Best.-Nr. K 202 DM 15,90

Kuchen, Torten und Gebäck
Best.-Nr. K 107 DM 11,90

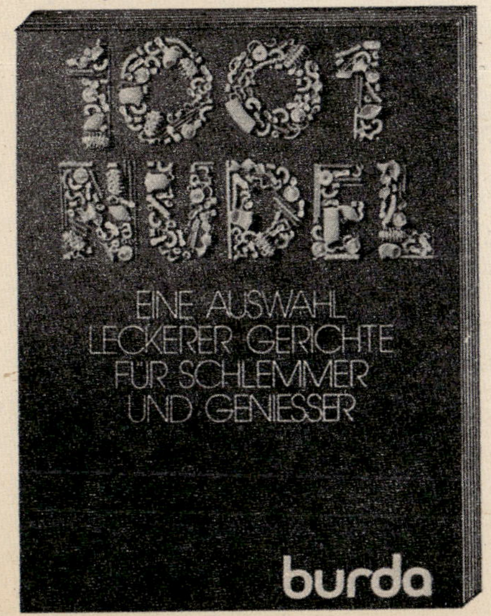

1001 Nudel
Best.-Nr. K 131 DM 11,90

Die besten Salate und kalte Vorspeisen
Best.-Nr. K 201 DM 15,90

Das kochen Prominente
Best.-Nr. K 401 DM 19,80